世界历史有一套

- 白金版 -

英帝国

日不落之殇

BRITAIN

杨白芳

——作品

中国出版集团 现代出版社

图书在版编目（CIP）数据

英帝国：日不落之殇 / 杨白劳著．— 北京：现代出版社，2020.10
（世界历史有一套）
ISBN 978-7-5143-8822-0

Ⅰ．①英… Ⅱ．①杨… Ⅲ．①英国—历史—通俗读物 Ⅳ．①K561.09

中国版本图书馆 CIP 数据核字（2020）第 160970 号

英帝国：日不落之殇（世界历史有一套）

作　　者：杨白劳
责任编辑：张　霆　姚冬霞
出版发行：现代出版社
通信地址：北京市安定门外安华里 504 号
邮政编码：100011
电　　话：010-64267325　010-64245264（兼传真）
网　　址：www.1980xd.com
电子信箱：xiandai@vip.sina.com
印　　刷：固安兰星球彩色印刷有限公司

开　　本：710mm×1000mm　1/16
印　　张：26.5　　字　　数：400 千字
版　　次：2020 年 10 月第 1 版　　印　　次：2023 年 12 月第 3 次印刷
书　　号：ISBN 978-7-5143-8822-0
定　　价：56.00 元

目　录

导　言 / 1

一　**盎格鲁 – 撒克逊之战国七雄** / 10
二　**维京人来了** / 13
番外篇　北欧神话体系 / 15
三　**阿尔弗雷德“大帝”** / 36
四　**北海帝国** / 41
　丹麦恩仇录 / 41
　克努特“大帝” / 45
五　**诺曼底征服** / 48
　超级埃玛和子嗣 / 48
　私生子的逆袭 / 50
　大风刮来的王位 / 51
六　**法国公爵的英国生涯** / 54
　伦敦不安全 / 54
　“十字军” / 55
　猎鹿悬案 / 57
　两岸统一 / 58
七　**乱世中的金雀花** / 60
　第一位英女王 / 60
　幸运儿该有多幸运 / 61
　人见人爱花见花开 / 63
八　**亨利二世** / 65

西方法律之父 / 65
好“基友”的背叛 / 66
一缕香魂 / 68
九　鹰和儿子们 / 70
十　“狮心王” / 72
萨拉丁 / 72
各怀鬼胎 / 73
惺惺相惜 / 76
囚徒岁月 / 77
诗和远方 / 79
殒命法兰西 / 81
十一　大宪章 / 83
失地王 / 83
无知无畏的代价 / 85
给国王上规矩 / 87
十二　议会 / 89
十三　“大长腿” / 93
“十字军”压轴戏 / 93
威尔士亲王 / 94
勇敢的心 / 96
十四　爱德华二世 / 101
性向悲剧 / 101
“法兰西母狼” / 103

十五　完美英王 / 106
“慈父”的下场 / 106
亲政之路 / 107
成人仪式 / 109
十六　百年战争之一 / 111
起源 / 111
开打 / 112
中断 / 115
继续 / 118
再续 / 119
十七　金雀花凋谢 / 122
十八　百年战争之二 / 126
战神 / 126
圣女 / 128
女巫 / 130
归人 / 133
十九　玫瑰战争 / 134
国王疯了 / 134
一团乱麻 / 135
二十　摄政王叔的自我修养 / 141
二十一　红白玫瑰都是玫瑰 / 143
铁钉和江山 / 143
亨利七世的邻里和谐 / 144

二十二　亨利八世 / 147
马丁·路德 / 147
争位失利 / 149
凯瑟琳王后 / 151
安妮·博林 / 153
简·西摩 / 156
从安妮到另一个凯瑟琳 / 158
乌托邦 / 160
换不动了 / 162
二十三　不是一个妈生的骨肉 / 164
冷血爱德华 / 164
“血腥玛丽” / 166
二十四　伊丽莎白女王 / 174
宗教是根本 / 174
女人的区别 / 175
女王喜欢海盗 / 180
海上女霸主 / 183
女王是“剩女” / 189
二十五　莎士比亚 / 197
二十六　北方佬在伦敦 / 200
本地人挤对 / 200
信不到一起 / 202
白金汉公爵 / 204

二十七　走向共和 / 207
议会，又是议会 / 207
王的抗争 / 211
共和祭品 / 213
二十八　克伦威尔 / 216
二十九　复辟 / 221
杀父之仇 / 221
党同伐异 / 222
三十　光荣革命 / 226
荷兰来的上门女婿 / 226
要会看脸色 / 228
三十一　风笛呜咽 / 230
三十二　帝国基础 / 232
三十三　这次英王来自德国 / 234
乡下小地主的品位 / 234
英国首相 / 235
三十四　小岛外是星辰大海 / 239
乔治对乔治 / 239
想打架总是有的 / 241
三十五　七年战争 / 244
三十六　英王不用太进取 / 248
国王跟小报记者 / 248
美利坚割离 / 250

乔三与乾隆 / 251
三十七　工业革命 / 254
三十八　法国大革命 / 258
改朝最考功夫 / 258
隔岸观火做不到 / 260
海上拿破仑 / 261
三十九　为拿破仑送行 / 266
四十　绝嗣风险 / 270
四十一　议会改革 / 273
四十二　欧洲祖母 / 279
女王养成记 / 279
毛利人归化 / 285
用鸦片挑战上邦 / 287
世博会 / 291
克里木战争 / 294
寡居的是非 / 296
“日不落”女王 / 297
四十三　议会再改革 / 302
四十四　英伦文化人 / 306
四十五　第一次世界大战 / 308
战前好时光 / 308
风干物燥，小心火烛 / 311
大陆起火 / 313

海上霸主出手 / 316
美国表弟来得及时 / 319
王室形象 / 323
四十六　清算 / 327
四十七　战后不容易 / 329
四十八　江山美人 / 333
四十九　第二次世界大战 / 341
刚开始也尿 / 341
和平的战争 / 343
胖老头的果决 / 345
不列颠空战 / 347
依然是海霸 / 351
北非 / 353
再拖表弟下水 / 355
蒙哥马利 / 357
胜利 / 358
五十　伊丽莎白女王 / 360
战后的艰难 / 360
女王也年轻过 / 365
帝国的瓦解 / 367
五十一　“铁娘子” / 371
女首相 / 371
马岛硝烟 / 375

铁人也有无奈 / 380
五十二　永远的王妃 / 383
五十三　索罗斯空袭 / 403
五十四　拜入大哥山门 / 408
五十五　完结 / 413

导　言

英国的故事，我们最喜欢的莫过于《哈利·波特》系列。英国的罗琳靠编故事发了大财，成为全世界会写字的人的偶像。如果你完全不了解英国的神话故事，会觉得能凭空编出这样一个魔法师的故事真是太神了。现在我们试着把这些故事的起源挖出来。

先讲魔法师这个职业。在古代英国，即使是国王已经开始笃信基督教了，他身边还是会配备一些魔法师幕僚，帮自己处理各种杂务，给予各种预言。像“霍格沃兹”那样的魔法学校毕业生，就业前景是非常好的，那个时代巫师与麻瓜和平相处，互相帮助，而好的巫师一般都直接进入朝廷高层，作为皇帝的左右手深得恩宠。《哈利·波特》里提到过一个叫梅林的魔法师，被认为是魔法界上帝一样的人物，最伟大的巫师，最伟大的预言家，最有智慧的神仙。他的名字被用来命名魔法界的最高勋章，邓布利多校长就有一枚。今天的故事，从梅林开始。

时代背景应该是5世纪，当时的罗马羸弱，自家周边的行省都难以管束，在大海对岸的不列颠更是鞭长莫及。罗马势力逐渐撤出后，不列颠地区的主要部族是凯尔特人（就是高卢人），他们组成很多小国，在不列颠岛上过日子。

梅林的妈妈是其中一个国王的女儿，会点法术，爸爸则是个妖魔鬼怪，所以梅林是个半人半妖，长了一身长毛，非常难看，七岁看着就像七十岁。当时的国王要修建威尔士山城，整个工程进行得很闹心，白天盖好，晚上就塌了。后来有巫师告诉国王，建筑材料不合格，这些白灰水泥里应该混入一个孩子的血，而且这孩子的父亲还必须是神怪一类。这样的人很好找啊，梅林就是一个。被带到国王跟前的梅林告诉国王，其实不用杀人放血，这座城总是修不好是因为地基打在一个地下水层上，而水底有两条龙。后来事实证明是这么回事，梅林就算出名了，辅佐了这个国王之后的三代王。

辅佐第一代王的时候，梅林的重要功绩是帮着起了个巨石阵，现在伦敦郊区的著名巨石阵传说是梅林施了个搬运大法从爱尔兰运来的。

辅佐第二代王最大的功劳就是帮主子泡妞，勾搭有夫之妇。他主子尤瑟王已经有王后，还生了个女儿，可还是看上了一个公爵的夫人，公爵怕自己老婆做出不体面的事，就把她锁在城堡里，重兵把守。梅林将尤瑟王变成这个公爵的模样，他大摇大摆地进了城堡，做该做的功课。不久，公爵夫人怀孕，这个私生子被从城堡的后门送出，怕尤瑟王的敌人迫害，梅林带走了这孩子，并交给一个富有的骑士家庭收养，身世极度保密，只有梅林自己知道（眼熟吧，哈利・波特也是这个遭遇）。

尤瑟王驾崩，因为没有儿子接班，天下大乱。梅林让大主教安排所有的骑士圣诞节到教堂去聚会，决定该国的老大人选。那个收养了遗孤的骑士家庭也去了，到了那里，现场有一块大石头，里面插着把剑，上面写着“将剑从石头中拔出者，即为不列颠之王”。所有的骑士，咬牙切齿、前赴后继地上去拔剑，宝剑在石中纹丝不动。那个骑士家庭本来也有个儿子，出门时忘了带佩剑，就吩咐尤瑟王的儿子回去拿。跑回去一看，人都去教堂看热闹了，他没有钥匙进门啊，怎么办？不就是一把佩剑吗？石头里就有一把，我给你拔出来你挂上啊！说着，这个十五岁的少年就走到巨石前，轻松将宝剑拔了出来。现场一片哗然，那些老牌骑士怎么也不能接受这个十五岁的少年将成为国王这个现实。于是他们不断地将剑插回去，不断地试验，总之不论怎么插，都只有这个十五岁的小孩能拔出来。根据骑士精神，约定的事要认账，不许耍赖，无论这个事合不合理，都要接受并拥戴。尤瑟王的私生子终于辗转做了国王，大名叫“亚瑟”（所有的读者“噢”了一声，因为这个亚瑟王大家都认识）。

亚瑟登基加冕成为皇帝，当时有些贵族对他不满，发动叛乱，周围的小国也不断过来找碴，每天疲于各种战争。有一次进攻一个小国时，战事激烈，那个小国眼看不敌。小国的王后连夜过来觐见亚瑟王，希望能和谈。派王后过来和谈，色相贿赂是一定的。这王后长得漂亮，亚瑟王很喜欢，当晚就把她带上床。动作太快了，他的老师兼军师梅林发现不对，想赶紧来阻止，已经生米成饭。这个女人怀孕了。梅林告诉亚瑟王，这个王后实际上是他同父异母的姐姐摩尔根。不久，一个叫莫德雷德的小孩出生了，身份很尴尬，又是亚瑟王的外甥，又是他儿子。梅林长叹一声，预言这个孩子将会终结亚瑟王的生命。

跟自己的姐姐意外乱伦不过是花间旧事，亚瑟王还是要正经娶个王后的。他看中了一个小国的公主，叫桂妮维雅，据说美艳动人不可方物，虽然梅林一再告诫亚瑟王这个女人会为他带来灾祸，但被美女迷晕的亚瑟王不管不顾地将她娶回家立为王后。结婚那天，亚瑟王的岳父送给他一份礼物，一个巨大的圆桌，这是专供骑士开会的道具，可以坐一百五十个人。

圆桌一进入亚瑟的王宫，就开始为圆桌搭配骑士。骑士是中世纪时的欧洲出现的特殊的阶层，必须出身贵族，从小严格训练，文武双全，彬彬有礼，二十一岁时被授予骑士称号，并以服骑兵军役为条件，获得国王或大领主的封地，骑着骏马驰骋于沙场的贵族。获得称号的年轻骑士常常通过马上比武，显示自己无愧于骑士这一份光荣。中世纪的欧洲尚武任侠，那些骑士都是些风度翩翩的浊世佳公子，不仅在战场上骁悍异常，私底下还必须帮助穷人，尊重妇女，遵纪守法，信仰虔诚。即使是打仗决斗，也有很长篇的战场礼仪需要遵守，绝对是从头到脚渗透进骨头的贵族。

通过这些标准，我们知道，要想坐上亚瑟王的圆桌，门槛还是很高的。尤其是，圆桌骑士还有特别的荣耀，因为是圆形桌子，所以人坐下后位置都是一样的，平等的，此时没有上下级，没有君臣，在桌边一坐，大家都是平等的骑士，商量任何事，都是民主集中的原则。

也许亚瑟王的圆桌曾经坐下过一百五十个骑士，但后来历史留名的只有十二个。就是名震江湖、众人仰望的圆桌骑士团。这十二个骑士中，最大最显赫的骑士当然是亚瑟王自己。

关于十二骑士的故事非常多，现在还出现了相应的游戏，是奇幻世界最让人遐想的英雄。找几个重要的跟大家说说。十二骑士中，除了亚瑟王，排名第一的应该是名动整个欧洲的骑士界招牌人物兰斯洛特，他的故事影响了亚瑟王的一生，我们回头再说。

先说说另一个著名人物，圆桌骑士团中最英俊、最高贵、最智慧、最忠诚的高文。

据说有一次跟邻国的战争中，亚瑟王失手被俘，作为一流骑士，亚瑟王做俘虏也做得尊贵潇洒、不跌份，让俘虏他的国王非常惊叹，所以决定放他，但条件是，他必须在一年后回答出一个问题：女人真正想要的是什么？如果不能找出正确答案，则一年之后，亚瑟王必须回来受死。

这个问题太缺德了，让一个大男人一国之君成天不干正事，到处打听妇女的需要，很不体面。好在骑士文化里，对女人的态度是重要内容，亚瑟王上下求索关于女人的真理，周围的人也不太笑他。但也没有实质性帮助，满朝文武、贩夫走卒、三教九流所有的答案不外于精致的首饰、华美的丝绸、巍峨的宫殿、俊美的老公，诸如此类。亚瑟王凭感觉，这些都不是正确答案。这时有人告诉他，说是森林里有个老女巫，什么都知道，应该能解答这个问题，但女巫是个漫天要价的，跟她打听真理花费不菲。但事关性命，怎么也要试试啊。这女巫果然知道答案，但她向亚瑟王提出了自己的答题价格：让亚瑟手下最高贵、最英武的高文娶她为妻。

亚瑟王愁坏了，高文英俊挺拔，漂亮得像太阳神，而且身世显赫、血统高贵，一般的美女都不能入他的青眼。这女巫老得像干柴，脸上皱纹比菊花还密，缺牙豁嘴，腰弯成句号，身上还散发臭气。亚瑟王怎么也不能答应这桩婚事，作为骑士，兄弟之义是神圣的，宁可自己没了命也不能牺牲兄弟一辈子的幸福。同样是为了这份兄弟之义，还包括对王的忠诚，高文居然毫不犹豫地答应了，只要女巫的答案能救回亚瑟王的性命，他铁定娶老女巫为妻。女巫终于说出了问题的答案：女人最需要的，是能够自己掌握自己的命运。

这个答案一出，所有的女人心中都有共鸣，显然，这的确是问题的终极答案。其实不光女人，男人最需要的也是这个。比如高文，他就不能掌握自己的命运，既然答案被敌国国王接受，亚瑟王被释放，高文就必须跟又老又丑的女巫成亲，该进洞房还是要进洞房的。

盛大的婚礼在骑士团成员哀伤的心情中结束，高文迈着沉重的步子，英俊的面颊已经苍白如纸。他必须到卧室去完成仪式，把自己完美无瑕的身体交给老女巫蹂躏。谁知一进卧室，高文就发现，在床上等他的是个绝世的美女，其美貌是高文从没见过的。这美女告诉高文，她的一生，一半是绝顶美女，一半是老丑巫婆，让高文自己选择，是希望她白天美丽还是夜晚美丽。

这是个艰难的问题，对高文这种有头有脸的贵族骑士来说，白天带着个老丑巫婆到处应酬是个很丢人的事，可如果晚上跟一个老丑巫婆上床也是个巨大折磨。高文是智慧的，他回答女巫：“你不是说过，女人最想要的是掌握自己的命运，现在你可以掌握命运，自己选择，我都接受。”这个回答比女巫那个答案更加高明，女巫更是欣喜莫名，她的老公果然是又帅又聪明。最后女巫给了高文最佳选择，那就是：从今以后，不论白天还是黑夜，女巫都会以一个绝美的女人形象存在，做高文完美的妻子。

这个故事是很多欧洲传说的蓝本，很多神话故事喜欢把王子或公主变成丑八怪或是青蛙之类的东西，向所有人宣扬一个真理，那就是爱情不能看外貌，小白脸都是薄情汉，小美人都是狐狸精，没有好东西。大家别信啊，老杨一直认为，相由心生，心地善良纯洁的人，模样一般都不会太差，当然整过容的除外啊！

亚瑟王从石头里拔出宝剑，登上王位，组建圆桌骑士团。先讲讲亚瑟王的剑，其实亚瑟王一生有两柄绝世神兵，这柄剑被称为“石中剑”，后来因为无端跟另一个骑士决斗，违反了骑士精神，所以“石中剑”生气了，在打斗中自然断裂。骑士似乎是为决斗而生的，但骑士也不能以无谓的理由随便动手，骑士的价值就是将打架这种粗活变成了优雅艺术。像堂吉诃德这种乡下小地主，非要冒充骑士，完全不懂骑士精神的精髓，见到一个风车都打得起劲，还要和一群羊决斗，显然是疯狂的。传说塞万提斯写《堂吉诃德》这部小说就是为了诋毁那些神乎其神的骑士传说，有恶搞的性质。他的目的达到了，一粒老鼠屎坏了一锅汤，本来我们想起那些远古的骑士时，犹如会想到“四大名捕”时那种惊才绝艳的感觉，自从出了“堂吉诃德”这么个老傻子，他优先成了骑士代表，让我们觉得骑士就是这么个搞笑样子，如果亚瑟王那些英俊高贵的骑士知道，那才真正地郁闷呢。

“石中剑”断了，师傅梅林肯定要帮着再弄一把佩剑来。当时不列颠有个叫阿瓦隆的小岛国度，隐藏在浓雾和沼泽中，是个精灵和神仙的聚居地。阿瓦隆周围是一个大湖，湖中住着仙女，梅林来到湖边对着湖水提出要求。很快湖中伸出一只手来，握着一柄美妙绝伦的宝剑，镶金嵌玉，刀锋吹毛断发、削铁如泥，所以湖中仙女给这柄剑取名“断钢剑”。还被称为“王者之剑”，后来亚瑟王的霸业都靠这柄剑实现。

亚瑟王从湖中仙女那里带走剑和剑鞘两部分。当时梅林问亚瑟，剑和剑鞘你更看重哪一样？亚瑟王自然认为是宝剑更重要，梅林告诉他，对这柄“王者之剑”来说，剑鞘比剑更重要，只要保管好剑鞘，将它随时挂在身上，不管受多重的伤，都不会流血。所以只要剑鞘不丢失，亚瑟王应该是无敌的。这是个有寓意的故事，也许对一个君主来说，收敛兵锋才是最高境界，不战比战更重要。

说完圆桌骑士高文的故事，接下来讲讲圆桌骑士团排名第一的骑士——兰斯洛特。

兰斯洛特也是一个王子，因为一出生父亲就死了，被遗弃在湖边，被仙女收养成人，江湖人称“湖上骑士”。像移花宫长大的花无缺一样，他温文尔雅、谦恭礼让、风度翩翩，对谁都客气，对谁都友善，照顾小动物，扶老太太过马路。但如果真要动起手来，其武艺高强、勇悍异常，天下罕有对手，尤其是他的兵器“无毁之湖光”，兵器谱排名仅次于亚瑟那两柄王剑，号称是最强的骑士才能驾驭。

圆桌骑士上有一个首席之位，梅林告诉亚瑟王，这个位置，要赐予一个既是豹子又是绵羊的人。当兰斯洛特出现时，亚瑟王认定这就是梅林说的那个人。可其他的骑士不服，所以兰斯洛特便开始行走江湖，用了一年的时间，建功立业，短短的时间里天下到处流传这位温柔英雄的丰功伟绩，其仁慈和勇敢让老百姓口碑相传，成为新偶像。兰斯洛特终于无愧地坐上了圆桌骑士首席之位。

鉴于兰斯洛特江湖名声太好了，亚瑟王对他也是恩宠有加，封他为王后的守护骑士，长伴桂妮维雅的身旁，保护她的安全。后来的事，大家都能猜到，虽然骑士戒律对男女关系，尤其是这种上下级的男女关系有严格的约束，但爱情要来时，谁也不能阻挡。两个人在亚瑟王眼皮子底下相爱了。

兰斯洛特毕竟是个君子，他和王后的爱情比林中的溪水还要纯净，两个人精神恋爱，什么实质上的事情也没干。对亚瑟王来说，如果实在的绿帽子扣在头上，让他捉奸在床，他当然可以治兰斯洛特之罪，可人家没有啊，根据骑士条例，一个男人仰慕一个女性是受到保护的，骑士精神是不能吃飞醋的，这如同让亚瑟王吞个苍蝇，除了恶心，他什么事也做不了。

有一天，亚瑟王听说自己的老婆和兰斯洛特在一个树林中约会，忍无可忍之下，他派出十二名骑士围住树林，想除掉兰斯洛特。这林中一战一直被认为是不列颠武林最著名的战役，可媲美乔峰聚贤庄一战。兰斯洛特挥舞着“无毁之湖光”，惊鸦飞雀，天地变色，树林中无边落木萧萧而下，十二名亚瑟骑士全部殒命当场，兰斯洛特仗剑浴血逃出生天。

赔了夫人又折兵，亚瑟王恼羞成怒。抓不住兰斯洛特，只好拿自己的老婆出气。他将桂妮维雅绑上了火刑台，要将她烧死。像兰斯洛特这样的骑士，是不会眼睁睁看着一个女人为自己而死的。所以施刑当天，兰斯洛特带着一群手下死党，杀进了法场。力拼刑场上所有的护卫，生生地劫走了王后，并带她越海私奔，逃到了法兰西。

兰斯洛特这个动作的确也是太大胆了，当时的罗马教皇已经管欧洲的大小事务了，知道这很可能引发巨大的危机，所以赶紧出面调解，说服兰斯洛特交还别人的老婆。兰斯洛特当然也知道事态严重，所以只好派人将桂妮维雅送还给亚瑟王，以为这件事就此可以平息。事情闹到这个程度，已经跟女人无关了。还记得前文说过的骑士高文吗？他的兄弟就是为了抵抗兰斯洛特劫法场而惨死，还有很多骑士也死在兰斯剑下。所以以高文为代表的一群骑士力谏亚瑟王，这事不能就这么算了，如不能让兰斯洛特偿命，众怒难平。这正打中亚瑟王的心坎，对于自己的骑士背叛自己这件事，他也忧愤。国王的老婆啊，王后啊，你想借就借想还就还？于是，亚瑟王集合人马，麾下骑士披挂上马，预备跨海寻仇，要找兰斯洛特算总账。

国王出差去打架，家里的事总要让人管吧。前文不是说过，亚瑟王跟他姐姐春宵一度生下个儿子叫莫德雷德，传说他出世后，亚瑟王也觉得有点不好意思，加上梅林预言这孩子是自己的宿敌，为了不露痕迹地除掉孽种，他把和莫德雷德同一天出生的小男孩儿全部放上一条船，并让他们漂流海上，结果所有的小孩都死了，只有莫德雷德毫发无损地回来。亚瑟王认为这是神的旨意，于是一直让他留在自己身边。莫德雷德深受信任。亚瑟王临走时，将自己的国土和王权都交给他监管。

大家这时奇怪，亚瑟王不是有个神仙师傅辅佐吗？他应该是无所不能的，怎么搞得国王这么狼狈呢？主要原因就是梅林这个老东西为老不尊，为女色抛弃了自己的责任，在亚瑟王最需要他的时候，撂挑子提前退休了。

也不知从什么时候起，梅林就疯狂爱上了湖中仙女怡妙。这个老魔法师虽然法力高强，可长得怪模怪样的，毫无魅力。同样是大把长胡子，他比邓布利多的形象可是差远了。怡妙是仙女啊，又不是傍大款的小蜜，能跟梅林那模样的老男人混吗？

梅林不顾老脸地死缠烂打，一天到晚在怡妙面前献殷勤，让怡妙不胜其扰。梅林法力无边，追女生的办法却是相当原始。老男人一般都以教本事的借口勾搭小女生，所以在很短的时间内，梅林就将自己的全身本事都教给怡妙了。

据说当时的魔法师修炼各种魔法需要二三十年的时间，梅林天才地总结了一些速成的口诀，让成为魔法高手的进修时间大大缩短。本事都学会后，怡妙开始考虑彻底甩掉老头的事了。她先让梅林起誓，任何时候都不能对自身使用魔法，老梅林当然是满口答应。然后，怡妙要求跟梅林出去旅游。据说出发之前，梅林已经交代好了后事，他告诉亚瑟王，这一次他将一去不回，让亚瑟王保护好“王者之剑”的剑鞘，保护好自己。

这一路上，老梅林变着法儿骚扰怡妙，想让妙龄女子就范，委身给白胡子老头，怡妙恨不得掐死这老头。终于，在一个山洞里，看到一块巨大的石头，怡妙笑眯眯地要求老梅林给她表演一个“岩底穿梭”看看，也就是从石头中间穿过去。老梅林马上启动魔法钻进了岩石，在还没出来的时候，怡妙用梅林教授的魔法将岩石封闭。鉴于老梅林已经发誓不可以对自身施魔法，所以只好被封在石头里，什么也不能做。历史上最伟大的魔法师，为了一份无望、无赖、无聊的爱情，将自己永远活埋了。

亚瑟王带兵远去，老梅林曾经预言的事发生了，莫德雷德趁机谋反。他造谣说亚瑟王已经死在战场，他作为继承人成为王国的新主人。这还不算，他不仅霸占了王位和江山，还把王后桂妮维雅也收下了。

在外出征的亚瑟王收到消息，大惊失色。赶紧回师平乱。在卡姆兰河谷，亚瑟王和莫德雷德父子展开大战。这是亚瑟王生前最后一仗。据说他亲手干掉了近千名叛军，证明他可以成为圆桌骑士之主绝不是浪得虚名。可梅林走前还预言过，虽然亚瑟王的生命悬于他的剑鞘，可他这把保护生命的剑鞘还是会被偷走，并且是被一个生命中很亲密的女人偷去。老梅林这个东西，明明知道会有这么多麻烦，他只负责吓唬，也不给人解决的办法就一走了之。根据梅林的乌鸦嘴，亚瑟王的剑鞘果然被他的姐姐摩尔根也就是莫德雷德的妈偷走了，并丢进了宝剑来的湖底。卡姆兰河谷的决战，实际上是亚瑟王一家三口的内部纠纷，不过因为是王室，所以动作幅度大一些。战斗的结果是：莫德雷德被他父亲的“断钢剑”刺穿，死在亚瑟王的怀里。而亚瑟王也被他儿子的长矛刺中，因为没有剑鞘的保护，亚瑟王血流不止，奄奄一息。

这场大战，亚瑟王身边的骑士尽数战死，最后只有独臂骑士贝狄威尔幸存。他根据亚瑟王的最后要求，带着亚瑟王来到了湖边，将“王者之剑”再次投入水中，还给了仙女。而湖中仙女也划着一条小船，把将死的亚瑟王接到了精灵国度。后来的事就不知道了，亚瑟王留在世上的最后一句话是，如果王国需要他，他会随时回来。传说那柄“王者之剑”在湖底成为不列颠的镇岛之宝，如果有人将它找到，并带出不列颠，则英伦三岛会顷刻间沉入海底，万劫不复。

亚瑟王死后，王后桂妮维雅自觉罪孽深重，出家当了修女。兰斯洛特回到不列颠，希望能和桂妮维雅重新开始。可看到亚瑟王惨死和桂妮维雅的出家，他也受到巨大打击，感到内疚。所以最后他也出了家，成为一个修道士。

亚瑟王的骑士故事很多，中间还有《达·芬奇密码》中提到的“圣杯”的故事。说的是亚瑟王后期百无聊赖之余，喜欢发动骑士寻幽探密，“圣杯”就是当年耶稣被门徒出卖时，最后的晚餐用的杯子，而后耶稣受刑时，这个杯子曾用来盛他的宝血，所以在历史上，这个杯子带着神圣的光环，是欧洲的至宝。寻找圣杯已经不是一个简单的探险动作，而是很高的精神修炼，传说只有心灵最纯洁无瑕的骑士才能寻获，结果是兰斯洛特的儿子实现了这一崇高理想。

亚瑟王的故事很有趣，老杨就讲到这里，有兴趣的自己找书看看吧。让我们来看看这个神话时代的真实史实。

一　盎格鲁－撒克逊之战国七雄

这一篇，我们进入非常枯燥无趣的不列颠家的古代史阶段。

看地图啊，不列颠群岛其实离欧洲大陆是很近的，在最窄的多佛尔海峡，水性好的一个猛子扎下去，上来时就到英国了，很利于偷渡。恺撒征战高卢时，就随便弄了条小木船，划着就上了不列颠岛，当时岛上的生活可让他开了眼界了，作为游记作家，恺撒对不列颠岛上生活情况做过一些描述："所有不列颠人都用靛蓝染身，使人看来带有天蓝颜色，因此在战斗中显得更为可怖。他们还蓄着长发，全身除了头部和上唇之外，到处都剃光。妻子是由每一群十个或十二个男人共有的，特别是兄弟之间和父子之间共有最为普通，如果这些妻子中间有孩子出生，则被认为是当她在处子时第一个接近她的人的孩子。"从恺撒的角度来看，这里完全是没有开化的禽兽之地。

这片群岛上的原居民是一些伊比利亚人，在欧洲大陆老鼠一样四处逃难的高卢人因为日耳曼人的驱赶，有一部分过海来到不列颠，将原主人驱赶，屠杀之后，占据了不列颠岛，繁衍下来。在这里他们被称为凯尔特人。

凯尔特人信奉德鲁伊教，崇拜自然，精通医术，喜欢玩占卜，经常穿着白袍，一听这个形象就知道是各种"魔法师"的起源。前面说的英格兰著名景点巨石阵，就被认为是当年德鲁伊人的祭祀之地，而对于巨石阵之谜，到现在为止，似乎也只有"魔法"一说能说服所有人。

公元前55年、前54年，恺撒率罗马军队远征不列颠岛，打到凯尔特人求饶后就撤退了。公元43年，罗马人在不列颠岛设置了行省，罗马人实际上只控制了东南部地区，北部的苏格兰与西部的威尔士仍在凯尔特人的手中，他们时常起兵反抗罗马人的统治，罗马人为了防备他们不得不修建了"哈德良长城"。公元4世纪至5世纪，罗马帝国日渐衰落，逐渐放弃了对不列颠的控制，罗马人从公元407年开始撤兵，至公元442年全部退走，结束了对不列颠四百年的统治。

凯尔特人在罗马走后统治了不列颠，但也没有和平统一，他们组成各种各样的小国，有的可能就是个小城堡，便组织人马互相争斗，抢夺人口土地和各种资源。这样乱糟糟的地方，海对面的人看热闹之余肯定也会动些坏心思的。

再看地图，现在的丹麦所在的半岛，学名叫“日德兰半岛”，在现在讲的这段历史里，这个半岛上住着三个日耳曼的部族，北部的是朱提人，南部叫盎格鲁人，靠近欧洲大陆这边，易北河下游一带居住着撒克逊人。

这三个部族里，盎格鲁人和撒克逊人关系好，习俗和习性都比较接近，臭味相投，有点同盟的意思。所以经常被称为盎格鲁－撒克逊人。这两个部族在整个日耳曼族群中发展比较缓慢，进化得比较落后。虽然看起来又土又笨，但血液中的彪悍成分是天生的，如果在欧洲大陆，他们肯定自学成才，成为山匪路霸，但因为生于海岛，便把自己深造成海盗了。

他们造船的技术都是天生的，抢劫这个犯罪基因也是天生的。出海抢劫，要选个地方下手啊。研究一下形势：往欧洲大陆方向，那是罗马帝国的地盘，还有更强悍、更发达的日耳曼人，过去肯定是占不到便宜的；另一个方向呢，不错，不列颠岛，那里乱糟糟的，绝对是个软柿子，可以捏。

罗马统治不列颠时代，盎格鲁－撒克逊的海盗就让他们非常头痛，在沿海修建了大量工事和堡垒防御他们，还不太防得住。罗马撤出后，机会更加好了。

当时不列颠肯特地区的一个凯尔特人首领为了打仗，找朱提人帮忙，朱提的军事首领是兄弟俩，带着军队就在泰晤士河口登陆，上了岸之后，双方谈借兵的价格问题。朱提人坐地起价，凯尔特人拒不接受，两边翻了脸，朱提人毫不客气地将肯特地区占领，并住下不走了。同时，盎格鲁－撒克逊人也横渡北海，进入不列颠内部。随着这三个日耳曼部落的长驱直入，凯尔特人的反抗活动也如火如荼地展开。前文说过的亚瑟王的故事就发生在这一段。历史上，亚瑟王被当作凯尔特人的民族英雄，一直领导着凯尔特各部抵抗日耳曼人的入侵。

凯尔特人大约抵抗了日耳曼这三个部族一个半世纪的进侵，最后终于坚持不住，撤退到了威尔士、苏格兰、爱尔兰等地区，现在这三个地区的居民大部分都属于凯尔特人的血统，后来他们大规模迁徙至北美，所以美利坚的人种里，凯尔特人的后裔比例非常高。

此时的英格兰大部分就成了日耳曼部族的天下。现在我们说的“England”（英格兰）这个单词，最早的翻译应该是“盎格鲁人的土地”。也就是说，盎格鲁－撒克逊这帮人，成为现在不列颠家的祖先正统（其实这些日耳曼人占据不列颠不走也有不得已的苦衷，他们在欧洲大陆也受到了北匈奴的冲击，不躲远点就被灭族了）。

朱提人、盎格鲁－撒克逊人正式成为英格兰常住人口，在对凯尔特人的征战中，都是靠部落或是小团伙的独立作战，胜了就自动自觉瓜分土地，所以在凯尔特人被清除后，盎格鲁－撒克逊人在英格兰建立一盘散沙的各种小国家，后来互相争斗厮打了一阵，留下了七个国家，英国历史上号称“战国七雄”（其实真名是“七国时代”）。

这七个国家分别是：肯特（Kent）、萨塞克斯（南撒克逊，Sussex）、韦塞克斯（西撒克逊，Wessex）、埃塞克斯（东撒克逊，Essex）、诺森布里亚（North Umbria），东盎格利亚（East Anglia）和麦西亚（Mercia），这七个小国和所处的位置，成为后来英格兰王国的雏形。

那么小的土地上挤了七个国家，也没听说有重大的文化进步，每天的活动不外乎就是打架。咱家的“战国七雄”时代的群雄争战，是带着大量的高深智慧，演绎出许多高明谋略的。英国的“七国时代”打得比较苍白，也没听说什么精彩的故事。但这个时期，最精彩的故事是古代世界史的重要门派——维京人现身江湖。

二　维京人来了

维京人起源于斯堪的纳维亚半岛，看地图啊，这个欧洲北部的半岛在头部这个位置与欧洲大陆相连。周围环绕着巴伦支海、挪威海和波罗的海。是地球上纬度很高的地带，气候严寒。每年要度过一个漫长的冬季，每天要熬过长长的黑夜。岛上地形复杂，森林茂密，加上海岸曲折，海岛林立，根据靠天吃饭的模式，岛上的居民自然是砍掉森林，修造船只，出海捞鱼维持生活。所以北欧文化的精髓就是两个东西：一个是原木，一个是大海。

岛民进化了一阵，逐渐形成了三个国家，一个叫挪威，一个叫丹麦，一个叫瑞典。这伙人因为秉性和来路都差不多，所以到他们横空出世、威震江湖的时候，统称维京人。

8 世纪之前，斯堪的纳维亚半岛大约有两百万居民，他们利用自己的轻便船只在欧洲的海边进行各种贸易，这时的维京人还基本算是正当商人。此时的地球气候开始逐渐变暖，半岛上的农作物的产量也提高了，营养均衡些，粮食多了些，人们的身体自然更加强壮，婴儿的出生率提高，死亡率降低。由于维京的婚姻习俗是一夫多妻制，因此人口的增长速度很快。随着人口数量的提高，斯堪的纳维亚半岛的土地就显得不够用了，许多年轻力壮的人没有工作，不得不出外谋生。鉴于这些原因，维京人发现他们如果不增加海外的收入，小半岛的日子是很艰难的。正常的贸易毕竟收入有限，还耗时耗力的，同样是造船，不造商船直接造战船，打上别国的土地，将别人家的生产成果强行拿过来享用，肯定是最方便有效率的办法。尤其是当时的维京人法律规定，犯了法的人就往大海上流放，那附近的海域成了犯罪分子的集散地，这些回不了家的亡命之徒自然乐于为各种海盗船队打工，充当抢劫急先锋。

维京人终于决定学坏之后，就开始分兵出击，向欧洲所有的国家下手，此后的几个世纪，那些大海上行动迅速、快如鬼魅的龙头战船，以及靠岸后头戴牛角头盔呼啸着席卷而来的维京人成为全欧洲的梦魇。在出海打劫的过程中，斯堪的纳维亚半岛上已经模糊成型的三个国家选择了不同的抢劫路径：挪威维京人向不列颠群岛和地中海附近掠夺和侵略；丹麦维京人进攻西欧大陆，沿着欧洲的几条大河纵横；而瑞典维京人向东来到斯拉夫人的部落，他们后来过于深入不能自拔，索性建立起留里克王朝，后来逐渐发展成为俄罗斯帝国，这一伙算是最早从良的维京人。当时的欧洲已经确立了基督教的统治地位，所以教堂和修道院是各地财富的集中地，维京人自然是不怕上帝生气的，这些地方成为他们抢劫的重要目标。

维京人进化为强盗祖宗，除了半岛生活贫瘠等社会因素，恶劣的气候环境造就的彪悍性格和尚武英勇的宗教信仰也是他们成才的重要原因。而维京人信奉的宗教，就是读者都很期待的北欧神话体系。西欧的历史和北欧海盗关系深远，在我们讲述英格兰的历史之前，必须从头研究维京人，而维京人的起源故事，便于大家了解好莱坞大片《复仇者联盟》中的英雄“锤神”的生平。

番外篇　北欧神话体系

从前的从前，一片洪荒，天地混沌。这混沌由两部分组成，一边是冰雪世界，万年玄冰、千年积雪，奇寒无比；另一边是火焰之国，炙焰冲天、火光灼目，自然是酷热难当。有个叫苏特的大家伙挥着一柄光剑守在这边。这两个冷热两极的世界之间，是一条巨大的鸿沟。

话说突然有一天，冰雪世界冒出一股泉水，带着些碎冰和雪块向鸿沟冲击，在沟底沉积，但因为另一边的火舌经常舔过来，这些冰雪又融化成水，而后新的冰雪又再次袭来，你来我往间，鸿沟里非常热闹。其间岁月流转了亿万年，冷一阵热一阵的，终于让鸿沟孕育出了生命，一个巨大的生物伊米尔稀里糊涂地诞生了。伊米尔是北欧神话中一切的起源，相当于咱家的盘古。

伊米尔拖着庞大的身躯在黑暗苦寒中徜徉，当然不是思考哲学问题，而是找食物。好在除了他，这冰与火的融合还产生了另一个生物，那就是一头巨大的奶牛（怎么这么巧，为什么不是牦牛呢？），奶牛的身下流出四股乳汁，汇聚成四条奶白色的河流。伊米尔就是靠着这些乳汁维系生命。奶牛吃什么呢，奶牛舔冰块就能活着（说好是神话故事，有些事不用太较真）。

奶牛的乳汁健康纯净，伊米尔健康成长，到了一定的岁数，就可以繁殖后代了。先是从他的双臂下长出两个巨人，这两个巨人结合后又生出了许多巨人。这一支的巨人比较聪明，其中脑子发育最好、智慧最高的巨人叫密密尔。伊米尔的脚底下也生出了一个巨人，长六个脑袋，相当难看，后来也繁殖后代，这一支的巨人普遍愚蠢笨拙，长得歪瓜裂枣，经常出各种怪兽。但所有伊米尔产下的巨人统称为“霜的巨人”，是神仙的敌人。

那神仙又是从哪里来的呢？不是有一头大奶牛吗？奶牛不断地舔冰块，寻找盐霜（海洋王国的神话，冰块里居然有盐霜？！）。有一天舔着舔着舔出一个人头来！奶牛也不害怕，继续舔，三天后，居然舔出一个高大俊美的男子，强壮有力，性格温顺，名叫布里，是众神的始祖。

布里自己生了个儿子叫博尔，博尔娶了智慧巨人密密尔的姐姐为妻，当然也是个女巨人。他们生了三个无与伦比、完美绝伦的儿子，一个叫奥丁，一个叫威利，一个叫维，这三兄弟后来成为世界之主。

三个儿子从小有雄心壮志，不愿意生活在亘古的黑暗和冰雪中，为了打碎旧世界，开辟新天地，他们向伊米尔发动战斗，并联手将这起源巨人杀死。据说伊米尔死时，流出的大量鲜血变成一场洪水，在这场我们不陌生的洪水中（所有的神话史前都会发一阵洪水），巨人族几乎死光了，当然还是有对巨人夫妇得以幸免，于是在洪水退去后，巨人又开始繁殖。

三兄弟预备开辟建造一个新的天地，手边没有建材啊，怎么办？不是有伊米尔巨大的身体吗？这么大一堆肉，干什么都够了。于是伊米尔的肉体被放在了鸿沟中间，将鸿沟填满后成为大地。他的血被造成海洋和湖泊，他的骨骼变成丘陵和山脉，牙齿和零碎的腭骨造成岩崖和卵石，头发和胡子成为树木和青草。脑袋被丢到空中成为天空，脑浆流出来成为白云（真恶心，以后没事还看不看云彩了？），可这脑袋天空不能老悬浮着，要往下掉啊，怎么办，找东西顶着啊。

话说三兄弟杀死伊米尔后，他还腐烂了一阵，尸体腐烂自然是会生蛆的，这些尸体吸吮了伊米尔的精气，修炼成了精灵。奥丁施法让他们拥有人的形状和智慧。向光的一面生出来的是光明精灵，通透明亮，热情开朗，能和鸟兽虫鱼、花草树木等自然界的一切沟通并和平共处，是神仙的好朋友、好帮手。而伊米尔尸体背光的一面生出的却是些黑暗邪恶的精灵，据说贪婪而虚伪，不招人待见，所以不叫精灵，叫侏儒。被神安排居住在大地之下，没事不准跑出来。奥丁随手抓了四个侏儒来顶住下沉的天空，这四个侏儒的名字经常出现在麻将桌上，叫作“东、南、西、北”。奥丁又到火焰之国抓了几个火星，丢上天空，成为闪烁的繁星，世界上总算有了点亮光。

世界初具雏形，神仙兄弟认为应该搭配一种漂亮的生物在这里生活。这天，三个神仙在海滩散步，海浪突然卷来了两截木头，一段梣树，一段榆树。三兄弟觉得这两段东西很适合造人，于是开始雕刻。梣树被雕成英伟的男子，榆树成为美丽的女子。然后，“奥丁首先把人形木握在手中，赐给了他们生命与呼吸；威利接着赐给了他们灵魂与智慧；最后，维赐给了他们体温和五官的感觉”。从此人类诞生了。根据他们的来历，男的名叫阿斯克（梣树），女的名叫爱波拉（榆树）。这两人在神新创造的世界里住下，并结合，繁衍生殖了好大一群人。

智慧巨人密密尔有个美丽女儿，皮肤很黑，最喜欢的事就是骑着骏马在星空中奔驰，名字叫夜晚。她跟光明精灵结婚，生下个很炫目、很耀眼的美男子，这个男子名字叫白天。跟他妈妈一样，也喜欢骑着马在天上乱跑。这母子俩轮番地在天上瞎跑，一个跑完了回去休息，另一个接着跑，两班倒形成昼夜更替。巨人国有个巨人有两个完美的孩子，一男一女，女孩子叫太阳，通体金光闪闪，男的叫月亮，银光四射。奥丁到巨人国把这两个小孩弄出来，让他俩跟着白天和夜晚在天上值班，也在天上瞎跑。太阳和月亮在前面跑，后面还有一群狼在追，如果追上了，张口就咬，这样就变成了日食或者月食。万一哪天日月都被狼吞下去，则天地毁灭。

在新世界里，神仙在中间的位置上方占了块地成为神国，精灵被允许生活在周围，建立精灵国，而在大地的最东边，给巨人一个专用地盘，是为巨人国。大地之下，不见天日的地方就是侏儒国。从这时起，整个北欧的世界里生活着人类、神仙、精灵、巨人、侏儒这几个物种，有时相安无事，有时钩心斗角。尤其是神国和巨人国，更是水火不容，成为宿敌。

伊米尔死后，他的尸体上长出一棵大树，遮天蔽日的。这棵大树成为宇宙的中心，也是北欧神话的核心中枢。这棵大树有三条树根，一条通向神国，一条通向巨人国，一条通向死亡之国。三条树根连接着三股泉水，滋养着这棵大树，它是整个宇宙的支撑。

通向死亡之国的那条树根被一股冰冷刺骨的泉水滋养着，泉底有一条毒龙看管泉水，它每天啃宇宙之树的树根，指望着有一天把这棵大树啃倒，世界灭亡。

通向巨人国的树根被巨人国里的一口智慧之泉滋养，这口泉水汇聚着宇宙所有的知识和智慧，任何物种喝上一口，就能拿诺贝尔奖了。这口泉水由智慧巨人密密尔看管，不论是神祇、巨人、精灵还是侏儒，谁也不能靠近，谁也不准染指，倒是密密尔自己，每天黄昏吃饱了饭就会拿牛角杯盛一杯智慧之水来消食。这自私的巨人把自己搞得越来越聪明，无所不知的，不论是过去的事还是没发生的事。有一天，奥丁来到这里，祈求密密尔让他喝一口智慧之泉的水，密密尔这个小气鬼坚决不干，生怕别人变聪明了。在奥丁的不断哀求下，密密尔提出个缺德要求，让奥丁挖一只眼睛出来丢进泉水来交换，奥丁毫不犹豫地答应了，挖出一只眼睛丢到泉底，这个眼睛向上仰望，可以看到过去和未来之事。奥丁因此喝了一肚子泉水，变得更加智慧、更加有知识。但此后，这个北欧神话的主神就成为一个独眼。

宇宙树通向神国的树根也有一汪清泉，水平如镜，美丽如画。是一个静谧的湖泊，这湖上反射着悦目的柔光，将神国照得透亮和煦。有两只鸟从远山飞来，在湖上游弋了一阵，通体被染成纯白，变成天鹅。看守这汪清泉的，是三个女神，她们负责灌溉和照顾宇宙树，让它茁壮成长。这三个女神还管理着人间众生的运数，所以又叫命运女神。她们的名字分别叫过去、现在和未来。过去女神每天都在纺线，她纺出的线就是人类的生命，她不停地纺线，人类的生命就得以不停地延续。而现在女神掌管生命的质量和长度，她将过去女神纺出的线捻成形，不过她心情好的时候，捻出的线就比较精美，心情恶劣时，线就乱糟糟的；有的线长有的线短。于是人类的一生，有的人富贵安逸，有的人困顿无为，有的人长命百岁，有的人英年早逝。这都要看现在女神的心情。未来女神负责索命，根据现在女神确定的长度，未来女神毫不留情地操起剪刀将丝线剪断，人间有一个人的生命就因此戛然而止。

宇宙树的树冠上有一只羽毛洁白的公鸡，她根据命运女神的安排，计算人类睡觉的时间。当人类因为劳累入睡时，它就在树冠上计数，到了时间就放声唱歌。被吵醒的白天和太阳赶着车到天上上班，人类也起来下地干活。树的最高处还有一只苍鹰，展翅时世界就刮起大风。这只苍鹰跟冰雪之国那条毒龙是宿敌，树干上有一只松鼠经常在这两个禽兽之间传递仇恨并挑拨离间。宇宙树边还有四只美丽的大鹿在奔跑，啃食树的嫩芽，他们四个象征着四个方向的风。树下不是躺着伊米尔的遗骸吗？他老人家经常躺着不舒服，偶尔会翻身，于是就地震了。

自从神仙构建了神国之后，就致力于建设家园了。只有奥丁天上地下到处跑，除了长了不少知识智慧，就是认识了不少女人，惹了不少绯闻和艳事。

神国初建，这个北欧诸神的居住地名叫亚萨园。奥丁不安于在家待着，天上地下到处乱跑，号称是到外面取经学习观摩，实际上最有成效的工作是诱拐别国的闺女。先是跟一个女巨人——大地女神发生一夜情，女巨人为他生下一个叫托尔的儿子。后来他又发现巨人国有个贼漂亮的妹子叫芙利格，因为巨人国和神国有仇，奥丁也不敢明目张胆过去提亲，只好趁月黑风高潜入巨人国，找到芙利格，二人商量好私奔。芙利格的爸爸曾经送她一件叫“鹰羽”的宝贝，穿上后，可以像雄鹰一样扶摇云霄，两个人就靠这件宝贝跑回神国，结为夫妇，开始繁殖众神。

芙利格还是挺能生的，不久，亚萨园就人丁兴旺了，因为都是神仙，所以当然都有各自的宫殿，亚萨园的基建工作也如火如荼，这个诸神的家园很快就颇具规模了，各种城堡宫殿都是用白银和黄金建成，一片金碧辉煌。在亚萨园中担任重要管理工作的是十二个大神仙。

老大当然是奥丁，不出去瞎跑的时候，他总是坐在宫殿正中的御座上。他穿着宽大的上衣，戴着一顶宽边帽，他的肩膀上停着两只乌鸦，一只叫作胡晋（意为思想），另一只叫作穆宁（意为记忆）；他的膝下匍匐着两条驯服的狼，格里和弗雷克。宫殿正中的那个奥丁的御座，是亚萨园中的一件神奇的宝物。每当奥丁坐在这个御座上的时候，他的一只眼睛能够一下子看到世界上正在发生的事情；而他不是还有一只眼睛在智慧之泉水底吗？那只眼睛能看到一切过去的事情和将要发生的事情。在奥丁张望世界的时候，有一个角度，视线会被宇宙树挡住，让他看不见。怎么办？奥丁有自己的线人系统——他肩膀上的两只乌鸦。太阳下山时，这两只鸟飞出亚萨园采访，一直飞到世界的尽头。清晨来临，奥丁一开始早朝，两只乌鸦就飞回来，一只停在奥丁的左肩，一只停在奥丁的右肩，把它们在外面的见闻、是非、绯闻，告诉它们的主人，就这样，众神之主奥丁对天下的事情无所不知，没有任何网络屏蔽。

奥丁的老婆芙利格主管婚姻家庭等事务。

奥丁和大地女神生的长子托尔是个大力士，天上地下最有力量的人，长着一脸红胡子，性情豪迈，行侠仗义，张飞一般的人物。他的主要工作是保护亚萨园的安全，所以经常在外打仗，工作重心是找巨人国的麻烦。

托尔的老婆叫西芙，主管大地和丰收，最出名的是一头美丽绝伦的金色长发，闪着黄金般的光泽。

奥丁和芙利格有好几个儿子，最出名的当然是亚萨园的太子爷，叫作巴尔德尔，光明之神。俊美绝伦，天下无双，而且心地善良，性情温和，受到所有人的爱戴，在亚萨园享受着众星捧月般的对待，是让所有人愉悦的男主角。

奥丁另外的儿子中，有一个叫提尔，战斗之神，他负责保护所有的战争，也是所有的契约、盟誓的担保人。他是独臂的。关于他独臂的原因，后面会说到。在北欧的神话体系中，提尔是仅次于奥丁的神。跟提尔正相反，奥丁另外还有一个诗人儿子布拉奇，才华横溢，可以出口成章，还能言善辩，是诗歌之神。

奥丁还有个儿子叫霍德尔，是个瞎子，失明让他心理阴暗，是亚萨园里最孤僻、最冷漠的人。

以上是奥丁家族的神祇。奥丁的血系之外，最有权势的神就是巨人之子洛基。按道理，巨人国的人如果不是奥丁生的，是很难进入亚萨国位列仙班的。但洛基的母亲对奥丁有养育之恩，所以奥丁和洛基是结义兄弟。洛基在奥丁国度是火神，但后来他成为一代邪神，成为神国的大敌和毁灭者。

介绍完人物，故事就开始了。先说亚萨园的基建活动。亚萨园里的诸神宫殿基本盖好后，奥丁下令在天地之间招募能工巧匠为亚萨园建造一圈高大坚实的围墙。这时巨人国的一个著名工匠前来应聘，他只有一个人，骑着一匹马。他说他一人一马只需三个冬天就能为亚萨园建起坚固的城墙。条件是他如果按期完工，他要娶亚萨园的爱神芙蕾亚为妻，并让奥丁将太阳和月亮送给她做陪嫁。

亚萨园的爱神芙蕾亚是个什么样的人物呢？天地之间除了亚萨神族，还有一个华纳神族。华纳神族的女王为了两个神族谁能独占人类的膜拜找奥丁谈判，结果奥丁不讲道义，见面就动手，挑起两个神族惊天动地的恶斗。打到后来，不分胜负，两边都损失很大，于是和谈。各派人质到对方家里住下。奥丁选择了亚萨园最笨的一个神去华纳做人质，怕他露馅，特别安排了看守智慧之泉的密密尔同行。到了华纳国，这个笨神一言不发，所有大小事都由密密尔替他出面。可华纳神族做事就厚道多了，他们送到亚萨国做人质的，却是他们族群里最完美的兄妹，弗雷和芙蕾亚。弗雷掌管着所有小精灵，恩赐给世间幸福和祥和，他的小精灵行善济世，乐于助人，深受各界喜爱。弗雷自然也成为天地间最可爱的神祇之一。而他的妹妹芙蕾亚更是美丽得不可方物，让诸神惊叹，而且成天花枝招展、艳丽缤纷，代表着冰雪世界热忱希冀的春天和爱情。对亚萨园来说，这笔交换人质的买卖赚大发了。后来华纳神族发现自己这边上当，砍掉了智慧巨人密密尔的脑袋，这个脑袋后来被奥丁用魔法保存，成为自己的外脑。对亚萨神族来说，这兄妹俩是意外收获的宝贝，就算和华纳再打一场也不还给他们，更何况一个修围墙的巨人泥瓦匠，单人匹马的，连包工头都不算，就想带走大美女芙蕾亚。这件事，亚萨园的神仙肯定是不会答应，但他们认定这个巨人完不成他们要求的工作，为了戏弄巨人，他们要求，巨人在一个冬天把围墙造好，就答应他的条件，否则就砍他脑袋。

谁知，这个巨人很痛快地答应了这个赌约。不久，亚萨园的神仙就发现事情不妙了。围墙以神奇的速度在成形，诸神侦察发现，这个巨人的马是一匹神驹，日夜不停地为巨人拉来巨石，速度奇快、效率巨高。在这个冬天眼看就要过去时，亚萨园诸神不得不承认，如果不想办法阻止，神国最美的女人，还有太阳、月亮就都要被巨人带回家了。诸神赶紧召开紧急会议，商量对策，开了半天会，一筹莫展。好在亚萨园有个智商极高的阴谋家，损人的主意他一般都很有把握，这个人就是奥丁的结义兄弟——火神洛基。

洛基在整个神国转了一圈，找到一匹又美丽又风骚、正在发情的母马。晚上，修围墙的巨人休息了，他的神马正在干活，突然看见面前出现一只发情的漂亮母马，当场“晕菜”，追随这匹母马而去。这母马被洛基牵着，在前面猛跑，一直到远离亚萨园的山谷，洛基才放手，让这两匹马谈恋爱，堕入情网的神马，哪里还记得他主人修围墙的事？

因为洛基的诡计得手，巨人当然就输了赌约，不仅修墙没收到工钱，还丢了坐骑，最后还被托尔用他的法宝兵器大铁锤活活打死。而亚萨神国呢，白白得到一座高耸入云的坚实城墙，最幸运的是，神马和母马的爱情结晶居然是一匹更厉害的骏马，八条长腿、神骏无敌，是马中之霸，最后成为奥丁的坐骑。一个独眼骑着匹八蹄怪马是宇宙间最有权势的模样。

修好的围墙入口是亚萨园的大门，门口就是亚萨园另一个守护神的宫殿，这个神的门卫叫海姆达尔，眼观六路，耳听八方，据说他的视线可以在深夜穿越几百里浓雾，耳朵可以听见花开的声音，手边有一支巨大的号角，随时警惕着亚萨园周遭的安全。

亚萨园内最大的宫殿不是奥丁的居所，而是瓦尔哈拉宫，也称英灵殿。它的屋顶由无数的箭镞盾牌构成，有五百四十道大门。这宫殿里居住着所有战争中死去的英雄人物和精壮勇士。奥丁最喜欢打仗，所以他安排的人间也是战争不断。所有的战争，诸神都在天上注视，那些在战争中牺牲的勇士和壮士，被奥丁精挑细选，死后的魂灵进入瓦尔哈拉宫。这些战士在这里复活，穿上神族的盔甲，重新拿起武器，成为奥丁的战士。他们每天在这里操练，奥丁为他们安排了最好的伙食和美酒。

大家奇怪，这个奥丁未免太有忧患意识了，神仙国度不是应该开放和平，一片温馨吗？一会儿修城墙，一会儿练士兵，搞得危机重重的。那是因为，奥丁听说过一个预言，这个预言被叫作“诸神的黄昏”，在这个预言里，整个神国和人间将被毁灭重来，天上地下所有的生灵将遭受涂炭，这是一场谁也不能避免的毁灭之战，奥丁所能做的，就是不断地加强神国的保安，而他自己宁可自残身体也要获得各种知识和智慧，就是为了尽量推迟这个悲剧的发生，或者在这个悲剧中最大限度减少损失。

可既然是预言，一切总会实现的，因为亚萨园内部有一个祸根，就是火神洛基。前文说过他施诡计处理城墙事件得手的事，其实在亚萨园生活期间，他干了不少事，对这个神国的影响很大。

还记得第一力士托尔的老婆西芙吗？那个有一头美丽金发的女人。话说她一天到晚最喜欢梳理这一头秀发，也是托尔的最爱，他最值得骄傲的东西之一。这洛基既然是个邪神，就喜欢干些损人不利己的缺德事，他居然趁西芙睡觉时，恶作剧将人家的头发剪掉并偷走了。托尔回到家，美丽的老婆成了秃子，他马上知道这是洛基的杰作，怒不可遏。洛基这个家伙没什么大本事，一个是口才好，三寸不烂之舌，另一个就是精于变化，可以变成各种东西，这本领基本都被用来逃跑。洛基在大力神托尔手里如同一只雏鸡，托尔警告他，如果不能让他老婆的金发复原，他就拆了洛基的骨头。洛基当然知道，这个猛人是说到做到的。

洛基找到了地下的侏儒。这些侏儒长期在地下生活不见天日，百无聊赖中就是做手工活打发时间，居然训练成了技艺高强的技师，尤其是用黄金打造各种东西，美观又神奇。而在这些侏儒工匠中，技术最好、最负盛名的是老侏儒伊凡尔第和他的儿子。伊凡尔第有个女儿叫伊顿，嫁给了奥丁那个诗人儿子。伊顿是青春女神，手里掌握着青春苹果，诸神定期过来吃苹果，可以保持长生不老、青春永驻。鉴于这种亲家关系，当奥丁的结义兄弟过来寻求帮助时，伊凡尔第的儿子热情接待他，并告诉洛基，他们可以打造一种金丝，只要西芙将这金丝披在头上，那头金发立刻可以长回来。

小侏儒赶紧开工，不久洛基要的东西就完工了。顺便，小侏儒还为奥丁打造了一柄绝世的兵器——天下最锐利的长矛，另外还给弗雷造了一艘船，这艘船折叠起来可以放进口袋，如果打开，可以装下整个神国所有的神仙、生物、兵器之类的东西。侏儒委托洛基将这两件礼物带回神国去交给主人。

像洛基这样的捣蛋鬼，没好伤疤就忘了痛，一看这西芙的金发解决了，高兴之下又惹出事来。

邪神洛基在侏儒那里得到一把金丝，可以让西芙长出头发来，兴致勃勃地往回走。洛基带着三样法宝走在路上，迎面碰上伊凡尔第的另一个儿子布洛克。洛基是个贱人，拿着三个宝贝对布洛克说："小子，你看，这是你的兄弟做出来的，你和你哥哥辛德里没这本事吧？"布洛克也是个争强好胜的，哪受得了这口气，尤其是自己的哥哥辛德里号称侏儒世界最优秀的匠人。于是布洛克和洛基打赌，如果布洛克和辛德里也能做出媲美的三个法宝，洛基把项上人头输给他们。

布洛克赶回家，找到哥哥辛德里，辛德里沉默寡言，为人很酷。他看了洛基一眼，什么也没说，就找了块猪皮丢进火炉，然后交代布洛克，不停拉风箱，保持火势，任何情况都不能停手，然后转身就出去了。布洛克按照他哥哥的要求拉风箱，洛基虽然不知道辛德里到底要干什么，但因为涉及自己的脑袋，还是不敢掉以轻心，所以变成一个牛虻去咬布洛克。布洛克痛苦地忍耐着，坚持不停手，过了一会儿，辛德里回到作坊，打开炉子，从里面牵出一头野猪，全身金色的鬃毛。然后，辛德里继续面无表情地往炉子里丢入一块金子，还是嘱咐布洛克不要停手，转身又走了。

洛基当然不知道这头金野猪到底是什么法宝，但辛德里那个淡定的高手做派还是很让人害怕的，所以他又变成牛虻，继续干扰布洛克拉风箱，他这次咬得挺用劲儿，布洛克几乎是咬牙切齿忍着没有停下手上的工作。辛德里不久后又回来，从炉子里拿出一个金光闪闪的手镯。接着又往炉子里丢进一块铁，一样的话嘱咐一遍后，又走了。

这次洛基感觉不妙了，他感觉自己的脑袋风险很大。这次他可不留情了，变成个大牛虻，咬布洛克的眼睛上面。下口还是比较毒辣的，因为马上就流血了，布洛克硬是忍着不停手，最后，血流如注，挡住了视线，布洛克不得不停下，把血擦掉。这一下，火炉中的火焰立刻就减弱了。此时正好辛德里回来，老实人当场就勃然大怒，责骂弟弟为了一只倒霉的牛虻坏了大事。一边骂人，一边从炉子里拿出一把大铁锤。

于是，侏儒和洛基一起，带着总共六样法宝去亚萨园找奥丁作鉴定。正好当时亚萨园所有的大仙都在，就地开了个鉴宝大会。

西芙披上金丝后，立即跟头皮长在一起，跟她原来那头金发一模一样，她自己非常满意，老公托尔也就不追究了；交给奥丁的长矛是天下最锋利的武器，能穿越所有的障碍和阻挡，而且能自动追踪目标，百发百中；弗雷的船折起来是个小玩具，展开可以容纳千军万马。这三样显然是非常出色的法宝了，现在轮到辛德里作品展览了。

他先将那头野猪送给弗雷，这头野猪能日夜奔跑，山川湖泊、崇山峻岭如履平地，而且在夜间奔跑时，一身的金毛可以把周围照成白昼；辛德里又将金镯子送给奥丁，这镯子每到晚上会变出八个一样的金镯子来，对于奥丁这样孩子比较多，花销比较大的老大来说，这东西能补贴家用；辛德里最后将铁锤送给托尔，这是天下最有力的武器，任何目标只要被击中就会被摧毁，也是百发百中的，每次出手袭击后，还能自动飞回托尔手里，最方便的是，不用的时候，也可以变得很小藏起来，让敌人不防备。这柄铁锤唯一的缺陷就是因为少了一把火，所以手柄有点短，但也不妨碍托尔用它杀人无数。

最后经过综合评审，因为亚萨园的头等大事是跟巨人国干仗，所以兵器肯定是上选，而托尔作为主将，这柄铁锤绝对可以让他如虎添翼，所以最后的结果是其他五件都差不多，这柄铁锤票选最高，成为亚萨园排名第一的超级宝物。

按这个评比结果，洛基显然是输了，根据赌约，这娃要交出项上人头。洛基最会逃跑，一看不对，撒腿就溜，他脚上还有一双神行鞋。可怜还没跑远就被托尔一把抓住。因为小侏儒帮托尔做了这么好的武器，还给他老婆长出头发，所以觉得很欠侏儒人情，这会子替他们出头，让洛基兑现赌约。亚萨园的神仙对洛基都有些厌恶，这家伙姥姥不疼舅舅不爱的，所以侏儒要砍他脑袋，大家居然都没意见。

好在洛基在整个神界智商是最高的，他很快就想出办法了。他对小侏儒说，根据他们的赌约，小侏儒要的是他的脑袋，不是脖子，所以，砍头的时候，不能带一点脖子，否则就违规了。

被洛基咬得头破血流的布洛克最恨他，所以决定亲自动手，可他拿着刀比画半天，发现不管怎么下手，都不可能一点脖子都不带上啊。小侏儒万般无奈之下，决定把洛基的嘴缝起来，因为这家伙经常靠嘴逃命，也算是亚萨园的法宝之一。据说因为洛基的脸皮太厚，小侏儒缝了几次都没成功，后来还是辛德里亲自出手才算把洛基的嘴缝上了。不过等小侏儒一离开，洛基就把线挣开大摇大摆地走了。亚萨园一场重大风波就这样平息了，为神国增加了几个好东西。

现在大家知道洛基到底是个什么样的人了，整个神国明显的异类。洛基平日最喜欢两件事，欺负侏儒和跟女巨人鬼混。因为私生活混乱，所以生了一堆良莠不齐的孩子，有三个比较特殊，引起奥丁的注意。他派亚萨园两个最有力的人——托尔和提尔去巨人国连偷带骗地把这三个小妖怪带到了亚萨园。

这三个小妖一个是小蛇，一个是小狼，一个是个怪异的小女孩儿。蛇总是不招人待见的，所以奥丁先把它打入海底世界，而那个小女孩儿，半边身子蓝色，半边身子红色，一看就不善良。奥丁把她放入冰雪世界，让她管理死人国，接受世间的亡灵。只有这头小狼，看起来毛茸茸的，一脸无辜挺可爱，众神都觉得，可以当宠物养着，于是，奥丁就把小狼留在身边了。

时光荏苒，不知不觉三个小妖怪长大了，那条蛇已经将整个世界环绕了一圈，把尾巴含在嘴里，整个世界似乎在它控制之中；而死人国的小女孩儿更是建了自己的宫殿，成为著名的女阎罗，世上的活人谈她色变。而所有的死人自然也奉她为主。留在亚萨园的小狼更不得了，他现在有个名字叫芬利斯狼，他以惊人的速度长大，比奥丁那匹八腿大马还高，张牙舞爪的，样子非常凶狠。很快，除了战神提尔偶尔去给他喂食，其他神仙都不敢靠近他。亚萨园诸神长期生活在忧患中，此时他们意识到，这只狼是神国一个非常不安定的因素，必须想办法把它控制起来，不能让它乱跑。

这一天，神仙找了条巨粗的铁链，趁芬利斯狼不备锁住了他，谁知他嘶叫了一声就将链子弄断了。神仙赶紧四散逃跑，各自去找更粗的链子。后来又找到一条，虽然亚萨园还是比较富裕，但这一条实在是能找到的最粗的锁链了。神仙又来找芬利斯狼，这回要趁他不备可不容易了，于是神仙开始编瞎话，说这条链子是世界上最粗的链子，如果被绑了以后还能挣脱，那可就天下闻名了。芬利斯狼不过是个野兽，没什么脑子，听说可以出名，也很渴望啊，于是很痛快地答应。

这一次，神仙用了吃奶的劲儿了，左三圈右三圈，马蹄扣、蝴蝶结各种手段都用上，把大狼绑个结实，以为这次成功了。没想到芬利斯狼气沉丹田，双目赤红，仰天一声大吼，这条神国最粗的锁链应声而断，碎片飞出去好远。而此时的芬利斯狼力气更是激增，武力精进，比之前又凶恶了好几倍。神仙吓坏了，最后赶紧去找侏儒工匠辛德里求救，让他赶制一条超级锁链。

辛德里兄弟不敢怠慢，立刻开工，忙了好长时间，交出来一条细如牛毛的丝线，非常光滑轻柔。神仙拿着这条线差点哭出来，心想，这侏儒不会是玩我们吧。但侏儒兄弟做生意是很诚信的，不仅交产品，还附上了说明书，以下是这条锁链的成分说明：

猫的脚步声——28%

岩石中的树根——33%

女人的胡子——24%

鱼的肺——14%

熊的脚腱——3%

鸟的唾液——2%

大家看出来没有，这些东西基本上都是不可能得到的，侏儒还特别说明，这条绳索的成分可以捆绑芬利斯狼 87.8 头。据说就是因为做这条绳索，人间现在才找不到上面说的这些东西了。

既然拿来了，总要试试吧，神仙又去忽悠芬利斯狼。对他说，上次他已经出了大名了，但还不是最出名的，想要大红大紫，还要再炒作一次。如果他能将这条软绳挣断，那他就成为天上地下最强、最牛的勇士了，好莱坞都会跟他签约出演金刚狼或者灰太狼。

其实芬利斯狼不是不知道神仙的阴谋，但他有点托大，也很想拿这条细丝一样的绳索试验身手，于是就答应了。但他提出一个顾虑，说万一他挣不开绳索，神仙加害他怎么办，只有派一个神仙，将手臂放在他嘴里作为保证金。这种事哪个神仙肯干啊，还不都往后躲。亚萨园里有勇士，战神提尔不得不站了出来，大义凛然地将一条胳膊放进狼嘴里。结果是小侏儒的手艺不骗人的，这条细丝几乎嵌进了芬利斯狼的皮肉中，而且随着他挣扎的动作越大，捆得越紧，最后他放弃了，宣布挣不断绳索，让神仙放了他。

此时神仙光剩狞笑了，他们甚至还把绳索的另一头绑在一个孤岛的千年巨石上。芬利斯狼发现自己彻底被禁锢后，狂怒之下，自然是将提尔的手臂嚼碎咽下肚子。从此以后，战神提尔就变成独臂了，帅哥有点残疾也不碍事，跟杨过一样都成为宗师级的高手。他还成为世间所有契约的担保人，因为他用一条胳膊担保神仙和芬利斯狼的赌注。不过这样的担保人比较悲情，后来芬利斯狼逃出后找神仙报了仇，所以整个事件，提尔损失最大。这就告诉大家，没事不要给人作担保。

亚萨园的敌人都已经隐隐成形了，就等着那个世界毁灭的预言来临——诸神的黄昏。

亚萨园的诸神过着自在而开心的日子，可奥丁和他老婆的心里，关于诸神的黄昏那个惨烈预言时时让他们不安，尤其是天后芙利格，已经开始神经性抑郁了，每天躲在小屋子里，呆呆地纺金线，不知道的还以为天后也有更年期。而被诸神设计捆绑的芬利斯狼每天发出凄厉的嚎叫，响彻亚萨园天宇，似乎在向所有的仇人警告末日。

既然是设定的悲剧，自然是谁也不能避免的，冥冥中总会开始。还记得巴尔德尔吗？天上地下最完美的太子，亚萨园的未来主人，最受诸神爱戴的光明之神，当然也是奥丁和芙利格最钟爱的儿子。巴尔德尔住在最漂亮的宫殿里，每天，其他的神会把最好的美酒和最美的东西奉献给他，有个美丽的妻子，这个天之骄子生活得完美无缺。

突然有一天，巴尔德尔开始连续地做噩梦，这些梦模糊而暧昧，似乎在昭示一个恐怖的事件，巴尔德尔被这些噩梦折磨得日渐憔悴，光明之神的明亮神采正在褪色。

奥丁和芙利格深感忧虑，赶紧召开了亚萨园神仙大会，在场所有人，包括智慧巨人密密尔的脑袋也参不透这些噩梦的预兆。后来奥丁拜访了死神，就是洛基那个古怪的女儿——赫尔，她现在已经是个邪门的大仙了。她告诉奥丁，巴尔德尔这些梦昭示着这位太子马上有性命之忧，而且是和他自己的一个兄弟有关。鉴于这是宇宙间最大的秘密，死神也了解得不多，不能给予清楚的解释，奥丁带着疑虑回到了亚萨园。

天后芙利格这时已完全没有心思纺线了，作为一个妈妈，她绝不能让自己最心爱的儿子受到任何伤害，她启动了从没使用过的强大法力，在天地之间走了一圈，拜会了所有的物种、大地、山川、湖泊、风雷雨电，请求他们不要伤害自己的儿子。世界上所有的事物感念芙利格的辛苦、巴尔德尔的良善，全都郑重发誓，绝不会对太子有任何伤害。于是，巴尔德尔成为一个万物不能侵害的神，整个亚萨园为之欢呼庆祝，奥丁和芙利格心里也慢慢平静下来。

虽然亚萨园美丽如画，但是神仙既不会打麻将也不能上网，日常生活还是颇为无聊。自从巴尔德尔刀枪不入、水火不侵后，他就成了亚萨园一个重要的娱乐项目。

所有的神仙经常聚在一起，用各种东西击打他，看他是不是会受伤。巴尔德尔是个性情温和的好人，能够让别人高兴的事，他也从不拒绝，所以每天被一些石块、砖头、利刃、尖矛之类的折磨，他也笑嘻嘻地毫不拒绝，陪所有人开心。

也不是所有人都开心，最不开心的是洛基，自从奥丁安排诸神趁他不备收拾他三个孩子后，洛基感到自己在亚萨园有点公敌的处境，虽然奥丁对他还是很客气，但他心里对所有人的憎恨算是埋下根了。

亚萨园诸神有个传统活动是每年冬天到大海的主人安吉尔家中聚餐，吃年饭。宴会上，安吉尔派来伺候诸神的两个仆人受到大家的交口称赞。洛基也在座，此时他的心理已经彻底阴暗了，越是别人痛快的时候，他越是添堵，越是别人喜欢的东西，他越是要破坏。所以，当仆人伺候到他跟前时，他突然拔剑，把其中一个就地杀死。

这一下突生不测，毫无来由，让所有的神仙目瞪口呆，但他们很快知道，这是洛基故意的缺德举动，就为让所有人扫兴罢了。于是所有的神掏出武器，将洛基赶出了聚会。

可洛基脸皮厚了，过了一会儿，他又跑回来了。奥丁让大家别跟他计较，继续吃饭喝酒。谁知洛基毛病大发了，他开始泼妇骂街般地发作，在席上对所有的神仙破口大骂，尤其是那些女神，更是将人家隐秘的私生活拿来大肆诋毁。洛基口才一流，骂起人来行云流水、天花乱坠，所有神仙都被骂傻。一年一度的神仙聚会，最后在很不愉快的气氛中散场，神仙饭没吃饱，气胀了肚子。

洛基这一次发威并没有让他消除心中的怨恨。回到亚萨园后，看到诸神每天笑呵呵地在一起玩笑娱乐，他更是生气了。尤其是大家都围绕着巴尔德尔。既然大家都喜欢巴尔德尔，洛基就预备选他下手，再次让所有的神仙痛苦。他变成一个老妇人的模样拜访天后芙利格，跟她打听巴尔德尔的事。芙利格也是个标准的欧巴桑，有人对自己儿子感兴趣，说起来就没完没了。她详细讲述了如何让天上地下所有的东西起誓不伤害巴尔德尔的经过，洛基当时问她，真的是所有的东西都起誓了吗？芙利格说，只有屋角的槲寄生没有起誓，那是一种弱小的灌木，我们经常在圣诞节看到。它瘦小伶仃、卑微柔弱，芙利格认为它实在是没有伤害巴尔德尔的能力，所以也就省事没有麻烦它。

洛基心中暗喜，走出天后宫殿，他马上找到槲寄生，并用它制成一支箭，藏在身上来到诸神的娱乐现场。此时的亚萨园，除了洛基，还有一个心理不亮堂的，他就是巴尔德尔的兄弟霍德尔。虽然是亲兄弟，相比较巴尔德尔在亚萨园的地位，霍德尔显然是另一个极端了。亚萨园所有的热闹，跟这个瞎眼的孤僻神仙似乎没有关系，巴尔德尔比太阳还亮的光芒让霍德尔在亚萨园经常被人遗忘，在所有人围绕着巴尔德尔嬉戏欢笑时，霍德尔在阴暗的角落里，心中肯定充满嫉妒和怨怼。

这个情形，洛基当然是看在眼里。他揣着槲寄生制成的小箭来到霍德尔身边，问他怎么不参加诸神的娱乐。霍德尔说自己看不见，也找不到什么东西往巴尔德尔身上丢。洛基赶紧拿来一张弓，把他特制的那支槲寄生箭放上，帮霍德尔瞄准之后，怂恿霍德尔射出这支恶毒之箭。邪恶的死亡之箭笔直穿透了太子的胸膛，巴尔德尔在所有人惊诧的目光中血流如注，倒地身亡。这个变故太突然了，太意外了，整个亚萨园完全呆住了，凝滞了。过了很长时间，诸神才反应过来，光明之神真的死了。

洋溢在整个亚萨园的抑郁浓得化不开，诸神都被突如其来的伤痛折磨到木然，此时只有一个人在悲痛中保持着高度的清醒，那就是天后芙利格，她发誓要从冥王赫尔的手里夺回爱子的生命。巴尔德尔的另一个兄弟主动请命到死亡之国去乞求赫尔，因为巴尔德尔的完美声誉，赫尔也答应将巴尔德尔的生命归还，但前提是，世界万物，人类、神仙、精灵、侏儒、巨人都要为巴尔德尔哭泣，如果所有生灵都为他流泪，他就可以复生。但如果有一个物种没有哭出来，则巴尔德尔永堕地狱，万劫不复。

像巴尔德尔这样的人，让所有的生灵为他流泪是不难的，可惜还有个邪神洛基，他变成一个老太婆守在路中间，声称完全不会因为巴尔德尔哭泣，这样等于又害了太子一次，这一次比较彻底，巴尔德尔永远回不来了，彻底死翘翘了。

当确信对巴尔德尔的拯救计划彻底失败后，诸神的悲痛转化为对洛基的痛恨，他们聚在一起，商议将洛基抓来偿命。话说洛基知道自己这次是闯了大祸了，就跑到一个山谷中，找了块巨大的石头，把这块石头变成一个四面有门的房子，躲在里面，平时则变成鲑鱼藏身在瀑布下面。实在闲着无聊，就在瀑布边上生一堆火，编丝线打发时间。他编出来的东西就是最早的渔网。奥丁不是能看见世界上所有的事吗？洛基的藏身之所也并不是什么秘密，诸神很快找到了这里。

洛基听到动静，赶紧丢了渔网，变回鲑鱼躲在瀑布之下。神仙捡到他编的渔网后，发现这是个捕捉鲑鱼的好东西，于是就做了张大网，开始捕捞洛基。洛基实在太狡猾了，神仙使了不少办法，最后还是靠托尔的神力将他一把逮住。神仙杀掉洛基的几个孩子，把肠子掏出来，用这些肠子将洛基牢牢拴在巨石上。还找了条剧毒的毒蛇悬在他头上，毒蛇的毒液一滴滴流到洛基脸上（这些神仙还真会发明酷刑）。诸神搞完这些事后，觉得基本上恶气也出了，太子的仇也报了，心满意足地离开了。洛基的老婆赶紧跑出来，用一只碗举在洛基头上接那些剧毒的毒液。每次一碗装满，她需要拿去倒掉时，毒液还是会有一两滴落在洛基脸上，痛得他全身痉挛，整个大地为之震动，所以那阵子经常地震。

光明之神巴尔德尔死去，温暖一起死了，世界迎来了三个漫长的冬天，寒风凛冽，滴水成冰，各个世界都充斥着没来由的怨恨和暴戾，大小战争此起彼伏，这三个冬天之后又来了三个更严酷的冬天。先是青春女神突然失踪了，然后是太阳和月亮在上班时因为筋疲力尽终于被身后追赶的狼群吞下肚子。天地失去了光明，而那些来自火焰之国的星星也因为寒冷而熄灭坠落。神界和人间都变成阴冷黑暗的冰窖。大地剧烈震荡，江河翻腾，树木被连根拔起，那些巨大的岩石都被强大的力量撕碎，绑在这些岩石上的妖魔鬼怪都趁机逃出了生天，洛基和芬利斯狼当然都解脱了束缚，开始憋着一肚子恶气预备复仇。真正的“诸神的黄昏”开始了。

所有的敌人和复仇者组成大军进攻亚萨园，入侵的军团声势浩大，前锋是洛基的两个怪物儿子，芬利斯狼和海底巨蛇，洛基率领他女儿赫尔的死亡国的幽灵组成大军紧随其后，巨人国精锐尽出，火焰国巨人苏特挥舞着火焰之剑也杀来了。一直害怕发生的事情终于发生了，一直等待的这一天还是来临了，亚萨园的诸神也没有时间害怕了，他们全都披挂起来，预备在这最后的战斗中争取终极荣誉。

“诸神的黄昏”如约降临。从外界通向亚萨园是一条变幻绚丽的彩虹桥，来自各个方面诸神的敌人结成联军，浩浩荡荡一起踏过这平日里美丽而祥和的桥面。入侵的妖魔尤其是巨人全都体形庞大，彩虹桥随着他们践踏的脚步颤抖而至粉碎，各种妖魔鬼怪震天的咆哮声让那棵巨大的宇宙树也战栗摇动。

亚萨园的守卫神海姆达尔站到了高高的围墙上，看到远处洪水烈焰般的敌军，吹响了示警的号角，这样浑厚而响亮的集结号，很久没有在亚萨园响起了，让亚萨园中的每一个神祇热血沸腾、斗志激昂。而奥丁此时却是非常忧郁的，因为他能够清楚地预知这一战的结局。可以想象，一个明知道会全军覆没的战斗，在开战前，主帅是如何难以决断。

反而其他的亚萨神在了解到诸神的黄昏以及他们的终极命运以后，并没有因为末日的来临而感到恐惧，这些平日里嘻嘻哈哈的神祇现在全都预备慷慨激昂地去赴死，而血液中流淌的战斗热情，更让他们毫不畏惧，选择战死沙场。

瓦尔哈拉宫，奥丁花了几个世纪为这个时刻准备的英灵战士已经在广场上列起了森严的战阵，虽然现在亚萨园已经没有光明，但那些盔甲、矛尖和箭头闪动的冷冷寒光比星星还要明亮，从这里出发，众神率领着死亡战士组成的军团，向决战的战场——威格律特平原进发。

奥丁骑着他的八蹄神骏，奔驰在队伍的最前方。他手持雪亮的无敌长矛，身穿白银打造的铠甲，头上的黄金头盔在黑暗中如一个小太阳指引着众神和死亡战士的前进之路。在奥丁的旁边，是大力神托尔，举着那柄让天下丧胆的大铁锤。巴尔德尔死后，弗雷成为亚萨园的太子，现在他和独臂战神提尔和亚萨园的门卫神海姆达尔紧跟在奥丁身后，还有奥丁所有的儿子和几个女神也加入了决战的行列。

在亚萨园中的巨大平原上，诸神和诸魔的战斗一碰面就开始了。奥丁与魔军先锋芬利斯狼战在一处，一旁的托尔则立即同那只海底大蛇展开了激战。众神奋勇向前，与各种魔怪捉对厮杀，英灵殿的战士更是与各种巨人混乱鏖战。

奥丁同芬利斯狼的战斗最为惨烈。被禁锢了许久的芬利斯狼身体更加庞大，力大无穷，残暴性烈，即使是诸神之主奥丁用他的无敌长矛似乎也没有优势。激战了很长时间以后，奥丁筋疲力尽，而浑身被长矛刺得伤痕累累的芬利斯狼猛然张开他的血盆大口把奥丁吞了下去。众神之主奥丁就这样消失了（可惜奥丁没有孙悟空那样的本领，否则可以变成小虫子在狼肚子里翻江倒海）。看到这一幕，奥丁的一个儿子，立刻上前继续与芬利斯狼恶斗。他穿一双用万年铁铸就的铁鞋，并已经用它踢死了无数恶魔。在他与恶狼斗在酣处时，他趁芬利斯狼大张巨口的时候，用这双铁鞋踏住狼的下颚，又用双手托住其上颚，用力向上顶去。恶狼的血盆大口被他活活地撕成两半，大恶狼也终于倒地死去。

托尔和大蛇的战斗也是重要热点。巨蛇不断放出毒雾和毒液，托尔几乎是用着同归于尽的打法进攻，最后他使尽全身力气，大喝一声，一锤向巨蛇的脑部打去，终于击杀了魔蛇。但是，因为长时间的战斗中吸入了太多的毒气，当巨蛇轰然倒地的时候，力量之神托尔也沉重地倒退了九步，然后中毒而亡。

门卫海姆达尔号称“洛基的敌人”，在战斗伊始就到处寻找他所切齿痛恨的魔鬼洛基。一边寻找仇家，一边击杀巨人，神勇无比的门卫所到之处是一层层巨人的尸体。在杀死了无数的霜巨人和火焰巨人之后，海姆达尔终于找到了同英灵战士打斗在一起的洛基。仇人相见，分外眼红，几乎是肉搏战，最后海姆达尔和洛基都筋疲力尽，海姆达尔挥剑斩掉了洛基的脑袋，可这邪恶的脑袋居然从地上弹起，撞在海姆达尔胸口上，让他立时气绝而亡，又一组选手同归于尽。

战神提尔善于对付各种魔兽，因此战斗一开始他就同来自死亡之国的恶犬斗在一起。神勇的提尔毕竟只有一只左手，又没学会“黯然销魂掌”，所以最后他也跟大狗一起死了。

因为都知道自己的结局，所以在打斗中都不惜命，也不存在保存实力，基本上都是本着同归于尽的心思战斗，整个战场的惨烈程度难以想象，好在没有光线，否则那些地上的恶魔、霜巨人和火焰巨人和亚萨诸神的尸体一定是密密麻麻铺满大地，触目惊心。

亚萨新太子弗雷和火焰巨人的领袖苏特之间的恶战打得最久。弗雷刚来到亚萨园时，诸神为表示对他的欢迎，曾送给他一柄可千里之外取人首级的胜利之剑，这柄剑可以根据主人的思路挥舞，遥控杀人。话说原来有一天，弗雷好奇地偷偷坐上了奥丁的宝座，四下看热闹。劫数啊，给他发现巨人国有个美翻了的姑娘格尔塔，弗雷几乎在第一眼就坠入爱河，不能自拔，后来他就陷入无穷无尽、寝食难安的单相思。而格尔塔家族的巨人正是亚萨园的宿敌，这份爱情注定是无望的。弗雷的一个仆从不愿看到主子这般日渐憔悴，自告奋勇愿意替他到巨人国求婚。弗雷赶紧把自己的宝剑交给他，还让他骑上自己的马去提亲，这个媒人大名叫斯基尼尔，也是个天生会做媒的。他历经艰苦见到格尔塔后，先是送上很重的聘礼，包括奥丁那只神奇的金手镯，格尔塔一口回绝了。最后斯基尼尔改吓唬、恐吓，他拔出弗雷的剑，号称自己可以用咒语把格尔塔变成丑八怪，要不就一辈子嫁不出去，要不就嫁给一个丑得要命的坏巨人。这个诅咒对所有的女孩子都管用，格尔塔吓坏了，只好答应了斯基尼尔，跟弗雷先见面处对象。好在弗雷人见人爱、花见花开，格尔塔见到这个美男子也心花怒放。所以结局美满，终成眷属。而自己的胜利之剑被当作聘礼留在了巨人国，他不知道这份爱情最后要了他的命。因为没有宝剑，弗雷一直用一支鹿角与火焰巨人苏特搏命，最不幸的是，弗雷发现，苏特与自己战斗时所使用的正是自己的那柄胜利之剑，心里直叫苦。没有得心应手武器的弗雷居然还坚持了很久，身受多处重伤，终于牺牲在自己的剑下。勇敢的弗雷在倒地身亡之前，也重创了火焰巨人苏特，这就使得他魔性大发，全身火焰迸射，点燃了神国亚萨园，点燃了人类的大地，也点燃了宇宙树。于是，天上人间，一片火海，所有的一切都在其中毁灭，威格律特旷野中还在继续纠结的亚萨神、英灵战士以及巨人也都在大火中丧生。

亚萨园中宏伟的瓦尔哈拉神宫轰然倒塌，无数金碧辉煌的宫殿化为瓦砾。众神的家园在大火中成为一片废墟。整个亚萨神族就这样在残酷的战斗中产生，又在激烈的战斗中化为灰烬，人类、精灵和侏儒也随着彻底消失在世界上……

诸神的黄昏一战，公认是所有神话传说中最激烈、最悲壮的战争故事，超过所有战争的总和，而且因为这场所有生灵同归于尽的战斗是早就注定，任何人都不能避免的，所以北欧的神话一直带着庄严的悲剧感，即使是神仙，也逃不出宿命的无奈，在所有的神话体系中独树一帜，壮烈而又凄美。

至于诸神的黄昏之后的故事，预言是这样说的："当太阳转入黑暗，大地沉于海中，火热的星星从天空坠落，而火焰在空中跳跃，将会产生一个新的天地，再度呈现灿烂辉煌，屋宇以黄金为顶，田野不经播种也果实累累……显然是个更好的新世界，亚萨神族也会因此重生，重新统治世界！"

北欧神话基本就是这样了，应该说，北欧神话算是世界上影响最大的神话系之一了。比如我们现在说的一个星期的七天，基本都来自北欧神话：

星期日（Sunday）来自太阳（Sun）。

星期一（Monday）来自月亮（Moon）。

星期二（Tuesday）来自战神提尔（Tyr）。

星期三（Wednesday）来自古代祭祀主神奥丁的日子，Woden 是古英语对奥丁的称呼。

星期四（Thursday）来自雷神大力神托尔（Thor）。这是古日耳曼人一星期中最神圣的一天，会议通常在这天举行，如果参加会议的成员中午前未出现，就会被取消参会资格，所以托尔也是会议的守护神。

星期五（Friday）来自女神芙蕾亚（Freya）。

星期六（Saturday）来自罗马神话中的农神（Saturn），这个和北欧神话没关系。

而欧洲的很多节日，最早也是源自北欧的神话。最早的圣诞节即是由纪念太阳神的庆祝活动演变而来，古代的人们在一年中最长的夜晚举行宴会，载歌载舞，迎接太阳神光临。复活节（Easter）一词的发音"伊斯特"，源自春天女神约斯特雷（Eostre）的名字。春回大地，万物复苏，人们纷纷交换彩蛋，因为蛋象征生命的开端。这就是复活节彩蛋的由来。

神话讲完了，但是我们将看到亚萨神族的后裔，北欧那些英雄的维京人如何一步步向欧洲大陆挺进，让所有人听到维京人的战斗号角……

三　阿尔弗雷德“大帝”

从天上回到地面，不列颠岛现在已经叫英格兰了，盎格鲁－撒克逊人组建了七个国家互相混战，维京海盗开始向这个区域进袭。

先说说宗教的事，罗马统治不列颠的时候，这里已经流行基督教，但盎格鲁－撒克逊这些蛮夷进来后，又将基督教信仰推翻。所以在欧洲大陆基督教风生水起的时候，英格兰岛上的人还坚持着对北欧神祇的崇拜。一百年后的一天，罗马教皇贵格利在罗马奴隶市场闲逛，突然他发现一个奴隶，金发碧眼，长得异常俊美，他赶紧跟奴隶贩子打听，知道这个绝美的男子是来自英格兰的盎格鲁人。当时教皇惊呼道：不是盎格鲁人是天使（盎格鲁和安琪儿在英文发音上比较相似）。随后教皇知道，这样一些天使模样的尤物居然是不信基督的，这绝对是传道工作的严重疏漏，于是马上派出了最得力的人马远赴英格兰，又经过一百年的不懈努力，终于让这个岛屿扑向了基督的怀抱。不要以为这是小事，我们研究这么多国家的历史已经深知，宗教信仰会改变历史的行走轨迹。

9 世纪开始，维京人正式撕掉海上商人的伪装，明目张胆地变成强盗，他们沿泰晤士河口登陆，将沿岸作为根据地抢劫各类修道院和教堂。当时英格兰的七个小国各自为政，受到不同程度的攻击。虽然有骁勇的日耳曼血统，可是安顿日子过久了的盎格鲁人身上的日耳曼血性逐渐被消磨，面对敌人如狼似虎的攻掠，只是躲在自己的城堡里，梦想着花钱买平安。既然海盗要钱，就跟老百姓多收点税，把钱给他们不就好了。就这样越是示弱，海盗越是猖狂，老百姓越是水深火热，海盗越是入侵得肆无忌惮，恶性循环几轮后，英格兰的形势已经岌岌可危。

这段时间进攻英格兰的海盗也是名人辈出的，最吓人的是丹麦人伊瓦尔，因为他又高又瘦，江湖人称“无骨者”。跟其他的海盗不同，伊瓦尔是有雄心的，他不仅要掠夺英格兰的财物，还想占领土地，建立维京人的国家。他在冰岛建立了一个基地，在斯堪的纳维亚半岛上征召年轻人参加自己的有组织犯罪团伙，在冰岛集训后，就参加对英格兰的战争。这些冰天雪地训练出来的年轻人都有野兽般的品性和坚韧。尤其是根据北欧的宗教神话，在战争中不顾性命，奋勇杀敌，牺牲之后是会被奥丁请到亚萨园的英灵殿去，成为神的战士的。在这个信仰的支配下，维京人都是些不要命的疯子，盎格鲁人现在是基督徒，基督徒对疯子，最开始的战斗结果基本是没有悬念的。伊瓦尔在英格兰大地上攻城拔寨，那些小国纷纷失守。伊瓦尔的问题是，他下手太狠，动作太大，喜欢玩屠杀、酷刑之类的事。比如他抓了东盎格利亚的国王，竟然把人家绑在树上，用乱箭射死。人家盎格鲁人也不是病猫，真被惹急了，也会搏命的。所以当时，盎格鲁人如果捉了维京人，一般是剥皮处理。而各地对维京人的抵抗，也越来越激烈了。

871 年，维京人占领了伦敦，标志着英格兰已经处在被维京人完全吃掉的边缘。好在这一年，英格兰历史上的大救星出现了，他就是英伦历史上唯一有“大帝”称号的王——阿尔弗雷德!

阿尔弗雷德是七国中韦塞克斯王国的国王。其实，在公元 828 年左右，韦塞克斯因为国力最强，力压其他六国成为老大。国王埃塞维尔夫成为英格兰七个小国中的盟主，阿尔弗雷德是埃塞维尔夫的第四个儿子。从小在罗马求学，深受教皇器重。回到英格兰后，他大哥接班成为国王，阿尔弗雷德开始带兵抗击丹麦人，取得了非凡的胜利，还干掉过一个丹麦的国王。所以他大哥死后，本来应该是儿子继位，可阿尔弗雷德的名声太好了，当时英格兰一个叫“贤人会议”的政治协商组织一致认为，只有阿尔弗雷德成为国王，才能带领所有的英格兰的人抵抗外族的侵略。于是阿尔弗雷德众望所归成为英格兰国王。

作为一个分裂国家的统治者，阿尔弗雷德深知只有整合所有的本土力量才能抵抗外族，所以他开始对所有的小国实行一些怀柔的团结政策，说服他们联合行动，统一指挥，抗击来敌。即便如此，对抗维京海盗还是很吃力。阿尔弗雷德大帝觉得，不能看到维京人就躲，这些人到底为什么这么凶悍，是不是完全没有弱点，如果不弄清楚敌方的底细，是没有办法制定相应战略的，于是阿尔弗雷德大帝想到一个好主意。

当时的西欧和北欧都有个很好的传统，就是如果遇到游方的艺人，草台班子，一般有条件的人，应该是给予接待的。提供吃住，让他们表演几天。尤其是出征在外，军营无聊，这些流浪的卖艺人，还有些流浪的诗人是很受欢迎的。阿尔弗雷德从小在罗马受教育，学习得很全面，据说他不仅会吟诗作赋，还有杂要的手艺。所以他装扮以后，混在草台班子里行走江湖，居然还毫无破绽。阿尔弗雷德就这样大大方方地进入了维京人的军营，一边给这些海盗表演说书、翻跟头、倒立等绝活，一边从一个职业军人的角度分析丹麦军队的强势和弱点。这些远来的丹麦人仗打得太顺利了，一直很得意，所以军纪自然就非常松弛，完全不把英格兰人放在眼里，军营中也没有严密的戒备。此外，丹麦军队没有长期的作战计划，靠掠夺维持后勤供应，所以他们到处搜刮美酒佳肴，强抢妇女，军营里的生活非常糜烂混乱。

间谍工作顺利结束后，阿尔弗雷德制定了新的抗敌政策，那就是游击战！不与丹麦人正面对抗，他们来我们就跑，但是坚壁清野，绝对不能让他们抢到粮食。"敌驻我扰"，丹麦人扎营休息时，就派出小股部队前去骚扰，让丹麦人精神衰弱，睡眠严重不足。这样一来，又吃不饱，又睡不好，再彪悍的人也扛不住了。眼看着丹麦人的战斗力越来越弱，躲在林子里休息了好久的英格兰人冲杀出来，改变了战争的形势。

游击战虽灵，也不总是能全身而退，在调戏丹麦军队时，阿尔弗雷德也经常遭受重创，屡败屡战，很狼狈。有个非常出名的故事。公元 878 年左右，阿尔弗雷德在一次战斗中被击溃，手下军团被打散，他一个人钻进丛林，爬过沼泽，非常狼狈地逃走了。连滚带爬地逃窜了一天，终于看到一个樵夫的小屋，又饿又累的国王上前敲门化缘，希望别人能给点吃的，再让他借宿一晚。这小屋里只有樵夫老婆，母老虎似的人物，既不认识国王，也没有什么慈悲心理。她正好在烤面包，又预备去挤牛奶，正是忙不过来的时候，于是对国王说："你给我烤面包吧，我现在去挤牛奶，如果面包烤得好，老娘就赏你一顿饭吃！"此时的国王没有选择，只好答应了。阿尔弗雷德也算是学富五车，多才多艺了，可他所受的教育中，独独没有烤面包这一项。况且，自己的军队被打散，自己一个统帅落魄至此，烤面包的时候肯定也无法安心啊。所以，等到樵夫老婆拎着牛奶进来时，面包已经被烤成黑炭了。据说当时这婆娘勃然大怒，不仅非常恶毒地责骂了国王，还用柴火棒子打了他。好歹从丹麦人手里逃出性命，差点死在一个母老虎手里。幸亏这种罪没受多久，阿尔弗雷德很快就召集了旧部，重新集结了自己的军队，在爱丁顿与丹麦军队一场大战。此时的阿尔弗雷德背水一战，因为知道自己面包都烤不熟，如果亡了国，没有国王这个工作干，是很容易饿死的。在这个力量激励下，英格兰军队奇迹般地打败丹麦军队，迫使丹麦国王古斯伦和谈，和谈的结果，丹麦人在英格兰北部得到一块两万多平方英里的土地，在那里，当地人施行丹麦法，也就是丹麦区。谈判中，最了不起的胜利是，阿尔弗雷德迫使古斯伦受洗成为基督徒，英格兰的丹麦自治区奉行基督教。这是维京人历史上的重大事件，大部分历史研究人士都相信，维京海盗这样的猛人后来逐渐衰弱，跟放弃了好勇斗狠的北欧宗教很有关系。

大约过了七年，丹麦人撕碎合同又向英格兰进攻，这一次，阿尔弗雷德就胜利得比较彻底。886 年，英格兰终于收复了伦敦，从此以后，这里成为英格兰的中心和首都。而丹麦人受创后，野心也受到抑制，龟缩到英格兰北部自己的小地盘里，貌似和平共处，不再敢随便挑衅。

阿尔弗雷德大帝对英格兰的贡献绝对不只抵抗了外族侵略这么简单，他对国家的治理也是可圈可点的。最重要的工作是颁布了一部法典，这部“阿尔弗雷德法典”到现在还是不列颠法律的基础和基石，这部法典里，很高明地中和了圣经法律和日耳曼人传统法规。整部法律的核心是“己所不欲，勿施于人”，他认为如果所有人都做到这一点，则社会和国家根本不需要立法和刑罚。对中世纪的历史背景来说，这部法典闪耀着非常人性的光芒。

在跟丹麦人的作战中，阿尔弗雷德改革了征兵的办法，开始为国家设置常备军，并训练了一支非常优秀的骑兵团队，这支骑兵部队是可以世袭的，后来这个部队的成员成为对英国社会影响很大的骑士阶层。

大帝得空还组织编撰了一部“盎格鲁－撒克逊编年史”；提倡科学，

重视教育，经常请学者到宫中讲学，等于是开办了最早的宫廷学校；完善了“贤人会议”这个政治协商的体系，这也是英国议会的基础。

总之，既然是“大帝”，其文治武功肯定是一时描述不完的。应该说，如果没有阿尔弗雷德大帝，英格兰这个国家可能就不存在了。

原来说过，好“皇帝”经常扎堆，阿尔弗雷德之后，维京人也出了个“千古一帝”，统治英格兰、丹麦、挪威，将海盗帝国带上巅峰，那就是克努特大帝！

四　北海帝国

丹麦恩仇录

阿尔弗雷德大帝抑制了维京人对英格兰的入侵，丹麦人缩在岛上的一隅过着韬光养晦的日子。此时的前后三百年间，维京人正是史上最风光的一段黄金岁月，所以牛人辈出，群星闪耀。这一篇，我们说说丹麦的历史。

在日德兰半岛的中部，有个叫耶林的小城市，耶林市教堂门口，立着一大一小两块石头，这实际上是两块墓碑。一块是一个叫哈拉尔的王为他的父母立的，自然是歌功颂德的："哈拉尔国王下令为纪念父亲高姆和母亲翠拉而立此碑。哈拉尔征服了整个丹麦和挪威，并使丹麦人成为基督教徒。"另一块，则是高姆国王为王后翠拉立的墓碑。在这块墓碑上，第一次出现了"丹麦"这个美丽的名字。去丹麦旅游，这两块石头肯定没有美人鱼的雕塑出名，可它们却是丹麦立国的标志，对丹麦人来说，不管祖先是不是海盗，早年的名声有多不好，至少在公元900年左右，丹麦人已经拥有了自己正式的家园，成形的国家和疆域领土。所以这两块石头对丹麦人的意义是很重大的，而高姆国王也被大致认为是丹麦的开国之君。今天的故事，从他的儿子哈拉尔开始。

哈拉尔有个绰号叫蓝牙王，传说他有一颗牙是蓝色的（这比较玄妙，不知道用什么整容方式搞出来的，怀疑是吃海鲜过敏的）。现在的无线通信系统会叫作"蓝牙"，也是缘于这位丹麦国王。哈拉尔接高姆之位执掌了海盗帝国，并征服部分的挪威和日德兰半岛附近的大小岛屿，辖领着北海大片的土地。此时的欧洲，德国和法国都正在成形，这些安定下来的日耳曼人每每想平静地生活，就会受到北海寒风的骚扰。丹麦海盗呼啸而来，带着大量"丹麦金"（受海盗骚扰的国家花钱买平安）欢呼而去的画面，让整个欧洲上下非常烦躁。好在欧洲最高的管理层——基督教会发现了问题的本质，那就是，这些野蛮的北方人不信耶稣。相信奥丁神，自然浑不畏死，在血与火的洗礼中成就自己，战斗成为人生最高的修炼；而如果相信耶稣，则北海就应该普照爱和宽容的光泽，顺从忍耐。所以，在应对海盗方面，欧洲教会一边花钱消灾，一边在北海海盗核心区推广基督教，想从根本上化解海盗的暴戾之气。

哈拉尔登基后，丹麦的基督教算是"草色遥看近却无"。这时，罗马教廷派来了一个叫波波的主教。主教认为，擒贼擒王，如果蓝牙自己能受洗成为基督徒，则丹麦的传教工作定能事半功倍。于是他把工作的重点放在对蓝牙的游说上。波波主教告诉蓝牙，上帝的力量是超出想象的，为了展示基督的神迹，他要求将一块烧红的铁放在自己手上。在哈拉尔的目瞪口呆中，波波主教的手托着这块烧红的铁居然毫发无伤，完好无损。波波虽然是主教，但也不是上帝，不过是血肉之躯，能演出这样一场魔术，当然是有自己的办法。好在目的达到了，蓝牙立时为耶稣的力量征服，接受了基督教的洗礼，并带领很多丹麦人加入了基督教。从这时起，耶稣取代奥丁，成为丹麦人之主。

哈拉尔早年也延续海盗的传统，以武装抢劫为国家的主要生产力。随着他加入基督教，考虑问题也越来越全面。他发现，每次出去办抢劫业务，国内几乎都是一座空城，如果邻居的那些新兴的国家想打坏念头，很容易端掉海盗的老巢，而且，作为一个正经国家，总靠抢劫也不是长久之计。所以，哈拉尔决定，应该把工作重心逐渐转移到国内建设，而适当控制对外抢劫的频率和规模。海盗动了从良的念头，需要和百年的传统及血统作斗争，可以肯定，国内很多人是不愿意放弃抢劫的。

当时的丹麦有个出名的大英雄，也就是最著名的一个海盗——帕里托尔克，这家伙孔武有力，魁梧壮实，最擅长的是用一把硬弓，可百步穿杨。这人最大的毛病就是很不谦虚，有点本事喜欢到处炫耀。很快连蓝牙王都知道他吹牛炫耀的事了。对这个尚武的国度来说，国王除了是主宰，还希望是第一勇士，听说帕里托尔克满世界张扬，心里多少有点不爽。于是派人把他叫来，让他当众表演拿手绝技，百步之外射苹果。不是随便射啊，蓝牙非常缺德地叫帕里托尔克的儿子顶着苹果给他老爸做靶子。

王命难违啊，帕里托尔克很沉重地选了三支箭，低头祈祷一阵后，镇定地发出一箭，正中他儿子头顶的苹果。蓝牙王自然知道这家伙是真正有实力的，酸溜溜地问他，刚才为什么选三支箭啊？帕里托尔克答道，如果第一箭失手射中自己的儿子，则剩下的箭，他将射向蓝牙王，为儿子报仇。这个回答方式对一个国王来说显然很冒犯了。从这时起，蓝牙王算是记仇了。后来他利用职权整了帕里托尔克好几次，虽然都没把这个家伙整死，但两个人的私怨就越来越深了。

关于射苹果的故事，读者最熟悉的应该是瑞士的威廉泰尔。当时的瑞士在哈布斯堡家族的领导下，隶属神圣罗马帝国，管理瑞士的总督起了个规矩，把自己一顶破帽子放在市中心，所有的市民经过时，要对这破帽子鞠躬敬礼。有个猎人叫威廉泰尔，桀骜不驯的，带儿子经过时，拒绝参拜破帽子。被卫兵抓住后，总督罚他儿子顶个苹果，让威廉泰尔百步之外向这个苹果射箭。威廉泰尔也预备了三支箭，结果跟帕里托尔克一样。后来威廉泰尔被捕逃脱后，组织了瑞士人民的独立起义，成为“瑞士独立之父”。但帕里托尔克射苹果在时间上要先于威廉泰尔。所以，在北欧当儿子是挺危险的，而读欧美历史时，看到苹果这种水果，大家也要格外关注。

蓝牙王在决定要不要逐步放弃海盗生活时，遭到国内强烈反对，其中反对派的著名代表就是王子斯凡，他的养父就是帕里托尔克，于是这两人结成一党，开始抵触蓝牙王。到底是海盗世家的处事方法，父子俩闹到最后谁也说服不了谁，于是各领舰队到海上决斗！最后，是斯凡取得胜利，蓝牙王溃逃到一个森林里。不久，有人在森林里发现了蓝牙王的尸体，死于一支利箭从后背射入，口中穿出，死状甚惨。

到底谁害死了蓝牙王还不知道，但王位总要有人坐啊，于是斯凡成为新的丹麦国王，因为他留了一撇漂亮的八字胡，所以江湖人称“八字胡王”。在庆祝登基的宫廷宴会上，手下卫兵呈上了从蓝牙王身体里起出的箭，“八字胡王”让所有的手下传阅这件凶器，试图找到凶手。这时帕里托尔克承认，箭是他的，而且是他从背后射杀了先王。既然凶嫌认罪，斯凡于情于理都要将他养父治罪。谁知帕里托尔克骁勇异常，带着手下一场血战杀出重围，上了自己的船，扬帆出逃。蓝牙王的旧部抓不住元凶，就迁怒于“八字胡王”，他们认为如果不是“八字胡王”跟父亲决斗，蓝牙王也不会惨死，而且帕里托尔克这样逃走，“八字胡王”也有放水之嫌。于是这些人本着对先王的忠诚，绑架了斯凡，跟丹麦国民要求跟国王体重相当的白银（绑架自己的国王跟自己的同胞要赎金，有创意）。

当时的丹麦，国家是不太富裕的，后来是靠老百姓的东拼西凑才将赎金攒齐，救回自己的国王（按当时海盗赎身的规矩，胖子很容易被绑，减肥是生存的需要）。“八字胡王”回家后，感念家里缺金少银的，再被绑架很难回来，所以加大力度到英格兰去掠夺了。

这时的英格兰又怎么样了呢？阿尔弗雷德大帝在 899 年去世，他一死，老实没几天的海盗又开始向英格兰内陆发动进攻。阿尔弗雷德大帝的后代跟海盗你来我往又互相折磨了百年，大约在 1002 年的时候，当时的英格兰国王终于给折磨疯了，他决定，将英格兰境内的丹麦人全部杀掉，不管是不是良民。这个动作不但没有消除英格兰的烦恼，反而带来更大的祸端。为了给同族报仇，“八字胡王”率大军杀来，英格兰国王看到这杀气腾腾的海盗军队，大约可以预料自己的结局，于是以最快的速度放弃王位，逃离灾难现场，他的儿子在大兵压境的危难中登基，并率领所有英格兰人民展开伦敦保卫战。这个英王是埃德蒙二世。不过他对付的海盗头子也更新换代了，“八字胡王”斯凡死掉，留下两个儿子，一个是哈拉尔，一个叫克努特。

根据“八字胡王”死时的遗诏，哈拉尔接替他成为丹麦本土的王，而克努特到英格兰的丹麦领地上去做王，所以埃德蒙二世此时面对的敌人就是克努特。两边打了一阵互有输赢，埃德蒙发现想驱赶丹麦人是很不容易的，算了，割地吧，分而治之，一人一半。他们俩的合同里规定了一个公平的方式，让两边的恩怨一了百了，那就是，两边不管谁先死，其辖下的土地就无条件地并入对方的版图。所以，这个结果完全取决于上帝的安排了。上帝选择了克努特，合同生效后不久，埃德蒙就病死了。

克努特被后世尊为“大帝”，是北欧海盗国度中的王中王，代表着海盗势力的顶峰。他全取英格兰成为英王后，他兄弟丹麦王哈拉尔突然也死了，于是克努特二十岁出头就成为两个国家的国王。

克努特“大帝”

海盗的世界故事还是比较纷繁的，说到克努特大帝，我们就不得不提到另一个国家——挪威。作为丹麦的海盗帮凶，挪威人最早发现了格陵兰岛，他们的主攻目标一个是西欧大陆，最喜欢到法兰西的疆域内找东西。有一群海盗在抢掠过程中产生感情，留下不走了，最后在塞纳河下游定居，成立了诺曼底公国，而这群人的首领就是挪威人大海盗罗洛，既然成了公国，他就算洗底上岸了，不能再叫人家的江湖诨名，人家现在叫诺曼底公爵。另外一个挪威人喜欢欺负的地方就是爱尔兰，不过好像在这一带没占到什么大便宜，被爱尔兰人打出来了。但挪威参与海盗集团纵横江湖时也有些著名人物，最出名的国王就是奥拉夫二世。

写海盗的发迹史是挺晕的，海盗跟土匪和流民一样，组织结构混乱，今天的同党有可能明天变成敌人。比如丹麦和挪威，这两兄弟的关系就是典型的匪帮组合，对外联手抢劫，但私下里两边经常互相抢地盘。

前文说到克努特已经成为英格兰和丹麦的国王。这时的挪威国王是大名鼎鼎的奥拉夫二世。这个奥拉夫是个人物，做海盗的时候骁勇善战，名震江湖，后来受洗成为基督徒后，就成为一个极端的教徒。他在挪威以强权推行基督教，毁掉了大量的北欧神像，他自己号称可以为信仰付出生命，所以对那些坚持不改变宗教信仰的百姓也毫不留情。在挪威上一代帝王的时候，“八字胡王”就已经征服过挪威，所以对挪威人民来说，他们有另一个选择，那就是如果对自己的国王不太满意，可以请丹麦的国王来做兼职。克努特上台时，就已经非常有意识地在挪威培养反对派势力了，很多挪威的海盗酋长已经私下效忠克努特，奥拉夫二世一行动过火，国内立时出现了推翻他的浪潮，还伴随着克努特早已准备好的丹麦大军。内外夹攻之下，奥拉夫战败而死，克努特成功地接管了挪威。从此，克努特成为三个国家还包括一部分瑞典的君主，而他领导的国家在历史上被称为“北海帝国”，是维京人的黄金岁月。

挪威国王奥拉夫二世后来被挪威人世代奉为保护者。据传，他死后好多年，棺材打开，他不但没有腐烂，还面色红润如常，割出血来还能给人治病，等等。神乎其神，以讹传讹，那段时间关于他的神奇故事都编得没边了，后来教会认为这些神迹都是因为他的虔诚，所以赐予他“圣奥拉夫”这个尊称，让他在基督教的历史上留下大名，也成为挪威历史上的著名君主。现在的挪威国徽上是一只金色狮子，头戴王冠，持金柄银斧。狮子象征力量，而银斧则是圣奥拉夫的兵器，可见他在挪威的江湖地位。

当然此时成就最高的还是克努特大帝，作为一个庞大国家的统治者，那些良莠不齐的海盗武装显然就不合时宜了，建设国家要先从军队建设开始。于是在贵族和世家中遴选精锐，组建了一支规模不大但非常高效有力的正规军队，既然是国王亲自指挥的武装，就肯定是“御林军”。这支军队的成员虽然都生活在王宫里，跟国王同吃同住的，但日子并不花天酒地，训练和纪律都非常严苛，也是克努特大帝王权的重要保障。

既然号称大帝，除了文治武功，多少还有些典故，克努特大帝有个故事非常出名，可以教育很多君主。据说当时克努特身边有许多马屁精，北欧人也不实诚，拍马溜须也很多花样，他们说克努特大帝不仅是大陆上最伟大的王，还是海洋之主，可以控制一切。说得多了，连克努特自己都觉得肉麻。有一天，他带着这些马屁精走到海边，站在沙滩上对大海说：“我是海洋之主，我命令海水不许弄湿我的衣服。”话音未落，一个浪头就把大帝打成落汤鸡。克努特一边抹脸，一边清理身上的海带，一边告诉手下，以后拍马屁还是尽量不要言过其实，真正的一切之主是上帝，随后他走到教堂，将自己的王冠献给耶稣，表示了自己作为一个教徒的谦卑之情。那些拍马溜须的也就自动闭嘴了。这个真的很难得，因为几乎找不到不喜欢别人奉承的王。

克努特大帝有三个国家，隔着海，跑来跑去不好管理，而他自己更喜欢留在英格兰。可能是因为这块土地来之不易，所以分外珍惜。为了管理更有效，他将自己的妹夫，一个英格兰伯爵派到丹麦做国王，把自己的儿子送到挪威管事，自己长期坐镇英格兰并尽力使丹麦和英格兰彻底融合，这个模式被证明很不安全，不久，他妹夫首先闹事了。

帮自己的大舅子看家，大舅子长期不在，妹夫很容易动霸占家产的念头，而且许多丹麦的百姓对于克努特大帝总是在英格兰居住很有意见，认为他放弃了祖国。妹夫感觉到这个民间情绪后，果断地发动叛乱。克努特大帝很快出兵平定了这场风波，开始追杀那个倒霉妹夫。妹夫知道大舅子是个虔诚的基督徒，所以他逃到一个教堂里，他认为克努特绝对不会在这里杀人。谁知克努特毫不犹豫地冲进去，抓住妹夫，在圣坛前就要了他的命。虽然后来他为此向教堂支付了大量的罚款，但这个举动充分说明了克努特大帝的头脑清醒，事情的轻重缓急拎得清楚，对一个王来说，任何事跟王权比较都是微不足道的，哪怕是信仰和宗教。

这个事情并没有引起克努特大帝的重视，事后他还是坚持留在英格兰生活，所以不久，他儿子在挪威的统治也经常遭到挑战。

克努特大帝英年早逝，三十多岁就死去了，他的北海大帝国也就跟着分崩瓦解，维京人的野性之火也逐渐在越来越强大的基督教氛围中熄灭，现在，北欧人已经成为文化素质最高、个人教育最好的地球人，很难想象他们咆哮着打劫的样子。

五　诺曼底征服

超级埃玛和子嗣

到此时，整个英格兰的王族包括两支，一个是盎格鲁－撒克逊血系，一个是丹麦血系。丹麦人在英格兰当道，盎格鲁－撒克逊的王族都哪儿去了呢？让我们回顾前文，不是有个英国国王屠杀大量的丹麦人，引发了丹麦王“八字胡王”的大报复吗？这个英国国王在被丹麦人进攻时，为了抵抗侵略，曾经向诺曼底公国求救。还记得诺曼底公国吧，挪威人罗洛在塞纳河下游成立的小国家，虽然占了法国的土地，但是高卢人拿他们没办法，只好由着他们最后成为法国一个大诸侯国。

1002 年，英王为了抗击“八字胡王”，迎娶了诺曼底公国的公主埃玛。此后的英国历史，我们会认识不少神奇的英国女人，而这位埃玛就是英格兰女人“神话”的初始。埃玛跟第一个老公——英格兰国王生了两个孩子，这两个英国王子后来为躲避兵乱到诺曼底藏身。埃玛做了寡妇没多久，克努特大帝成为英王，居然迎娶了这位前王后。埃玛又恪尽职守地为克努特生了个儿子。

克努特死后，英格兰的王位人选就非常混乱了。克努特有两个儿子，前妻生的哈罗德和埃玛生的哈德，接班的方式是，哈罗德接过英国王位，而哈德则到丹麦去做国王。作为丹麦血系的英王，哈罗德在英格兰需要获得很多支持才能登基，好在他有个很好的帮手——戈德温伯爵，当时的英格兰朝堂上，他大权在握。在他的操作下，丹麦人继续统治英格兰。

可惜的是，不论是哈罗德还是哈德，都是短命鬼，很快，戈德温伯爵就发现，丹麦王系已经没有儿子可以做英王了，既然丹麦系没有选择了，机会自然就回到盎格鲁王族。

克努特刚死的时候，流亡在诺曼底的大王子曾经回国图谋大位，结果是被戈德温伯爵杀掉。最后只剩下小王子爱德华这个王系独苗。既然戈德温伯爵自己不能篡位登基，那就只好拥立爱德华成为英国国王。大家理一下人物关系啊，也就是说埃玛公主一辈子嫁过两个英国国王，还生出来两个英国国王，所以这个女人是大英历史上的第一国母，而且改写了英国历史。

爱德华王子从小就流亡诺曼底，在法国区成长、受教育，除了血统，他对英格兰应该没什么特别的亲近之情，是个标准的法国人。命运稀里糊涂地将他推上英国王位，他主观上肯定是信任来自诺曼底的亲信，这样一来，戈德温伯爵在英国的权势就大受影响了，为了稳固自己的位置，伯爵赶紧把自己的女儿嫁给爱德华，想以国丈的身份继续掌权。

新的英国国王斯文安静，是个虔诚的基督徒，他当家后马上就开始建教堂。在泰晤士河畔，威斯敏斯特大教堂拔地而起，爱德华王将王宫也搬到这里，从此这个又叫“西敏寺”的地方成为英国皇室的中心和象征。虽然是个基督徒，爱德华心里也并没有充满宽容，戈德温伯爵杀了自己的哥哥，而且他带来的诺曼底亲信也有除掉伯爵的政治需要，所以此时的英格兰，最激烈热闹的事件就是爱德华和戈德温伯爵的君臣争斗。

不幸的是，爱德华及其幕僚穷尽所有的才智，也没有把戈德温伯爵扳倒，更糟的是，戈德温伯爵还有个英雄儿子在成长。戈德温伯爵死后，他儿子哈罗德承袭了伯爵之位，家族势力更大，正逢威尔士族攻打英格兰，爱德华束手无策之际，完全是靠哈罗德带兵打退外敌，保护了国土安全。所以当爱德华一步步将英格兰带向法国时，英格兰老百姓对哈罗德的支持率节节攀升，都希望他能够主持大局，维持盎格鲁－撒克逊族的正统，也维持英格兰相对于欧洲大陆的独特和个性。

爱德华也是个无寿的，国王之位还没坐热就死了，鉴于王子年幼，英格兰的“贤人会议”和百姓赶紧拥戴哈罗德伯爵登上了王位，所以他是哈罗德二世。虽然哈罗德二世不负众望，在英王的位置上鞠躬尽瘁、小心谨慎，深受上下好评，可是他之前的王位混乱，总会留下一些祸端，慢慢发展成大麻烦。

私生子的逆袭

前面说到诺曼底公国已经参与到英格兰的政治事务，想让他们完全不插手就不可能了。1028 年，诺曼底公国第四位公爵威廉出世了，这是个私生子，他的母亲是被他父亲强抢来的农村姑娘，露水姻缘的产物，所以整个成长的过程中，受到很多压力和轻视，事实证明，上帝很公平，小时候受的苦，长大一般都会给点交代。

作为独子，威廉七岁时顶住重重压力接位成为诺曼底公爵，十五岁成为骑士，在平息自己的属地内贵族叛乱时，初露锋芒。长大后的威廉更是彪悍异常，甚至公然跟法王叫板，威风八面，权势煊天。不过这样的小孩心理上肯定是有点问题的，对威廉来说，自己卑微的私生子出身是心头大忌，传说在打仗中，如果对手叫他"私生子"，那对方得到的结果肯定是惨死兼屠城。按辈分，威廉的爸爸是埃玛王后的哥哥，所以，英王爱德华就是威廉的表哥，从小一块儿长大，开裆裤级的发小。爱德华死后，一听说是哈罗德伯爵成为新的英王，威廉立刻就不干了，据威廉自己说，爱德华国王曾经在某年某月的某一天跟他许诺，万一自己有个好歹，威廉就接班成为新的英格兰之主。

可这边，英格兰人好不容易把一个法国英王等死了，怎么可能再接受另一个法国式的英王呢？所以对于威廉在海对面的呐喊，基本是没人理会他的。于是又有钱又有兵的威廉决定，打过海去，把自己的王位抢回来。

威廉实力不弱，还娶了个很有嫁妆的老婆，可他毕竟只是个诸侯国王，虽然用各种方法集结了八百多艘战舰，可用来攻打英格兰这么大的国家，毕竟还是有些可笑的。不过后来威廉的故事告诉我们，有的时候，有些人的运气会好得邪门。

话说威廉的战队在港口准备出发，英格兰这边不敢怠慢，哈罗德国王也算是有战斗经验的，很快就在南部沿海设下道道防线，单等威廉过来以卵击石。哈罗德在英格兰南部静候威廉，结果这家伙说话不算数，哈罗德等了好几天，这帮法国人总是不出发，急得英国人直跳脚。没有等到法国人，可等到其他的敌人了。

大风刮来的王位

欧洲中世纪的历史很容易让人晕，因为正是国家形成的时期，满地都是国王和王子，只要有幢小城堡就敢到童话故事里诱骗公主，当然公主也数量颇多，珍贵程度自然也不高。

这段时间咱家是北宋，虽然跟北方的金、辽、蒙古的恩怨弄得有些混乱，但从《清明上河图》描绘的市井生活中，我们大致可以推断出，老赵家的皇室生活绝对是金尊玉贵的，其排场和奢华估计欧洲那些林立的王室想都想不出来。在中国，如果遇上战争，皇帝亲征可是天大的事了，整个北宋，真宗赵恒算是在寇准的忽悠下亲自出征过北辽，名垂青史的结果是“澶渊之盟”，从此中原正统开始向北方蛮夷缴纳岁贡换取平安。所以说没什么特别需要炒作的，打架这种事，皇帝还是不要亲身参与的好。在欧洲可不一样了，重要的打仗事件都是国王亲自带队的。上面说到诺曼底的威廉公爵自称有英王的继位权，他也并不是完全胡说。话说哈罗德做国王之前有一次海上遇险被一个法国伯爵救了，这法国伯爵不地道，当他知道哈罗德的身份后，直接将他当作肉票向戈德温家族要求巨额赎金，后来是威廉公爵仗义疏财把哈罗德解救出来。不过，这次解救的条件更刻薄，他要求哈罗德答应将来如果取得英王之位，要无条件让给威廉。当时的确是白纸黑字签过协议，只是那种情况下的条约，多半是按着头被逼就范，哈罗德一旦获得自由，肯定不认账，两边只能拿刀剑解决合同纠纷。新的英格兰王哈罗德听说诺曼底公爵预备打过海来找麻烦，赶紧亲自在南方设防，万事俱备，只欠威廉。法国人叫嚣了好几天，舰队在港口里就是不出来，让对手非常着急。其实威廉公爵更着急，他士气高涨地准备跨海打仗，可从他出门那天开始海上就刮西北风，他的船也没有核动力，就是靠风吹过海去，天公不作美，威廉也只好天天在岸边感叹运气。这一阵西北风，足足刮了四十多天。威廉不知道，这阵他天天诅咒的西北风比咱家三国时火烧赤壁那一阵东风值钱多了。

海上刮西北风期间，风干物燥的，英王的后院也起火了。哈罗德不是戈德温唯一的儿子，他还有几个兄弟，对于哈罗德成为英王的事，都有不服。于是各施本事给自己兄弟找麻烦，这帮人并不知道“兄弟阋于墙，外御其侮”

这个道理，不仅不一致对外，还将“外侮”引进来。

先被引来的这位是当时的挪威国王哈达尔，克努特大帝的一个后代，说起来也是王室血系，如果按血统来算，他成为英王似乎要比哈罗德更名正言顺一些。哈达尔王与哈罗德的兄弟里应外合，很快就在英格兰北部取得了优势，并节节进逼，顺利攻下了重镇约克。哈罗德这下着急了，威廉还在海对面，可挪威人已经到眼前了，简单权衡一下后，哈罗德赶紧调大军北上，阻挡挪威军队去了。

英勇的英格兰军队在斯坦福大桥跟挪威人决战，并取得胜利，还当场干掉了挪威国王。可是就在对挪威人的战斗中，海上的风向突然变了！非常诡异，诺曼底人、挪威人和老天爷似乎是联手设局，要置哈罗德国王于死地。听说威廉的舰队已经登陆的消息，哈罗德完全顾不上休整远征且连续作战的军队，这帮人只能发扬跑马拉松的精神即刻掉头向南，阻挡诺曼底人。

威廉此时绝对不再埋怨上帝了，他无惊无险地登上了英格兰的土地，估计是因为有点晕船，威廉一落地就摔了个“老太太钻被窝”，样子很狼狈，不过他反应很快，马上扑在地上，动情地说：“上帝已经将英格兰赐予我了！”英格兰的土地也不辜负他，几乎没有抵抗，威廉大军轻松地向伦敦挺进。在离伦敦六十英里的黑斯廷斯，诺曼底军队列好战阵，等待哈罗德大军远来。

这场英国乃至欧洲历史上的重要战役就是“黑斯廷斯之战”，算得上是英国的立国之战。哈罗德的正规军队只是在伦敦进行短暂整编，很多士兵都是临时征召的农民，当时英军是步兵，威廉带领的是骑兵，哈罗德设计的战法是所有的士兵举起盾牌组成铜墙铁壁，让威廉的精锐骑兵无孔而入。一次次进攻无效后，威廉军队中开始出现溃逃的迹象，因为哈罗德军队的很多士兵是临时工，相当于民兵，没有经验，也没有纪律，看到对手示弱，自然是丢掉盾牌就冲上去追杀，结果固若金汤的盾牌阵出现缺口，威廉的骑兵掉头回来时，轻松就冲破了英军的战阵。哈罗德跟自己的侍卫队一起参加最后的白刃战，最后被箭射穿了眼睛，和自己的兄弟一起惨烈战死，金色的龙旗染满鲜血。

这是 1066 年，诺曼底公爵安葬了哈罗德的尸体后，整个英格兰大地向威廉敞开了怀抱。兵临伦敦城下时，威廉觉得如果强硬攻城自己不见得能轻易成功，所以他非常聪明地选择向英格兰的“贤人会议”妥协，答应对方保全盎格鲁－撒克逊的传统，伦敦此时已经无人可以领导抵抗诺曼底人，在无奈之下，只好接受威廉公爵成为英王。圣诞节那天，在威斯敏斯特教堂加冕，开创了英国历史上的诺曼底王朝。顺便说一句，威廉在攻打英格兰之前，已经取得了罗马教廷的大力支持。欧洲的王都有自己的绰号，威廉的名号最威风，史称“征服者”。

虽然已经加冕登基，可是英国百姓并不认可这位新王，各地的起义反抗不断。威廉出名的就是手段残酷，1066 年至 1070 年，他血腥镇压了各地的反抗，铲除了各地的地方力量。抵抗基本平息后，为了增加赋税以应对随时会发生的各种战争，威廉开始土改了。他派出大量官员做土地和财产普查，这帮官员个个穷凶极恶，对待老百姓态度恶劣，所有人都感觉到，被这伙人调查犹如在世界末日接受审判，所以威廉国王的土地财产调查报告又被称为“末日审判书”。

掌握了全国的土地数据后，威廉还下令没收英格兰贵族的地产，将其七分之一留给自己，其他的分封给随他来的诺曼贵族，但他宣布，所有的土地所有权还是属于国王，开创了以国王为中心的封建集权王朝的英国历史，从此，王权处于至高无上的地位。

他仿照诺曼底公国的制度改组了英格兰的中央行政机构和司法机构，把诺曼底人在审判中设立陪审团的古老制度带到了英格兰。同时顶住罗马教皇的压力，顽强地保留了对英格兰各主教的任命权，因为这一手，使威廉的诺曼底王朝拥有整个西欧国家最强大的王权，可以跟罗马教廷叫板。

威廉要求将法语作为官方语言，他自己不会说英语，也学不来，因为威廉同学是个文盲！于是法语对英语进行了一轮强行渗透，英语也吸收很多法语的词汇，更新了一个版本。

进入诺曼底王朝后，英伦诸岛想独立在欧洲大陆之外隐居已经不可能了，西欧尤其是法国的事务肯定是经常参与的。由于威廉国王依旧是诺曼底公爵，所以，英法的土地纠纷成为那段时间欧洲的主要矛盾，两家纠结不清，终于发展成为冤家和世仇，让整个欧洲为之乱翻天。而威廉之前的英格兰一直是被动挨打的，自从被诺曼底人统治后，秉性发生了重要变化。后来，英格兰开始主动欺负别人家，到别人家地盘上去打架了。

六　法国公爵的英国生涯

伦敦不安全

现在英法面临这样一个复杂的问题，那就是诺曼底王朝的土地，除了英格兰本土还包括塞纳河下游的诺曼底。对法国国王来说，这是件很腻歪的事，你既然已经拥有英格兰那样大片的土地，就应该把诺曼底还给法国啊，这个事在道理上说是成立的，可是纵观所有国家的历史，只有豁出命去争取新的土地，绝对没有无端将自己的土地送出去的高尚先例。威廉从骨子里是个法国人，虽然称为英王，但是伦敦的环境和气氛也不让他舒服，所以他将英国的管理工作交给当时的英国主教，自己回到诺曼底，继续过着公爵的生活。

此时的法王是腓力一世，赖在诺曼底不走的威廉一世简直就是插在他眼中的一根钉子，忍无可忍之下，终于决定向诺曼底动手了。威廉这样的人是不会任人宰割的，所以虽然年近六十岁，威廉还是亲自披挂上马向法王发动了战争。在这次战斗中，威廉一世依然骁勇无敌，甚至打到了巴黎附近。只是，他的好运终于用完了，一路势如破竹的威廉一世意外堕马，居然很快就死了。这位盖世英豪一生的命运犹如一部传奇，比任何一部大片还跌宕奇异。他改变了英国乃至整个欧洲历史，如果上帝没有骤然收回他的幸运，不知道他还会做出什么惊人的事情来。

“征服者威廉”登陆英格兰，建立了带有浓郁法国风格的诺曼底王朝。威廉一世虽然是英王，但他死前最闹心的事是自己在法国的诺曼底领土，与法王作战，也是为了保留这片故土。离奇地死于堕马，对久经沙场的老战士威廉来说，这种死法相当丢人，不得不怀疑这是上帝的故意安排。尤其是据传说，他下葬时棺材尺寸不合，为了把他已经发胀的尸体塞进棺材，工作人员用力过猛，尸体竟然炸了。

作为旅游手册，我们要特别介绍伦敦旅游的必到景点——伦敦塔。在英国人的眼中，似乎伦敦塔跟咱家的故宫地位相当，代表着王权的辉煌历史和一些诡异的、散发着腐朽气味的皇家秘事。伦敦塔就是威廉一世进入伦敦后花了二十年修建起来的，一个外地人入主伦敦，不但害死了一个优秀的本土国王，还鸠占鹊巢，名不正言不顺，自然全英格兰的人都是敌人，所以威廉到达后第一件事肯定是修个碉堡保卫自己的安全。

伦敦塔中心的白塔又叫诺曼底塔，就是当年威廉一世的王宫，后来时局稍定，他感到总躲在碉堡很不威风，就搬家到威斯敏斯特宫去了。后来的英国人以白塔为中心又建了好些城堡，这个碉堡群成为伦敦一个重要中心。既是一座坚固的军事堡垒，又是华丽宫殿，内部还配备了天文台、监狱、教堂、刑场、动物园、小码头等设施，但是最出名的还是监狱和断头台，我们以后的故事中会提到很多大腕都在这里被监禁、折磨或是处决。整个伦敦塔给人的印象如同伦敦的天气一样阴森冰冷。

在伦敦市建碉堡并没有让老威廉觉得安全，于是他还在伦敦的外围建造一条碉堡链，一个接一个的城堡环伺伦敦，相互呼应，防备森严以保卫自己来之不易的英国王权，而最大的那座城郊堡垒就成为后来英国皇室的行宫——著名的温莎堡。

“十字军”

老威廉有四个儿子：长子罗伯特，接受了诺曼底的土地，成为新的诺曼公爵；二儿子也有一块封地；三儿子威廉二世继位为新的英王；四儿子没有爵位也没有帝位，只好给他一大笔钱。看起来，似乎分得还算公平，只是，其中的三兄弟都不是省油的灯。老威廉是死于对法王的战斗，起因是诺曼底的国土，而跟法王勾结在一起跟自己作对的，就是自己的大儿子罗伯特。

威廉二世继位登基后，罗伯特继续跟自己弟弟为难。他经常派人到风雨飘摇、人心不稳的英格兰挑拨离间，挑唆英国人反对威廉二世。所以威廉二世的帝王生涯十分动荡郁闷，他的外号叫“红脸王”，赤色面庞，脾气暴躁，对自己哥哥的行为自然火冒三丈。从上台开始，“红脸王”就一边镇压英国的内乱，一边还亲自到诺曼底去跟自己的大哥打架，这幕诺曼底的兄弟斗殴持续了七年。好在，发生了一件大事，让诺曼底公爵罗伯特找到了比对付自己弟弟更有价值的生活。

这件大事就是第一次“十字军”东征开始了。这场被誉为世界历史上最大规模的宗教性军事行动是怎么开始的呢？教皇发起的。他告诉西欧所有教众：基督教的圣地耶路撒冷被穆斯林占领了，必须夺回来。这是教皇的说法，对于基督教来说，在欧洲取得的统治地位让他们的理想更大，而全世界最富庶、最肥沃、文明最深远的地区成为穆斯林教区，这让教皇常常睡不着，所以教会要东征。而根据我们已知的西欧历史，西欧人骨子里有个根深蒂固的概念，那就是如果手头紧，GDP 增长缓慢，西欧人第一时间考虑的绝对不是发展生产，而是找个有钱的地方武装抢劫，西欧的战争几乎都是这样发生的。

听说教皇要组织到富饶的中东一带打劫，那肯定踊跃报名啊，于是，贵族加入了。当时西欧贵族的继承制规定：长子继承一切。其他的儿子什么也捞不着，日子很窘迫，这批人都是骑士，还数量众多，既没有工作又不愿意打工摆地摊，骨子里就是喜欢打劫这项高等业务，这样一来，骑士也加入了。对商人来说，打下中东一些要塞，就可以将东西方贸易的通道掌握在自己手里，商务利益的考虑让商人也加入了。而对于老百姓来说，封建制成形到成熟的这个阶段，地主贵族的盘剥是非常苛刻的，长工在自己家日子不好过，种地种得很没前途，参军到国外抢劫如同到外劳输出，利益方面还是很诱惑的，大量的长工也加入了。

于是，从教皇到百姓，社会各阶层都对东征取得一致意见，认为早下手是非常必要的，五湖四海为了一个共同的目的集合在一起。1096 年，十万大军分四路在君士坦丁堡会师集结，他们的盔甲外贴着用红布绣成的血色十字，从此正式得名“十字军”，开启了西欧对地中海东岸的浩大远征。

猎鹿悬案

回到诺曼底，罗伯特公爵作为西欧著名的封建领主，东征这样的盛事是一定要参加的。他带领自己的军队出征，指战员的吃喝拉撒、兵器马匹都要他掏钱购置啊。抢劫这门生意，虽然收益好，但前期投入也是很大的，为了取得抢劫的军费，罗伯特公爵不得不想了个无奈的办法，那就是将诺曼底公国抵押给弟弟威廉二世，跟他借了一万马克。这事正是威廉二世求之不得的，赶紧给钱，收编了诺曼底的领土，也就是说，英国被分割在海峡两岸的领土算是又统一了。可惜威廉二世没高兴多久，第一次“十字军”东征结束，罗伯特娶到一个很有钱的老婆，手头宽裕了，自然第一时间要求赎回自己的领土——诺曼底。大家都猜到了，对威廉二世来说，罗伯特给十倍的钱，也不会愿意将诺曼底交还。威廉二世在家里积极准备，预备着如果大哥坚持索要诺曼底，他就继续发兵揍他。不幸的是，“红脸王”突然遭遇了一场奇异的无妄之灾。

1100 年 8 月的一天，威廉二世在皇家林苑打猎。英王打猎，是很重要的集体活动，从者甚众，随行人员包括他弟弟亨利，还有国王最信任、最亲密的顾问蒂雷尔。狩猎开始不久，一只赤鹿就进入了国王的射程，“红脸王”拈弓搭箭，准确命中目标，谁知那赤鹿竟然十分坚强，带着箭伤逃跑了。“红脸王”目不转睛盯着那只赤鹿，希望看清楚它的逃跑路线好追杀上去。就在这个时刻，不远处的蒂雷尔也射出一箭，这一箭没有命中赤鹿，却准确射中了国王的胸膛，“红脸王”翻身落马，箭直接将他的身体穿透，威廉二世当场驾崩。这个突发性重大事故似乎并没有让王弟亨利痛哭或是慌乱，他甚至没有查看兄长的尸体或者找救护车，便带着随从以最快的速度赶到了曼彻斯特，那里收藏着英国皇室的所有财宝。亨利将这些钱财全部掌握后，便赶回伦敦，宣布接位，成为新的英国国王。

威廉二世之死是英国皇室著名的神秘事件之一，从亨利的动作看，他弑兄篡位的可能性巨大。凶手蒂雷尔射杀国王后逃到了法国，而亨利居然没有派人捉拿他，甚至对蒂雷尔留在英国的财产家小都没有任何动作，显然不合常理，显得嫌疑更大。但蒂雷尔作为威廉二世最信任的大臣，权势已极，如果他自己不想做皇帝，为什么要给亨利帮这个忙呢，还把自己弄得流落异乡？如果说是蒂雷尔眼神不好闯了大祸，而亨利反应迅速获得渔利，似乎也说不通。还有一种说法是威廉二世自杀，可是他既然摩拳擦掌要争夺诺曼底，大志未酬，为何要此时轻生呢？鉴于就算找到真相我们也不能惩办凶手，就不继续研究啦，更何况，“红脸王”不是个和善的君主，不论是教会还是百姓都不太喜欢他，这种人死了，就死了吧。

两岸统一

亨利成为英王亨利一世，他很快向所有人证明，他取代自己的哥哥是完全有道理的，不仅马上改善了和教会的紧张对立，更是将从他父亲开始的各种苛捐杂税、横征暴敛全部结束。他以自己的贤明和诚意终于让英国人接受了这支来自法国的王系，英伦大地获得了难得的平静。

因为上台初期需要处理的内部事务太多，亨利不想激怒自己的大哥罗伯特，所以让他回到诺曼底，继续做公爵。可以想象，对于英国的王位，罗伯特肯定是垂涎的，加上他在英国内部还配置了大批支持者，随时预备抢夺大位，所以亨利在大局安定后，马上派兵去收拾诺曼底的心头之患。

后方稳定，前线自然更顺利，亨利一世杀进了诺曼底，手下的三百名贵族骑士击溃了诺曼底所有抵抗，没有伤亡一人。罗伯特公爵落在亨利一世手里，被押到英国监禁了二十八年，一直到死。

收复诺曼底后的亨利一世很快又遭到了法王的阻击，跟法王联手而来的是法国盛产葡萄的领地安茹的领主——安茹伯爵。让法王郁闷的是，虽然是本土作战，可他对跨海而来的英王却毫无优势，亨利一世一次次挫败法王的进攻。毕竟是法国的土地，在自己家打架，打坏东西都是自己的，打久了对本土不合算，只好求和。而法王的帮手安茹伯爵则更有诚意，直接率部投降，向英王称臣。

这样一来，亨利一世再次统一了英格兰和诺曼底，励精图治，为英国带来很长一阵的和平与兴荣，这是诺曼底王朝最好的时代，亨利一世自然就成为本朝最优秀的英主。

不过世事无完美，亨利一世第一次婚姻迎娶苏格兰公主，这个动作本来是让英国和苏格兰的边境安稳了不少，可是苏格兰公主生了两子两女，小儿子没成年就死了。大儿子也没活多久，在一次渡海的沉船事故中淹死在海上。为了生出新的继承人，亨利一世又结了一次婚，传宗接代的目的还是没有达到。为了延续英国的皇室血统，亨利一世不得不考虑自己的女儿继位的事了。

七　乱世中的金雀花

第一位英女王

诺曼底王朝最好的君主亨利一世没有儿子，找谁来接替王位一直让他寝食难安，这样的心事重重最容易导致各种慢性疾病，比如消化不良。当时的欧洲上流社会流行吃八目鳗鱼，又叫七鳃鳗，据说当时亨利一世已经是龙体欠安，医生给他开的药方就是吃这种鳗鱼（中世纪的欧洲医生没现在那么牛，都有点像巫医）。亨利一世跑到诺曼底去休养，想到自己没有儿子接班，自己绝对不能随便死，所以遵医嘱狂吃鳗鱼，终于导致消化不良溘然而逝，怀着无比的遗憾，为英国王室留下一个谁也解决不了的难题。

亨利一世儿子死光了，还剩俩闺女，当然还有私生子数量不详。他曾经想让女儿继位。亨利的二女儿玛蒂尔达先是嫁给了德国皇帝亨利五世，没多久就做了寡妇，亨利赶紧让她回娘家，预备接班做女王。可惜，环境不允许。中世纪的欧洲，给一个女老板打工这个事还是有点惊世骇俗，贵族也不能接受朝堂上对一个女人汇报工作，所以这个事就暂时搁置。可女儿也不能做一辈子寡妇啊，于是，亨利又做主将女儿改嫁安茹伯爵，就是前文说的伙同法王进攻诺曼底，后来没得手就投降了英王的帅哥。虽然亨利国王对安茹伯爵器重有加，可是英国的本土贵族却视他为仇敌，因为他毕竟是法国人，毕竟曾经攻打过英王，以至于玛蒂尔达成为他媳妇后，英国贵族更是不能接受玛蒂尔达成为英女王的事了。

在这部皇室争位大戏中，还有一个主演，那就是亨利的外甥。亨利一世的亲妹子嫁给了一个法国伯爵，生了个儿子叫斯蒂芬，亨利生前对这个外甥是非常钟爱的，因为妹夫参加“十字军”战死圣地，所以亨利将斯蒂芬接到自己身边教养，视同为亲生儿子，恩宠无比，斯蒂芬不断受封领地和爵位，年纪轻轻就成为英国最有钱的人。但是喜欢归喜欢，国王之位，亨利还是倾向传给跟自己血缘更近的玛蒂尔达。

亨利死得太突然，既然没有明确的遗诏，那各路英雄就凭本事抢吧。斯蒂芬离得最近，动作最快，亨利前脚一死，他后脚就进入伦敦，因为手里有钱收买人心，立刻取得了当地贵族的支持，加上他弟弟在亨利的扶持下，已经成为教会的高层，稍微走了走人情，送了点礼，又得到了教皇的认可，于1135年成为英王，诺曼底王朝第四位君主。

玛蒂尔达目瞪口呆之际也不能善罢甘休，她预备出兵抢回本来属于自己的王冠。她的妈妈不是苏格兰的公主吗？所以现任的苏格兰王是她舅舅，外甥女求助，当然要发兵援助。当然，苏格兰也有自己的利益考虑；还有一支人马也站在玛蒂尔达这边，那就是亨利的一个私生子，叫罗伯特。这三股人马气势汹汹杀进英格兰，跟斯蒂芬叫阵。

姑表兄妹之争鏖战了快十年，互有输赢，斯蒂芬曾经被玛蒂尔达活捉，监禁了快一年，后来因为罗伯特落在斯蒂芬的军队手里，交换战俘，才把英王换回来。这期间玛蒂尔达成为实际上的英王，可是因为所有人都反对她，众怒难犯，她也不敢贸然登基。斯蒂芬回到伦敦拿回皇位后，奋发图强，很快就在战斗中取得主动，玛蒂尔达节节败退之下，只好无奈回到诺曼底，把持这块家族的龙兴之地，斯蒂尔一时也拿她没办法，如此一来，英格兰隔海的土地又被分割，各有其主，各自虎视眈眈。

幸运儿该有多幸运

原来说过，诺曼底王朝的开国之君是个运气好得离谱的人，上帝的眷顾还真是奇怪，现在又一个蒙主喜悦的人物出现了，那就是玛蒂尔达的公子小亨利。

话说玛蒂尔达这个妈妈像个女战神似的长期在外打架，家里的儿子没人照看，竟然不知不觉地长大成人，不仅像他父亲一样潇洒倜傥、玉树临风，还博学有识、头脑发达。

就在玛蒂尔达与斯蒂芬打得难舍难分的时候，安茹伯爵已经配合老婆取得了诺曼底，并将之赠予自己的儿子，于是小亨利成为诺曼底公爵。不久，安茹伯爵死去，他辖下的安茹等领土也归入小亨利的名下，小亨利不到二十岁，已经成为法国特大地主，领地大得吓人，还有若干个爵位，因为这些领土毕竟在法国境内，所以小亨利还是要觐见法王，表示一下忠诚。这一次觐见，竟引出一场著名的桃色绯闻。

女主角是第二位英格兰超级女人，她的出现改变了中世纪欧洲的历史，她几乎是欧洲史上最有权势的女人——埃莉诺。

在法国的所有领地中，最肥最好的一块叫阿奎坦，在法国西部，毗邻大西洋，南部与西班牙接壤，气候宜人，地理条件优越，富庶而祥和，当时的法国人称之为“世界中心”，而埃莉诺，就是这块属地的公主。父亲去世后，因为没有子嗣，埃莉诺就接班成为阿奎坦公爵。这位女公爵绝对是财貌双全，不仅坐拥法国最好的土地和大量财富，还貌美如花、性格火辣，引无数欧洲贵族折腰。埃莉诺不是个普通女子，胸怀大志，希望锦衣玉食之余，还能整出点事来，所以在婚配方面，她自然选择了法国王储，随后成为欧洲最强国家的王后——路易七世的老婆。

欧洲最有权力的女人的地位并没有让埃莉诺幸福，结婚几年，生了三个女儿。路易七世是个有点懦弱、没什么主见的人，这样的男人很容易让埃莉诺这样的强势女人厌倦。为了让自己的生活多一点激情，埃莉诺干了件惊人的事，她组建了一支娘子军，也戴上红色十字架标志，作为女子“十字军”参加了东征，跑到中东一带旅游去了。我们不指望法国王后成为另一个花木兰或是穆桂英，但她的远征收获也颇为丰盛，艰苦而枯燥的行军旅程让埃莉诺找到了理想中的激情，坠入爱河。整个东征过程中，“十字军”军营里最热闹的话题就是法国王后和叔父之间的香艳事件，让“十字军”打仗之余也有娱乐。埃莉诺私通自己的叔父，这个事变成各种版本流传到路易七世耳朵里，再老实的人也是不能忍受的，尤其是这个婆娘一直没生出儿子来。所以，回到巴黎后，埃莉诺的王后之位有点岌岌可危，就在这个时候，十九岁的新大地主小亨利来到了法国王宫。

这几乎是一段孽缘，三十岁的埃莉诺第一眼就爱上了十九岁的亨利。对亨利来说，埃莉诺还不算太老，风韵依然，最重要的是，只要娶了她，作为嫁妆，小亨利就自动接收了阿奎坦的土地和不计其数的金银财宝。

埃莉诺在这个事件上保持了高度的清醒，显示了极强的办事能力，她先因为没有子嗣而向教皇要求跟路易七世离婚。本来她已经犯了风化，法王就想休她，既然她主动提出，自然马上答应。

没过几天，教皇和法王就发现她高调下嫁诺曼底公爵小亨利，这才反应过来，改嫁亨利才是这个女人离婚的主要原因。大错已铸成，无力回天，法王在家计算了一下，十九岁的亨利公爵手中掌握着一半以上的法国土地，成为整个欧洲最大的领主，实力权势在法王之上。

而混到这个地位，小亨利几乎没花任何功夫，既没动脑，也没动武，馅饼从天上掉下来，正好落在嘴里。一个人运气好到这个程度，那就绝对没有“平常心”这个概念了。对小亨利来说，人生唯一的遗憾就是老妈失去了英国王位，所以他要替老妈出头，成为英格兰之主。

于是，小亨利集合人马，越过海峡向英王斯蒂芬发动了进攻。战斗的过程证明，小亨利的成功不仅仅因为运气好，斯蒂芬对这个年轻的小侄子也有点束手无策。正在这时，斯蒂芬这方内部出现了问题。

人见人爱花见花开

斯蒂芬处理了先王留下的权臣索尔兹伯里主教罗杰，不仅将他拘捕，还株连了其家人，这个动作让教会很不满，觉得这斯蒂芬既然是教会扶持的，不管多大的事，都应该留点面子，不要做绝。为了惩罚斯蒂芬对教会的叛逆，教皇宣布，斯蒂芬的长子不得继承英国王位，好在斯蒂芬还有另一个儿子，可是这小儿子完全没有出息，他看到他父亲这个英王做得劳心又劳力，十几年来没过一天安稳日子，小亨利的大军还对伦敦虎视眈眈，所以坚持拒绝了继承权。这样一来，斯蒂芬就没有儿子可以继位了。

随后不久，大儿子暴病身亡，斯蒂芬万念俱灰之下也觉得身心俱疲，他转告小亨利，他愿意放弃英国王位，让他准备登基。小亨利还是比较仁义，他觉得斯蒂芬一辈子也挺可怜，于是签了个协议，让斯蒂芬完成自己的任期，并将小亨利立为王储，斯蒂芬百年之后，小亨利就过来接班。两边一说定，小亨利撤兵回到法国，过着准英王的幸福生活。

在这种情况下，斯蒂芬精神基本已经垮了，所以不到一年的时间，就抑郁而死。

小亨利兵不血刃进入伦敦，加冕为王，实现了他老妈的毕生理想，也如亨利一世所愿，将王权保留在玛蒂尔达这一支。

据说小亨利登基时英国是非常欢迎的，为了王位，英伦大地遭受了十九年的战乱折磨，历史上，这十九年被称为“斯蒂芬乱世”。现在总算尘埃落定，大局平静，英国的老百姓可以吃几年舒心饭了，尤其是小亨利血统高贵，形象优秀，加上富甲天下，可以预期他会为英国带来富庶。所以从威廉的诺曼底征服以来，这是第一次英王继位没有遭到任何反对和阻扰，小亨利众望所归，让所有人满意，统领着包括英吉利海峡两岸的巨大国土。

小亨利的父亲安茹伯爵是个美男子，一天到晚花里胡哨的，最标志的打扮就是在帽檐上别一朵金雀花。这种小黄花在咱家是一味中药，主治肾虚阳痿，安茹伯爵把它插在头上，显得风骚至极。而且这金雀花还是安茹伯爵的家族标志，所以小亨利成为国王后，从血统上就已经不是诺曼底王朝了，历史上小亨利开创的是安茹家族血系的王朝，所以叫金雀花王朝，也叫安茹王朝。小亨利也就成为亨利二世。

八　亨利二世

西方法律之父

补充一个花絮，说说英国中世纪的司法制度——神判法。顾名思义，就是靠神来审判案子。当时没有警察局刑警大队这样的部门受理勘查案件，苦主一般是到教会找教士告状，通过教士找上帝来裁决。

举个例子啊，比如一个老男人猥亵幼女，幼女的父母到教会告状，而老男人一口咬定自己什么也没干，不过是搭了一下小姑娘肩膀，怎么办呢？教士拿出一块烧红的铁块，让老男人拿着走九步，然后拿掉铁块，把老男人的手包起来，三天之后过来查看，如果伤口溃烂，则老男人猥亵幼女罪成立，如果手掌完好无缺，则表明他无辜。

大家一听觉得这个办法很公平，可以烫伤老男人的咸猪手。可是事实上没这么简单，如果老男人是上面有人的官员，还有钱有权，他就可以在背后收买教士。握一个烧红的铁块而不伤手是个简单的障眼法，在中世纪的欧洲教会早算不得高科技了，这样一来老男人有很大可能无罪脱身。即使教士不受贿赂，我们知道，中世纪的教士素质良莠不齐的，并不见得每一个都能联系到上帝，所以可以想象，大多数的案件，都是凭有关的教士自己的感觉评判。他如果认为有罪，自然会让“神判”产生有罪的结果，如果他认为被告无辜，大可以用各种办法让其脱身。除了上面说的“热铁法”，还有“热水法”“冷水法”“摸尸法”等各种花样，听名字就知道是些邪门的办法，既荒谬又儿戏，简直不敢想象这样的蛮夷如何能创造出后来那些缜密的司法体系。而奠定了欧洲博大而雄伟的法律基石的，就是亨利二世，金雀花王朝的开国君主。

金雀花这个英国历史上很重要的王朝建立于 1154 年，这个时间是我国的南宋时代，再过一年，著名的坏蛋秦桧就死了，不管他的坏名声冤不冤，反正对华夏来说，那是个垂头丧气、没脸见人的时代，与之相反的是，亨利二世为英伦大地带来的振兴，将安茹帝国的版图扩张到顶点。

跟过往的英王相比，亨利二世算是非常有文化的。虽然他是个地道的法国人，不会说英语，而且登基时年龄尚轻，二十岁出头，可是心里非常有数，头脑清楚。他一上班，就发现上一个英王因为常年累于各种战事，国内几乎没人管，大贵族各自割据、权势煊天。教会更是把握各种国家机器，国王很容易就变成傀儡。找到问题症结后，亨利先以强大的军事实力和财力让英国那些贵族和封建领主屈服，压制住了他们趁乱夺权夺地的野心。然后，他开始进行历史上最著名的司法改革。

亨利二世的司法改革中，有两件事影响最大。其一是加强王室法庭的权力，当时的法律规定，一般的案件都是在发生当地处理，处理办法一般是遵循当地封建主的规矩，改革后的法律规定，如果你担心当地司法不公，可以交点钱，到王室的法庭裁决。这样一来，各封建领主的法律管辖权就大大减少，有利于英国的司法逐渐统一，英国习惯法就是由此产生，并在此基础上产生了民事法庭的雏形。其二是实行陪审团制度。

亨利二世的改革废除了我们前文说的“神判法”，实行了陪审团制度，大家都知道，这个制度到现在都被欧美的法律体系沿用，被认为是非常公正、公平合理的断案方式。而因为这一套司法改革，亨利二世被一些人称为西方法律之父。

好“基友”的背叛

上述改革的第一个动作是为了分割封建领主的权力，第二个动作就有点像跟教会叫板了。亨利二世很清楚，要从教会手里夺回属于国王的权力，过程还是艰苦的，于是，他很快想到一个自以为高明的法子。

一直以来，英国所有教会中，有两大主教最有权势，直通教皇，可以决定大部分的国家大事，一个是坎特伯雷主教，一个是约克主教。当时的坎特伯雷主教有个首席助理名叫贝克特，因为出身富商家庭，也是个公子哥，人生也比较顺利，成长过程跟亨利二世有些相似，所以两人认识后迅速成为死党兼铁哥们儿，亨利二世更是很快将贝克特提升为英国宰相，让他负责自己所有的内政外交事务，宠臣加亲信。在亨利打定主意要跟教会夺权时，他采取的办法是利用各种手段，不理会外界任何阻扰，将铁哥们儿贝克特扶上了坎特伯雷的主教之位，希望他跟自己一条战线跟教皇和教廷叫板。

事情的发展大大出乎亨利二世的预料，小哥们儿贝克特平时看起来吊儿郎当，挺好控制的，可一成为英国最大的主教，立刻脱胎换骨，改邪归正，成为罗马教廷的忠实奴仆。贝克特一上任就宣称：教会的权力是完全独立的，教会的权力可以凌驾在王权之上，国王大事小情不得擅自做主，必须向教会早请示晚汇报。亨利看着这个旧日的好友变成自己最大的对头，又想到自己搬的石头砸了自己的脚，心中那种有苦说不出的感觉真是郁闷至极。

亨利二世被逼急了之后，开始为贝克特罗织罪名，想把他整下台，趁贝克特躲到外国期间，更是安排了约克主教为自己的长子小亨利加冕，这个事自然是没有通过罗马教廷的。贝克特回国后，直接宣布加冕无效，还利用自己的权力处罚了参与加冕的教士。这个事传到亨利二世耳朵里，国王在盛怒之下说了句：“真他妈的烦人啊，难道就没有办法能让我摆脱这个嚣张的家伙吗？”亨利二世说这句话，绝对是一时的头脑发热，但他手下的四个骑士却是很体会圣意，老大生气了，我们这几个做小弟的，理应为老大分忧，走，找贝克特算账去。

当时的亨利二世在自己法国的领土上，毕竟是土生的法国人，总觉得法国才是自己的家。所以虽然做英王做得很勤，但部分时间，他还是愿意在法国住着。那四大金刚也没向亨利请示，就渡海进入英国，找到贝克特，在教堂的祭坛边给他上课，让他赶紧给老大道歉赔不是，以后安分守己，低眉顺眼。贝克特自然是不受教的，估计还以主教身份训斥了这几位。中世纪的骑士最不信邪，争吵的结果是，这四个骑士直接就拔剑捅死了贝克特，血溅坎特伯雷教堂祭坛，顷刻震惊了整个欧洲教会。

肝火最盛的显然是教皇，他不仅马上宣布贝克特为圣徒，并威胁要开除亨利二世的教籍。对当时的社会来说，一开除教籍绝对比判死刑更难受，那就表示成为全民公敌了，每天要活在诅咒里。

亨利二世在家计算了一下，觉得自己的实力还不够跟整个教会和教众翻脸，人在屋檐下，一定要低头。于是，亨利二世采用了负荆请罪的办法，脱了上衣，光着膀子，进入坎特伯雷，让所有的僧侣用鞭子抽打自己，最后走到贝克特死的地方，跪下衷心忏悔，教会感觉他认罪态度可以接受，原谅了他。亨利二世算是渡过了一个大危机。这个事件在欧洲历史上是有重大意义的，从这时起，以国王为代表的君权和以教会为代表的皇权之争成为欧洲社会一个很显要的矛盾，明争暗斗连绵不尽。而对我们现在的意义就是，去英国旅游时，坎特伯雷教堂是个重要景点。

一缕香魂

除了对国内事务的改造，亨利二世的军功也很显赫，他先后入侵苏格兰和爱尔兰，让这两个国家成为英格兰的附庸。他在位时，英国的版图从苏格兰延伸到西班牙，再包括法国境内的大片国土，疆域巨大，幅员辽阔，如果计算实际面积，大约是同时期法国国土的近七倍。

英雄少年，福星高照，文成武德，一统江湖，亨利二世的人生似乎是完美无缺的。可是，上帝还是公平的，不论亨利二世在人前是个多么优秀的君主，可回到后宫，他似乎并不是个好父亲，也不是个好老公。

中世纪的欧洲君主是很可怜的，没有咱家皇帝正常的后宫三千,一夫一妻是必须维持的宫廷体面，如果国王实在是有其他想法，那就只好到外面去找情人，基本上还是不能太公开的。亨利二世的王后比自己大了十一岁，谁也不能阻止他爱上更青春年少的女子。亨利二世的情妇不多，大部分就是露水姻缘，不伤筋动骨。当然常在河边走，偶尔会湿鞋，终于有人打中亨利二世的心坎，让他动了真情。

就在埃莉诺皇后接近五十岁的时候，她听说老公亨利二世找到新的情妇，著名的绝色美女罗莎蒙德。据线人报告，亨利二世经常在泰晤士河边的一个修道院跟这位女子私会，而且已经生了好几个孩子。此时的埃莉诺正值更年期，遇到这种事，吃多少静心丸也不管用，为了让老公回到身边，埃莉诺预备清除第三者。

亨利二世对罗莎蒙德是非常宠爱的，不仅为她在海边修建了一个著名的凉亭，还为了金屋藏娇，不让老婆找到，建了个迷宫，让美人藏身其中。

嫉妒的更年期女人能量是无穷的，王后非常聪明地发现了亨利二世为幽会留下的丝线，顺着丝线，找到罗莎蒙德。埃莉诺连恐吓带吓唬，罗莎蒙德蒲柳弱质，哪里是王后的对手，只好自杀，英国玫瑰香消玉殒。据说她当年死的地方现在还闹鬼，是英国著名的灵异之地。

老婆逼死了自己的爱人，让亨利二世怒不可遏，他要求跟老婆分居，最后还把埃莉诺监禁起来了。亨利二世在处理家庭内部事务时，表现得非常无能而弱智，他不知道他和老婆的床帏之事是可以影响王权的，因为埃莉诺非常清楚，以她的年龄，想让老公忠诚已经很难了，如果不能控制老公，唯一保全自己地位的方法就是控制自己的儿子。

九　鹰和儿子们

亨利二世为了幽会，在牛津一带建造了宫殿，经常在那里消遣。当时英法的关系不好，在公在私，亨利二世跟法王总是很不对付。那段时间英国没有大学，有求学意愿的学子都跑到欧洲，最多的是到巴黎求学。英王和法王是宿敌，在巴黎求学的英国人总有不安全感，无奈之下，一些巴黎的英国学者回到英国，决定建立属于英国人自己的大学。

因为亨利二世当时总在牛津出没，学者觉得可以依靠大树好乘凉，于是显赫的牛津大学就这样成立了。后来一部分师生跑出去干副业，顺手又成立了剑桥大学，为全世界的高等学府树立了两杆大旗。

亨利二世和埃莉诺结婚的头十年，生了四个儿子、三个女儿。四个儿子中的老大幼年夭折，最后还剩了三个儿子，分别是亨利、理查和杰弗里。根据世袭法的原则，小亨利成为英国太子，并接领大部分的领土，包括法国的诺曼底、安茹等地；理查则接受老妈的封地阿奎坦；杰弗里则成为亨利二世过去入侵成功霸占的一块地区的地主。

分封妥当，兄弟都没有意见，相安无事。可人算不如天算啊，埃莉诺在四十五岁高龄的时候，竟然又生了一个儿子约翰。据说约翰一点也不像高龄产妇生的，非常之清秀伶俐，一落地，就受到亨利二世的特别宠爱。现在麻烦出来了，光喜欢没用啊，人家小约翰刚会说话时就跟老爸说："爱我就该赐我土地！"亨利戴着老花镜在英国和法国地图上找了半天，连鼻屎大的地方都没有了，怎么办，跟其他三个儿子商量吧，看他们能不能发扬风格，每人让一块给这个小弟弟。

父子四个到底怎么谈的就不知道了，反正是亨利二世没生出孔融这样的儿子来，不仅不肯让梨，还对父亲这种偏袒的行为非常反感，三兄弟拂袖而去，寸土不让。加上这段时间，矛盾还是比较复杂的。在外，老对头法国换老板了。卡佩王朝最厉害的君主腓力二世成为新的法王。他最大的成就就是挽救了法国王室日渐萎缩的王权，并开始清理那些大地主的土地。而法国版图内最大的地主当然就是英国国王亨利二世，为了打击英王，以达到自己夺回土地的目的，一听说亨利和三个儿子闹矛盾，他赶紧从旁煽风点火。在内，埃莉诺因为更年期症状跟老公不和，也唆使儿子跟父亲作对。于是，在这几股力量的诱导推动下，小亨利、理查、杰弗里竟然发动军队开始向父王宣战。按咱家的说法，就是储君谋反了。

这一场父子战争纠缠了十几年，其间小亨利和杰弗里先后病死，理查成为造反总司令，而且因为打不过自己的父王，不惜跟法王腓力二世结盟。战争中间双方曾试图和解，可惜亨利二世的谈判条件竟然还是为小儿子约翰争取权益，甚至提出让约翰成为新的王储，这让理查更加火大，更加跟父亲针锋相对。江湖传闻，除了土地和王权这一类大是大非的问题，理查和亨利二世还有一个重要矛盾，那就是，亨利二世跟理查的老婆有染。要不然怎么说西方人就是不如东方人孝顺，咱家的唐玄宗看中自己的儿媳妇杨玉环，直接拿来用，他儿子寿王一点意见也没有。而理查是非要自己亲爹的老命。

亨利前半生风生水起，吉祥如意，没想到中晚年要跟自己的儿子反目成仇，兵戎相见，这样的打击让他没坚持几年就病倒了，他宣布不跟理查争了，让他休兵，两边歇息一下，可就是这个示弱的动作，让他的宝贝小儿子认定老爹没料了，搞不好很快倒台，所以以最快的速度投奔二哥理查的谋反队伍。这个事传到亨利二世耳朵里，给了他最致命、最沉重的一击。因为大家知道，这一场父子骨肉之争的起因就是亨利对约翰的偏爱，没想到，连约翰也背叛了自己。亨利二世当时就崩溃了，开始绝食并拒绝医生治疗，只求速死。两天后，这位金雀花王朝的开国之君就驾崩了，他临死前命令画师画了一幅画，画中是四只小鹰跟一只老鹰互相撕咬，其中最小的那只停在老鹰肩上，利嘴正啄向老鹰的眼睛。亨利二世命令在他死后将这幅画挂在威斯敏斯特宫的大厅里，寓意是很清楚的。

十 “狮心王”

萨拉丁

亨利二世死去，理查在没有竞争的情况下自然成为新的英王。这位理查国王就是英国历史上大名鼎鼎的“狮心王”，在那个浪漫而血腥的骑士年代，他是最艳丽、最尊贵的骑士之花，骑士中的王，王中的骑士，英雄的一生，战神的一生。

英雄总是靠另一个英雄成就的，理查国王在位时，上帝为他准备的对手是伊斯兰英雄萨拉丁。萨拉丁是一位虔诚的逊尼派穆斯林教徒，库尔德人。当时的中东，其混乱程度一点也不输给现在，“十字军”的两次东征，搅得天翻地覆的。

这些西欧人总算是占领了巴勒斯坦地区，尤其是将圣城耶路撒冷收在基督教会的怀中。而伊斯兰方面，就以埃及的法蒂玛王朝比较强大，他们属于什叶派穆斯林。另外还有些突厥人夹杂在这两股势力之间生存活动，他们也建立了一些零星的小国，以占据伊拉克北部和叙利亚的努尔丁王国的赞吉王朝实力最强，而萨拉丁就生长在这里。

赞吉王朝的日子并不好过，不论是基督教还是埃及的什叶派穆斯林都是敌人，但相比较，跟埃及基本上还算是伊斯兰内部矛盾，所以，当耶路撒冷的基督教国王攻打埃及时，赞吉王朝派出了名将施尔科前去支援穆斯林兄弟。施尔科带到埃及的副将兼帮手就是自己的侄子萨拉丁。

在帮埃及成功抵抗了“十字军”后，埃及王任命施尔科为宰相，掌管国事，过了两个月，施尔科突然病死了，为了安抚驻扎在埃及的大军，萨拉丁接他叔叔的班成为埃及宰相。

作为一个有点极端的逊尼派教徒，萨拉丁总算找到机会在埃及这个什叶派的国度重建次序了。他先是换了大法官，又将所有的什叶派将领革职，时机成熟后，他直接推翻法蒂玛王朝，为埃及建立了新的阿尤布王朝，他自己当然成为苏丹。萨拉丁是作为努尔丁国的军事代表被派往埃及出差的，如今他成为埃及之主，按常理应该是附庸在努尔丁之下，向努尔丁王纳贡并成为附庸，可是他不愿意。

没几年，努尔丁的国王也突然死了（那阵子暴毙的人很多），萨拉丁直接宣布阿尤布王朝独立，以后赞吉王朝的人就别指望敲埃及竹杠了。还想敲啊？那好，我先敲你们。

于是，萨拉丁挥师西亚，几年后，他建立了一个包括埃及、叙利亚、伊拉克北部、内志（部分沙特）、也门的国家。也许从国土面积上说，萨拉丁这个国家不算大，但是他的领土正好将巴勒斯坦围在中间，形成包围。按照他自己的说法："犹如两个磨盘，会将耶路撒冷的'十字军'碾为齑粉！"实力加上最好的战略位置，萨拉丁很快成为伊斯兰世界的圣战领袖，替穆斯林抢回耶路撒冷这个任务就责无旁贷地落在他的肩上。

萨拉丁不负众望，1187 年 7 月 4 日，在巴勒斯坦的赫淀高地，萨拉丁的穆斯林大军遭遇保护圣城的"十字军"主力，完美的围攻战几乎全歼了这部分"十字军"，还俘获了耶路撒冷国王。之后，经过十三天的围城，终于将圣城拿下。这时耶路撒冷被"十字军"占领已经达 88 年之久，终于又沐浴在真主的荣光里，穆斯林欢腾雀跃，七手八脚地很快就将所有圣地的教堂换成了清真寺。

各怀鬼胎

跟穆斯林相反，西欧的基督教世界被这个消息沉重打击，教徒如丧考妣。

当时的教皇乌尔班三世一确认这个悲剧，就一口气没上来，当场死去。新教皇一上任，马上发动新的"十字军"东征，而西欧各路基督教英雄也是忧愤交加，个个摩拳擦掌，恨不能亲自与萨拉丁一战。这次东征，是"十字军"的征伐中最出名的一次，因为参演的都是大腕，主要演员包括德国皇帝"红胡子"腓特烈、法国国王腓力二世，当然更少不了英国国王理查一世。

英国经过亨利二世父子相残若干年，理查上台时，经济情况并不乐观，百废待兴。为了筹措粮饷，理查在国内横征暴敛，挖地三尺，他当时有一句名言：“如果有买主，我愿意把伦敦卖给他！”虽然没人买下伦敦，但理查的军费总算是磕磕绊绊地弄了一部分，勉强可以发兵，国家就交给大主教管理，不是还有太后埃莉诺可以摄政看家吗？理查高高兴兴地到中东打架去了。

根据战前安排，英王和法王各自发兵，在西西里岛两军会师，一同出发，谁知在西西里岛上，两个国王闹起了纠纷，话说理查的妹妹嫁给西西里岛的上一个王为后，王死后，因为没生出儿子，西西里岛的权贵拥立了一个伯爵为王。理查的妹子过着落魄的生活。理查在英国费了牛劲刮来的军费远远不够支持英军的远征，理查这一路想钱都快想疯了。到了西西里岛，看到妹子的遭遇，他很快想到了搞钱的办法。他声称自己的妹子受了委屈，以娘家人的身份要求西西里王给个说法。西西里王当然知道理查替妹子出头是假，敲诈勒索是真，所以不肯买账。而在一边看热闹的法王腓力二世，不知道出于什么目的，暗地里挑唆着西西里王直接跟理查干一仗。这一次交兵的结果是西西里王求饶，交出了两万盎司的黄金作为对理查妹子的补偿。理查的妹子很知道好歹，只求哥哥能带自己回家，黄金自己分文不受，全送给理查哥哥支持他打仗。

理查笑纳了全部黄金，彻底解决了军队的财政危机。可法王腓力二世不干了，因为出征前两边曾经说好，打仗的战利品是要平分的。这两万盎司的黄金，法王应该分一万，可理查不这么想，毕竟这笔钱是自己妹子的，她受那么多年委屈算是给哥哥挣来这笔黄金，怎么可能分给别人。后来扛不住腓力死乞白赖，理查像打发叫花子一样给了他两千五百盎司。腓力将这笔黄金收好，心里却对理查怀恨在心。

前文提到亨利二世跟理查的老婆有染，这是个绯闻，更正其中一点细节，其实这个媳妇并没有正式过门，只是很小就有婚约。但既然混夜总会、露水情缘的小姐都知道叫“老公”，从小有婚约的叫“老婆”应该没问题。这个没正式成亲的老婆是法国公主，腓力二世的妹妹，埃莉诺的前夫离婚后又娶了两任王后才生下的。

说到腓力二世和理查的矛盾，其中有一个很重要的心结就是，理查迟迟不愿意迎娶这位公主，虽然他已经三十多岁，在中世纪的欧洲算是大龄男青年了。可理查也有他为难之处啊，江湖上盛传，他的性取向有问题，更喜欢军营中那些粗犷的老爷们儿，对女人没感觉。估计他老爸就是觉得既然儿媳妇儿子不用，放着浪费，就自己辛苦一点，帮儿子完成些工作，可是，这死孩子居然还不领情。

这是“十字军”的第三次东征，公认是“十字军”所有的东征中最精彩的一次，前面已经说过惊动了欧洲各路君主。

当时的行军过程是这样的，德皇腓特烈从陆上向耶路撒冷挺进，腓特烈一脸的红色大胡子，人送外号“红胡子”，又叫“巴巴罗萨”。他是后来希特勒的偶像，因为这个伙计也是个战争狂人，多次杀入意大利，杀人如割草，还给自己一个“神圣罗马皇帝”的称号（参看《德意志：铁与血的历史》）。

这次出征，“红胡子”已经六十七岁高龄，长途的行军及身上沉重的盔甲都让他不堪负荷，沿途还不断遇到穆斯林的顽强阻击，步履维艰，终于在渡过一条萨列夫的小溪时，失足堕马，这位日耳曼战神稀里糊涂被淹死了。皇帝没了，军队马上就涣散了，总要把老头的尸体抬回去国葬啊，于是“十字军”中这一路主力就鸟兽散了，还剩下些虔诚的就跟随德国太子和奥地利公爵继续前进。

英法两个心存芥蒂的盟军走海路行军显然安全多了，因为英王沿途要骚扰各方，敲诈勒索，于是法王便先登陆，与先期抵达的德军余部会师，围攻耶路撒冷附近的重镇阿卡城。待到理查腰包里塞满了金子来到阿卡城时，法德联军已经攻打了快一年。

战事不利，腓力二世和奥地利公爵都有点灰溜溜的，理查一动手，就显示了不一样的军事素养，在海上，他安排自己的战舰打击阿拉伯的补给船，陆上用巨大的投石机往城里砸大石头，在英军这样的攻势下，这座被“十字军”攻打了快两年的还是固若金汤的城池轻松就被攻破，“十字军”呼啸着杀入城中。最先进城的是奥地利公爵，他安排手下将自己的旗子插上阿卡城城头，理查一世进城后，看到硝烟中飘扬的奥地利战旗，心里特别不爽，他认为这破城之功，显然是自己最大，你奥地利公爵有什么资格插个旗子显摆呢？于是，理查二话不说，一把将奥地利战旗扯下来，换上自己的旗子。这个动作激怒并羞辱了奥地利公爵，大局着想，他不能也不敢当时就跟理查翻脸，他选择带本部人马退出“十字军”回家，临行前，他目光如刀地看了理查一眼，在心里说：“你给我等着！”

惺惺相惜

阿卡城一战，理查一世名动中东，连萨拉丁也马上感觉到自己的对手来了。现在“十字军”剩下英法两路，理查自动自觉地将自己定位为总指挥，法王不知不觉成了小弟。腓力二世看到理查那张狂得意的样子，心想，累傻小子呢？如果继续打下去，功劳自然都是理查的，万一打输了，法军一样跟着损兵折将。算了，不跟这家伙混了，装病回家去。法王突然生病，法军当然要赶紧收拾行李细软跑回家。声势喧天的第三次“十字军”东征，只剩下理查率领的英军这一路在坚持战斗，英王是个不信邪的，他自己把所有人得罪光了，完全不知道后患无穷，想到即将要面对的穆斯林猛人萨拉丁，他还挺期待的。

听说阿卡城失陷，萨拉丁指挥快如闪电的阿拉伯轻骑兵向英军进攻，理查先指挥英军以传统的罗马战法用盾牌防守，待阿拉伯骑兵第一轮进攻受阻后，英军的重装骑兵杀出，大败穆斯林军队。萨拉丁退守耶路撒冷，这是他进入中东战场后的第一次失败，他深深地记住了理查的名字。而英军此时挟胜利之威进逼耶路撒冷城下，开始围攻圣地。你来我往的拉锯战开始了。这两人是势均力敌的对手，一时半会儿谁也不能占到便宜，反而在这个较量的过程中，两位英雄越来越互相欣赏，惺惺相惜。在战斗中，理查的马死了，萨拉丁赶紧命人送去最好的战马。理查受伤，萨拉丁还专门派人送水果慰问，传说两边还商量干脆找地方单挑，输的人加入赢的那方宗教。后来，理查还做主将妹妹嫁给萨拉丁的弟弟！这是个惊世骇俗的行为，因为萨拉丁的弟弟毕竟是异教徒。这两人战场上厮打毫不留手，私底下，却培养出了伟大的友谊，显示出中世纪战场最潇洒倜傥的骑士气度，唯大英雄能本色。不过这两位英雄在耶路撒冷打得兴起，吸引无数崇拜的目光，躲在暗处的，他们的敌人也都没闲着。

先是萨拉丁，因为他长期在一线征战，穆斯林争权夺利没有消停，那些被萨拉丁征服的地盘开始蠢蠢欲动想要脱离阿尤布王朝，埃及的总部似乎也出现了很多不安定的问题，萨拉丁明显感到后背经常发凉，危机重重。而理查这边也出事了。话说在中东病得不行的腓力二世一到巴黎就什么病都好了，开始实施对理查的报复行动。他找到了最合适的工具，理查的弟弟约翰。还记得他吧，因为生下来没土地，而导致亨利二世跟几个哥哥战斗的那个小崽子，从他背叛老爸投奔二哥这个行为上，我们可以看出，这个伙计是毫无忠诚和廉耻可言的。

法王腓力二世在江湖上外号小狐狸，计谋百出，冰雪聪明，他很快就跟约翰取得联系，在他三言两语的蛊惑下，约翰反应过来，理查远征在外，自己在英国一人之下万人之上，如果自己更要求进步一点，很容易就能登上大位，成为英国之主，完成他父亲对他的期望。于是，约翰开始忙着篡位。

在耶路撒冷继续打肯定会陷入胶着，但家里的王位快保不住了，事情的轻重缓急是很清楚的，好在理查和萨拉丁哥俩好，有事能商量，两人都觉得当务之急是应该停战，各自回家扑灭后院之火，于是开始和谈，并签订合约："领土以约旦河为界，基督教的耶路撒冷王国保留包括雅法、阿卡城在内的沿海一个长条的土地，耶路撒冷继续留在穆斯林手里，但基督徒和穆斯林都允许从对方的版图自由地通向耶路撒冷和麦加朝圣。萨拉丁将攻陷耶路撒冷缴获的基督教圣物之类的归还。此合约三年有效。"合同一签字，双方都急不可耐地往家里跑。

囚徒岁月

这次撤军经常让后来的西方人捶胸顿足，遗憾异常，因为这是自第一次"十字军"胜利之后的七次"十字军"东征中机会最好的一次。其实此时萨拉丁绝对是强弩之末，他面临的问题比理查艰难多了，如果理查能再坚持几个月，圣城唾手可得。理查当然不这么想，他说了："你丫站着说话不腰痛，打下圣城算教会的，英国的王位是俺自己的，让俺用自己的东西给教会换地盘，不干！"

理查急得头顶冒烟，肯定不能等待大军慢腾腾地往回走，他带着几个亲信，乘一只小船急急忙忙往家跑。忙中出错，小船在接近意大利的地方触礁翻船，理查水性不错，好歹爬上岸，他不得不从陆路往英国赶。一踏上大陆，他就在心里暗暗叫苦啊。

因为他看过地图，眼下脚底踩着的，是奥地利公爵的领土。不论理查怎样小心谨慎，乔装打扮，奥地利公爵既然早存报仇之心，自然每天都在张网等待。功夫不负有心人，理查终于一头栽进了这张大网，落在奥地利公爵手里。可以想象，奥地利公爵是怎样的心花怒放。但毕竟这是英国国王，奥地利公爵纵然恨他入骨也不敢将理查酷刑弄死，甚至痛扁他一顿也不合适，所以他大约是跳着脚口沫横飞地骂街，挨个亲近理查的女性长辈，奥地利公爵出了一口恶气后，不敢闯祸，决定还是老老实实地将这个昂贵的俘虏交给自己的上级主管，德国皇帝亨利六世。

“红胡子”淹死，德国太子战死，亨利六世交了狗屎运成为德皇，好在他不是他爹那种狠角色，看到理查这么个大宝贝，他首先想到的是经济效益，这家伙值很多钱啊，让英国人拿钱来赎吧。可是堂堂德皇扣押一个国王索要赎金，神圣罗马帝国皇帝成为一个绑票的，这个事操作起来肯定是丢人现眼的，所以在亨利六世把这个事考虑得太清楚之前，他决定先保守秘密，将理查关在一个偏僻的城堡里。

理查被羁押期间，是长期征战难得的平静。除了是个战神，理查还算个文学爱好者，从年轻时代就喜欢吟诵诗歌，结交诗人。那个时代的云游诗人有现在明星一样的地位，经常被国王请到宫里，摇头晃脑地吟诗作赋，博得国王高兴之余，封赏丰厚，日子非常好过。理查一手扶植捧红的诗人不少，成为国王后，深受文艺界欢迎，虽然年年征战国家很穷，但文化事业还是挺蓬勃的。

理查被关在城堡，一点不颓废抑郁，每天吃了睡，睡了吃，有空就引吭高歌，活得很惬意，让亨利六世心里特没底。据说理查做囚徒的日子太放松了，越来越放肆不受约束，甚至勾引德皇的妹子（他既然是个疑似同性恋，调戏少女则纯为胡闹了），亨利六世恼愤之余，又不好杀他，于是将他关进一个狮子笼里，让他跟狮子搏命。谁知这理查好整以暇地调戏狮子，猛兽被激怒张开血盆大口向理查扑来，说时迟，那时快，理查以“迅雷不及掩耳之势”把手伸进狮嘴里，直接掏出了雄狮的心脏，然后举着这枚血淋淋的狮心，大步走回亨利六世的餐厅，坐下后就生生地将这颗心脏吃下了肚子，一嘴的血看着亨利六世龇牙咧嘴地笑，亨利六世惊骇之余差点吐了。从此理查就获得了“狮心王”这个威震江湖的绰号。

这个故事我每次听到都心存疑惑，细节上很说不通，那头站在那里傻乎乎张着嘴等人摘心的狮子也不知道是什么品种，既然这么蠢，肯定已经物种灭绝了。

回到英国，随着东征的“十字军”陆续回家，英王理查杳无音信让朝野非常慌张。尤其是约翰到处宣扬哥哥的死讯。好在英国宫廷内有太后埃莉诺主持大局，而主政的大主教和重臣对理查忠心耿耿，坚决不相信各种谣言，并不断地粉碎约翰一次一次的篡位计划。

在民间，虽然理查在位政绩乏善可陈，还横征暴敛苛捐杂税的，可老百姓不介意，不论是盎格鲁－撒克逊人还是日耳曼人，骨子里都是好战尚武、崇拜英雄的，理查搜刮民脂民膏并不是为了自己的享受，而是对异教徒作战，尤其是单人代表“十字军”打败穆斯林英雄萨拉丁，更让英国人觉得无比光荣，所以老百姓对理查一世也是拥戴和支持的，以至于约翰和腓力二世的种种动作都不能成功。

诗和远方

纸包不住火，理查被德皇囚禁的消息渐渐传到了英国，德皇见事情败露，当然坚决不认账，英国太后和重臣在家讨论怎样才能在德国多如繁星的大小城堡中，找到被关押的理查。这时，理查的好友布朗得尔走了出来，他是著名的诗人，从小跟理查一起长大，从小时起，就经常跟理查一起唱歌吟诗嬉戏。他主动请缨，愿意去德国寻找理查王。

在这里老杨插一个花絮，讲一个英伦版的宋江故事，主角叫罗宾汉。这位英国的古代黑道大佬可是同行业中的名人，地球人几乎都认识。不过，这个伙计是个虚构的人物。因为是假的，所以也没个标准历史蓝本，老杨查阅的是各类童话还带插图的，以至于我希望看到的欺男霸女，血腥比武的情节基本没有。

这个版本的梁山位于英国诺丁汉镇，那里是大片的舍伍德森林。很多丐帮子弟、黑社会帮派、通缉犯、欠债不还的，都在这森林里躲着。这罗宾汉啊，原来也是个良民，家里有屋又有田，生活乐无边，还有一个小情人，芳名叫作玛丽安。听说国王要东征，便坚决圣战上前线，武功高强箭法精，扬名立万在眼前。可惜国王失了踪，罗宾汉只好回家转，诺丁汉的镇长真无赖，竟然占了他的田，还想找玛丽安做情人。多次抗争没结果，把心一横上了梁山，舍伍德森林众好汉，都推罗宾汉做老板，举起大旗来造反，成就英名天下传（老杨忍不住又打起了快板）。

罗宾汉的故事出自各种民谣和传说，跟《水浒传》一样，舍伍德森林也有各种各样的江湖好汉、奇人异士，他们被整合到一起，专门打劫经过森林的各类富商、贵族，劫来的钱粮也是分给附近的穷苦百姓，江湖形象非常好。

当时狮心王理查的弟弟小约翰正在篡位，需要大量钱财，所以到处搜刮百姓，传说也成为罗宾汉的重要斗争对象。罗宾汉的故事版本太多，又没有一本像《水浒传》那样的权威小说来记述，所以咱们在讲述历史的时候就简单点吧。有兴趣的可找大仲马的《侠盗罗宾汉》来看看。

前面说“狮心王”陷在德国的某个城堡，行踪不明，他的儿时好友，著名诗人布朗得尔主动请缨去德国寻找。这是个大海捞针的任务，也是个死马当活马医的解决办法。布朗得尔当夜就渡海到了德国，披着斗篷，穿着麻鞋，抱一把六弦琴，样子可怜又落魄。这种不得志的行吟诗人在当时的欧洲随处可见，所以也没人怀疑他是英国特工（“007”？）。

每到一个城堡，他都会坐在墙下，弹一支陌生的曲子，德国人里没有知音，从城堡里经常会丢出一些板砖之类的东西，把这制造噪声的家伙赶走。布朗得尔知道，如果是“狮心王”听见，肯定会跟着唱和，因为这是二人小时候谱的曲子，是二人之间的秘密（估计谱曲水平相当一般，除了当事人，其他人都认为是噪声）。

就这样一边流浪一边寻找，走过多少路，经过多少城堡，挨过多少板砖都不记得了，反正是“千万里，我追寻着你”。大约一年以后，终于在一个密林中的城堡里，布朗得尔找到了知音，“狮心王”中气十足的歌声从城堡中传出来，完美搭配着六弦琴的旋律，布朗得尔看着自己流血的双脚和红肿的手指，热泪顷刻间覆盖了他满是风霜的面颊。

殒命法兰西

找到理查王的准确位置，德皇便无话可说了，但理查在德国住了这么久，没少吃没少喝，还整死了不少猛兽，英国要带走他，还不是多少要支付伙食费、住宿费、动物保护费啊。根据英王身价行情标准，打个折扣，收十五万马克吧！

找到理查，太后埃莉诺自然是欣喜若狂，可这十五万马克的赎金，又让她掉进冰水。要知道，自从理查接班管事，英国就已经穷得叮当响，即使是没有战争，没有天灾的年份，十五万马克也相当于英国两年的国民总收入。

一收到这个消息，小约翰和法王腓力高兴了，他们先筹集了十五万马克找到德皇要求带走理查。好在德皇亨利六世虽然已经沦落为绑匪，但还不愿意搞坏道上的规矩，肉票的家人已经在凑钱，不可能将其转卖吧，盗亦有道啊！也幸亏英国的百姓对理查非常爱戴，大家都愿意砸锅卖铁赎国王，太后拿出了自己所有的首饰陪嫁，终于将这十五万马克凑足。传说就是侠盗罗宾汉带着这笔赎金进入德国，并安全地将国王带回家，骨肉团聚，抱头痛哭。

被关在城堡里的“狮心王”自然只能唱山歌，回到自己军营的理查便是蛟龙入海、猛虎归林了，篡位行为很快被镇压，造反头目小约翰被带到理查面前。毕竟是亲生兄弟，理查经过这些年的波折，对骨肉之情也有些特别的感触，母亲和弟弟是自己在世上最近的亲人了，没有什么不能原谅的，况且真正的敌人还在外面张狂呢！

谁是真正的敌人？首当其冲的当然是小狐狸腓力二世，如果不是他挑唆自己弟弟造反，所有这一切都不会发生，自己此时说不定已打下圣城，立下不世的战功，更可恶的是，在自己被囚禁期间，腓力二世竟然出兵霸占了诺曼底等英国土地，越想越恨啊，整饬军队，重披战袍，跨海报仇去。他不知道，这一去就再也没有回来。

理查一世对腓力二世的征伐足足持续了五年，单从战斗角度而言，腓力完全不是理查的对手，仗着自己诡计多端，基本上就是逃跑战术，理查的军队在法国大地上如破竹般地挺进，到战争的最后一年，腓力几乎已经绝望，预备跟理查谈和平协议了。

没想到，一个意外的事故改变了战争的进程。

理查再次将英国带入了战争，人民生活更是窘迫，伦敦甚至还发生了抗税的起义，所以在战争中，理查的军事目的也总是以财富的攫取为第一考虑。在他的阿奎坦属地上，有个封臣据说是发现了宝藏，发了笔小财，听说这个事后，理查赶紧向他索要这部分财物，没想到对方竟然坚决不给。穷急了眼的理查也不顾身份，竟然亲自率兵攻打这个封臣的小城堡。作为统帅，理查有个很不好的毛病就是身先士卒，而且不喜欢穿盔甲，也许是对这个小城堡极端藐视，所以他居然大大咧咧地在阵前晃来晃去。城堡上一个小兵突发冷箭，精准地穿透了“狮心王”狮子般的胸膛。

理查的一生是英雄的一生，临死也保持着完美的骑士风范，不计前嫌将王位传给弟弟小约翰（没办法，没儿子），还特别赞扬了那个射中自己的小兵箭法高超，留下遗言，不许手下为难他，随后，骑士之花便随海风凋零了。

理查做了十年英国君主，正经上班的时间不超过六个月，其他时间都在穷兵黩武，打架斗殴，弄得不列颠民不聊生的。不过大多数英国人都不介意，一点不影响理查成为英国历史上最受欢迎的几位帝王之一，而且他横刀立马的形象被制成铜像，安放在伦敦议会大厦门前，成为不列颠英勇无畏的象征。

十一　大宪章

失地王

理查身亡的消息让全欧洲放下心口大石，理查在法国领土上霸道的征伐已经让他所有的敌人惴惴不安，不知道这家伙什么时候会打到自己眼前。如今魔王已死，危险化解，终于可以松口气了，尤其是“小狐狸”腓力，至少感谢了上帝一千多次。而英军失去统帅，精神力量瓦解，英法的战局也很快随之逆转。对腓力二世来说，所有的英王都是敌人，因为他们手里握了大把法国土地，所以他对英国的策略从来是扶持反对党，其目的就是把英国搅乱，自己可以趁乱把领土收回来。虽然之前支持约翰篡位，待约翰真要登基了，他又开始发展新的造反派了。

话说约翰正兴高采烈地准备登基为英王，可这家伙形象太差了，先是背叛自己的老爸，后来又趁哥哥圣战的时候篡位，绝对是个卑鄙小人啊，全英国都很鄙视他。而英国王室并没有只剩他一个男人啊，他三哥杰弗里有个儿子叫亚瑟算是比较出息的，支持他成为英王的贵族也非常多。腓力二世赶紧利用这种矛盾，也开始私下扶持亚瑟跟叔叔约翰争位。

约翰是个标准的窝里横，内战内行，叔侄一场恶斗下来，亚瑟和一群英国贵族被约翰生擒。回忆约翰的哥哥理查和父亲亨利二世，在对待自己的亲属反叛的事情上，基本都是原谅和宽恕的，可约翰显然不是同类人，他不仅残杀亚瑟，还抛尸野外，追随亚瑟的英国贵族更是受到各种酷刑折磨而死。即使是中世纪，这样清理异己也让所有的基督徒侧目，约翰让自己本来就很衰的形象又更恶劣了几分。

英国王室的名字都带有编号，比如亨利一世、亨利二世、查理一世、查理二世之类的，因为子孙出于对先祖的爱戴，会用那些英明的先王之名为王子取名。而说到约翰，比较省事，他就叫约翰，以后也没有英王再用这个名字，因为实在丢不起人，这伙计几乎是英国历史上最耻辱、最丢人的君主，他最出名的绰号叫“失地王”，一听就知道他干了些什么。

昏君一般都好色，约翰肯定也有这毛病，他明明已经有王后，突然宣布要停妻再娶。他看中了一个法国女地主，拥有昂古莱姆领地的伊莎贝拉。伊莎贝拉长得美艳不用说了，最重要的是，如果娶到她，则昂古莱姆的土地便是陪嫁，约翰取得这块土地，英国在法国的领土就从北到南就连接成片，管理起来更加顺手。可惜约翰没有他爹亨利二世那么好的运气，这伊莎贝拉原本已经许配给一个法国的于格伯爵，于格伯爵家道中落，就指望未婚妻的嫁妆翻身呢，既然英王想撬墙脚，可以啊，交出差不多的银子，伯爵出让自己的未婚妻。

这约翰娶伊莎贝拉就是为了发财，如果先掏一大笔钱出来，这买卖就不好玩了。所以他摆出了一副女人我要带走，银子一分钱没有的无赖嘴脸。于格伯爵是个守法公民，受了欺负，一纸诉状将约翰告上了法王的法庭。

腓力收到这份诉状，差点没笑出声来，这真是想啥来啥，正想收拾约翰，他就自己落到手心里来了。虽然约翰是英王，但因为顶着诺曼底公爵之类的头衔，所以也是法王的属臣，腓力二世马上给约翰一张告票，让英王到巴黎来参加庭审，解决跟于格伯爵的争老婆官司。约翰再傻也知道，此去巴黎凶多吉少，生死难测，自己没有那种单刀赴会的本事，所以就装傻，拒不接受传讯。腓力当然知道约翰不敢来，他等的就是这个结果，于是他脸色一板，开始在被告缺席的情况下直接宣判了约翰的罪行，说诺曼底公爵不履行封臣的义务，违抗王命，大逆不道。判决结果是：将约翰在法国的土地全部没收！这个命令一下，那些准备多时的法国军队便按各自的位置潮水般杀入英国在法国的所有领土，很快就将这些土地牢牢控制。

让我们先清算一下新英王约翰已经犯过的错误：杀掉了跟自己争位的侄子，有点不仁；随后想停妻再娶是为不忠；抢别人老婆不给钱是为不义；得罪法王是为不智；加上他先前还造过父亲和哥哥的反，当然是不孝，这么个不忠不义、不仁不孝还不智的东西坐了大位，想象一下他会闯出多少祸来。

前文已经说到，法王腓力二世没收了英国在法国的所有土地。让约翰有了个名垂青史的大名叫“失地王”。不过失去法国的土地也不全是不好，约翰之前的英王更喜欢在法国住着，在英国本土的时间非常少，到约翰这辈，除了英格兰这个小岛，其他地方也不能随便去了，所以只好老实待在伦敦上班，成为第一个真正意义上的英王。

“失地王”坐在伦敦的王座上，愚蠢的脑袋时刻盘算着如何拿回法国的土地。可以肯定，他是想不出什么高明主意的。蠢人千万不能思考，因为他一想事，就会闯出更大的祸来，而且吧，这个家伙很倒霉，在他的任上，与他利益攸关的对手都是顶级的高人。

无知无畏的代价

先给大家介绍当时欧洲最强的高人，教皇英诺森三世。这位有德意志血统的教皇在历史上最出名的就是铁腕，近乎偏执地追求教廷的权力，扩张教廷的势力范围，并限制和压榨甚至欺负各国国王，他的名言是:“教皇是太阳，世俗国王是月亮；国王如不能诚心侍奉基督的代理人，就不能正确地治理他的国家；国王拥有肉体上的权力，教皇拥有精神上的权力，由于精神统治着肉体，教皇也应高于国王。”中心思想就是，教皇的地位是凌驾在所有欧洲国王之上的。这位老兄执掌教廷时，罗马教皇的权力达到顶峰，相当霸道。

话说傻小子约翰正在考虑如何收复失地，他能想到的办法就是打一架，要回来。可打架这件事要钱啊，从“狮心王”开始，英国国库就非常寒碜。所以约翰现在脑子考虑的第一等大事就是到哪里去搞一笔钱来。他是国王，来钱的路子多，收税啊，燃油税、过路费、个人所得税、资本利得税、房产交易税都可以多多地收，横征暴敛之下，全英国从贵族到百姓都怨声载道。

约翰知道，搜刮贵族和百姓油水是有限的，整个英国最肥的地方是教会！如果能搞到教会的钱，经济问题可以迎刃而解。正当他动这个念头的时候，上帝就保佑他了，英国最权威的坎特伯雷主教突然死了。约翰马上想到，如果这个肥缺落在自己的亲信手里，国王就可以控制教会，教会那些钱自然就源源不断地进入国王的口袋。于是他赶紧扶持自己的心腹继承这个主教之位。教会的僧侣也不傻，自然知道约翰的如意算盘，所以拒不接受约翰安排的主教，自己推举了一个新主教。为了主教之位，约翰和教会争执翻脸，因为都拿对方没办法，只好找教皇申诉，请他老人家定夺。

这位教皇就是英诺森三世，对这位老大来说，欧洲各国的事务，他从来不是个旁观者或是调解人，他要做最后拍板的人。所以英国的主教官司一到他手里，他想都不想就毙掉这两个候选人，并即时任命自己的爱将兰顿去英国的坎特伯雷教区上任。对于教皇的命令，英国的僧侣肯定是接受的。但约翰的经济算盘落空，他是不能答应的，于是他在家火冒三丈之余下令，不允许兰顿主教入境。

更加冒火的是英诺森三世，一个世俗的王敢于忤逆上帝代理人的权威，是绝对不能原谅的，于是，教皇启动了他手上最严重的刑罚，那就是六年之内，英国境内不许有任何宗教活动！大家不要小看这个惩罚，对一个宗教国家来说，不能进行宗教活动如同灭顶之灾，也就是说，这六年里，信徒不能祈祷、不能受洗、不能忏悔，天哪，这绝对会下地狱啊！所以，教皇的判决一下，英国教会内所有的僧侣、主教，还有些虔诚的信徒都跑了。

要不怎么说无知者无畏呢，到这时候，约翰还没意识到得罪教皇的后果，看到那些教士都跑了，他居然哈哈大笑，然后下令把那些教堂里的各类财产没收，因此发了一笔横财。英诺森教皇实在没想到这个家伙如此胆大包天，只好出杀招了。他下令，开除约翰的教籍，既然不是基督徒了，就不能做英王了，所有的英国贵族和百姓都不需要效忠他，法王腓力二世赶紧跳出来替教皇收拾叛逆，预备拿下约翰后，腓力二世名正言顺接掌英国王位。

腓力二世乐坏了，他没想到约翰将法国土地送给他还不算，居然还要把英国土地一块儿给他，这么客气，却之不恭啊，赶紧集合军队预备渡海登基。而英国国内的贵族早就受够了约翰这个废物，碰上这么个老大，手下人天天提心吊胆的，日子怎么过啊，法王腓力二世号称“小狐狸”，显然智商要高多了，跟着他，前途多少明媚一点。所以纷纷响应教皇和法王，预备跟他们里应外合将约翰扳倒。

不见棺材不掉泪，约翰再傻也知道，这次如果过不了关，不仅王位没了，可能连脑袋都保不住了。背信弃义的小人都会玩变脸，约翰更是个能屈能伸的高手。他赶紧找到教皇的使节，二话不说就跪下，其形象之卑微，翻译成中国话就是：磕头如捣蒜。除了痛哭流涕，还双手奉上了英国的版图，并宣布，从此以后，英国是教皇的领土，英王成为教皇的臣属。收到英国的国土，英诺森算是勉强同意约翰的认罪态度，号令天下，收回对约翰和英国的所有处罚，以后英王是教皇罩的，法王回自己家去吧，别再打英国王位的主意了。另外，约翰还要把教会那些钱全部吐出来还给教会。

丢了土地又丢脸，钱还没捞到，经过这一场大劫的约翰并没有从此安分守己。此时的他更加感觉应该跟法王打一架，出这口恶气。他毕竟还是国王，虽然不得人心，但如果他真要打仗手下也不敢不从。于是，一个傻统帅带着一些叽叽歪歪的贵族和一群心怀怨恨的大兵出征了。这一次出征就不用描述了，法国人都觉得这样的军队送上门，不揍他们都不好意思。这一架打下来，约翰彻底不敢想法国领土的事了。

给国王上规矩

出征法国，约翰是增收了很多额外税收的，老百姓固然辛苦，贵族的日子也不好过，物价飞涨，这是英国有历史记录的第一次通货膨胀。

经济危机一般会导致政治危机，兵败法国后，贵族终于决定要跟国王清算一次了。全国的贵族地主很快结成联盟，并发兵攻打伦敦，兵临城下后，他们给了约翰两个谈判选择：第一，接受他们的条款，他们继续效忠约翰，并停战休兵；第二，不接受他们的条款，他们将继续进攻首都，打下王宫后，他们会册立新的英王。

约翰看着城外那些各色贵族武装，都有点如狼似虎，而此时愿意站在约翰麾下为他作战的骑士还不到十个。无奈之下他接受了第一个条件，贵族抛出了他们的条款，这个条款，通俗的说法就是国王守则，英王必须按照此条款控制自己的行为，不得恣意妄为，到处闯祸。

约翰拿到这份长达六十三款的守则，当场就哭了。其中那些诸如国王在未征得贵族同意的情况下不得随意地收取贡赋；不经过同等人的合法裁决和法律的审判，国王不得逮捕和囚禁任何人等条款就不说了，最让约翰崩溃的是第六十一条，根据该条的要求，由二十五个贵族成立的委员会有权随时召开会议，具有否定国王任何命令的权力，如果国王违背诺言，贵族可以使用武力，占据国王的城堡和财产。据说约翰一看到这第六十一条，就大喊了一声“你们给了我二十五个太上皇”，然后一头栽在地上，全身发烫，犯了毛病。

约翰收到的这份国王守则就是英国历史上最著名的《大宪章》，约翰被迫在上面签字时是1215年，《大宪章》中最为精髓的两条原则是：第一，以法律的形式肯定了对臣民财产及人身安全的保障；第二，臣民与君主的契约关系中，臣民对君主拥有反抗的权力。

后来，英国社会的发展证明了《大宪章》的优越：因为个人财产是有保障的，所以百姓就有信心为自己创造财富，同时也为社会创造财富；人民可以反抗君主，就可以用合法的反抗终止和改变不合理的制度。最重要的是，《大宪章》代表的是合法维权，基本原则是国王的权力并不是至高无上没有极限的，他的所作所为必须在法律的限制下，即“王在法下”，国王的权力不能超越法律。相同的时间里，中国是南宋时期，理宗时代，这个时期历史上最大的功劳就是朱熹理学的崛起并兴盛。大家都知道理学的中心教条就是“存天理，灭人欲”，跟“人权”这个概念差别还是非常之大。一个国家在解放人权，充分扩展自由空间，一个国家不断禁锢民众的思想和精神，让自由越来越遥远，不得不承认，华夏民族和不列颠的差别从这时就开始逐渐拉开，而且距离越来越大。终于有一天，这种差别让我们付出了惨痛的代价。

即使是当时的欧洲，很多国家的君主制也在蓬勃发展中，加强皇权，中央集权是发展主流，而英国却已经提出了限制皇权这样前卫而先进的思想，这恐怕就是不列颠大国崛起成为“日不落”帝国的基础。《大宪章》后来屡次修改完善，并发展成为现在的《大英宪法》。

约翰知道自己必须暂时接受这些条款，待到贵族军队解散回到自己的封地后，他立刻变脸，宣布《大宪章》无效。贵族只好重新披挂再次开战教训约翰，英国内战开始了，这一场《大宪章》之战，约翰算是以生命捍卫了王权。1216年，他病死在曼彻斯特，至死都不承认《大宪章》合法。不过他一死，英国内战就自动结束了。

约翰是英国王室的真正老祖，因为此后所有的英王都是他的子孙，虽然再没有人愿意沿用他的名字。

十二 议会

“失地王”约翰在自己的贵族大臣的逼剿之下，郁愤交加而病死，自动终结了英国内战。要不怎么说英国贵族有风度呢，他们逼死了国王并不改朝换代，而是继续扶持约翰的儿子继位，只要国王按《大宪章》的要求敬业爱岗，贵族绝不再搞事。约翰的儿子亨利只有九岁，贵族不介意他年轻，只要听话就让他当国王玩。

当然，英国人办事也不是完全不靠谱，这个九岁英王的身后站着一位威严而神武的摄政王，他就是中世纪最忠心、最荣耀，拥有一切美德的标准骑士——威廉·马歇尔，而他侍奉英国几代君王，位极人臣，算是骑士这个职业最成功的模板，是其他骑士学习的好榜样。当然，根据《大宪章》的规定，除了摄政王，还有二十五个“太上皇”监控着国王。这个九岁登基的英王是亨利三世，他在英国王室的历史上比较边缘，应该说工作不过不失，既没有惊才绝艳，也没有恶贯满盈，想艺术加工都无从下手。但是说英国历史又不能回避他。他地位尴尬，夹杂在英国历史上两个极端的君主之间，他的上一任是最窝囊的英王，他的下一任却是最英明的英王，有个二流的爹和一流的儿子，所以他夹在中间，算“1.5 流”。此外，在他任期内，出现了英国议会，进而给全世界发明了一种科学而民主的施政办法。

先说英国议会的来历。话说亨利三世到了一定的年龄就亲政了，虽然从小就被贵族大臣灌输《大宪章》的概念，可国王毕竟是国王，心中的某种权威一旦苏醒，肯定是不愿受控于手下的。于是，成年的亨利三世开始叽叽歪歪找毛病了。国家大事有点自作主张，不找那些“太上皇”之类的商量。比如《大宪章》说了，不许擅自决定发动战争，可他还是坚持跟法国打了两次，都碰了一鼻子灰回来。

亨利三世不愿意被贵族大臣控制，但他愿意被教皇控制。他算是英国历史上对教皇最忠心的英王了，除了唯唯诺诺地言听计从，更是愿意把整个国家给教皇当提款机，教皇收拾不安分的国家，需要出手使用暴力时，亨利三世从来都是主动送上军费。教皇见亨利三世这么懂事，就完全不跟他讲客气了。

却说这一阵子，教皇和德国皇帝不对付，两边经常动武较劲，打得难看（参看《德意志：铁与血的历史》）。当时，地中海上的明珠——西西里岛是德皇的掌中之物，作为罗马教皇，肯定是想拿回这块原来属于罗马的土地。自从发现亨利三世这个好苗子后，教皇决定，以后打架斗殴这种粗活，自己就尽量不亲自上阵。于是他就颁布一道法旨，说是将西西里岛之主这个光荣称号赐予亨利三世的小儿子，当时还在吃奶的埃德蒙。鉴于西西里岛落在德皇手里，作为岛主的爸爸应该出兵去把它打回来。

这个事怎么听都像戏弄小傻子，可亨利三世不这么认为。法国自己家的土地要不回来了，版图损失很大，西西里岛加上多少能弥补点，他忘记了，这个西西里岛的位置是在不列颠的千里之外，就算真能打下来，能安全地驻守吗？这个道理谁都想明白了，只有亨利三世想不通，他叩谢了教皇的圣恩之后，便开始摩拳擦掌预备到千里之外去挑战德国皇帝，大家注意，亨利三世只是国王，而德国那个可是皇帝啊。

打仗要钱，从“狮心王”理查开始，英国就没富裕过，亨利三世预备长途打仗的时候，英国更是三年歉收，正闹饥馑。国王可不管这些，那些英国贵族收入都很高，找他们杀富济贫，于是亨利三世突然提出让贵族上缴三分之一的收入作为西西里岛的军费。

从亨利三世的动作来看，他已经把《大宪章》的精神当垃圾来践踏了。当年为了《大宪章》的建立不惜与国王一战的贵族发现，这个亨利三世貌似老实，其实跟约翰王一样啊。于是，贵族决定，按老办法教育国王，那就是重新订立规章制度，让国王按有关纪律行事，如果他不答应，就兴兵打到他答应。

这一次的贵族武装有个很出名的头目，叫作蒙德福特。他原来是一个法国贵族的第二子，按律在法国既无爵位也无土地，好在他的母系原来是英国贵族，有自己的封地和爵位，所以他便来到英国，成为一位英国伯爵。

蒙德福特长得英俊，到英王跟前上班不久就被王妹看上了。两个人私订终身，生米煮成熟饭。这个事让英王和贵族都很不爽。蒙德福特是个法国人，也不算太显赫，怎么能随便就成了驸马，尤其是这个王妹曾经起过誓，预备一辈子守节不嫁人的。亨利三世因为这个事曾将王妹两口子赶出英国，找不到出路的小两口加入了“十字军”，并在圣战中功成名就。再次回到英国时，亨利三世接纳了这个妹夫，还对他委以重任，成为朝中重臣，渐渐成为贵族圈子里的头目。

看到亨利三世越来越嚣张，尤其已经直接影响了贵族集团的利益，1258年，由蒙德福特牵头，在当时集中了很多新思想、前卫人物的牛津，贵族召开会议，重新拟定了对国王的种种限制，这款新的国王守则就是《牛津条例》。本条例规定，由十五名大贵族组成会议，实际执掌国家政权。同时，由这十五名大贵族和另外选出的十二名大贵族组成“Parliament”，每年开会三次，讨论重大国事。大家现在知道“Parliament”这个词是国会和议会的意思，但在《牛津条例》订立之时，它的意思是“讨论”。这个条款当然又是贵族闯进王宫手按在剑柄上交给国王的，亨利三世迫于形势，只好接受。

短暂的安宁维持了三年，亨利三世就不干了，宣布《牛津条例》是废纸，还再次驱逐蒙德福特。于是蒙德福特只好联合贵族的人马组成所谓的议会军和亨利三世的王军再次内战。在这场战役中，议会军的头目自然是蒙德福特，王军的头目就是王储爱德华。太子爷高大挺拔，生得气宇轩昂，尤其是身材好，根据他的遗骨测量，身高大约一米八八，有两条很符合黄金比例的长腿，所以江湖人称“长腿爱德华”。虽然这个绰号不算太好，不过不要紧，他后来获得了很多很神气的绰号，他算是英王名单上，“花名”最多的一位。

爱德华王子从小就喜欢骑马打仗，练得骁勇善战，指挥王军作战也是有模有样。但毕竟姜还是老的辣，王军在南部的一场战役中兵败，亨利三世和爱德华被议会军生擒。王军失去统帅，仗也没什么好打的了，蒙德福特进入伦敦，挟天子以令诸侯，掌握了英国的大权，并召开了英国历史上第一次议会。

蒙德福特虽然独揽大权，可并没有三国董卓那么嚣张，他不敢废掉国王自立，更不敢独裁决断，他反而是要照顾到各方面的利益，要把大中小封建领主、骑士、城市市民和自由农等，除了王室之外的所有人，统统吸引到自己方面来，以巩固自己的现有的政治地位。所以，在1265年的第一次议会上，除了贵族和主教，还邀请骑士（每郡两人）和市民（每城市两人）代表参加，算是开辟了各个阶层参政议政的先河，也为后来英国的议会发展成为贵族院（上院）和平民院（下院）两部分打下基础。而由此，蒙德福特就成为英国议会的创始人。

亨利三世此时成为傀儡，而太子爱德华更是变成了议会军的人质。好在像爱德华这样的人，一般的人也困不住他，因为议会军掌权之后内部出现些小问题，爱德华很快就利用议会军的内讧逃出来，并立刻召集了王军的旧部重新组成了军队，再次跟议会军开战。当年8月，王军大败议会军，蒙德福特当场阵亡，亨利三世重新登上王位。

经过这一番折腾，尤其是蒙德福特主政这段，亨利三世休息过头了，非常懒散，最爱好在宫里鉴赏艺术，对国家大事毫无心肝。好在王储爱德华德才兼备，大事小情都有担待，所以亨利三世的最后几年，名义上在岗，实际上已经退了二线，所有的国家大事都由爱德华控制决定。

十三 “大长腿”

“十字军”压轴戏

在这段太子监国的时间里，邻居法王又发动“十字军”东征了。对欧洲的王室和贵族公子来说，参加“十字军”的征伐似乎是一个镀金的进修、成名的捷径。所以这些平时闲得无聊的公子哥都趋之若鹜，对于那些天生喜欢打架的来说，到东方跟异教斯打显然更是一场人生的狂欢。

爱德华太子就是这样一个好勇斗狠的，所以一听说“十字军”又要出发，他马上欢呼着就报名参加，组团到中东耍暴力。这次东征是“十字军”第八次也是最后一次折腾，欧洲实在是再也折腾不起了。这第八次东征基本没有什么值得描述的，“十字军”登陆不久就染上了瘟疫，最后是大部分人马鸟兽散逃窜跑回家，让这场铁血华丽的大规模圣战结束得狼狈不堪。

爱德华满腔热血到东方，没想到结局这样没劲，他无处可去的情况下，还是指挥英军及剩下的“十字军”跟穆斯林正面对打了几次，让他成为这第八次东征中，“十字军”最大的亮点。因为武功高强、身手不凡，他为自己赢得了“世界之矛”这个武林封号。据说敌军曾假称谈判用毒剑刺伤了他，他的军医只好为他“割肉疗伤”，面对这种血淋淋没有麻醉的手术，太子爷神色平静，完全没有呻吟或是鬼喊鬼叫，犹如关云长附体，非常之英雄好汉。

跟“十字军”混了几年，实在一点意思也没有，爱德华只好带兵回国去，在路上就听说亨利三世翘辫子了，“长腿”赶紧收拾起中东度假的闲散心情，回到家正式加冕上班，成为爱德华一世。

威尔士亲王

却说爱德华一世先是跟着老爸打贵族叛军，后来又跟着“十字军”到中东瞎混，蹉跎到三十五岁，终于找到正经工作成为英国国王。正是一枝花的年龄，男人的巅峰时代，只要不太弱智，稍微有点出息，一般都能在国王这个岗位上建功立业。爱德华一世不仅不弱智，智商还相当之高。

一个明君要文治武功两手抓，两手都要硬。先说爱德华的战功，这个比较重要，因为直接影响了现代英国的形成。

中世纪的英国领土，在不列颠群岛上，只有现在英格兰这部分，头顶的苏格兰和屁股这个位置的威尔士还都独立在英国版图之外。虽然历代英王也向这两个地方动坏脑筋，但成效都不太大。尤其是，英王更重视的是海峡对面的欧洲大陆。随着英王的法国领土逐渐失去，苏格兰和威尔士这两片土地就慢慢显示出重要性了。

先说威尔士，这片位于不列颠西南的土地，跟中国的西南一样，都是多山的地貌，这种山区很容易产生一些土著政权，各自为政，而且易守难攻。以前的英王对这块土地也不是特别渴望，所以偶尔的进攻都是掠夺式的，没什么长远的版图规划。到爱德华一世这一辈，登位之初也没想过要让这些山民彻底缴械投降。此时的威尔士被一个叫小卢埃林的亲王把持着，因为大体统一了威尔士大部分地区，小卢又是个略有野心的，所以便有些挑衅动作。

爱德华一世的父亲在位时，因为国家内乱不止，管不了威尔士那些山里的事，于是只好承认了小卢埃林的土地和他的威尔士亲王的称号，不过威尔士亲王必须向英王宣誓效忠，每逢过年，还是要打点三千马克的年费。

小卢埃林逐渐整合威尔士各大门派后，颇有实力，觉得应该光复威尔士，摆脱英格兰的控制，于是他先发制人，高调通知英王，以后没什么事就别拿我当小弟使唤了，现在我自己就是大哥了。自然，那一年三千马克的孝敬银子也就省了。他当时并不知道，像亨利三世那么窝囊的爹会生出爱德华一世这么神勇的儿子。

1277 年至 1283 年，爱德华一世采用层层推进的策略向威尔士的山区进攻，步步为营，每前进一步就构筑相应的城堡并将所有要塞连接成线，有效摧毁了小卢盘踞山中的游击战法，英军很快将威尔士军队击溃，小卢埃林和他的弟弟大卫不屈不挠，最终战死，让威尔士彻底落入英格兰手中。

为了长久控制这一地区，爱德华大兴土木，在险要地区构筑城堡，对一些野性难驯的地带，更是陈以重兵。他自己则跑到小卢埃林的家乡去建了个行宫，就是威尔士旅游的重要景点卡那芬城堡，爱德华将自己置身于蛮敌的腹地，自然是要充分考虑安全。这个堡垒据说是机关重重、神秘莫测，是爱德华所有城堡中最漂亮也是最大的一座，到现在为止，它还是中世纪城堡的杰出代表。

据说即使是统帅已死，败局已定，爱德华占领了威尔士大部，桀骜的威尔士人还是不愿意向英王臣服，战后的威尔士问题谈判就在这新建的卡那芬城堡举行，当爱德华提出由英王向这一地区派驻管理者时，威尔士人提出这个管理者必须符合下述四个条件：“一、必须在威尔士出生；二、帝王贵胄，金枝玉叶；三、既不讲英语，也不讲法语（金雀花王朝的老家在法国，所以大部分英王都讲法语）；四、道德上纯洁无瑕，从未犯过错误或冤屈好人。”这四个条件一开出来，怎么听都像是故意刁难，这明摆着只能在威尔士找人，最后威尔士的管理权还是落到威尔士人手里。谁知爱德华一世哈哈大笑之后，满口答应了。随后不久，爱德华一世就将大腹便便、马上要生产的王后接到卡那芬堡，不到一个星期，王后就生下一个男婴。爱德华一世将这个孩子举起给威尔士人看，让他们自己分析这个孩子是否符合他们所说的条件。不用说，这孩子的确出生在威尔士；皇室正统；既不会讲英语也不会讲法语，只会哇哇哭；道德上肯定纯洁无瑕，如果不算随地大小便之外，几乎没犯过错误，更加没有冤屈好人的机会。威尔士人没想到自以为高明的问题就这样被轻易解决，有点自作自受的感觉。打落了牙和血吞，只好接受这个小婴儿成为新的威尔士亲王，他们的新主人。从这时起，英国所有的太子，成人后便受封为威尔士亲王。当时出于威尔士人的敌意，册封典礼在伦敦举行，到后来的爱德华八世才回到威尔士卡那芬堡受封，最终成为传统。只是爱德华八世不珍惜自己的身份，不到一年就因为女人放弃王位。

爱德华一世对威尔士的收复利落漂亮，获得了帝王生涯另一个绰号——“威尔士的征服者”。可是在收取苏格兰时，这位征服者遭遇重创，甚至还把老命都搭上了。

勇敢的心

位于英格兰北部的苏格兰俗称高地，在整个群岛中，海拔较高。这是个颇有风情的地方，以方格小短裙、清越的风笛、尼斯湖怪兽、威士忌酿造闻名世界，罗马时代居住着匹克特人，一直没有被罗马军团驯服，后来凯尔特人的一支迁徙过去，北欧的维京人也移民过来一部分，这三个部分的人成立了最初的国家。经过几个朝代，到爱德华一世这段时间，是坎莫尔王朝。坎莫尔王朝最后的君王是爱德华的妹妹生的，算是亲戚，所以宣誓效忠英王。可这支亲戚很快就绝嗣了，作为宗主国的英格兰觉得自己有义务为苏格兰物色个新君主，从爱德华的角度考虑，苏格兰人也是野性难驯的，最好能找一个容易管束的苏格兰王，以后就算是扶持傀儡，最终达到彻底收服苏格兰的目的。

爱德华一世在苏格兰贵族中考察良久，本来最有资格继位的应该是开瑞克伯爵布鲁斯，传说苏格兰上任国王曾将他立为继承人。可爱德华不待见他，因为这伙计看起来年富力强、颇有头脑，让他上台，肯定是不好控制的。所以，爱德华力排众议，推举了当时十六岁的巴里奥尔成为苏格兰王，这个小子发誓会无限忠于英王。

本来以为是个高枕无忧的事，谁知还是出现了变故。这个巴里奥尔貌似忠厚，却窝藏反心。1293 年，英格兰跟老对头法国又发生矛盾了。原来已经说过，法王几乎已经收回了英王在法国大陆的所有土地，别的部分倒还罢了，实在打不过人家，也只好由别人占着，可还有一块地区，是所有的英王咬着牙都不能松口的，那就是法国西南部，原来阿奎坦地区的加斯科尼。

这可是个好地方，夹在比斯开湾和比利牛斯山之间，物产丰富，工商业非常繁荣，这地方最重要的产业就是酿酒，英格兰从上到下都指着加斯科尼的酒过日子呢，它是日常生活必备用品，绝对不能中止供应的。另外就是，英格兰孤悬海上，跟大陆还有些贸易来往，而加斯科尼正是英格兰外贸的重要转运港。

传说，英王当时一年总收入两万多英镑，其中一大半来自加斯科尼，这实实在在是个小金库。到爱德华一世时，英王在大陆还据有的土地就剩这一块，跟以前占据法国一半国土的势力是不可比了，所以法王经常到加斯科尼制造事端，想把这个地区也一起收回来。这一年，法王号称英法的船只在海上发生冲突，派兵占领了加斯科尼，直接把爱德华一世惹毛了。

国王又要打仗了，所有人要增加赋税，而那些臣国自然要派兵共同作战。爱德华一世统治苏格兰，让他们赶紧准备好军队、武器、军费帮英格兰打仗，为了封锁法国大陆，爱德华禁止英国所有船只出海，当然苏格兰的商船也要老实在家待着。

这对苏格兰来说有点不公平，英王和法王是私仇，把苏格兰的利益也赌上很不公平，加上苏格兰人本来就仇恨英格兰，被爱德华逼急了，巴里奥尔索性就投靠了法王，法苏达成协议：法国每年提供苏格兰补助金五万英镑，作为交换条件，苏格兰必须每年用四个月的时间同英格兰作战！爱德华从没想过苏格兰会胆大妄为到这个程度，在家里气得跳脚，随后决定，向苏格兰发动惩罚式战争。

英军选择了苏格兰最大的商业城市贝里克为第一进攻目标，攻克后烧杀抢掠近乎屠城，接着巴里奥尔的四万大军也败在英军手下。爱德华一直进入苏格兰腹地，两千多名苏格兰贵族被俘获并囚禁，巴里奥尔被迫宣布退位，爱德华在贝里克城建立了新的统治秩序，并派自己的亲信带兵驻守苏格兰各要塞，从英格兰调来大量地方官控制各地。

苏格兰的历代君王都会在斯昆的一个大石礅上受封加冕，这块歪瓜裂枣的大石礅被苏格兰人称为“命运之石”，是王权的象征。爱德华进入苏格兰后，先将这大石礅搬回家，还专门设计一把椅子，把这块石头镶在下面，寓意以后苏格兰的王位永远在英王的屁股下面了。可惜啊，爱德华搬走了“命运之石”，却搬不动苏格兰那些勇敢的心啊。

大家应该都看过好莱坞著名大片《勇敢的心》，梅尔·吉布森的代表作，发型很土，场面很大。他饰演的是一个叫威廉·华莱士的人。巴里奥尔退位后，苏格兰的反英斗争不但没有被遏制，反而如星火燎原般蔓延到苏格兰各地，这场史称“苏格兰独立战争”的大战从1296年至1357年，足足打了半个世纪，而这场独立战争的最初领袖，就是威廉·华莱士。

华莱士是一个小地主家庭的第二子，根据继承法，家里的自留地跟他无关，所以他跟做神甫的叔叔学点文化，将来预备自谋职业。爱德华接管苏格兰，他派去的各级地方官心里委屈啊，好好的被外放到高地，长期不得回家，这种驻外的生涯让人郁闷，肯定是让辖地所有人都别想好过。除了搜刮民脂民膏，就是抢占良家女子。

当时的规定是，苏格兰的大姑娘嫁人，新婚第一夜，要跟英格兰总督进洞房。第二天可以回家伺候老公了。这个工作可把各级总督累坏了（这个缺德法子也不算英国人的专利，咱家的元朝，保长之类的基层官员也有替老百姓进洞房的爱好）。面对英国总督的欺辱，苏格兰人用各种办法反抗，华莱士的父亲就组织了小股游击队造反，不久就被英国人抓住处死。华莱士在家乡有个相好的姑娘，被一个英国军官看中，强奸未遂，便直接割开了小姑娘的喉咙。如此杀父之仇、夺妻之恨，让威廉·华莱士孤身杀进英军驻地，手刃十几名英国士兵后，声名大噪，取得一批村民的支持，于是扯起了造反的大旗。因为勇敢善战，威廉·华莱士慢慢成为苏格兰起义的重要领袖。

一个国王只要治理好国家就基本及格，如果还能开疆辟土则是优秀，再如果为人专一、爱情忠贞、不传绯闻不养情人，则是国王中的极品。我们用这个标准来衡量一下“长腿爱德华”，先看极品的要求。

“长腿”幼时因为父亲和贵族之间的权力之争，太子生涯并不好过，脾气暴躁，为人残忍，从小就看出是个狠角色，会看相的都认为这家伙有机会就会成为一个暴君。可后来爱德华一世是以一个开明君主的形象留在英伦历史上的，是什么让看相的走了眼呢？

有人说“好女人是一所学校”，“长腿”显然碰上了一个好老师。“长腿”十二岁时，迎娶了美丽的西班牙公主埃莉诺，这位西班牙女郎温柔贤淑，春风化雨。自从她来到爱德华身边，这个暴躁小孩所有的戾气都无影无踪了。

“长腿”夫妇伉俪情深。爱德华一生完全没有绯闻，对自己的王后一直珍爱有加，有一个数据可以充分证明这件事，埃莉诺大约给爱德华一世生了十五个孩子。

1290 年，埃莉诺香消威尔士，“长腿”哀痛得无以复加，他将王后的遗体运回伦敦。这一路上，每个驿站他都竖立一个十字架，现在还能看见这些被称为“王后十字架”的古迹。后来他还为王后建了三个华美的陵墓以寄托哀思，让埃莉诺成为欧洲历史上最幸福的王后之一。埃莉诺如同上帝派来的监护天使，她一离去，封存在爱德华体内的魔鬼就苏醒了，“长腿”再次成为一个暴戾残酷的人。

爱德华一世插手苏格兰的事务时，正是王后新丧，因为在苏格兰的战绩，“长腿”又获得新的绰号——“苏格兰铁锤”。对威尔士下手，大家叫他“威尔士征服者”，如今这个“铁锤”的绰号显然不怎么友善，强调的是破坏，大家应该还记得他屠城的事迹。

鳏夫“长腿”在晚年成为一个暴君。苏格兰英雄威廉·华莱士领导了起义。1298 年，英军开进苏格兰镇压，在经过斯特林大桥时，中了埋伏，起义军以很少的人马战胜了几倍于他们的英军，威廉·华莱士的大名也惊动了爱德华。此后的六七年时间里，“长腿”先后四次亲自出兵镇压起义。1305 年，因为叛徒的出卖，华莱士落到了爱德华的手里。

在处决华莱士的事情上，“长腿”充分暴露了他已经彻底变态的心：华莱士被从审判地提走，扒光了衣服，被一匹马拖着穿过伦敦城，在刑场上了绞刑架，勒了一阵又把他放下来，让他清醒后，割下他的命根子，然后活体解剖，开膛破肚，扒出内脏，活活地掏出那颗“勇敢的心”，然后拿出肠子，在他面前烧掉。忙了半天，眼看他支持不住即将死去，赶紧斩首，尸体被分成好几部分，脑袋被挂在伦敦桥上示众，其他部分被送到英伦各地，警告所有人不要犯上作乱，否则会死得很难看！

华莱士的死并没有让苏格兰屈服，第二年，罗伯特·布鲁斯（本来预备成为苏格兰王，后被“长腿”否决的那位苏格兰贵族）的孙子直接自称苏格兰王，揭竿而起，接过了苏格兰独立解放运动的大旗，继续跟“长腿”死磕。

对一个老鳏夫来说，这样接二连三的打击太不人道了。1307 年，再次上马亲征的“长腿”得痢疾，病死在去苏格兰的路上，他给太子的遗言惨烈而凄怆：“要将征讨苏格兰的工作继续下去，不准放弃，你要捧着朕的骨灰冲在最前线，朕要看到最后一个苏格兰人投降！”从这个遗言来看，这老人家在苏格兰的问题上已经完全陷入疯狂了。

没有在有生之年征服苏格兰是“长腿”一生最大的遗憾，但他作为第一位在不列颠群岛上开疆辟土的英王，军功已经算非常了得。除了“征服者”“铁锤”这些骁悍的绰号，“长腿”还有一个很人文的雅号，更加牛——“英国的查士丁尼”。

查士丁尼是东罗马帝国的一个皇帝，大约公元6世纪在位，他主持编撰了《查士丁尼法典》，这是欧洲历史上第一部系统完整的法典，欧洲所有国家的法律都是从这部法典上发展进化而来。爱德华荣膺“查士丁尼”的名字，自然也是因为他是个立法者，他将之前条理混乱的英国普通法重新修订了一次，颁布了细化分类的各种条例。其中最引人注目的是土地法，当时的英国有个很头痛的问题就是越来越多的土地落到教会手里，教会是不需要履行对王室的义务的，打仗的时候也不能指望僧侣会赞助军费。针对这个情况，他规定了任何人不经过他的同意都不能向教会转让土地。这项土地法沿用了几百年，充分显示了科学性和前瞻性。

爱德华的年轻时代一直与议会军战斗，一般认为他是议会的坚定反对者，出乎意料的是，议会制度就是在他任内得到正式的确立并得到更民主的改良。在捍卫王权和尊重民意两方面，爱德华建立了微妙而完美的平衡。1275年至1307年，他用了各种方法吸引骑士和市民代表进入议会，又在1295年召开了一次由各郡、各自治城市和下层教士代表参加的议会，扩大了政治协商的范围，更广泛地了解了大众呼声，让民意最终为王权服务，这种貌似谦逊的协商方式，反而让国王的行为产生了独裁不能实现的权威。由“长腿”时代开始，议会才算正式成为英国政治一个重要的组成部分了。

终于又把一个贤君说完了，一个好国王的故事是很沉闷的，好在他生了个非主流儿子。

十四　爱德华二世

性向悲剧

还记得那个出生在威尔士的王子吗？爱德华用他忽悠了所有威尔士人，这位小威尔士亲王大名也叫爱德华，小爱德华一直跟在埃莉诺身边长大，贤惠的妈妈大多会比较溺爱孩子，孩子不吃饭，追着满世界喂。一般这样的小男孩儿长大，多少会染上些娘娘腔的毛病。尤其是爱德华一世是这样孔武威严的爸爸，肯定看不上动不动就哭鼻子的儿子。小爱德华六岁时，母后去世，失了常性的父王更加看他不顺眼，天天的疾言厉色让他胆子更小，更没自信。

虽然埃莉诺王后为爱德华一世生了十几个孩子，但最后能活到继位的男性只剩下小爱德华这一个，即使再不上路子不靠谱，到时间也要把王位传给他。爱德华一世临死前郑重地将北伐的大事托付给他，这爱德华二世对父亲的遗诏并没有放在心上，一登大宝，他有更重要的事情要处理。

爱德华二世金发碧眼、英俊强壮，是个同性恋，他第一个公开的情人就是来自加斯科尼的骑士加斯弗顿。爱德华二世还是太子的时候就跟这位骑士“同志”情深了，像“长腿”那样的爸爸是绝对不能接受太子这种取向的，他曾将加斯弗顿赶出英格兰，让爱德华二世一直饱尝相思之苦。所以爱德华二世一旦登基，可以说了算的时候，肯定是马上迎回自己的爱人。

给国王做情郎是合算的，爱德华二世为了抚慰加斯弗顿被驱逐的受伤的心灵，预备将英格兰最西南端的康沃尔赐给他，那里是英国重要的产锡区，而康沃尔伯爵的称号一般只能封给王子。

这个动作激怒了所有的英格兰贵族，自从约翰王开始，英国贵族已经养成了不能惯国王毛病的作风，于是，国王的侄子兰开斯特伯爵组成了贵族同盟，又预备给国王上课了。

历史又重复了一次，这次的结果是迫使国王答应成立了二十一个贵族组成的改革委员会，又拿出了四十一条国王在岗必须遵守的规章制度，同时，将小情郎再次赶出英国。

爱德华二世本来就是个窝囊废，哪敢跟这样的贵族作对，乖乖地都答应了。可是不久啊，色胆包天，他又偷偷把小情郎接回来了，这小情郎陪国王上床还不算，国家大事，爱德华二世也交给他拿主意了。

贵族同盟忍无可忍之下，终于将加斯弗顿处死以绝后患。可是，一个小情郎倒下去，好几个小情郎又冒出来，加斯弗顿尸骨未寒啊，爱德华二世身边出现了父子两个，上阵父子兵，这光荣的父子俩就是德斯彭瑟，这段时间，国王该做的事由他们父子俩负责完成，权势煊赫。

贵族无奈之下觉得，饱暖思淫欲啊，总在宫里待着，这些风花雪月的事不能避免。根据爱德华二世的脾气，治理国家这一类的事不能找大臣和议会商量，最有效的法子就是在床上交给小情郎解决。为了杜绝这种佞臣专政，一定要把国王从床上拉下来，要给他找点户外的活动。

对了，先皇有遗诏，还要收服苏格兰啊，尤其是爱德华二世登基后，自称为苏格兰国王的小布鲁斯已经趁爱德华跟小情郎谈情说爱的工夫，收复了不少原来英军把持的土地。眼下必须先把皇帝的私生活放一放，大家继续北伐苏格兰。1314 年，爱德华二世亲征苏格兰，两军在曾经交战过的斯特林城堡旁的班诺克本相遇。

这一战，苏格兰再次以少胜多大败英军，英军的伤亡人数接近一万，基本可以算英格兰立国以来单次战争伤亡最大的战役，爱德华二世自己差点被活捉。这一仗虽然让英军颜面扫地，却让小布鲁斯威名远播，威廉·华莱士之后，苏格兰人再次找到自己的领袖，小布鲁斯真正成为罗伯特一世，成为苏格兰人公认的王。

兵败苏格兰让爱德华二世更加没有尊严，以兰开斯特伯爵为首的贵族联盟权力越来越大，尤其是 1315 年至 1322 年，英国又遭遇农业歉收和大规模牲畜疫情，内忧外患之下，爱德华二世只好放任贵族同盟处理大小事件，自己躲在后宫堕落。德斯彭瑟父子伺候国王非常辛苦，爱德华二世是个有情有义的人，不愿意看到人家白忙活。一般人家养个“小蜜”还给买房子买车呢，我一个国王，不能太寒碜，怎样表达爱意呢，干脆把威尔士赐给小德斯彭瑟吧。

这个想法一公开，所有大臣都目瞪口呆，这威尔士可是先王又用武力又用智谋费了多少功夫弄来的，怎么能交给一个男宠糟蹋！因为已经有处理上一个小情郎的先例，贵族不慌不忙，由议会宣布德斯彭瑟父子俩滚出英国去。贵族心想，咱们先礼后兵，先赶他们出去，如果赶不走，就把他们咔嚓掉。可惜，这父子俩媚主的本事超出了所有人的意料，他们竟然挑唆着爱德华二世组织了军队，正式跟贵族同盟开战。国王和贵族之间的又一次英国传统内战，开始了。

贵族都认为爱德华二世是个窝囊无能之辈，却不知他外战外行，内战却是内行，几乎是举手间就将贵族军队消灭，并处决了贵族首领兰开斯特伯爵，顺利收回了被分解的王权。为了给大家省事，防止再被人从床上拖下来去打仗，爱德华二世重掌大权后宣布承认罗伯特一世为苏格兰国王，他家的土地拿回去，以后没什么事，谁也不准再提到苏格兰打架的事。贵族被镇压了，苏格兰也安宁了，爱德华二世这才找到做国王的乐趣了，花天酒地，夜夜笙歌，所有的事德斯彭瑟父子都会安排好，一点也不用操心。

可是世事不如意十常八九，爱德华二世的生命里除了各种男宠和不驯的贵族以外，还有一个重要人物是不能回避的，那就是他的老婆，英国王后伊莎贝拉。

“法兰西母狼”

爱德华二世不知道算不算双性恋，不过一个英国国王无论如何是需要配一个老婆的，而根据英法两国暧昧晦涩的双边关系，一边打得激烈，一边还坚持通婚。

伊莎贝拉的父亲就是著名的法王腓力四世，江湖上都称他为“美男子”和“铁国王”，曾经屠杀了圣殿骑士团，出名的铁腕（参看《法兰西：卢浮宫里的断头台》）。传说伊莎贝拉跟爱德华二世结婚的第二天，爱德华二世就将收到的结婚礼物赐给了自己的小情郎，以后就很少上皇后的床。不过伊莎贝拉不错，很珍惜来之不易的国王临幸的机会，不声不响地给爱德华二世生了四个孩子。

爱德华二世对自己的老婆薄情寡幸，每天绞尽脑汁地为情郎争取土地，对王后的利益完全视而不见。伊莎贝拉是个有主见的女子，最开始，她还是想利用自己的王后的地位让老公收敛点，可她斗争的结果是，爱德华二世没收了她所有的财产，每天给她一个英镑作为家用。伊莎贝拉此时对这个老公已经完全没有幻想了，不仅没有了爱情，更是滋生了无比的仇恨，她甚至想要他的命。

终于有一天，她获得了一个逃出伦敦的机会：法国和英国又闹毛病了，眼看又要兵戎相见。爱德华二世现在日子过得舒服，可不愿意找不痛快，于是他安排自己的老婆回娘家，让伊莎贝拉去法国游说并调停这场即将到来的风波。伊莎贝拉赶紧收拾行囊回法国去，她还多长了个心眼，将儿子爱德华（王储）带在身边，一块儿回家。

回到娘家的伊莎贝拉觉得舒服多了，尤其是，在法国宫廷，她遇上了莫蒂尔默勋爵。这位勋爵本是英国贵族，在刚结束的英国内战中，他参加了贵族同盟跟爱德华二世作战，后被俘关在伦敦塔。因为对爱德华二世的仇恨，王后心里是支持贵族同盟的，所以莫蒂尔默被俘期间，王后和大主教多方斡旋将他救出来，并安排他避难法国。这一出美人救英雄的故事让美人和英雄都对彼此留下深刻的印象，在法国宫廷的重逢让这段深埋在心里的爱情萌芽并开出了鲜花，伊莎贝拉找到了一直渴望的爱情。同是天涯沦落人，相逢原是旧相识，天雷勾动地火的爱情顷刻间熊熊燃烧，很快就让地球人都知道了。

这个绯闻不仅热辣辣地传播在巴黎的大街小巷，还越过海峡，一直传到了伦敦宫廷。爱德华二世火冒三丈，本来是安排老婆出公差，没想到她假公济私厮混小白脸，自己花钱给自己买了顶绿帽子。虽然王后他并没有放在心上，可国王的尊严毕竟很受挑衅，尤其对方还是一个造反的叛臣。

爱德华二世马上写了一封措辞强硬的信给法王，威逼恐吓了一番，让他交出奸夫淫妇。此时的法王是“铁国王”最小的儿子，所有王子中最没用最傻的，如果不是那些英雄哥哥的自相残杀，怎么也轮不到他当国王。爱德华二世一吓唬，法王也慌了，这伊莎贝拉是他姐姐，爱德华二世是合法姐夫，他一个做小舅子的，还是不要蹚浑水的好，于是赶紧把伊莎贝拉打发走。

伊莎贝拉和莫蒂尔默在荷兰等地溜达了一圈，觉得这种浪迹天涯的日子不是长久之计，正好有些法国贵族是同情这二人的，干脆借兵杀回伦敦去，跟爱德华二世彻底撕破脸。于是莫蒂尔默很快就东拼西凑集合了一支人马越过了海峡，向英王宣战。

爱德华二世在英国混得很不得人心，不仅贵族恨他，教会也嫌弃他，以至于伊莎贝拉的人马一登陆，就受到了很多支持和欢迎，顿时实力大增，兵强马壮。前面说过，爱德华二世最怕打仗，一听说又要披挂上阵，非常恐慌，于是把守城的任务交给老德斯彭瑟，他自己号称是到威尔士组织军队去了。

王后的军队里带着太子，所以国王麾下的英军也不愿跟少主动手，基本都是主动献城，老德斯彭瑟更是被手下绑了交给王后处理。王后这支人马胜券在握，一致推举太子出来做统帅，处理随后的事件。太子也是爱德华，爱德华三世。此时的爱德华三世不到十四岁，金发，长睫毛，面色苍白让他看起来很柔弱。可是很多人都知道，这孩子有着与年龄不相称的镇定和智慧。

十五 完美英王

“慈父”的下场

英伦金雀花王朝的帝王有的英明睿智，有的糊涂粗暴，参差交替出现在历史上，让英王室的王运像乐章一般高低跌宕，起伏不定。

爱德华二世是个病态的窝囊废，伊莎贝拉因为对老公的无情征伐获得了“法兰西母狼”的光荣称号，加上两人罕有的同床机会肯定也是心不在焉，优生的概率接近于零，所以爱德华三世这样一个孩子被生出来，从科学角度分析，只能理解为“隔代遗传”。

爱德华三世的爷爷是“长腿爱德华”，他的姥爷是“美男子”——最铁腕的法王，全都是外貌与才能出众的绝代君主，因此爱德华三世如果遗传得当，绝对有机会成为最完美的英王。

贵族将老德斯彭瑟交给爱德华三世处理，他非常冷静地下令砍掉了这老头的脑袋。随后不久，贵族在一个偏远的修道院找到了藏匿在那里的爱德华二世和小德斯彭瑟。爱德华二世被就地羁押，小德斯彭瑟被带到爱德华三世跟前。这小白脸肯定是祸害的根源，爱德华三世判了他一个类似“凌迟”的刑罚，整个过程跟处理威廉·华莱士一样。据说行刑时最兴奋的观众就是王后，她一直说：“真希望爱德华二世能在这儿一起看！”这个尊贵的法国公主，远嫁伦敦后发现自己的情敌居然是男人，这种奇异的屈辱下，终于让自己也变态了。

处理了佞臣，囚禁了国王，国不可一日无君，所有人推举爱德华三世直接登基成为新的英王。谁知此时这个十四岁的孩子做了件让所有人惊愕的事，他宣布，除非是爱德华二世主动退位，否则他绝对不登基。虽然他现在已经是众望所归的英王，但只要爱德华二世不松口主动让位，爱德华三世戴上王冠的动作都不能算名正言顺，以任何国家标准衡量，这都是“篡位”。

即使是在主教和贵族一致认为，以爱德华二世的所作所为，绝对可以将他罢黜的时候，爱德华三世还是坚持要等到他爹主动让位的正式通告。

没办法让这倔强的小孩改变主意，贵族只好派代表去游说爱德华二世，让他顺应时势，主动让位算了，自己亲生儿子，又不是外人。没想到老子和儿子一样倔，爱德华二世此时死猪不怕开水烫，他声称可以让他死，但他绝对不主动退位。派去的主教代表忍无可忍之下只好威胁他，如果他不让位，爱德华三世又不愿接班，国会和教会肯定会推举一位老百姓都很拥戴的人做英王，让他自己分析利害吧。

爱德华二世掐指一算，得出结论，现在人气最高的是叛军主帅莫蒂尔默，如果爱德华三世不愿登基，最有可能称帝的就是这个小子，那自己可是葬送了祖宗的基业了。痛心权衡之下还是把王位传给儿子吧。他伸手招来了自己的侍卫长，当着主教的面折断了自己的权杖，宣布自己的王朝终结。谈判代表松了一口气，赶紧回去安排爱德华三世登基的事。

爱德华二世虽然退位，但他一日不死，总是个心腹之患。伊莎贝拉和莫蒂尔默只要一想到爱德华二世，晚上睡觉就会做噩梦，他现在是太上皇，是国王的生父，而且已经为所做的一切付出代价，国王、教会和人民都不会接受对他赶尽杀绝。于是王后写了一封措辞模糊的信给爱德华二世的看守，大意就是让他们想法除掉爱德华二世，但不要留下谋杀的痕迹。

接到信的看守不知道是什么来路，估计此人是极端反同性恋组织的，他选择的谋杀方式是：把一根铁条烧红，从爱德华二世的肛门插进去。王后的指令是秘密处死，可行刑时爱德华二世的惨叫声响彻天宇，让周边村庄的人都以为听到了魔鬼的嚎叫。

王后随后对外宣称“先帝暴病而亡”。

亲政之路

爱德华三世登基时才十五岁，国家的大权掌握在太后手中，太后大小事都听情夫的，莫蒂尔默是实际上的英王。他带兵推翻了昏君爱德华二世，广受英国各界的拥戴，可他一旦大权在手，就露出了恶劣的面孔，贪得无厌。最风光的时候，占有着英国四分之一的土地，各种爵位一大堆；独断专权，完全不把国会放在眼里；手段残忍，对不同意见的人斩草除根。渐渐地，莫蒂尔默从一个民族英雄彻底转变为无道权臣，因为这一切都是王太后支持的，所以伊莎贝拉“法兰西母狼”的外号被叫响了。很多原来跟他们一起战斗的贵族开始站到他的对立面。当时最大的反对贵族是王室的一支近亲，算辈分应该是爱德华三世的叔叔亨利，他是议会第一元老，而且是国王的监护人。面对莫蒂尔默越来越放肆的行径，亨利策划着组织一场暴动将他处理掉。可是莫蒂尔默的消息快多了，他很快就想到了先下手为强的办法。

有一天，亨利收到一封密信，写信人声称自己是爱德华二世，实际并没有死，而是被莫蒂尔默囚禁了，让亨利赶紧想办法救他。亨利拳拳的老臣之心，非常忠诚，马上回信说自己会立刻安排拯救，让太上王好好保重自己，等待援兵。没几天，老亨利就被逮捕了，这封回信落在莫蒂尔默手里，并以此为证据说老亨利传假消息，试图篡位，当然王太后也跟着敲边鼓，让爱德华三世赶紧处理这个老东西。爱德华三世虽然觉得这事有点无稽，但在王太后的压力下也不得不先将老亨利收押，这位朝廷重臣被关不久，就被秘密处决，临死他才知道，整件事都是莫蒂尔默的诡计，而他的领地已经落在莫蒂尔默手里。

此时的爱德华三世十七岁了，莫蒂尔默所有的行为他都看在眼里，记在心头，他知道此人将是自己亲政道路上最大的障碍，不除掉他，自己永远只能是傀儡。不久，爱德华三世又得到一个让他羞愤难当的消息，那就是王太后怀孕了，当然是莫蒂尔默的种。这个孩子不仅是王室的羞耻，说不定将来还会危及自己的王位，爱德华三世明白，是必须下手的时刻了。

当时国王一行正在诺丁汉巡视，太后和莫蒂尔默单独下榻在一个城堡里，当地的诺丁汉伯爵是爱德华三世的好友，他们商议后，决定就地解决问题。爱德华三世找了几个平日里亲信的贵族和骑士，从一条地下密道进入了城堡，出现在莫蒂尔默面前。看到年轻的国王铁青的脸和他身后那些年轻的骑士，莫蒂尔默知道自己大限已到，虽然太后苦苦哀求，爱德华三世还是面无表情地带走了老莫，带回伦敦，让他二进伦敦塔。不久，在臣民的欢呼声中被吊死。而太后被关在一个城堡里，被囚禁了三十多年，一直到死。不过爱德华三世还是维持基本的孝道，这三十年间隔三岔五，逢年过节还是经常去探望老妈，所以虽然“法兰西母狼”失了太后的威风，但日子还算舒适。

1330 年，十八岁的爱德华三世正式亲政。开启了英国历史上另一个可圈可点的英雄时代，历史学家都说，英王朝到爱德华三世这一辈才算是让英国的国家性得到完全的定义。

成人仪式

英王爱德华三世一上台就显示了一个绝代明君的优良作风，他深知水能载舟亦能覆舟的道理，在英国做国王，除了政治清明、国泰民安这些基本要求，最重要的是让贵族日子好过，要让他们觉得受重视，要拿他们当干部，欢迎他们对国家大事指手画脚。所以爱德华三世一上班，就大肆强调议会的作用，鼓励贵族参政议政，给他们灌输国事就是家事的道理，使王和贵族间长期互相猜忌、互相恐吓、动不动就横刀相向的英国特有阶级矛盾得到了缓解。

爱德华三世还振兴武备，大力提倡尚武精神，经常组织比武和大规模狩猎，将“狮心王”时代彪悍野性的骑士精神发扬光大，彻底洗刷上一个同性恋国王的“娘炮”作风。随着国家渐渐风和日丽、百废略兴，爱德华三世开始有了新的想法。

骑士和军队练了这么久，到底能不能打，还不知道，需要找个地方实兵演习一次；虽然跟贵族缓和了关系，可这帮人的胃口是很大的，爱国精神和个人实惠通常是合并考虑，如果有一天，国王又影响这帮人的实惠，他们还是会犯上作乱的，可英格兰就这么大，国王自己也不富裕，更不可能分给贵族太多。怎么办？根据祖先的传统，自己家不够的时候，就可以到邻居家去抢。而且，在一致对外的战斗中，国王和贵族哥俩好，齐冲锋，更容易培养出患难与共的君臣情谊。鉴于这些，爱德华三世觉得，他工作的重心应该是找个地方打架，打谁呢？最方便的是打苏格兰，欺负邻居顺手啊，骑上马就过去了。如果挑衅欧洲大陆，还要预备船只，准备工作比较复杂，而且根据祖父爱德华一世的遗愿，也应该收拾他们了。

1333 年，爱德华三世北伐苏格兰，还是那地方，苏格兰的边境重镇贝里克。爱德华三世在爱德华一世的庇佑下，围点打援，包围贝里克，干掉了驰援而来的援兵。苏格兰战败，割地求和，当时的苏格兰国王逃到法国，爱德华三世扶持一个傀儡管理苏格兰，暂时让英格兰北部边境安稳了。可这一场北伐的胜利并没有让爱德华三世舒服，他发现，纵然他在苏格兰节节胜利，还是达不到他爷爷希望的“让最后一个苏格兰人投降”这个目的。将高地收入英格兰的版图依然艰难重重，这群高地人为什么总是打不服呢？有人撑腰啊！谁？法兰西。

苏格兰和法国的联盟是让爱德华三世想起来就很烦躁的事情。到底年轻啊，初生牛犊想法大胆，爱德华三世最后决定，只要打倒大哥法兰西，小弟苏格兰自然无以依附，到时再收拾这些高地人则易如反掌，根据历史学家的说法，“与其铲除顽固的蓟草，不如采摘光荣的百合”，主意就这样定了，直接打法兰西。

十六　百年战争之一

起源

打仗也要有缘由，骑士出征可不能做无名之师，法国不久前出了件大事。话说法兰西家的查理四世在 1328 年死了，这个三十四岁的昏君除了把法国经济搞得一团糟，连国王最基本的作为都没实现，那就是没生出儿子来。

英法两国是世界上最缠绵的仇家，查理四世是“法兰西母狼”伊莎贝拉的哥哥，是爱德华三世的亲舅舅。这么近的血缘关系，虽然伊莎贝拉是个女人不能继位，但爱德华三世作为外甥应该是很有机会的。可是这时法国政坛活跃着查理四世的叔叔瓦卢瓦伯爵，查理四世刚咽气，他就到处奔走，让所有的法国贵族支持他儿子登基。对法国人来说，如果爱德华三世过来接掌法王位，那就等于英法合并了，这当然是法国人最不希望发生的事情。

所以，瓦卢瓦伯爵的儿子就众望所归继位成为法王，也就是腓力六世，开创了法国史上的瓦卢瓦王朝。爱德华三世虽然心里不服，但当时尚未亲政，胳膊拧不过大腿，也只能忍气吞声。当时英王在法国还有基思和加斯科尼两块领地，爱德华三世还算是法王的封臣，在无比委屈之下，一边心里暗暗地骂娘，一边到法国向腓力六世宣誓效忠。

当时英法乱麻般的恩怨中，还涉及一个地区。法国北部有个地方叫佛兰德尔，领主佛兰德尔伯爵虽然是法王的附庸，但领地上的城市基本都是自治的。这个地区当时绝对富甲欧洲，是纺织业的中心。最热门的生意就是，英国的羊毛出口到这个地区，这里用羊毛纺织成各种面料返销回英国甚至欧洲各地，非常之兴盛繁荣。几乎所有的法王都想把这块宝地据为己有，到了腓力六世这辈，看着佛兰德尔日进斗金的贸易活动，口水都流出来了。他在家动了几天脑筋，就以镇压当地农民起义为名，出兵佛兰德尔，随后就发布圣旨，禁止英国的羊毛进口。这件事让佛兰德尔当地人大为不满，大批纺织厂突然没有了原料，工厂和工人全都无所事事，陷入迷茫。所以虽然佛兰德尔的伯爵是法王一伙的，但各城市的商人站到英国那一边去了。

当爱德华三世决定直接教训法国后，上面的所有事件都是打仗的导火索了。尤其是1337年，法王突然宣布，因为爱德华三世不履行封臣的义务，要没收他在基思的土地，这一下就真把火药桶点着了。当年10月，爱德华三世公开宣布，腓力六世是篡位的，自己才是货真价实的法王（这个重要的宣布不是开玩笑的，此后若干世纪，所有的英王都自称是正牌的法国国王）。为了拿回属于自己的王位，爱德华三世集合大军和佛兰德尔的同盟，正式向法国宣战，欧洲历史上最胶着、最漫长的演出——英法百年战争拉开了大幕。

开打

英法战争分三个阶段。

第一个阶段，1337年至1347年，爱德华三世率三百多艘战船，一万五千名士兵在泰晤士港下水，虽然士气高涨，但英军并没有鲁莽地越过海峡直接登陆，而是在法国沿海港口骚扰对方的海军，终于歼灭了法国的舰队。

欧洲大陆从古代时就兴雇佣兵，到中世纪，这些雇佣兵的服务品质不断提高，甚至打造出了品牌。在法王眼中，英王入侵这个动作很像是蝼蚁撼大树，有点不知死活，法国用银子就可以砸死他们，所以他雇用了他认为最擅长海战的诺曼兵团，在第一道防线上消灭英国人，省得在自己的土地上抓壮丁。遗憾的是，曾经雄霸海上的诺曼人犯了个中国人都非常熟悉的战术错误，那就是，他们居然用了当年曹军用过的“连环”计，将所有的大船用铁锁连接。

这场海战的结局跟赤壁一样，自然是这些连在一起的大船惨败，英国顺利把握英吉利海峡的制海权，本土的士兵和补给就可以非常安全地源源不断地传递给登陆作战的英军。随后不久，英王曾经的领地布列塔尼公国又内讧，这个地区原来是属于英王的，后来被法王强行没收，该区域一直同时存在着亲英和亲法的两股势力，为布列塔尼公爵这个名号经常斗殴。爱德华三世充分利用这个矛盾，首先拿回了布列塔尼，让这里成为英军的根据地、大本营。正当爱德华三世摩拳擦掌预备大举开进巴黎的时候，当时的教皇出面调解，他老人家的面子还是要给的，于是双方表面上停战，其实都在各自的军营磨刀铸剑，单等机会决战。

这一等就等了四年，1346年，爱德华三世终于忍不住了，亲率大军在法国北部登陆，直取巴黎，这是世界战争史上很重要的一场战事，冷兵器时代盛大的骑士表演，让我们仔细说说。

此时爱德华三世带领的部队由两部分组成，一部分当然是大贵族率领自己的亲兵和家臣等，另一部分却是英国自由民自发组成的军队，因为准备了很多年，所以这些爱国的农民比正规军还训练有素。而英军最高级的武器就是长弓。这种武器来自威尔士，爱德华一世征服该地区时将它引进英格兰。当地的山中出产一种紫杉木，木质轻便且极其柔韧，制成五尺长的大弓，拉满时力量极大且不易折断，而且重量很轻，便于携带。这种紫杉长弓据说可以在二百五十码外将穿盔甲的敌人射个对穿，在枪支发明以前，这是相当霸道的远程武器。

而法国那边呢。军事革新的速度就慢很多了。话说当年诺曼底公爵威廉征服英伦大地时，靠的是一个叫重装骑兵的兵种，听名字就知道很累赘。这个兵种打扮得像美国橄榄球运动员，头盔、铠甲包得严严实实、密不透风，马匹也戴着特制的盔甲，人马都裹在装甲中，远远撞过来有坦克的规模。这个兵种最大的缺点就是笨重，大家可以设想一下，这身行头如果摔下马来，一时半刻肯定是爬不起来的，就算勉强能爬起来估计也跑不动。这样的装备不要说打仗，光行军就累到半死。大家算算，威廉征服不列颠已经是快三百年前的事了，法军还在用这种古董级的兵种。自己的军队不行也不要紧，法王有银子，可以花大钱请外援，除了上面说过的诺曼海军，还有来自热那亚的弓弩手。这些弓弩手的装备是一种特制的弓弩机，发射出如蝗的箭雨，非常牛。但因为这东西比较笨重，最少需要两人一组操作，还必须找空地平平地安置好。

大战开始，爱德华三世本来向巴黎进发，后来他得知法王正在巴黎城下等自己，便改变了主意，掉头就跑。腓力六世听说这个情况，马上自我感觉良好，“肯定是朕的天威让这些英国佬吓破胆子了，现在想跑，没那么容易，英雄的法兰西骑士，给我追！”英军跑得快，直接涉过索姆河，在克雷西一带的山冈上，找了个小山头排开阵势，现在轮到爱德华三世以逸待劳恭候腓六了。

鉴于热那亚的弓弩手是雇来的，死了也不心痛，放在最前面，发动第一轮攻击。当时天降大雨，弓弩机使用起来极其不便，法国人仰攻，这些弓弩机发射的箭矢最多只打到半山腰，还没够到英国人的脚丫子。待这些热那亚人慌慌张张射了第一轮，英国的长弓手出手了。穿云裂帛的箭雨漫天而下，热那亚雇佣兵死伤惨重。这些人不过收钱打短工，对雇主没什么忠诚度，眼看形势不对，撒丫子鸟兽散。法王也顾不上起诉雇佣军不履行合同，赶紧命令重装骑兵出击。英军此时也派出了骑兵迎战，那些矫健的英国骑士打扮轻便、进退迅捷。这次出击，本章节的另一个男主角横空出世，只见英国骑兵队伍当先的是一位小将，身着黑色盔甲，似一道黑色闪电般劈开法国骑兵战阵，左突右挡，无数敌人被斩于马下，待到冲杀一轮回到英军阵地，摘下头盔的这位，金发飘飘、英姿飒爽，炯炯的目光搭配着一张稚气的面孔，这一位便是英国十六岁的当朝太子，爱德华三世的长子，也叫爱德华（真要命，能不能改个名啊？）。因为那身黑色的盔甲在战阵上如死神降临，江湖上人送外号“黑太子”。可惜他永远是“黑太子”，并没有最后成为爱德华四世，我们以后再说。

随着那些长弓急箭密如倾盆大雨，法王知道败局已定、无力回天，可怜腓力六世也受了箭伤，战马被射死，最后身边剩六十位骑士狼狈逃离战场。这一战就是大名鼎鼎的“克雷西战役”。此战以后，爱德华三世掌握了战争的节奏，继续北上，直取法国重要港口加来。

战事紧张，插播一个花絮。有个国际通用的手势，就是向看着不爽的人伸出一根中指，这样做非常粗鲁，小朋友千万不要学。这个流氓的手势，最早就是来源于英法战争时期。

英军的撒手锏是那些长弓手，法国人对这些拉长弓的既恨又怕。拉弓时最重要的是中指和食指用力，所以法国人一旦俘获英军，管他是不是拉长弓，即使是炊事班扛锅的，第一件事就是砍掉他们的食指和中指。后来英军一旦胜利，就把这两根指头竖起来远远地调戏法军。时间长了，又花了点心思，改良得更缺德，于是就成了现在这个手势了。这应该算是英法百年大战留给世界的“人文遗产”。

爱德华三世和“黑太子”虎父虎子在克雷西力挫法王腓力六世，英军士气高昂，一路向北高歌猛进。法国北部有个非常重要的港口城市，叫加来，英军冲上去就把这座城市围了个水泄不通，这一围就把这个小城围了十一个月，城中粮食耗尽，所有人危在旦夕。在确信法军已经无力救援后，加来城答应投降。

爱德华三世跟这个小城较了一年的劲，心烦气躁，觉得不能便宜了加来人。他开出的投降条件是：城中最受尊敬、最有地位的六个人，光着头，光着脚丫，脖子上系上绳索，捧加来城的大门钥匙出来祈求爱德华三世的宽恕。加来城里的六个显贵，主动站出来，愿意做投降代表，接受爱德华三世各种折辱。

后来根据这个悲壮的故事，著名的雕塑家罗丹创作了“加来义民”这一组非常出名的雕塑。如果去加来旅游，是重要的参观项目。从此以后的两百年里，即使是英法战争之后，加来也一直受控于英国，成为他家对欧洲大陆羊毛贸易的中心，同时也成为英军入侵法国的重要登陆港口，经济和战略位置都非常重要。

中断

也许是上帝的惩罚，爱德华三世对加来的工作有些过激，英军进驻加来不久，很多士兵就开始染上了鼠疫，这时沉溺于侵略法国的快感中的爱德华三世举头一望，发现整个欧洲大陆已经变成了地狱，来势汹汹的鼠疫（当时叫黑死病）已经席卷了欧洲所有的城市。

爱德华三世慌乱之下返回伦敦，为了防止黑死病进入英国，甚至下令禁止到英吉利海峡捕鱼。可是，这一场疫情太疯狂了，孤立在海上的不列颠群岛也没有幸免。大家都知道欧洲中世纪这场惊人的灾难。到底这场灾难是怎样开始的呢？说起来，跟咱们还有点关系。

在黑海和亚速海这个位置，乌克兰伸出一个小半岛，这里就是克里米亚半岛，这个地方现在大家都知道是个什么样的战略位置。岛上有个小城叫加法，中世纪时，这个城市在东罗马帝国的版图内，被一批意大利商人把控着，城里居住着大量的穆斯林。

小城是个是非之地，它的另一边，紧靠着蒙古的金帐汗国，是成吉思汗的长子术赤的地盘。整个中世纪的历史，东西方一直在激烈的碰撞中，一边是欧洲诸国不断以圣战的名义到东方搞事，一边是蒙古铁骑对西方的骚扰。加法夹在东罗马和金帐汗国之间，可以想象是不太平的。

话说某一天，加法的意大利商人不知什么事跟穆斯林发生冲突，双方结怨越来越深，最后发展到各自找人打群架，意大利商人找的肯定是东罗马帝国的兵团，而穆斯林自然向伊斯兰兄弟金帐汗国求援。蒙古人早就想占领这个城市，一遇到这机会，以最快的速度出兵，将加法城围住开始攻打。东罗马的守兵也不是吃素的，整个城池固若金汤，整整一年，蒙古军队就是没办法破城。

这时在中亚草原，蒙古人的老巢那里，因为大旱，死亡人畜无数，并爆发大面积瘟疫。在加法攻城的蒙古军队也被染上，疫情以惊人的速度在军中传播。蒙古人的攻势突然停止了。

正当城中的东罗马士兵认为蒙古人打累的时候，他们看到了世界战争史上最骇人的一幕，蒙古人支起了巨型投石机，往加法城发射炮弹，这些炮弹可不是平时看到的那些巨石，而是尸体。蒙古人将军中那些染瘟疫死亡的士兵的尸体，全部打入了加法城中。很快加法人就知道了蒙古军队的目的，因为这些尸体引发的大规模瘟疫立时覆盖了全城，很多人开始出现寒战、头痛等症状，继而发热、谵妄、昏迷，皮肤广泛出血，身长恶疮，呼吸衰竭；快则两三天，多则四五天，就纷纷死亡，死后皮肤常呈黑紫色，所以，这种可怕的疾病被命名为“黑死病”。

攻城方法很快奏效（可以和现代战争的细菌战媲美，在战法上，蒙古人真是勇于创新，敢于创新的），那些没有染病或者染病没死的意大利人纷纷出逃，好在城外的蒙古人自己也扛不住了，这种打法显然是同归于尽的。那些意大利人赶紧组织大船回家去，除了这些疑似黑死病患者，一起上船的，还有那些加法城中的老鼠和跳蚤，它们也是生命，也有逃命的权利。

虽然通信不太好，但加法城几乎被黑死病灭城的消息已经传到了欧洲，这些逃难者的船在地中海的所有码头都遭到拒绝，不许他们靠岸。船上不断有新的死者，那些幸存的人看着不远处的大陆也充满绝望。有一阵子，这些漂流在地中海上的流浪船被称为“鬼船”。终于有一艘船慢慢靠近了西西里岛的一个码头，船上的人用重金收买了当地的总督，总督见钱眼开，不知死活地让这船人上了岸。虽然当时他们隔绝了船只，而且是在检查过船上人没有染病的前提下让他们登陆，可那些老鼠和跳蚤是没经过检验的，它们也大大咧咧地跳上了陆地，将死神带入欧洲大陆。

这种瘟疫的重要传播介质就是老鼠，老鼠死后，这些病菌就在人体上附生。而欧洲这时候正大闹鼠患，为什么呢？

话说基督教在欧洲取得王者地位后，教皇教士权力太大，考虑问题就不太理性了。根据《圣经》的说法，这个世界的恶，是因为魔鬼撒旦的搅扰，而魔鬼撒旦这东西不容易显身，信众既然看不见，就容易怀疑其存在。为了用实物达到教育的目的，教士选择了一种动物，将它作为撒旦的化身，那就是猫，教士认为“猫在夜间令人毛骨悚然的嚎叫和眼中闪烁的凶光，正是魔鬼撒旦的化身，或是造祸女妖的帮凶，是与魔鬼结盟的异教畜生”。在这个指导思想下，中世纪的欧洲虐猫是重要的宗教活动，老百姓一看见猫，基本都是各种酷刑折磨死。尤其是黑猫，欧洲人到现在还认为，如果黑猫经过尸体，那尸体立刻变僵尸，所以至今黑猫还是不祥之物。而当时基督教对异教的排斥，编了个女巫是猫变的这种故事，于是又引发大规模的屠杀女巫的活动。

猫被杀光，老鼠自然高兴，中世纪的欧洲卫生条件极差，基督教对自己的身体还很重视，教徒轻易不太洗澡，主要城市居民住在垃圾堆里并无不适，那些往来穿梭的老鼠从来也没让他们困扰。于是，这些老鼠在关键时刻便将大量的欧洲人送上绝路。

却说爱德华三世飞快逃回英国，想启动紧急应急机制将疫情控制在海峡之外，可惜啊，老鼠不仅会传染疾病，还会游泳。那些老鼠长途跋涉，泅水来到不列颠，将这一场末世般的灾难带到英伦，让英国人充分享受了跟欧洲人一样的待遇。

英法同时遭灾，战争自动偃旗息鼓，各自在家处理死人。整整十年的时间，每家的人口都少了一半。

继续

1355 年，眼看家里都死得差不多了，没死的还要继续打仗啊。“黑太子”爱德华没有染病，所以念念不忘收拾法国半途而废的事。法兰西家被黑死病折腾得够呛，腓力六世也死掉了，接他班的是儿子约翰二世，传说这位仁兄人品非常好，是个老实人，所以“黑太子”觉得柿子要拣软的捏，二话不说，又打过海去了。从波尔多登陆，穿过法国中部，在法国大地上纵横。约翰二世听说英国大军深入，觉得可以把他们关在国内关门打狗。于是就率兵抄了“黑太子”的后路。“黑太子”赶紧回师南撤，在普瓦提埃附近的高地，两军相遇。

“黑太子”看到法军远远多于己方，曾经提出一个示弱的方法，他希望约翰二世让路，给他撤回英国，他保证几年之内不再来骚扰。约翰二世自然不干，他急于给父亲报仇。“黑太子”无奈之下，只好指挥手下为数不多的人马反击。这个地区盛产葡萄，到处都是低矮的葡萄树，英军藏身在树后，用长弓袭击法军，法军的重装骑兵再一次输在英格兰长弓之下。比上一战更惨的是，连法王约翰二世和他小儿子菲利普都被英军俘虏。这一战也是英法战争的重要战役，叫作“普瓦提埃战役”，在这一战中，法军大约有四万人马，而“黑太子”的兵马不到一万。

爱德华三世父子在法国战事顺利，可想到法国去登基几乎不可能，因为法国的老百姓和贵族都不干，来来回回折腾了几年后，爱德华三世也疲倦了，算了，暂时不说王位的事，先争取实惠吧。

1360 年，约翰二世和小儿子被关在伦敦，太子查理五世摄政，为了在英国军队的不断进袭下给自己一个缓冲时间，查理跟爱德华三世签订了一个屈辱的《布雷丁尼合约》。在这个合约中，英王扩大了在法国西南的领地，比原来的领土还大得多，而且成为这些土地的领主不用向法王行效忠礼，等于这些国土从法国版图上被分割了，并要求法国交出五十万英镑的巨额赎金，将国王和王子赎回去。五十万英镑几乎是英王室五年的总收入。

当时查理太子在法国筹集赎金时几乎抢银行，可是对刚经历黑死病和战乱的法国来说，这笔钱是天文数字，查理到处借贷，求爷爷告奶奶怎么也凑不齐。话说在伦敦等赎金的爱德华三世讲道理啊，他觉得查理太子凑不齐赎金可能是权限不够，不如把约翰王放回去搞钱，反正还有小王子押在手上做人质。约翰总算回家了，可他也没办法凑齐那笔钱，他这时收到一个消息，说是小王子已经成功越狱，逃出来了。这约翰王老实讲诚信，出于骑士精神的考虑，他居然又傻乎乎地回到伦敦，主动要求爱德华三世继续把他关起来。爱德华三世一边在心里狂笑，一边毫不客气地将他继续羁押。因为这个事，约翰二世这个没什么功业建树的法王给自己赢来一个“好人”的绰号。不厚道地说，叫“傻人”合适一点，为了赎他出来，法国付出了惨痛的代价，他用大量百姓的民生为自己挣了好名声。

再续

再插播一个花絮吧。2008 年 8 月，英国的王太孙威廉正式成为“嘉德骑士团”的成员，这个骑士团的成员代表着英国爵士的最高爵位，一般在世只有二十五个成员，身份尊贵无比。这个骑士团的名字“嘉德”来自英文的“GARTER”，意思就是女士的吊袜带。这么尊贵的身份怎么会有这么暧昧香艳的名字呢？来自爱德华三世。

话说爱德华三世领导英军终于攻克了加来港之后，按英国人的传统自然要开个舞会来庆祝一下。舞会上，爱德华三世的一个情妇跳舞太投入，以至于吊袜带脱落掉在地上，这事让现场所有的人都笑翻了，那位夫人尴尬得无地自容。这时爱德华三世捡起这根吊袜带，很帅地把它绑在自己腿上，并说“Shame on him who thinks ill of it”，这句话翻译成中文就是：这有什么好笑的，你们这帮低级趣味的东西。随后，就以这个吊袜带为标志成立了一个骑士团。成员的重要标志是一条腿上绑着吊袜带。这个骑士团的成员由英王亲自册封，有男有女，撒切尔夫人也是其中的成员。由这个故事，我们可以感觉到爱德华三世的骑士风度，把吊袜带上升到这样尊崇的高度，中世纪欧洲人还真是放荡不羁啊。

爱德华三世囚禁了“好人约翰”，法国的查理太子到处搞钱，等他把钱凑够，他爹已经死翘翘了。查理五世正式登基，因为已经签下了条约，英国暂时不找麻烦，给了法国休养生息的时间。经过几项税收和政治方面的改革，法王的王权得以加强，渐渐手里又攒了点小钱，挺直了腰杆。

查理五世翻身的第一件事就是大量征召雇佣兵，不让自己家那些骑士再全副武装出去丢人了，组建了野战炮兵和新的舰队。大家注意，此时的战场已经出现火器，那些重装骑兵终于被时代淘汰了，战场上再也看不到他们摔在地上爬不起来的精彩画面。兵马粮草准备好，查理五世便宣布他亲手签订的《布雷丁尼合约》是废纸，然后预备大举收复那些在合约中割让的土地。这是 1369 年，宣告着英法战争第二阶段开始。

法王突然变卦，英王肯定会有反应，你会耍赖我不会啊？！本来爱德华三世已经不提法国王位的事了，一听说查理五世赖皮黄牛了，马上就宣布自己又是法王了。不过英王这次发飙，怎么看都像是苟延残喘，因为黑死病不仅把英国折腾垮，爱德华三世也殚精竭虑了。这段时间的爱德华三世除了跟情妇佩雷斯夫人还有些小宠臣到处鬼混，诸事不问。国家大事，打仗方面的就由“黑太子”负责，而国内事就由四儿子兰开斯特公爵约翰・冈特负责处理。这位约翰深谙权力之道，他私下里跟佩雷斯夫人关系不错，两人联手掌握英国的大权。不管是谁主政都好，反正现在的英国又穷得叮当响，早年在法国大地劫掠的那些小钱很快就花光了，由于爱德华三世在法国挖地三尺的盘剥，曾经引发过法国人的起义。

手头不宽裕自然就没有实力，在海峡对面的土地更是无力照看。本来只是没钱打仗，很快连人都没有了，“黑太子”长年征战，1376 年病死。这可怜的娃到死都是太子。他的死让爱德华三世心灰意冷，他知道失去这员猛将，英军一时半刻怕是不能纵横江湖了，所以第二年爱德华三世也跟着去了，约翰・冈特扶持“黑太子”十岁的儿子登基，自己成为当然的皇叔摄政王！

英国国内动荡不安，法王查理五世则有条不紊地边打边拉，一步步将英王的土地收复回来。1372 年甚至还重新夺回了制海权。到 14 世纪 70 年代末，除了沿海一带几个港口城市还被英军拼死把着，其他的土地又回到法王手里。1380 年，雄才伟略的查理五世也驾崩了，他家也乱了一阵子，鉴于两家内部都有麻烦要解决，就很有风度地商量了一下，决定在二十年内，不骚扰对方。这样战争的第二阶段又结束了。

十七　金雀花凋谢

话说英国国内，约翰·冈特把持朝政，是为摄政王。摄政王是个危险的职务，干得好有篡位之嫌，干不好容易遭罢黜，履行国王的责任又没有王权的保障，万一摄政期间没控制好自己的态度，不知道谦虚谨慎，给未成年的国王看在眼里，幼小的心灵留下伤痕，则未来就后患无穷。

约翰·冈特想不想做国王是不知道，不过想做也没办法，因为爱德华三世晚年昏庸，临死时只有一个念头，就是要让“黑太子”的儿子登基，“黑太子”为国家辛苦一辈子，操劳而死，他没享过的福一定要让他儿子补上。所以爱德华三世在临死前一年最辛苦的工作就是安排好了理查二世接班的事，可他没想到的是，这个时期的英国国王可不是个享福的差事，内忧外患之下，对一个十岁的孩子实在太可怜了。

除了上层没有理顺，约翰在下层也没有基础，约翰·冈特是兰开斯特公爵，兰开斯特家族伙同一群商人垄断了英国最赚钱的羊毛出口业务，形象非常奸商，非常寡头，下层商户百姓对他印象并不好。

此时的英国政坛是一个党争的局面，理查二世一伙是所谓的“青甲太子党”，而约翰·冈特则是“兰开斯特党”。理查二世登基后，虽然是约翰·冈特摄政，可政坛的高层还是“青甲太子党”占优势，所以约翰就算有野心也只能窝藏在心底，不过从他后来的动作来看，至少他本人并没有垂涎王位的意思。

英法战争第一阶段，因为战场上的胜利，无论是国家荣誉感还是个人实惠都得到满足，国王和贵族互相看对方都非常顺眼，上下团结，一致对外。第二阶段战事失利，加上黑死病的折磨，贵族不干了，又开始组团找领导发难。这些人叽叽歪歪从来只有一个原因，手头紧了没钱喝花酒了。为了安抚这帮讨账鬼，国王唯一的办法就是收税。不管三七二十一，只要是人就要交税，人头税。

1381 年，苦难深重的英国百姓终于被逼上了绝境，一个叫瓦特·泰勒的泥瓦匠率领东南部的农民造反了！这是西欧历史上规模最大的农民起义之一，对整个封建体系是产生了重大冲击的。

泥瓦匠没什么政策水平，所以找了个军师，一个穷教士，叫作约翰·鲍尔的担任了政委的角色。农民起义咱们都熟啊，一般要整个口号出来，这个约翰政委是基督教的革新派——罗拉德教派的，他提出的口号在当时也算是震撼人心了，他说："亚当耕种，夏娃纺织，谁是贵人？！"这个说法有点像抄袭"王侯将相，宁有种乎"，反正是激励广大农民，勇于向自己的出身挑战。他们公开地提出了废除农奴制，按咱家的说法，在思想上是有极大先进性的。

起义军在英国贵族的慌乱中攻入伦敦，当时十四岁的理查二世跟一些大臣避祸伦敦塔，起义军毫不客气地追进伦敦塔。杀掉了当时的坎特伯雷主教，还抢走了伦敦塔里储藏的大量武器。

这时，理查二世不得不出来跟农民谈判，为了解决眼前的困局，他哭丧着脸同意了起义军的要求。主要是人头税不能再乱收了，以后对老百姓会多少仁慈点。不过，梁山好汉的要求比较多，他们又提出要没收教会的土地之类的，于是谈判过程就变成吵架了，气氛没有把控好，保护国王来谈判的伦敦市长爆脾气，稀里糊涂地杀掉了瓦特·泰勒。这下直接激化了矛盾，眼看国王就要落在好汉手里，这时，不知是什么灵光一闪，理查二世这个小朋友突然变得离奇勇敢沉着。他孤身走到起义者中间大喝道："除朕以外，尔等别无首领。只要随朕离开此地，尔等便可得偿所愿！"这些农民对国王的权威还是颇为忌惮的，见这小孩突然威风凛凛，大义凛然如有神助，心里也有些害怕，竟然乖乖地就散了！理查二世在随后的两个月，巡视起义经过的所有区域，镇压了各种乱党，彻底平息了一场重大危机。让所有人领教了小孩的厉害。

关键时刻挺身而出解决危局，让理查二世感觉到，自己完全可以亲政了，邪门的是，1381 年这次珍贵的灵光一闪再也没在这小孩身上出现过。小家伙本事不大，权力欲却是没边。掌握大权后，他每天最忙的事就是想方设法让贵族老实，削弱议会的权力，以达到彻底独裁的目的，幻想在他这一代恢复英王久违的霸道王权。尤其是正式亲政后，他全心致力于灭绝反对派，当时幸亏是约翰·冈特在他和贵族之间充当调停人的角色，弹压着反对派里最重要的人物——理查的另一个叔叔，而这个叔叔在理查走向独裁的道路上终于被他干掉了。

1399 年，约翰·冈特老皇叔终于死掉了，理查二世长舒了一口气。虽然老约翰晚年辅佐朝政忠心耿耿，但早年摄政时大权独揽让理查一直心中忌恨，所以之前的一年，为了防止约翰·冈特貌似合作私下搞小动作，理查二世已经把约翰·冈特的儿子亨利·博林布鲁克放逐到法国去了。约翰·冈特死后，理查二世做了件前无古人的惊人举动，他宣布没收约翰·冈特家族的所有领地！这事可捅了马蜂窝，其实这时候，理查二世已经跟贵族彻底对立了，如果不是老约翰一直从中和稀泥，两边早就撕破脸了。如今既然老约翰的领地会被没收，那当然所有的贵族都跟着兔死狐悲啊，说不定下一个被没收土地的就是自己了。所以此时的英国贵族已经开始计划再次教育国王。

理查二世被老约翰护持惯了，不晓得死活，他没收了人家的土地，干了这么大一件危险的事，居然还大摇大摆地出兵爱尔兰，镇压暴乱去了。他前脚刚走，被剥夺了继承权的亨利·博林布鲁克就回到了英国，他当然不是回来探亲的，他带着军队来的。

伦敦的贵族像迎接解放军入城一样欢迎亨利，并马上加入了他的战队，熟门熟路地向国王开战。理查二世慌慌张张跑回来，一上岸，他就发现大势已去了，亨利的地位显然已经不能动摇。后来因为自己亲信的出卖，理查二世在一个城堡被亨利活捉，押回伦敦。这家伙在位最喜欢横征暴敛敲诈百姓，所以回到伦敦时，老百姓在街上列队等他，往他身上丢各种蔬菜表示欢迎。

被理查彻底得罪的议会和贵族已经下定决心，这次要让国王下岗，扶持亨利上位，所以在理查回来之前，议会就已经散布了一些小道消息，大致是理查二世要将法国的加来港还给法王，在这个几乎叛国的罪名下，理查在威斯敏斯特大教堂受到议会的审判，把一个国王抓来受审，证明英国的议会斗争又进入了一个新的阶段。不用说，肯定是所有罪名都成立的，国王被罢黜，囚禁起来。1400 年 2 月，理查原因不明地死去，一个被罢黜的国王，他的生存是危险的，被暗杀是正常的，最大的嫌疑人当然是接班成为英王的亨利。

这时候，我们应该称呼他为亨利四世了，金雀花凋零，理查二世葬送了英国历史上一个无比精彩的王朝。亨利四世是兰开斯特公爵，所以，他也算改朝换代，开启了兰开斯特王朝时代。

爱德华三世是金雀花王朝最后一个明君，他的血系连绵甚广。好莱坞那个永远的天使奥黛丽·赫本就是他的后代，那超凡脱俗、不食人间烟火的气质正是来自尊贵的王族。不过她瘦骨嶙峋可并不是节食有方啊，是因为幼时贫困，经常以郁金香的根茎为食吃坏了肠胃（想减肥的同志千万不要学）。

十八　百年战争之二

战神

亨利四世通过议会篡得大位，兰开斯特王朝就算开始了。刚刚讲述了英格兰一堆“爱德华”的故事，现在又迎来了一撮“亨利”。整个兰开斯特王朝三个王全叫亨利，分别是四、五、六，西欧人一点不动脑筋，起名字毫无创意。

先整理一下英王室的亲戚关系啊，爱德华三世的长子是“黑太子”，二儿子是克拉伦斯公爵，三儿子是约克公爵，四儿子才是约翰·冈特。亨利四世登基，不光“黑太子”一系不爽，另外两个哥哥也不痛快啊，这事儿总要有个先来后到吧，各王子都有自己的拥趸，所以亨利改朝换代不久，他的堂哥堂弟伯父之类的就各发人马捣乱。亨利四世在位十四年，大部分时间用来平乱，终于在临死前将一个还算平静和谐的不列颠交给了儿子亨利五世，成就了这位兰开斯特王朝历史乃至整个英国历史最战绩彪炳的君主。

当年亨利四世被理查二世流放的时候，亨利五世还小，理查二世对这个堂侄子还是关照的，将他接到身边教养，接受帝王熏陶。所以登基之后，做国王比他爹心里更有数。他一接班，就发现心头大患法兰西家出问题了。

话说法兰西家这阵子当家人是查理六世，根据中世纪西欧国王都有外号的传统，这位老兄也有个响亮的绰号，叫“疯子”。好好的一个人如果没有神经病是不太会被叫疯子的，查理六世的确是精神病患者。当家的有病，负责任的贵族都觉得应该出面替国王办事，当然也享受国王的权力。

动这个念头的法国贵族很多，最志在必得的是北部老大勃艮第公爵和南部老大奥尔良公爵。关于法国这南北双雄的恩怨，我们到法兰西家再仔细说，他们两虎相争的结果，先是勃艮第公爵派人暗杀了奥尔良公爵，随后为了铲除奥尔良派，勃艮第又撺掇了一场巴黎市民起义，操作失手，自己败走离开巴黎，使摄政权落在了奥尔良派手里。为了挽回自己的势力，勃艮第公爵开始卖国了，他跟亨利五世结盟，预备引狼入室，帮自己拿回失去的一切。

遇上法国人邀自己去法国打地盘这种事，每个英王都会狂笑。亨利五世赶紧派人到法国开条件，要求法王将凯瑟琳公主嫁给自己，并将原来英国在法国的两块领地当作嫁妆一起带回来。这个条件，法王即使是神经病也是不能答应的。亨利五世早就预料到对方拒绝自己了，所以速度极快地举六千骑兵、三万弓箭手，携带大量火炮，在勃艮第公爵这个卖国贼的支持下，悍然登陆塞纳河口，英法百年战争的第三阶段正式开始。

1415 年 10 月，长途奔袭、疲惫不堪的英军被法军堵在阿让库尔。这时的英军因为之前的攻城战伤亡甚大，加上行军劳累、粮草匮乏，已经有点强弩之末的感觉。所有的法国贵族认为可以在阿让库尔将英国侵略者一举荡平，是千载难逢的建功立业机会，所以远近上下闲着没事的法国贵族都来了，顷刻间，集合在阿让库尔的法国大军超过五万，严阵以待，等着亨利五世那可怜兮兮不到一万的人马。纵然亨利五世一代悍将、天纵英才，可见到这个阵仗还是心中打鼓，传说他曾经提出和谈，可此时的法国人视英国人是到嘴的肥肉，想怎么吃就怎么吃，断不会答应亨利五世的和解要求，逼得亨利五世只好咬牙上阵，豁出去拼命。

法国人争功心切，也不顾阵形章法，一帮人在狭窄的甬道上你推我挤往前冲，英国的弓箭手从容不迫地一轮接一轮向法国的人山人海发射。这样一通混战持续了大约一个小时，最后亨利五世自己都看不下去了，宣布停战，英军阵前，法国人集尸如山、血流成河，统计一下，法国损失了三个公爵、五个伯爵，骑兵及各种随从超过五千人，而英军的伤亡人数是三百人。这就是百年战争史上又一场著名战役——“阿让库尔战役”，英军再次以少胜多，战胜法军。这一战让二十八岁的亨利五世轰动大陆，成为欧洲各大媒体最新出炉的战神。

战神亨利五世打出了手感，打出了节奏，在盟友勃艮第公爵的帮手下，摧枯拉朽，席卷法国北方大部分地区。随着亨利五世越来越流畅的攻势，法国盟友勃艮第公爵感到事情不对了，我只是找你帮忙对付奥尔良派，如今这个局势再发展下去，可能整个法国都被葬送了，勃艮第公爵微弱的爱国心总算被触动，赶紧找到奥尔良公爵，两个大佬宣布和解，携手反英反侵略。可是结怨太深，一时半会儿沟通不利，以至于勃艮第公爵在跟王太子谈判和解时，被奥尔良派的人刺杀。这一下，勃艮第派的人又不肯和解了，再次投靠英王，借着战事上的威风，亨利五世和新的勃艮第公爵压着法王签订异常屈辱的《特鲁瓦和约》。这个和约规定，剥夺法国太子的继位权；英法两国合并，以后只要一个国王就够了；查理六世死掉后，亨利五世接替王位；法国公主嫁给亨利五世，以法国的两块地区做嫁妆。这个和约，等于是英国兼并了法国，一统江山。大英从金雀花王朝就开始醉心的美梦，在亨利五世这里成真。

一代天骄亨利五世并没有等到正式成为法王的那一天。1422 年，三十五岁正值盛年的亨利五世死于一场突来的伤寒。这位雄才大略的英王看着自己十个月大的独生子，知道自己努力一生的事业岌岌可危，只是再大的雄心壮志也悍不过死神，亨利五世带着无限牵挂离去。可以想象，这位老哥如果稍微活久一点，将英法统一成一个国家，西欧的历史应该是被彻底改变。

莎士比亚写过很多国王的戏剧，其中比较著名的是《亨利五世》。在这部戏剧中，莎士比亚创造了一个完美君王的形象，智慧而神勇，德才兼备。尤其是他与法国公主凯瑟琳的爱情故事，因为掺杂着两国的恩怨，特别缠绵跌宕。

圣女

十个月大的小婴儿亨利六世成为新的英王，这孩子有做国王的运气，有人当一辈子太子都不知道戴上王冠是什么滋味，而这个小破孩还不知道太子为何物，就直接跳过这个过程被称为英王。他还没搞清楚英王是个什么东西，法国那个“疯子”国王也驾崩了，刚刚会走的亨利六世又成了法王。这个小婴儿一边吃奶，一边实现了不列颠朝的列祖列宗谁也没能成真的美梦，一统海峡两岸，成为英法王。

一岁的小婴儿实在没什么作为，好在亲戚多，各派一个叔叔到两边摄政就行了，个人承包，都给我把自留地看好了。英国还好说，毕竟是自己家，亨利六世登基也算名正言顺。法国那边就不消停了。亨利五世举着剑剥夺了法国太子的继位权，这位失势的太子流亡法国南部，感叹着命运。一听说亨利五世这只猛虎早逝，心中感谢了无数遍万能的上帝，这下没什么好怕的了。所以他的“疯子”父王一驾崩，查理七世就完全不顾《特鲁瓦和约》，在布尔热一带宣布成为法王。

在法国摄政的英国叔叔贝德福特公爵知道，战争不彻底，反动派就不会灭绝，现在虽然北部地区在手，但南部的叛逆余党甚多，必须予以剿灭。所以他接过亨利五世的战旗，继续在法国大地上征伐。到 1429 年，法国的整个北部地区，西南方的一部分，都在英国的控制下。英格兰把持着巴黎，盟友勃艮第公爵则占据兰斯。兰斯对法国来说是个极其重要的城市，历朝历代的法国国王都在这里加冕，而那个自称为法王的查理七世只要不能进入兰斯举行仪式，他叫再大声，也没人承认他是法王。当然，如果此时亨利六世的小脑袋可以撑起法国王冠，他也应该到这里来加冕。这时的英军最重要的攻势就是清除查理七世的最后武装，所以开始对奥尔良发动攻势。

奥尔良处在卢瓦尔河上，是法国中部重镇，南北咽喉，战略要地。只要这里失守，剩下的法国土地几乎可以拱手让给英国。法兰西民族面临生死存亡，历史学家说“整个王国的命运都系在奥尔良上了”。虽然都知道奥尔良是生死之地，可大多数法国人包括查理七世自己都是悲观的。1428 年 10 月，英军将奥尔良重重围困，驰援而来的法军也被英军的长弓手毙在城下，奥尔良守军度日如年，知道城破国亡也就是时间的问题了。

这时，一个十七岁的农家女子拜访奥尔良的指挥官，要求面见查理七世。说她自己是上帝的使者，带着神谕来解救法国。一说大家都知道了，这个农家女子就是贞德。此时的法兰西也有点死马当活马医，指挥官将这个事情通报查理七世，查理七世也没别的选择，只好宣贞德来见。既然是神的使者，多少应该有些神通吧，法王给贞德的第一个考试就是，他自己混在许多法国士兵中间，看贞德能不能把自己认出来。贞德显然是从未见过查理七世的，但她一眼就将他找了出来。让查理七世和众贵族有点相信这个十七岁的文盲农家妹就是上帝派来的救兵。经过对贞德背景和其他情况的详细调查，查理七世做了他这辈子最英明的决定，同意贞德前往奥尔良指挥法军对英作战。

贞德剪一头短发，穿着别人赞助的铠甲，成为奥尔良的新统帅。她放弃了之前那种死守的打法，对英军的工事主动出击，这个骁悍的小女孩儿认为进攻才是最有效的反抗。好在高卢人还是有血性的，不管这小姑娘是不是上帝的使者，她瘦瘦弱弱地冲在最前面，让所有的高卢男人都不敢也不能退缩。这个从天而降的小姑娘带给奥尔良奇迹般的胜利，英军终于开始退却了。

奥尔良胜利，按正常的思路，法军当然是打回巴黎。但贞德力主先收复兰斯，让法王登基，国不可一日无君，只有法王继位，这一场解放战争才有主心骨。所以，虽然攻打兰斯要比攻打巴黎更加艰难，法军还是向兰斯进发。三个月后，拿下了兰斯，查理七世在贞德英姿飒爽的护持下，正式戴上法王的王冠。战局出现了不可思议的惊天逆转。

贞德带领的法军气势如虹杀向巴黎，因为法王身边一些糊涂幕僚主张撤兵和谈，而且，偌大一群男人被一个农村姑娘指挥得很没有面子，所以不久，法王就撤掉了贞德的军内职务。贞德一离开军队，法军的颓势又起，之前攻克的城市又纷纷陷落。贞德姑娘不拿自己当外人，既然国家不承认自己，索性招募游击队北上继续战斗。1430 年 5 月，巴黎东北八十公里的城市康边被英军和勃艮第公爵的联队围困，贞德率领自己的小部队驰援来此。本来有机会战胜，没想到有一支勃艮第的军队在别处打完正好经过这里，马上投入战斗，贞德见敌军人多，只好下令向城内撤退。谁知康边的守军担心打开城门会放英军进来，所以任贞德在城下嘶声求救，他们就是死不开门。眼睁睁地看着贞德奋战力竭后被俘。

自从贞德上战场，已经让大量英军闻声丧胆，传说有些英国人听说战场上有这么个女子，不敢上船过海参战。现在这女人被生擒，证明了她不是万能的，不是不可战胜的，所有的英军欢呼雀跃，把她五花大绑押到了勃艮第公爵府邸。

女巫

前文说到贞德被俘，落在勃艮第公爵手里。根据中世纪的战争规则，这样的战利品通常是待价而沽，价高者得。贞德是法王的恩人、英国人的仇人，谁更愿意花钱把她赎走呢？答案是，对你最上心的往往是仇敌，恩可以忘记，仇却不泯。英国在法国的摄政王贝德福特公爵用与贞德体重相同的黄金将这个十八岁的法国女孩儿弄到了自己手里。贞德被押解到鲁昂，这里是英国人在法国的一个重要基地。

英法都是讲究骑士精神的国家，兵戎相见之下，看到真英雄偶尔还会惺惺相惜，可面对贞德这个农家女子，英国贵族就把骑士风度丢到九霄云外去了。英国人知道，如果不是这丫头横空出世成为绊脚石，征法的大业说不定已经成功，尤其是这小姑娘宣称自己是听到了主的召唤、天使的命令来帮助法国的，这让英国人更加郁闷，凭什么上帝会派人帮助法国呢？难道英国人不是上帝的子民吗？为了消除这个影响，英国人决定由宗教法庭审判贞德，理由是这丫头是个女巫且散布异端邪说。

英国人最希望成立的罪名是女巫，如果这个罪名成立，英军则不是败在法军或是上帝手里，而是败给魔鬼，直接拖出去烧死就万事大吉了。但英国人还是比较尊重法律，觉得女巫这个罪名还是应该有真凭实据的。女巫是什么呢？就是被魔鬼控制的女人，而当时的人认为，魔鬼是不能控制处子的，所以如果贞德还是处子，她就不是女巫。负责为贞德检查身体的就是贝德福特公爵夫人。虽然老公一心想用女巫的罪名钉死贞德，老婆却不愿意胡说八道。经过检验后，她宣布，贞德的确还是处子。既然是自己老婆验证的，公爵就不好意思说人家是女巫了，现在只剩下“异端”这一个罪名了。

异端是宗教法律下的罪名，大约就是曲解基督教义，为达到自己的某些利益散布歪理邪说。这个罪名是很难界定的，基督教教义因为时间比较长，原始版本的遗失，本来就缺少权威解释，异端这个罪名一般都是建立在某种政治立场上，让一个十八岁的农家文盲女子承担这样的罪名，非常牵强，所以，宗教裁判所的审判方向就是希望这小姑娘自己认罪。

想让别人认罪，方法不外乎就是酷刑和引诱。贞德从被捕就饱受折磨，她作为一个女囚，正确的做法是关在修道院，由修女负责看守，而贞德是被关在地牢，由五个英军老爷们儿轮流看守，吃喝拉撒都在这些英国大兵的眼皮底下。不论是躺是坐，都用铁链捆着。贞德身材健美，有非常美丽的胸部，让所有男人垂涎。传说她刚被关的时候，英军不愿她穿男人的衣服，曾找裁缝来给她做衣裳。那裁缝忍不住在贞德胸部摸了一把，贞德甩了他一个耳光。这裁缝不以为耻，反以为荣，满世界绘声绘色描述这件事，带给英法两国的男人很多遐想。裁缝忍不住，看守他的大兵更忍不住了，不过因为这女人说不定真是上帝的使者，看上去圣洁不可侵犯，所以垂涎归垂涎，都不敢碰她。

贞德毕竟只是个小姑娘，宗教裁判所那些老奸巨猾的阴谋她是防不胜防的，终于有一天支持不住，在自己的认罪书上签了字。这一认罪，圣洁的光环立时熄灭，她很快遭到了英军的轮奸和更加残酷的对待。最后裁定她十二项罪名成立，判她火刑处死。本来宗教裁判所骗她认罪的时候答应她，如果认罪，最多判无期。但因为贞德坚持说她一直跟天使保持沟通，让那些教士认定既然异端罪名成立，她所说的天使定是魔鬼，这女子不知悔改，还继续沟通妖邪，所以在她认罪后又判她死刑。

中世纪为什么经常会判人火刑呢？因为当时的宗教常识认为，人会犯错就是因为身体里有魔鬼，只有用火烧，魔鬼才会从身体里出来，才能真正达到治病救人的目的。像贞德这样的异端妖女更应该活活烧死了。处死贞德的过程非常惨烈，她被铁链五花大绑在一个很高的台子上，大火中一直传来她凄厉地呼唤“耶稣”的声音。这个火刑的过程非常谨慎，执刑者在确信贞德已烧死后，特意把火熄灭，让所有人参观被烧焦的尸体后，再次点火将她化为灰烬。可怜这个女英雄被执行了两次火刑。

二十五年后，在贞德被烧死的地方，法国人终于良心发现为她平反，五百年后，梵蒂冈的教皇奉她为圣女，让她成为世界历史上最出名的女英雄。对她的研究有很多，比较传奇的说法是，她根本不是农家女，其实是查理六世的私生女，查理七世的妹妹，被逮住并烧死的是替身，真人活到五十多岁等。还有的说法是，贞德其实是个偏执型的精神病患者，她宁死都坚持她听到了上帝和天使的召唤，说得神乎其神，饱受酷刑都不改口，这看起来的确不是太正常。当然，这都是后人闲着没事的研究，历史这码事，最容易胡说八道，大家都当笑话听听好了。

归人

贞德死了，英法战争还在继续。法国军人再没出息，一个十九岁的女孩儿为国惨死，总该有些触动的。原来很多法国贵族是明哲保身的，历史上英王和法王就打断骨头连着筋，谁做国王都一样，只要自己的封地不受影响，没什么国家民族概念。贞德的死让他们萌芽了法国的民族意识和超出自己那点小利益之外的国家精神，所以纷纷整饬武装，驰援查理七世，团结在他周围，与英军战斗。

英法战争的转折来自勃艮第公爵的改邪归正，查理七世这时非常清楚必须把这位大佬拉拢回来，所以他答应严惩杀害上一任公爵的凶手，并承诺分给他家大片土地。勃艮第公爵知道，总跟英国人伙同打自己人不是长久之计，既然法王这么客气，自己就顺势倒向法国一边，又捞到好处，又不用卖国了。勃艮第这一支人马几乎是英军的右手，如今右手变成敌人的了，当然就处处受制，加上长年的战争，英国国内也实在负担不起。于是，英军便开始节节败退，法军则越战越勇。1453 年，除了加来港还在英军手里，法军将英国人彻底赶出了欧洲大陆。而法国的土地也终于实现统一。

从 1337 年爱德华三世纵马登陆法国大地，到 1453 年，英国人带着满腔的憋屈永远撤出欧洲大陆，这一百多年的岁月起起伏伏、悲欢离合，对英国人影响太大了。历史上英国人都感觉自己在小岛上像个过客，早晚要回到大陆上去，法国的土地是他们世代的梦想，如今英属法国的领土丧失殆尽，梦想粉碎，才发现这个小岛才是真正属于自己的家园。

十九　玫瑰战争

国王疯了

亨利六世十个月登基开始，整个国王生涯就是在英法战争的动荡中度过，因为自己年幼，只好任大贵族说了算，在这个过程中，贵族的势力不断扩大，以致到亨利六世可以亲政的时候，这些曾经摄政的老家伙都比泰山还重，坐在朝堂上，谁也搬不动了。

亨利六世是个好人，仁慈温和，心地善良。可怜他生在王室，可怜他做了幼主，可怜他做了两个大国的幼主，政治斗争、战场残酷伴随他成长，让他非常厌倦。最不公平的是，作为“疯子”法王查理六世的外孙子，亨利六世没有成功地继承法国的王位，却成功地继承了神经病的基因。1453年，英军在法国的最后一场战斗惨败、撤退是一个重要诱因，亨利六世突然就发疯了，直接恶化成为一个间歇性的神经病患者。最后完全不能主政，又需要摄政王了，这时，隐藏了很久的一桩恩怨又被翻出来。

还记得前文我们整理过英王室的子系吧，再复习一次啊，爱德华三世的长子是“黑太子”，二儿子是克拉伦斯公爵，三儿子是约克公爵，四儿子才是约翰·冈特，亨利六世是亨利四世的孙子，是爱德华第四子约翰·冈特的曾孙，亨利四世篡了理查二世的位成为国王，其实理查二世在位时，已经指定了约克公爵这一支做自己死后的继承人，所以在约克家族的心目中，英国王位应该是自己家的。亨利六世神经病之后，这一任的约克公爵理查很热心地成为摄政。他可不仅仅是帮助精神病人这么简单，当时亨利六世没儿子，约克公爵直接就提出，亨利六世死后，他继承英王位。按血缘上说，似乎也并无不妥，亨利六世已经疯了，对此无力反抗，可他老婆不干啊，亨利六世虽然无能，娶个老婆却不是个普通的家庭妇女。

英王后玛格丽特，法王的侄女，比亨利六世年少很多，她是作为政治谈判筹码嫁到英国的，这个法国小女生权力欲旺盛，喜欢管事揽事。碰上亨利六世是个生性淡泊、不喜欢管事的，两口子相得益彰，玛格丽特王后非常自觉地帮助老公杀伐决断各种朝廷大小事。对于约克公爵想从摄政王直接过渡成国王的事，王后当然完全不能同意，于是由王后代表的兰开斯特家族与约克家族便开始在亨利犯病期间明争暗斗。

亨利六世是间歇性疯子，所以偶尔会有清醒的时候，他病了一年，某一天突然就好了，尤其是玛格丽特在这一年终于生出了儿子，大喜过望的亨利六世立刻就跟好人一样了，马上撤掉约克公爵的摄政资格，跟老婆一起重坐朝堂。

约克公爵在亨利生病期间蹦跶得欢，亨利清醒后肯定会在老婆的挑唆下找他算账，约克公爵权衡了一下利弊，就拉上当时朝中重臣沃里克伯爵一起造反，发动了对国王的战争。这一场战役发生在兰开斯特家族和约克家族之间，中世纪的贵族都有自己的族徽，兰开斯特家族的标志是红玫瑰，约克家族的标志是白玫瑰，这两边一开打，战争就有了一个漂亮的名字叫“玫瑰战争”。

一团乱麻

英法战争刚打完，英国国内就出现了王位之争。兰开斯特王朝是亨利四世篡位来的，到亨利五世，绝代猛人，谁也不敢捋其胡须。可到了亨利六世，这哥们儿是个标准软柿子，有点野心的人都想捏他，尤其是他还间歇性神经病。疯子 + 软柿子并不影响人品，亨利六世不发疯的时候，是个道德高尚、非常有爱心的人。他在任除了内战外战焦头烂额外，最大的功绩是教育。他创办了两所声名显赫的学府，一个是全世界最贵族化的伊顿公学，一个是剑桥大学最牛的国王学院。

伊顿公学不用说了，以前是只有一定等级的贵族才能把孩子往里送，而且这些贵族子弟一出生就要注册，否则到时候没学位分给你。现在传统贵族少了，但接受的还是“贵族”，身家昂贵的种族。不仅要有钱，还要有身份、有体面，如果你在山西开几个煤矿，家里冬天拿钞票生炉子，雇一个海轮装一船的钞票去要求入学，人家绝对嫌你身上有煤渣味，给多少钱都不搭理你。至于国王学院，那就更牛了。虽然剑桥的三十多个学院中名声最响的应该是精英辈出的“三一学院”，但国王学院绝对是地位最尊崇的。三十个学院中的龙头老大，其建立之初就只接受伊顿公学的毕业生。大家看到剑桥镇的风光图片，地标性的图案就是一座气势恢宏的哥特式经典建筑，那就是国王学院礼拜堂，剑桥已经是名校中的名校，而这座大房子则是剑桥的标志和荣耀。

前文说到，约克公爵对王位的图谋被粉碎，恼羞成怒开始发难，玫瑰战争爆发。

整个玫瑰战争也有三个阶段。第一个阶段1455年至1461年，由约克公爵和国王的小股军队在圣阿尔班碰撞一次，约克公爵取得胜利。本来双方只想带兵吓唬对方，没想到最后真的走了火，两边都不敢承担内战的巨大责任，所以打了一小架后就停手了四年。而此时亨利六世又犯病了，所以约克公爵再次摄政，大权在握便宣布剥夺小王子的继承权，如果亨利六世不小心死掉了，摄政王就直接变成国王。

玛格丽特王后当然是不干的，她的支持者和盟友都在北部及苏格兰，于是到北部拉起了队伍，南征约克派。为了让这帮临时征集的军队忠诚，王后允许他们到南部后可以随便抢。于是，部队士气高昂，打得很顺手，还杀掉了约克公爵理查，把他的脑袋挂在约克城门上示众。

新的约克公爵在第二年卷土重来，因为王后的军队实在是军纪太差，简直就是土匪，走到哪里都如同蝗虫过境，所以伦敦人全体反对王后带兵入城。可她的对头，新约克公爵爱德华却昂首被请进了伦敦，因为他家的重要盟军沃里克伯爵在伦敦的支持率非常高，于是爱德华进城后，一不做二不休，索性宣布继位，建立约克王朝。而这位爱德华，扳手指头一数，应该是四世。这位爱德华不辱没这个名字，十九岁就举起了约克家族的战旗，将王后军队一直赶出英国领土，随后便清算仇家，将兰系的支持者杀的杀，逐的逐。王后和王子流亡海外，亨利六世疯疯癫癫被关在伦敦塔。这第一阶段的战斗，算是约克家族赢了。

第二阶段则是约克家族内讧。爱德华四世登基，沃里克伯爵显然是首功，还获得了一个“国王缔造者”这么牛的江湖名号，新王年轻，大小事还都是沃里克安排，不知道爱德华四世不要紧，不认识沃里克就别在伦敦混了。

既然王朝大小事都是沃里克安排，爱德华四世成年大婚自然是重要事务。这位爱德华四世除了年少有为，还是个性情中人，根据资料，他很会做人，善于交际，对谁都客气，跟谁都哥们儿，是很值得结交的朋友。不过对男人和女人，这哥们儿态度完全不一样，对兄弟讲义气，对女人他则视为玩物，始乱终弃是常事，最不厚道的是，那些跟他有过露水情缘的女人，他一旦厌倦，会当礼物转送给手下大臣。

话说爱德华四世在登基后曾颁布过《财产没收法》，主要是针对兰开斯特派系的，所有兰系人马的财产封地全部没收，所以很多兰系没有被赶尽杀绝的家属都蜗居在乡间旮旯，日子过得很窘迫，这样的人看来不少，爱德华四世一不小心就碰上一个。

根据“狗仔”的资料，一天爱德华四世在伦敦郊外打猎，深夜未归，借住在当地一个古堡。这个古堡主人有个侄女，曾经是玛格丽特王后的侍女，嫁了个老公是兰开斯特家族的骑士。现在老公已死，这个女子便落魄在此，寄人篱下。此女生得颇有姿色，还很有头脑，听说花花国王爱德华四世下榻古堡，她觉得这是她改变命运的机会。这个小女子叫伊丽莎白·伍德维尔，不管她用了什么办法，反正是成功地让爱德华四世看上了她。爱德华四世见到美女，一般是一步到位，从不啰唆。可这位伊丽莎白不好搞定，她居然拒绝爱德华四世求欢，前提是，要给个名分。

这是个英吉利版的游龙戏凤的故事，伊丽莎白小姐显然脑子清楚，爱德华四世调戏她半天，她竟然坚决不从。当然，爱德华四世也没什么耐心，据说后来是拿着刀才成其好事，一个国王需要用这种手段还是可怜的。伊丽莎白这个三贞九烈的形象显然是故意设计的，因为这之前她已经生了两个儿子。但她做戏很成功，这种玫瑰带刺不好上手的做派让爱德华四世觉得很刺激，脑子一热，竟然当天就秘密娶了这女人。

国王秘密结婚跟小明星秘密结婚可不一样，不仅仅是报纸娱乐版闹翻天那么简单，关系到很多国际大事啊。他的大管家沃里克伯爵被蒙在鼓里，早就物色了一个法国公主，这桩婚姻成立后，法国就站在约克族一边，毕竟兰开斯特家族还没死绝，要防止他们死灰复燃，卷土再来。玛格丽特王后是法国人，很容易取得法王支持。沃里克伯爵没想到，爱德华四世这小子不跟自己打招呼，偷偷就把婚结了，娶的还是兰系的女子，尤其是这女子的七大侄八大舅顷刻之间鸡犬升天，伍德维尔家族像坐了直升机一样成为朝中新贵，直接影响着沃里克的权威和利益。

其实这时候，因为沃里克总是拿爱德华四世当傀儡，爱德华四世早就想跟沃里克结算了。拒绝跟法王联姻，爱德华四世有自己的想法，他认为，跟法国合伙就不如拉勃艮第公爵为同盟。勃艮第公爵在法国地位超然，几乎是自治的，法王也不太敢惹他，他没事当然也不招惹法王。爱德华四世认为，如果跟法王联姻，以后对方是自己的岳父，地位肯定不对等，英国还是被法国所制；但如果拉拢勃艮第公爵，则是在法国埋下一枚定时炸弹，勃艮第公爵自己可能成不了气候，但如果一跟英国联手，就有收拾法王的实力，用勃艮第公爵牵制法王当然比给法王做女婿来得高明。

从这件事上看，爱德华四世应该是比沃里克有政治头脑，既然你不如我，那大小事还是我收回来自己处理吧。眼看自己的权力地位岌岌可危，沃里克决定先发制人，收拾爱德华四世，我既然能扶你上位，当然也能赶你下台，既然大家都叫我“国王缔造者”，那我就受点累，再造一个出来。谁呢？爱德华四世的弟弟，一直对这位大哥深怀嫉妒的克拉伦斯公爵。

因为爱德华四世鬼鬼祟祟跟伊丽莎白结婚，又让这个家族饱受各种封赏，加上一些税收政策不得人心，所以 1469 年，沃里克和克拉伦斯两个人造反的时候，赢得了大量贵族的支持。爱德华四世当时溃败，不过他很识时务，很快就收复了人心，将局势逆转，沃里克战败后跑到了法国。当时的法王是路易十一，不管法王是谁，英国人闹得鸡飞狗跳是他最喜欢看到的。沃里克来投，法王肯定是要想办法扶持他，好让他继续去找爱德华四世的麻烦啊。路易十一是个聪明人，很快想到个高招，当时前王后玛格丽特正带着儿子在法国避难，法王做中间人，让原本不共戴天的沃里克与玛格丽特成为同盟，一起杀回英国去。

玛格丽特无利不起早，她愿意跟自己的仇家赔笑脸，肯定是算好利益的，这两派人马尽弃前嫌的条件是：攻入伦敦，让亨利六世复位。对沃里克来说，谁做国王有什么要紧，重要的是自己的利益，所以他便加入了兰开斯特的队伍，向旧主爱德华四世发难。

有兰开斯特的人马，法王也不少赞助，沃里克先在北方策划了一些叛乱，爱德华四世带兵北上平乱，沃里克便杀进了伦敦，将他自己一手推倒的疯子国王亨利六世找出来，给他擦干净口水，洗白白之后扶上王座。亨利六世第二次成为英国国王。

失利的爱德华四世也有早安排好的退路，他将妹子嫁给勃艮第公爵，妹夫自然要拉扯大舅子一把。反正英国人打架，不管谁跟谁，法国人都不得消停。勃艮第公爵心想，如果爱德华四世不拿回王位，自己娶他妹子就吃亏了，现在已经娶了又不能离婚，算了，咬着牙帮助大舅子打回去。于是爱德华四世很快又整合了一支军队，杀回英国。

爱德华四世可不是脑子发热的愣头青，他这么破釜沉舟地杀回来，心里是有算计的，因为他获得了一个敌方的重要内应，那就是他弟弟克拉伦斯公爵。这事很容易想明白，克拉伦斯愿意陪沃里克造反玩，图的就是英国王位，现在沃里克用英王位交换了兰开斯特家族的支持，没他什么事了，他当然就不干了，心想爱德华四世毕竟是亲哥哥，骨断筋连，小弟有错就改，这会儿帮大哥做“无间道”收拾沃里克这帮反贼，以后哥哥复位还不是要记我一功。1471 年，在克拉伦斯阵前变脸，里应外合之下，爱德华四世成功地打垮了沃里克的主力，一代权臣沃里克伯爵死在乱箭之中。

玛格丽特王后见主力失手，赶紧撤到威尔士预备重新招募人马再来，这次爱德华四世没给她再来的机会，玛格丽特被生擒，独子战死。爱德华四世认为这次处理兰开斯特家族一定要干净彻底，所以在凯旋进入伦敦的头一天，他就让自己最信任的弟弟理查将返回王位没几天的亨利六世杀掉。然后再次血洗兰系所有人，这次清理得比较彻底，该死的都死了，那些漏网的小鱼都微不足道，比如有个兰开斯特家族的远亲，叫作亨利·都铎，就逃得无影无踪了，料这都铎家族也成不了气候，随他们去吧。改邪归正的弟弟克拉伦斯没等到大哥对自己的原谅和封赏，秋后肯定是要算账的，江湖传说，克拉伦斯是被丢在葡萄酒桶里淹死的，这种死法很浪漫，令人神往，做哥哥的很为弟弟“着想”。

爱德华四世平息了内乱，暂时结束了战争，“玫瑰战争”虽然听起来很浩大，可真正开打的时间并不长，所以对英国的经济民生也没造成太大影响，倒是对封建体系是个巨大的冲击，因为这场鏖战，消耗的都是各种英国贵族，卷在其中的都是大地主，将英国的封建制度打成废墟，等待新生的一切过来填补和重建。

平静的英国开始休养生息，爱德华四世也觉得自己辛苦到头了，恢复了花花国王本色，过着声色犬马的日子。他有条件享受生活，因为他有个才华盖世还对他无比忠诚的弟弟，就是上面说的理查，武可带兵征战、文可安邦治国，正是约克王朝的栋梁。在爱德华四世这一朝的后几年，国家安定，政治平静，国王贵族相安无事，低税收让商业资本迅速发展，为后来的大英帝国打下基础。爱德华四世知道这样的日子，他可高枕无忧。没几天，爱德华四世就永远无忧了，四十一岁的爱德华四世因伤寒而死。

大家不要晕啊，太子还是爱德华，是为爱德华五世。还记得爱德华四世那个秘密娶来的老婆吧？此时，王后的家族在伦敦可是翻手为云、覆手为雨，权力大得没边。爱德华四世临死担心外戚专权影响自己好不容易建立的王权，所以安排自己最信任的弟弟理查成为摄政王，辅佐儿子登基。

一说到年幼的国王有个军功显赫的叔叔，熟悉历史的人立刻就为那小国王捏把汗。不篡位的王叔，不是合格的王叔，理查王叔绝对是合格的。

二十　摄政王叔的自我修养

前文说到爱德华四世壮年身亡，如果不是早死，爱德华四世的帝王生涯应该是不错的。因为百年战争和“玫瑰战争”，王室打衰了，贵族打废了，互相都不敢叫板了，反而安稳了。爱德华四世有经济头脑，善于跟有钱人募捐，还让法国每年给一笔钱算是买断英国不到法国捣乱，又加上被干掉的兰开斯特家族大量土地财产充公，爱德华四世晚年给王室攒了不少钱。

有了钱腰杆硬，爱德华四世有意识地扶持一些有权势的平民制约贵族势力，重建了衰退很久的王权。总的来说，爱德华四世做国王不算太滥，一定要找硬伤，就是他的婚姻，他不知道，那个郊外古堡的浪漫之夜，会给他的王朝带来多大的困扰。

爱德华四世的老婆伊丽莎白一直不为英国主流社会接受，先不说她卑微的家庭出身，她那些穷亲戚鸡犬升天后，有点暴发户的德行，深为老牌贵族所不齿。所以，在朝中树敌不少，摄政王理查跟这家的矛盾就更激烈，大家想啊，新王年幼，如果没有摄政王这个碍事的，当然是王后一家子说了算啊。而对理查来说，他不管是明里暗里，从来不承认伊丽莎白这个王后，他跟许多大贵族一样，都认为爱德华四世的婚姻其实是不合法的。

婚姻不合法，生出来的那六个孩子也就是野种，显然没有继位的资格。王子们没有继位权，王位应该是谁继承呢？毋庸置疑是御弟理查。

爱德华四世死时，理查正在北部边疆驻守，王后一党想趁他回来之前组织一个摄政会议来代替摄政王的权力，想办法把理查架空，结果理查更老辣，加上朝中他广有耳目，所以一早就偷偷行动，带兵进入伦敦，毫不犹豫就把登基三个月的爱德华五世从王座上拽下来。随后又闪电般控制了王后，并逼她交出另一位王子，将爱德华四世仅有的两个儿子全部关进伦敦塔。紧跟着自然是开始清算，王后整个家族被血洗。这些琐事一办完，理查再次大声宣布自己是唯一合法的英王继承人，然后跳上王位，成为理查三世。

理查三世跟之前那几个爱德华不同，不仅面貌平庸，形象猥琐，还有一条胳膊肌肉萎缩，心理多少有些阴暗，最容易把事情做绝。英国还是比较有传统的，虽然那些大贵族对铲除王后那些暴发户亲戚没有意见，可爱德华五世毕竟是先王骨肉，先王钦定的接班人，理查三世这种公然篡位的做法有点过分了，所以，理查三世发现，手下人看他时，不太友善。他是个鹰派，觉得只要清除爱德华四世留下的那两个孽种，这些贵族没有指望也就不好再叽叽歪歪了。于是爱德华四世的两个孩子爱德华五世和理查（晕吧，这一段历史，主要人物不是爱德华，就是理查，再就是亨利）就被王叔杀害在伦敦塔。关于这两个王子的死因，是著名的历史之谜，现在的说法是王叔没下这个狠手，后来这两个人都被赶出了伦敦，爱德华五世自然死亡，而理查则在后来为生活所迫，成为一个砖瓦匠而终老。

理查三世以为侄子消失，自己的王位就无忧了，可惜他没想到世界上有报应这码事。他于 1483 年登基称王，刚收拾了那些反对他的贵族，第二年，唯一的儿子就死了。新兴的约克王朝面临绝嗣的危险，这时，有人替理查三世打算未来了。

二十一　红白玫瑰都是玫瑰

铁钉和江山

还记得前文说到，“玫瑰战争”中段结束时，兰开斯特家族被彻底清洗，只有一支远亲逃亡海外吗？这位远亲的大名叫亨利・都铎。到底他和兰开斯特家族什么关系，就不仔细说了，因为这拐了山路十八弯的亲戚关系容易把人整疯，反正是嫡系都死光后，他算是比较近的了。兰开斯特家族没被整死的余部听说还有这么个人，就赶紧过去，围绕在他周围，以图东山再起。

亨利・都铎心中有数，自己的血缘离王室有点远，要举大事，名正言顺最重要，自己的血统不能改，但可以通过联姻让自己成为王室近亲啊。于是，他的幕僚想了些办法，成功地让亨利跟爱德华四世的大女儿订婚，这样一来，亨利就成为爱德华四世的大女婿。大家整理一下，亨利本来是兰开斯特族的首领，爱德华四世是约克族的，在爱德华四世的两个儿子都消失后，约克族自然会拥护大女婿，等于亨利・都铎麾下集合了“玫瑰战争”两派的人马。虽然此时的亨利・都铎只是里士满伯爵，但他的势力和影响已经足够替英国考虑未来了。

1485 年 10 月，在法国的基地预备好一切的亨利率领各路兵马，还有法王不怀好意赞助的一些物资，越过海峡，在英国登陆。一上岸，亨利就昭告天下，控诉理查篡位杀侄的罪行，理查三世王位来得不名誉，做国王也没什么抚民政策，没得到什么支持，甚至在最后决战的时候，他的左臂右膀的亲信居然阵前倒戈，让他在兵力绝对占优的情况下战败、战死。

理查三世和亨利・都铎的最后决战就是博斯沃斯战役，这一场英国著名的改朝换代之战非常有戏剧性，除了国王主力一开打就掉头跟自己作战外，还有个著名事件。话说决战马上开始，理查吩咐手下人为自己的战马钉上新的马掌，战时物资匮乏，马夫钉完三个马掌，发现钉第四个马掌少个铁钉，眼看着国王就要出征，马夫不管三七二十一，把剩下的铁钉给胡乱敲上，理查三世就骑着这匹马杀上了战场。开打时，理查三世发现自己一边的阵线有溃逃的趋势，便纵马过去维持秩序。结果那只少了根铁钉的马掌脱落，马成了瘸子，很快就摔倒在地，理查三世自然也被掀翻，敌军趁机掩杀过来，国王丢了小命。这个故事经常出现在管理书籍上，被当作案例使用，告诉大家，细节的重要作用，一件小事的疏忽可能会彻底逆转全局。而理查三世也被取笑为，因为一个铁钉失去一个国家，还出现了相关的谚语："少了一个铁钉，掉了一个马掌。掉了一个马掌，失了一匹战马。失了一匹战马，败了一场战役。败了一匹战役，丢了一个国家。"

理查三世的死结束了短命的约克王朝，亨利·都铎进入伦敦登基成为英王，开创了都铎王朝，而这位亨利按排行就成为亨利七世。亨利七世一加冕，马上正式迎娶爱德华四世的大姑娘，新王后很快就生下了两个儿子、两个女儿。这桩美满的婚姻宣告着兰开斯特家族和约克家族三十年的"玫瑰战争"正式结束，这一场恩怨的结果是：两家合并为一家，一笑泯恩仇。

亨利七世的邻里和谐

"玫瑰战争"这几十年，英国老百姓看惯了王位的更迭，那些皇亲国戚频繁的篡位动作，让英王室的形象变得有点难堪，亨利七世上位后头等大事，就是要重建王权。严格说起来，亨利七世也是篡位的，从血缘上讲，他应该是最近这段篡位的国王中最边缘的，资格最不够的，但他运气好，理查三世帮他清除了爱德华四世的儿子，理查自己的儿子又死了，其他就算有比他够格的，也在"玫瑰战争"中被削弱甚至消灭。但，想当国王的人是死不完的，亨利登基不久就镇压了两次叛乱，这两次叛乱都是一些贵族打着约克或是兰开斯特的旗号发难，好在当时的英国上下军民，再也不愿意国家陷入内乱，不管亨利七世的血统够不够资格，他既然已经登基，就接受了吧，千万不要再乱了。亨利七世的平乱基本上是获得了英国百姓的支持。

亨利七世也是明君，他任内最了不起的贡献就是把英国从欧洲那些钩心斗角的泥沼中拔出来。在王位造反添乱的各路人马中，很多都是境外势力支持的，法国、苏格兰这些老冤家自然都首当其冲，巴不得英国天天有人篡位内战。亨利七世知道，如果不能安抚这些邻居，自己的王位总是坐不热的，不仅国内上下要支持自己，周边邻居乃至整个欧洲都要认可自己的地位。于是，他充分利用自己手上的资源，开始跟周边的国家拉关系。什么是亨利七世最大的资源呢？就是他生的这四个孩子。孩子只有四个，周围如狼似虎的邻居可不少，如果想用联姻的法子搞好邻里关系，孩子明显少了，所以就要遴选一下，要按重要程度给邻居排个榜。

此时的欧洲，传统强国肯定是法兰西和德意志，法兰西跟英国的关系太厘不清了，亨利七世宁愿想办法牵制他家，也不想再跟这家人走得太近，所以他的视线从法国移开。德意志家呢，他家这段时间内部出现些问题，在欧洲的影响也逐步下降。而此时欧洲大陆最新锐、最牛的大佬是西班牙。

西班牙半岛上一直是分裂状态，小国林立，阿拉伯人占据了大部分地区。而就是在 15 世纪这段时间，半岛上两个大国联姻联合成为新的国家，新国家的国王斐迪南二世一统半岛后，向穆斯林在半岛上的最后据点发动了攻击，此时的西班牙刚开始以统一的独立国家面貌出现在欧洲。因为与穆斯林战斗了七个世纪，眼看要取得最后胜利的西班牙成为欧洲大陆最骁悍的武装，也成为亨利七世结盟的首选。1489 年，亨利七世三岁的大儿子亚瑟和西班牙国王斐迪南二世的女儿凯瑟琳订婚，并宣布从此以后，英格兰和西班牙将共同进退，尤其是对付法兰西的时候。而英国的商人获得了进入西班牙这个巨大市场经商的优惠。

历史上苏格兰和法兰西的结盟让英国人非常头痛。而这段时间，苏格兰内部也有些风波，苏格兰的贵族内讧，国王詹姆士三世也深陷其中，最后战死。十四岁的詹姆士四世接班，忙着平息家中混乱的贵族战争，虽然当时法国正扶持一个冒牌王子到英国跟亨利七世捣乱，盟友苏格兰却并没有参加这次行动。亨利七世抓住时机，赶紧把自己一个女儿嫁给新的苏格兰国王，签订了一个永久和平协议，给了法苏多年的联盟关系一个沉重打击。

对法国，亨利七世采取的策略跟爱德华四世一样，那就是金钱换和平，法国定期交点银子上来，则英王放弃对法国国土和王位的要求，两国平等通商。这一任的法王也不愿战争，于是，双方握手言和。

亨利一阵忙碌，终于给自己打造了一个安全的居住环境，安定了就要制造效益了。自从百年战争开打，英王室过了百余年穷日子，国王要想办法搞点钱啊。因为战争，亨利幸运地继承了兰开斯特家族、约克家族和他家本来的里士满土地，又加上重视商业，跟邻居和解后，第一时间开放贸易，让关税收入大大增加；亨利七世自己还垄断一些贸易项目，出租舰队等，收获甚丰。很快，亨利七世就成为一个富有的英国国王。

既然亨利七世靠自己解决了王室的经济危机，对议会的态度就超然了，不用看那帮人的脸色，国王应该控制议会，而不是议会辖制国王。从亨利七世这一代开始，英王将自己的支持者锁定在中等阶层，只要有能力，对国王忠诚，都可以为官做宰，替国王谋划大事。在威斯敏斯特宫，有一个屋顶挂满星状枝条灯的房间，这里是亨利七世决定很多大事的地方，被称为“星室法院”。亨利七世任用贤能，最重要的是自己的亲信在这间屋子里决定大小事务，尤其是审判那些觊觎王位的乱党。设立了治安官，解除了大贵族的私有武装。亨利七世交给儿子一个生机勃勃的国家，很多历史学家都认为，都铎王朝从一开始就是整个欧洲秩序最好的国家，为后来的大英帝国崛起打下坚实的基础。

亨利七世也是个好王，所以非常沉闷。不过英国历史从不会让我们闷得太久，下一章，万众期待的亨利八世来了。

二十二　亨利八世

马丁·路德

终于轮到亨利八世这个绯闻大明星了，说他的故事前，先交代一个重要的历史背景。先请出宗教历史上最风云的人物——马丁·路德。虽然他的故事应该放在德意志里讲述，但他跟亨利八世的故事有大关系，所以就将他搬家到英吉利的历史舞台上演出。

1483 年，马丁·路德出生在德国东部一个小村子，家庭贫困，父亲是一个矿工。马丁从小生活的环境里，村民都信仰天主教，并且很多非常虔诚。马丁·路德在爱尔福大学毕业，根据他父亲的要求，他应该继续攻读法律，就业前景比较理想。1505 年，一件意外的事改变了他的一生，当然也改变了欧洲的宗教历史。某天，他在回家的路上遭遇狂风暴雨，当时电闪雷鸣，非常凶险，马丁·路德作为一个文科知识分子，估计不太清楚遇到这种天气应该如何躲避，于是他选择祈祷，还发了个毒誓：如果我今天不被雷劈死，我将遁入空门成为修士，终身侍奉上帝。上帝听见了，也保护了他，他也守信用，逃过这一劫后，真的在所有人目瞪口呆中进入一个修道院成为修士，就算是出家为僧了。

当时的德国，因为地理位置，商业发达，可国家政权混乱，四分五裂，大地主割据，人民的生活乱糟糟的。教会的生活却是非常不错，一般状况下，老百姓越苦，信仰越虔诚，越是天灾人祸，教会的生意就越好。当时的德国教会和僧众都过着奢华腐败的生活。

天主教会当时跟现在的华尔街一样贪婪，对金钱的欲望没有止境，但要钱是需要技巧的，所以就出现了一种叫赎罪券的宗教经济衍生产品。什么叫赎罪券，其实质意义跟大家现在去各大寺庙捐香火钱是一样的。教皇告诉全体信众，你死去的亲人正因为生前的罪，在炼狱中煎熬，你可以通过购买赎罪券让他们免于炼狱之苦。

马丁·路德成为修士时，天主教的一把手罗马教皇是著名的利奥十世。这位老大来头可不小，他家是佛罗伦萨的银行家，利奥十世从小吃惯用惯，花钱如流水，这毛病在成为教皇后变本加厉。一般的开销，教皇通过出售教职之类的动作可以报销，可有一笔巨大的项目让利奥教皇很头痛，那就是修建圣彼得大教堂。

教皇盖教堂，是天主教的政绩工程之一，很容易让当权者上瘾。而圣彼得大教堂是现在世界上最大的教堂，可见利奥教皇果然是大户人家出身，眼界非常高。利奥十世铁了心要盖世界上最大的教堂，可手里没钱啊。教皇出身银行世家，是个融资天才，他很快找到一个渠道，他与勃兰登堡的一个贵族达成了一笔交易。教皇允许这位贵族兼任三个教区的主教职位，这当然是违规的，但教皇特批，别人也不好说什么，而这位贵族则向德国乃至欧洲当时最大的财团富格尔银行贷巨款，这笔巨款全部奉献给教皇，而贵族还贷的办法则是在未来即将上任的教区内出售赎罪券。

这位成为新主教的贵族找了个销售天才来销售赎罪券，整个过程绝对可以进入营销案例。这位销售天才大名叫约翰·特策尔，他专门为赎罪券设计了一条很吓唬人的广告语：（买赎罪券的）钱币往箱内丢的声音一响起，就有灵魂从炼狱里跳出！然后就危言耸听地跟信众说：你看你刚死的老妈现在正被火烧呢，烧得好可怜，赶紧买赎罪券，你妈就不用被烧了！你就这么点钱啊，她才出来了一半呢，还有一半在火里烧，再加点，现在好了，令堂她老人家已经从炼狱被救出来了！谢谢惠顾啊，下次你家死了人再来找我！如此这般，在德国大部分地区，老百姓的那点小钱都稀里糊涂进了教会的腰包，至于自己的亲人是不是被救出了炼狱，就没人知道了。

这件事终于让马丁·路德不能忍受了，这时的马丁是一位《圣经》教授，根据他对《圣经》的研读，他心中渐渐形成了自己的宗教学说，这就是著名的“因信称义”。仅仅凭着自己对上帝的信仰，就可以在上帝的面前称为义。每一个基督徒，如果他真心为自己的罪忏悔，他无须赎罪券就可以得到上帝的赦免。相反，如果没有对上帝的信，再多的慈善行为，捐献再多的钱财，也不能令你释罪。马丁·路德认为，赎罪券这种东西是在侵蚀基督徒对上帝的信，因为一旦他们购买了赎罪券，便如释重负，便不再考虑自己与上帝的关系，教会这样做反而是害了教徒。他将自己对赎罪券的看法写成个帖子，引发了剧烈的社会反响，也同时启动了欧洲宗教改革波澜壮阔的大戏。基督教的重要分支路德宗就此应运而生。路德开始向赎罪券发难的时间是1517年。

争位失利

交代了背景，我们可以回到英国去了。

1509年，亨利七世去世，留下一个平静发展秩序稳定的国家，还有上百万英镑的王室财产。亨利有两个儿子，大儿子是亚瑟，威尔士亲王，太子爷，俊朗聪慧，加上亨利七世处心积虑为他迎娶了西班牙的公主，可以想象，这位太子爷的未来是如何前途无量。

可惜啊，亚瑟十六岁，把西班牙公主娶进门不久，便因肺结核而死。幸好还有备份，二儿子亨利自动成为新的太子。这位亨利太子原来因为没有继位的责任，出于前途考虑，便按神职人员教养。那时的神职是最高尚的职业，进入的门槛非常高，这亨利从小便学一堆东西，进各种补习班，所以当他接班成为亨利八世的时候，能讲六种语言，会写文章，精通神学，还会吟诗作赋，弹琴唱歌，加上相貌英俊，高大魁梧，表面看，简直就是个完人。在这位老兄彬彬有礼的外表下，掩藏的却是粗暴残酷、刚愎自用的心肠。

却说亚瑟死后，他的新婚媳妇，西班牙公主凯瑟琳成了个痛苦的问题。亨利七世已经毫不客气收了西班牙公主的陪嫁，也高调宣布成为西班牙的同盟，这时如果把凯瑟琳送回去，之前的好处自然也要退回，还是要把凯瑟琳留在英国。怎么办？太子有备份，西班牙的女婿也有备份，让凯瑟琳改嫁亨利就好了。

下嫁小叔子可不是小事，婚事是通过教皇安排的，如今有了变化也要通过教皇啊。因为从凯瑟琳嫁过来那天，亚瑟就是个痨病鬼，我们绝对相信一个古代的肺痨患者，除了歇斯底里地咳嗽，是干不出其他事情的，虽然他跟凯瑟琳成亲有一段时间了，但凯瑟琳坚持对教皇宣称，自己还是个处子。教皇在这个情况下，同意了英王的要求，下旨允许亨利娶嫂子。这件事亨利并不委屈，凯瑟琳除了出身显赫，还是个端庄贤惠的美女，高雅雍容，亨利一见，竟马上动了心，毫不犹豫答应娶她为妻。亨利成为英王后，凯瑟琳成为英国王后，母仪天下。虽然凯瑟琳比亨利大了近六岁，但婚后的很长时间，亨利对王后爱惜尊敬，两口子情深意笃，举案齐眉，堪称欧洲王室夫妇的楷模。亨利八世即位不久，便追随自己的岳父跟法国作战，战功显赫，颇有军事才能。不过既然是以西班牙小弟的身份出征，也就看不出什么特别功劳了。

1513 年，英军大败苏格兰军队，苏格兰国王、二十多个贵族和一万多士兵阵亡，新上位的詹姆士五世年幼，由太后摄政，而这位太后正是亨利八世的亲妹子，基本上还是不跟哥哥添乱，从此英格兰的北部边境算是稳定了好长一段时间。

过了不久，欧洲大陆发生了一件大事。1519 年，德皇马克西木利昂一世去世，没人接班，皇帝这个位置是吸引很多人眼球的，尤其是那些国王，谁不希望自己职称上再升一级啊。因为吸引人的是：德国皇帝的正式称谓应该是神圣罗马帝国皇帝！想成为新德皇的人不少，排名比较靠前的有三个人，一个是亨利八世，一个是法王弗朗索瓦一世，另一个是西班牙的新国王卡洛斯（此时亨利八世的岳父已经退休了）。这三个人，不论血统还是个人实力，最强的竞争者应该是西班牙国王。卡洛斯国王按辈分应该叫亨利八世为姨父，他母亲正是凯瑟琳的姐姐，江湖人称“疯女胡安娜”。这位西班牙公主是欧洲各类艺术特别喜欢的形象，她爱上并嫁给了上面说的德皇马克西木利昂一世的儿子腓力，而腓力王子却是个花花公子，成天在外拈花惹草。他跟胡安娜的婚姻关系建立在胡安娜是西班牙王位继承人这个基础上。后来因为被抛弃的绝望和极度的嫉妒，胡安娜疯了，为爱痴狂了。腓力死后，她让尸体陪伴自己。为了防止疯子闯祸，她儿子卡洛斯一直将她囚禁到死。

卡洛斯是德皇的长孙，在血统上自然有资格，加上他获得了德意志最大银行家族的支持，又有了钱，他的姑姑是尼德兰的女总督，又给他军队的支持，所以在争取德国皇帝之位时，卡洛斯在前面举着大把银子贿选，身后跟着精锐的部队随时预备得不到就抢。胡萝卜加大棒，一般都好用，卡洛斯因此竞选神圣罗马帝国皇帝成功，成为德国历史上著名的查理五世。

这场德皇之战，亨利八世很早就知道自己没什么机会，早早就退出了，可法王不甘心啊。查理五世一上台，下辖的土地包括德意志、西班牙、尼德兰、意大利部分地区，以及当时刚被发现的美洲新大陆。这个巨大的帝国显然是欧洲之霸，这让一直以欧洲老大自居的法王特别不是滋味，于是发动对查理五世的战争。而亨利八世也跟在西班牙大军后面，伙同着找法王的麻烦。只是，这些结伙打架的活动没让英国占到什么好处，反而花了不少冤枉钱，长期的战争，把亨利七世留下的家底都消耗光了，英国又因此陷入了经济危机。为免经济危机引发政治动荡，亨利八世后来只好认㞞，不跟法国人打了，开始在国内瞎折腾，捣鼓宗教玩。

凯瑟琳王后

亨利八世在英国历史上的最大成就，是为英国定立了国教，专业称呼是基督教的新教，独立于当时的天主教，从亨利八世开始，英国的教会有独立于罗马教廷的权力。这个新教最大的特点就是，每个人都能因为自己的虔诚笃信而得救，不用依靠教皇、教廷、教会和各种修士修女，信上帝是本人和上帝之间的事，跟其他人没有关系，那些繁文缛节也是无用的。这些基督教新思想基本跟前文说过的马丁·路德吻合，亨利八世从小受天主教教育，为什么会突然笃信新教，难道他是一个勇于改革创新的人吗？

完全不是。亨利八世上台伊始，听说德国出了马丁·路德这么个叛逆，非常生气。前文说过，亨利八世是当神职人员培养的，同样是反对新教的妖言惑众，他有专业视角，还亲自撰写文章驳斥马丁·路德的理论。当时英国国内也开始有人加入新教，亨利八世的处理方式是，一经查出，立即烧死。有感于亨利八世立场坚定地捍卫天主教的行为，教宗经常在全欧洲通令嘉奖他。

这样一个天主教积极分子，是如何被新教拖下水，终于站到教宗的对立面去了呢？

亨利八世和凯瑟琳姐弟恋，刚开始也挺好。凯瑟琳“奔四”之前，也水灵水灵的，一过了四十岁，立刻有人老珠黄的感觉。亨利八世正值壮年啊，对女人还是有要求，渐渐地有点嫌弃家里这个黄脸婆了。亨利八世之前近百年，英王位经常被人篡夺，都铎家族江山来之不易，可不想轻易被人铲了。亨利八世知道，如果自己没有儿子，将来操心替自己管事的贵族不知道有多少，所以他最在意的就是子嗣问题。可这个凯瑟琳不知道怎么回事，新婚不久就生了个儿子，还没容亨利八世高兴几天，这小王子就夭折了。后来又怀孕几次，不是流产就是死胎，好不容易在 1516 年生了个女儿，是为玛丽公主。亨利八世当时高兴坏了，他马上得意地宣布：上帝这次给他一个女儿，下次肯定会再给个儿子。高兴太早了，上帝就没这计划，左等右等，等了快十年，凯瑟琳眼看就更年期了，儿子还是没影。亨利八世对凯瑟琳的嫌弃，跟她生不出儿子很有关系。

这事要放在咱中国，再容易不过，生不出儿子，已经犯了“七出之条”，随便写张休书就能打发，可英国没有这种缺德条款啊。而且亨利八世和凯瑟琳的婚事还是教宗安排的，那是绝对不能离婚的。亨利八世苦闷之余，开始胡思乱想。作为一个宗教专业人士，他知道只有从宗教上找到这桩婚事的破绽才能达到目的。他的研究卓有成效，很快就从《圣经》里找到了离婚证据，《圣经》上说，如果一个男人娶了自己的嫂嫂和弟媳，那就是侮辱兄弟，必将断子绝孙。原来是因为自己娶了嫂子，犯了天条，所以上帝惩罚。有了这个结论，亨利八世就启动了他艰苦卓绝的离婚之路。

能不能成功离婚，取决于一个重要问题，那就是，凯瑟琳嫁给亨利八世时，究竟是不是处子。这个事，世界上清楚的只有三个人，亚瑟、亨利八世和凯瑟琳自己。亚瑟一死，亨利八世和凯瑟琳各执一词就说不清了。亨利八世为了甩掉黄脸婆，肯定是不惜诋毁凯瑟琳的。而凯瑟琳万般无奈之下，以西班牙公主、英国皇后之尊，一次次在主教、法官面前解释自己的私生活。四十多岁的女人了，天天要跟人申辩自己嫁人的时候是处子，可以想象那种痛苦，而亨利八世此时表现的绝情和果决也让凯瑟琳更加绝望。可是凯瑟琳是个刚性的女子，她知道，如果她迫于压力屈服，让出了皇后的位置，那她不贞不洁导致亨利八世绝嗣的罪名就坐实了。为了自己的名声清白，不论亨利八世用什么手段，软的，硬的，她就是不答应离婚。

安妮·博林

亨利八世精力旺盛，跟王后闹翻，他是不会闲着的。英国的贵族女子，各方面条件不错的，可以进入王宫做王后的侍女，虽然是下人，地位却不低。证明所有的事都是公平的，欧洲基督教国家不许三妻四妾，国王想吃点野味也只能养情妇，而王后的侍女正是国王一个绝好的情妇来源。在宫里抬头不见低头见，偶尔发生点故事也很正常。亨利八世跟老婆分居后，看那些年轻貌美的王后侍女更是如狼似虎，两眼放光，这时，一个猎物进入了他的视线。

这个叫安妮·博林的女人严格说并不漂亮，据说就是脖子长得还凑合，但她从小在法国长大，除了那些花哨的宫廷礼仪，当然也学了法国女人的万种风情。八卦传闻，这丫头在法国算是阅人无数，床上功夫相当了得。可在亨利八世看上她，并表达了爱慕之情后，她立即就变身为圣洁圣女。在相当长的时间里，她跟亨利八世谈恋爱纯洁得像矿泉水，让堂堂一个国王害了相思病，天天心里闹得像猫抓。

安妮·博林是个很有心机的女人，对亨利八世的风流韵事，她已经见得太多了。所有女人在亨利八世床上是没什么保质期的，他基本用完就扔掉，在这些国王的临时性用品中，就包括安妮·博林的亲妹妹。

国王铁了心要跟王后离婚，王后的位置眼看要轮空，安妮·博林看中的不是国王的宠爱，而是王后的大位，而她唯一能够挟制国王的武器，就是自己的身体。她一天写好几封火辣辣的情书给亨利八世，把亨利八世撩得头昏脑涨，见到亨利八世就捂紧衣服扮纯真。一块肥肉，看在眼睛里总是吃不着。因为得不到的总是最好的，越是难得手越是珍贵，到最后，这东西实质是什么样的反而不考虑了。亨利八世现在只有一个信念，不惜一切代价，休掉黄脸婆，把安妮·博林这个小妖精弄上床。

亨利八世让自己的主教前往罗马，再次要求教皇解除自己的婚姻，王后凯瑟琳当然也不是普通的受气黄脸婆，人家娘家来头很大。前文说过，这时的神圣罗马帝国皇帝查理五世是凯瑟琳的外甥，1527 年，西班牙雇佣军和神圣罗马帝国的联军在查理五世的领导下进攻了罗马，占领后洗劫了罗马和梵蒂冈。此时的欧洲，查理五世是正牌“大哥大”，教皇被整得像受气小媳妇。对这时的教皇来说，亨利的婚姻究竟有没有违反《圣经》是不用追究的，重要的是，皇帝的大姨是不能受欺负的，所以，教皇自然是判决亨利八世婚姻合法，不准离婚。英国主教出差办事不力，一回国就被亨利八世撤了。后来亨利八世无奈之下请求凯瑟琳体面地离开王宫，免得以后撕破脸更难看，凯瑟琳也坚决不答应。

总有忠臣来了却君王天下事的，取代英国主教解决国王离婚大事的是克伦威尔（对，大家还认识另一个克伦威尔，不要弄混了，后面的克伦威尔专跟国王过不去，我们现在说的克伦威尔忠诚多了）。亨利八世的重臣克伦威尔给了国王一个离婚新思路，那就是，既然教皇油盐不进，我们就不找他商量了，离婚这事，说到底还是法律问题，我们找法学家研究不就行了吗？

克伦威尔火速联系欧洲所有的大学，找法学专家讨论亨利八世离婚案。法学家可比教皇容易沟通，他们一研究，亨利八世的离婚事件就非常容易了，“不管凯瑟琳有没有跟亨利八世的大哥发生过关系，是不是处子，她既然正式嫁给了亚瑟，就已经成为亨利八世的大嫂，亨利八世娶大嫂，这是近亲结婚，与法理不合，教皇老糊涂了，这种事居然都能同意？！专家意见，赶紧离婚”。

这个结论正中亨利八世下怀，让他欣喜若狂。克伦威尔是个脑子清楚的，知道这些法学家的意见顶多是个舆论势力，还没有能真正达到目的的力量。所以，他进一步给国王出主意：“老大，你看啊，现在咱们所有的问题就出在，太给教皇脸了，如果不理他，跟他决裂，以后咱家的事，不许罗马指手画脚，所有的事都能解决。”听到克伦威尔这番进言，亨利八世出了一身冷汗，一个天主教国家跟教廷决裂，这个事太惊天动地了，谁敢啊？这克伦威尔是个说客，他很快就找到亨利八世的软肋打下去：“老大，您老也算英明神武的，为什么前几年到欧洲打架这么狼狈呢，不就是因为咱们没钱吗？现在您老人家每天省吃俭用的，可怜巴巴也没攒几个小钱，为什么呢，钱都跑到教会去了，你仔细算算，一年到头，咱们要孝敬教皇多少钱，这么多钱也没把那老家伙养亲了，您老离个婚他都不给帮忙。只要你不跟他玩了，把他那些个教会、修道院啥的一概关门，财产充公，以后每年给教皇交的税您老全自己留着，你算算，这一算下来，你老人家要多出多少钱来？最近大陆不是流行新教吗？有个叫马丁·路德的人说了，信仰上帝是自己的事，不用通过教皇教会。”好色和贪财一般都是紧密相随，想到跟教皇决裂有这么多好处，亨利八世一咬牙一跺脚一拍桌子道：“马丁·路德说得对啊，马上跟罗马清算！”（他忘了，他早先还批评过新教是歪理邪说。）就这样，轰轰烈烈的英国宗教改革正式开始。

首先任命克伦威尔为首席国务大臣，全权负责跟教廷分手的各项事宜，很快通过了一系列宗教改革法令。这些法令使国王取代罗马教皇成为英国教会最高首领，制定教规教仪、任命神职人员、裁决司法纠纷的权力全归国王所有，解散修道院，巨额土地教产收归王室，以前交给罗马的各种税赋、年贡全部留在国内，以后国王负责管理这些钱。这个事最直接的后果就是，亨利八世暴富，数钱数到手软。这其中最赚钱的是解散修道院，且不说那里面的真金白银各色细软都是好东西，光那些修道院占据的广袤土地就更是值钱，亨利八世除了自己留下一部分，打赏了一部分，其他的都在市场上抛售。而此时手里有钱的新兴资产阶级成为购买主力，有了土地，资本主义的农场开始在英国大地发展壮大，极大地推动了资本主义的农业发展。而这些获得土地的人因为得到实质利益，对宗教改革十分欢迎，最怕英王斗争不彻底，又回到改革之前去，所以成为一个支持新的英国基督教的重要力量。

亨利八世发了财，更加希望财色兼收。克伦威尔办事靠谱，亲自主持教会法庭，裁决亨利八世和凯瑟琳的婚姻不合法，裁定他们马上离婚，并立刻安排了安妮·博林与亨利八世的婚事，安妮·博林加冕成为新的英国王后。这女人没把圣女装到最后，为怕国王熬出病来，在大婚之前，局势已定的情况下，就从了亨利八世。安妮·博林成为新皇后时，肚子里已经怀着龙种，亨利八世及全国人民都在等待着期望中的太子降临。

简·西摩

亨利八世终于如愿休掉黄脸婆，还财色兼收，享受了安妮·博林这小妖精的万种风情。像安妮·博林这样的女人，没到手的时候是很诱人的，一旦得手，就不过如此，能长久拴住男人的心，除了狐媚功夫，人格魅力也很重要。安妮·博林显然是个蛇蝎美人的形象。凯瑟琳母仪天下、端庄贤淑，深受各界好评，更加映衬出安妮·博林的人品低下，所以从加冕开始，全伦敦都给这位新王后冷眼。安妮·博林可不管有多少人反对她，眼看着肚子越来越大，她知道，只要顺利产下太子，她的位置就固若金汤了。

最奇怪的是，虽然当时没有B超，安妮·博林和亨利八世两个人都坚信是个儿子，不仅伦敦做好了各种迎接太子的准备，安妮·博林也倚仗未来的太子将自己的权势在此时用到极致。

凯瑟琳离婚后，坚持不交出王后之位，后来亨利八世非常绝情地不让她探望唯一的女儿玛丽，这才让这位刚烈的西班牙公主屈服。而最可怜的就是玛丽，自从她父母的婚姻被宣布无效，她就变成了私生女，江湖地位急转直下，尤其是又遭遇了安妮·博林这个后妈，大家可以想象，玛丽公主绝对是没娘的孩子像稻草。后来凯瑟琳在抑郁交加中心碎而逝，安妮·博林专门为这事大宴宾客，狠狠庆祝了一场。而玛丽的生活就比稻草还不如了，这个可怜的孩子，终于被这些无情的成长环境整得不正常了，她的故事，我们以后再说。

十月怀胎，总是要分娩的，残酷的现实让安妮·博林和亨利八世都有些崩溃，另外一个公主降生了，这就是伊丽莎白。不管这位公主后来为大英帝国带来怎样的繁荣，在她出生之时，他的父亲是没有半点喜悦的。

想到自己费这么大周折，花这么大代价，竟然还是这个结果，郁闷得几乎发疯的亨利八世取消了所有的庆祝活动，自己到郊外散心去了。郊外住着一位德高望重的英国贵族，西摩爵士，这老伙计不仅有座舒服的城堡，还有几个颇有眼色的儿子，每日里一起打猎钓鱼，消磨时光。但西摩爵士城堡里还有更好的东西，以最快的速度将亨利八世从烦闷不堪的状态中拉出来，这股力量来自西摩的女儿——简·西摩。

亨利八世对女人的品味是犯贱型的，吃着碗里看着锅里，身边有的从来就不珍惜。凯瑟琳是贤淑型的，所以亨利八世就被冶艳型的吸引，性感小野猫到了手，他又开始打纯情小女生的主意。安妮·博林可没有凯瑟琳好说话，亨利八世与简·西摩的传闻让她勃然大怒，她自己的王后之位是抢来的，自然担心会被别人抢走。她的涵养差多了，她采取了撒泼的抗议方式，让亨利八世在最短的时间对她恩断情绝。好在这时她又怀孕了，新的希望让决裂边缘的夫妻关系暂时平静。可惜，上帝真是要赶绝安妮·博林，可能心情不佳，情绪波动太大，怀孕几个月，孩子突然流产了，最要命的是，竟然是个男胎。

亨利八世这次是真气疯了。如果之前只是没有爱情了，现在剩下的就是对这个女人的仇恨了。变了心的亨利八世又开始计划离婚了。这次没那么复杂，根据亨利八世做事的风格，没有子嗣肯定是女人的错，既然安妮·博林还是生不出儿子，自己当初会娶她只有一个原因：这女人是妖精，她对国王下了咒，国王如果做了什么不合适的举动，肯定是受蛊惑。这个基调一确定，自然有人在操作这件事。身为重臣的克伦威尔再次披挂上阵，帮国王辞旧迎新。

铲除安妮·博林比搬走凯瑟琳容易多了，安妮·博林并没有大智慧，当了三年王后，什么人情都没给自己攒下，一听说要整王后的材料，各类举报如雪片飞来。花样很多啊，比如这女人长三个乳房、六根手指，是女妖，还说她水性杨花，跟多个男人通奸；最刺激的一项居然是，安妮·博林长期跟自己的亲哥哥保持乱伦的关系。有了第一次的教训，克伦威尔绝对不会让国王等得太久，这些举报都给予采信，直接将王后送入伦敦塔关起来，罪名坐实后，杀无赦。

1536 年 5 月，在伦敦的明媚春光中，英国王后安妮·博林被处死。在行刑时，这个曾经跋扈乖张的女人维持了最后的尊严，表现得很淡定，嘴里不断念着基督之名，优雅从容赴死。她丈夫没跟她客气，安妮·博林被杀后不到二十四小时，简·西摩就被迎进了王宫，成为新的英国王后。

简·西摩是个贤惠的女人，还是最佳后妈，前两任王后留下的两位公主都受到她的善待，还努力帮助亨利八世改善跟两个女儿的关系。唯一的遗憾就是简·西摩是天主教徒，她做王后期间，一直尝试说服亨利八世回归传统天主教。好在亨利八世没听她的，毕竟这时亨利八世最信赖的左右手是克伦威尔，作为改革派领袖，他的职责就是经常提醒国王宗教改革后，他的小日子是如何惬意。

简·西摩不负众望，终于在一年后为亨利八世生了个儿子，为这块宝贝疙瘩的降生，英国付出的代价太大了。然而还没有完，简·西摩在坐月子时死于产褥热，成为第三个枉死的英国王后。不过她死得有面子，亨利八世称她为“唯一的爱妻”，不但亲自主持了她的葬礼，死后还要求同她合葬。没有被抛弃，没有被杀头，简·西摩算是亨利八世的老婆里，结局最好的。

话说亨利八世跟天主教廷决裂，欧洲大陆并没有放过他，教皇直接宣布将亨利开除教籍，西班牙是直接武力威胁，威尔士、爱尔兰和国内一些封建旧贵族更是勾结外敌，频繁叛乱。亨利八世还算是狠角色，面对全欧洲的敌人，毫不退缩，选择与那些信奉了新教的德意志诸侯结盟。因为法国和西班牙敌对，敌人的敌人可以是朋友，所以亨利八世不惜跟死敌法兰西赔笑脸。在国内，他将没收的教产转卖或赠送给新贵族和资产阶级，促进了资本主义经济的发展，并为自己争取到一支强而有力的政治力量。依靠这些新兴阶级的支持，他镇压了大批旧贵族。克伦威尔还进行了大刀阔斧的政府机构改革，确立了分工明细的各种部门，行政管理手段进步多了，也极大加强了中央集权，亨利八世比以前的英王享有更大的王权。

从安妮到另一个凯瑟琳

简·西摩死后，亨利八世的婚姻问题又被提上克伦威尔的重要日程，现在太子有了，亨利八世身上的压力顿减，现在他再续弦，就不光考虑生养的问题了。此时亨利八世最可靠的盟友是德意志的诸侯国，出于政治和外交的考虑，未来的英王后应该从这个地区产生。克伦威尔很快就物色到了一位公主，来自德意志的克莱沃公国的安妮。克伦威尔以最快的速度弄到了安妮公主的画像，著名画家霍尔拜因笔下的这位女子，端的是娇俏可人，甜美如花，亨利八世一见之下，立刻老心萌动，马上拍板决定：“就是这位小娘子了！”

画匠靠得住，人类就不用发明照相机了。咱们有教训啊，咱家那位大美人王昭君就是因为画匠的不负责任，稀里糊涂嫁到蛮荒之地，便宜了那些匈奴人。这位叫汉斯·霍尔拜因的德国画家号称是世界美术史上排名第一号的肖像画家，大师级人物，如果说他眼神不好，肯定是冤枉。所以亨利八世也信任他。没过多久，新娘子进门了，亨利八世满怀喜悦揭开盖头，那一刹那，一个巨大的霹雳雷劈在亨利八世的头顶。亨利八世当时就确信，这小娘子的确是画上那位如花似玉的美娇娘，不过肯定是在英格兰登陆的时候把脸摔扁了，搞不好还被别人踩了一脚。新婚之夜，亨利八世就算吃了“伟哥”也毫无兴致。更可笑的是，新娘子只会说德语，亨利八世会讲六国语言，就是不会德语，连调情的机会都没有。

看着这个面目平庸的女人，亨利八世非常天才地给她取了个外号“德意志母马”。除了给新娘子起外号，亨利八世在心里用六种语言挨个问候克伦威尔的祖宗十八代，因为这件事肯定就是这臭小子一手策划的。

天一亮，亨利八世就把克伦威尔叫来训话，克伦威尔早有准备，马上以国家社稷等废话将亨利八世的满腔怒火压住，成也萧何败也萧何，克伦威尔不知道，他是因为国王的婚姻得势，稍有不测，也会栽在这件事上。感觉到亨利八世对克伦威尔不满，那些守旧的贵族知道这是个重创改革派的大好机会，所有针对克伦威尔的屎盆子、尿罐子全飞过来。更高明的贵族知道，国王就这么点爱好，只要找到合适的女人，要控制亨利八世也很容易。

保守派的代表诺福克公爵是安妮·博林的叔叔，他的侄女都不是省油的灯。他很快物色到另一个侄女，作为礼物送给国王。这是另一个小妖精，美艳非凡的凯瑟琳·霍华德（晕死了，亨利八世的老婆不是安妮就是凯瑟琳）。这位凯瑟琳可是美女，胜过亨利八世之前宠幸过的所有女人，而且只有二十二岁，比亨利八世年轻三十岁。虽然年轻，但道行不低，她魅惑君王的本事还在她堂姐安妮·博林之上，亨利八世年轻时扛不住，年老更容易“晕菜”。他马上给克伦威尔一道指令：任务照旧，给朕把“德意志母马”赶出去，帮朕迎娶凯瑟琳。

读者都晕了，克伦威尔一点都不晕，他非常清楚，这位凯瑟琳是天主教的，如果她顺利成为王后，守旧派就占了上风，很可能会颠覆改革成果。所以他采用了“拖”的办法，不理会国王如饥似渴的换妻要求。这个动作给自已招致了祸端，亨利八世终于等不起了，守旧派编派一些恶性事端，将做媒做到得罪人的克伦威尔抄家，杀头，还说他有叛国罪。

英国宗教改革领袖克伦威尔牺牲的这天，凯瑟琳成为第五任英国王后。“德意志母马”被打发到一个小领地上，好吃好喝让她孤独终老，最可怜的是，一直到死，这位德国公主还保持着处子之身。

再次得到一个小妖精，五十岁高龄的亨利八世焕发了青春，岁月不饶人啊，曾经英俊强壮的亨利八世已经是个身材臃肿的老头了，可以想象，所谓一树梨花压海棠这个画面还是不太让人舒服，尤其凯瑟琳在婚前就放浪形骸，私生活多姿多彩的，现在守着个什么都做不成的老头确实郁闷。怎么办，继续多姿多彩啊。这位凯瑟琳有个暧昧的绰号，叫“无刺的玫瑰”，这个绰号翻译成现代汉语，可以理解为：很好上。亨利八世虽然老了，还是英王，他的头顶上已经有一顶英国王冠，哪里还有脑袋戴绿帽子？勃然大怒之下，另一次王后通奸引发的大清洗开始了，残杀了一批据说或者疑似跟王后上过床的人。

“无刺的玫瑰”也没跑，不管亨利八世多么留恋她如花的头颅，最后还是被砍下来，成为“无头的玫瑰”，跟她的堂姐安妮·博林在同一地点，用相同的方式，走了同一道鬼门关。

经过这五次折磨，一般人肯定就心灰意冷，不会再尝试婚姻这个危险游戏了。亨利八世不信邪啊，只要他一天不死，身边就不能没有女人，只是随着年岁不同，老婆的功能跟着发生变化。眼看着亨利八世进入风烛残年，他现在最需要的是个护理人员。

乌托邦

亨利八世的婚姻破事讲了这么多，还要继续。为了显得我们读历史不光只关心野史和私生活，这里从一个高深的论题讲起。14 世纪至 16 世纪，我们在不列颠溜达，这家人不是走马灯一样地换国王，就是国王走马灯一样地换老婆。要不怎么叫岛民呢，生活状态非主流啊。这时候，欧洲的主流在干什么呢？文艺复兴啊！大家心目中的文艺复兴，似乎只是几幅油画几座建筑，其实文艺复兴主要是一场巨大的思想变革运动，艺术和科学只是比较明显的表现形式。

文艺复兴的中心当然是意大利，但欧洲各国都有因自己的国情产生的人文亮点。而在不列颠，最耀眼醒目的，就是诞生了空想社会主义这东西。到底什么是空想社会主义呢，听名字就知道，将社会主义天真化。先说这个思想的出现背景吧。

15 世纪之前，英国还是个传统的农业国家，耕种养殖各取其利，互不干涉，共存共荣。随着环球新航线被开辟，欧洲人开始满世界乱窜，国际贸易空前繁荣，尤其是毛纺织制品需求大增。欧洲大陆西南角有个叫佛兰德尔的地区，成为全球这类产品的中心。毛纺织物价格不断上涨，联动着原料羊毛也跟着大涨。历史上，欧洲大陆的羊毛主产区就是英国。英国人很快发现，养羊剪羊毛是一门巨好的生意，比种粮食赚得多得多。如此一来，所有人都投入羊毛生意，开始大规模养羊。养羊这门业务，最大的问题就是需要地方，大面积的牧场。英国贵族便开始比着抢地盘，除了买来的、骗来的，自然也有抢来的。那阵子英国的广袤原野到处可见木栅栏、竹篱笆分割的地界，那些原来租种土地的农民被赶走，甚至把人家的房子都拆掉，就是为了霸占土地养羊。老百姓流离失所，贫困交加。这就是那个著名的“羊吃人”的时代，一位天才的思想家在一本书上写道：“绵羊本来是很驯服的，所欲无多，现在它们却变得很贪婪和凶狠，甚至要把人吃掉，它们要踏平我们的田野、住宅和城市。”这位天才的大名就是托马斯·莫尔，而这本书就是大名鼎鼎的《乌托邦》。

当时欧洲的思想精英，已开始倡导建立“自由、民主、平等”的资本主义新型社会。而托马斯·莫尔的目光更加深邃幽远，他以柏拉图的《理想国》为基础，在否定私有制的基础上，设计出财产公有、共同劳动、按需分配的社会方案，为人们的进步追求描绘了美好梦幻的前景。在这本游记体的小说中，他阐明，“如不彻底废除私有制，产品不可能公平分配，人类不可能获得幸福”。莫尔设计出一个在所谓“乌托邦”岛国的共产主义社会。在这个岛上，总督和各级官员由选举产生，官员基本上是一年一换。任何涉及国家的要政，总督、官员都不能自作主张，而须经过“议事会”讨论，以防个人专制统治。在经济上，“乌托邦”彻底废除了私有制，实行财产公有制，“一切归全民所有”。在政府组织下，人们实行普遍的义务劳动制，轮流到农场去务农，此外还得学一门手工技艺。取消商品、货币和市场，消费品按需分配。在社会生活中，人们妥善地安排劳动、娱乐与休息，每天只工作六小时，其余时间用来从事自己喜欢的业余文化活动。这些描述我们一听就好笑了，这绝对是书呆子在家里空想出来的天真白日梦。不过在当时的社会环境下，身为一个爵士的托马斯·莫尔能这样空想，也是令人感动的。毕竟有梦想才有进步的空间，所以说：人类失去梦想，世界将会怎样?

托马斯·莫尔是个不识时务的书呆子，梦想太多容易失去现实判断，作为一个死心塌地的天主教徒，他哭着喊着阻挡亨利八世抛弃第一任王后及与罗马教廷决裂的行为。文死谏，在哪个国家都一样，托马斯·莫尔本来是亨利八世私交很好的朋友，但国王也没对他客气，被他谏得烦了，直接下圣旨砍掉了这位天才的脑袋，他也成了亨利八世婚姻的一件重要牺牲品。而他带给全世界的“乌托邦”这个词，就成为一个梦想中美好境界的代名词。比如你爱上一个人，两人完全平等，没有纠纷和不谐，只有爱情的甜蜜，完全没有爱情的纠结，那就是标准的“乌托邦式的爱情”，当然，这也是白日梦的意思。

换不动了

回到亨利八世的王宫，换了五个老婆的亨利八世真的有些筋疲力尽了，成为一个对婚姻有些偏执认识的老头。根据老亨利的新标准，另一位宫廷侍女进入了他的生活。这是一位三十三岁的寡妇，名字叫凯瑟琳·帕尔。五十二岁的亨利八世总算是出息了，这位凯瑟琳不管从哪个角度看都不是美女，但她是个才女，有丰富的学识和睿智的头脑，心地善良，还颇有性格。此时的亨利八世是个脾气暴躁的老头，身体也越来越差，一般人都伺候不了，只有凯瑟琳以智慧和胸怀包容他，终于在晚年给了亨利八世一段正常的家庭生活。传说凯瑟琳也差点不得善终，凯瑟琳是个新教徒，而亨利八世虽然接受了新教，经常还有些不进步的思想。两人一起探讨宗教问题的时候，凯瑟琳经常给国王上课，这直接打击了亨利八世作为一个宗教专家的权威。他又习惯性地对王后起了杀心，好在凯瑟琳脑子清楚，很快就发现了隐患，并以谦卑小心的态度安抚了亨利八世的暴躁，保住了自己的脑袋。

凯瑟琳最了不起的是对亨利八世那三个孩子的态度。这么多年，伦敦的王宫里不是杀头就是阴谋，充满各种黑色阴霾和腐烂的臭味，实在不适合儿童成长。凯瑟琳成为新后妈，马上将分散在各地教养的玛丽公主、伊丽莎白公主和爱德华小王子接回伦敦，在王宫中亲自照顾他们，料理他们的生活，并极力协调孩子同父王的关系。她还物色了很多贵族子弟进宫陪公主、王子玩乐、读书，让那个阴冷的宫殿再次出现了孩子的笑声、歌声和阳光。

1547 年，五十六岁的亨利八世因腿伤引发的感染死去。亨利八世留给后世的故事多半是关于他的六个老婆，实际上，他算是一个文治武功都还不错的君主。最值得表扬的是对海军的建设。他父亲亨利七世在世时已经看出海军的重要作用，开始建设舰队，并制造了英国历史上最大的战舰，也是当时世界上最大的战舰之一。到亨利八世这辈，他创立了正规的海军，并开始制造快速灵活的新型战舰，在甲板和两舷配置了火炮，还专门训练了用于战斗的水手，虽然还不具备向外扩张的实力，但毕竟为后来“海上霸主”的地位打下了基础。

二十三　不是一个妈生的骨肉

冷血爱德华

亨利八世临死时，非常仔细地安排了自己的身后事。王位继承的顺序是这样的，第一继承人当然是太子爱德华，如果爱德华生不出儿子，那么王位就传给玛丽公主，而玛丽公主到死都没有儿子的话，将王位传给伊丽莎白公主。看来亨利八世弥留之际很有智慧啊，果然如他所料，三个孩子都有机会当国王玩。亨利八世驾崩时，爱德华九岁，伊丽莎白十三岁，玛丽公主已经三十一岁了。

爱德华六世九岁登基，做了六年的英王，对一个小孩子的治国之道我们就不评论了，而且这孩子一直被肺结核困扰，是个病秧子。他年纪小，身体不好，小性格还有一点。英国国内从宗教改革后，国内的天主教和新教的斗争从来没有停止过，爱德华六世从小就以新教教养，他短短的执政生涯全都用来清理传统天主教了。眼看着自己命不长久，爱德华六世一直计划一件事，那就是剥夺大姐的继承权。为什么呢？因为玛丽是个虔诚的天主教徒，爱德华六世和新教派可以想象，玛丽继位，她必然会不惜一切代价将英国带回天主教，并大力清理新教。所以爱德华六世和亲信偷偷安排了一位叫简·格雷的郡主继位，取代玛丽。

要知道，英国境内的天主教一时是杀不完的，那些守旧派贵族的脖子伸得老长，就等着玛丽上位后替他们报仇，并将不列颠重新带回教廷的怀抱。一听说玛丽竟然不能上岗了，这些老家伙岂能让希望落空，赶紧组织军队，支持玛丽杀进伦敦，将格雷这位半路杀出来的女王赶下台，和那些幕后主使一起砍脑袋。伦敦的老百姓还是比较传统，鉴于玛丽是亨利八世遗诏的继位人，人家又没犯什么过错就剥夺继承权特别不地道，所以他们都支持玛丽讨还公道。最可怜的就是简·格雷姑娘，稀里糊涂成了女王，九天之后就稀里糊涂送了性命，生命的最后十天比过山车还起伏。

先暂时离开英国，给大家讲点花絮。介绍一种鸡尾酒。鸡尾酒是最上不得台面的酒，乱七八糟的，如同东北菜乱炖。不过在酒吧迷离的灯光中，如果有个绝色美女端着一杯猩红的酒浆，映衬一样鲜艳的红唇，还是颇有一点性感的。那种颜色鲜红如血的鸡尾酒，就是大家都知道的“血腥玛丽”。当然，去吧台点酒的时候，不能说中文，显得土鳖，应该用低八度的声音说：Bloody Mary！贼性感！

这种红彤彤的酒浆也不是什么高科技，用伏特加兑番茄汁就行了，有条件还可以加点芹菜根，喝起来味道恶心。但这种酒的来历非常美艳鬼魅（还有一种著名的鸡尾酒叫螺丝起子 Screwdriver，是伏特加加橙汁）。

大家都知道，欧洲有些经典鬼故事，多半是关于古堡里的。欧洲著名的闹鬼古堡中，在布达佩斯郊外有个古堡很出名，它的主人是欧洲历史上艳名最盛的美女，李·克斯特伯爵夫人。这个传说中的美女到底有多美呢，据说为她决斗而死的贵族超过一百个，而在她六十岁的时候，还有年轻小伙子因为追求未遂而自杀。六十岁的她，皮肤和容貌还可以媲美任何一个花季少女，连法王路易十四也是她裙下之臣，听说也没搞到手。

女读者马上又感兴趣了，到底用啥化妆品，这么驻颜有术呢？！她的诀窍你们学不了。这位李夫人每天用新鲜的少女血液沐浴，将自己的身体浸泡在那些少女的鲜血之中，吸取她们青春的精气。沐浴前，她还会饮用一杯鲜血。时间长了，这位绝色的女人不仅美艳不可方物，身上还总带着血腥味，这种残酷的美感妖异鬼魅，让更多的男人痴狂。据不完全统计，为了维持这位美妇的容貌，至少有三千个少女失血而死。因为手段太残酷，周围的女孩子都被她祸害完了，终于犯了众怒，村民拥进古堡将她烧死在浴缸里。古堡从此被封闭，不过从那以后，布达佩斯郊外古堡经常发出各种奇怪恐怖的声音，成为著名的鬼屋。

“血腥玛丽”就是来自这位李夫人，当然不是为了纪念她的丰功伟绩，主要是缅怀她那不属于尘世的惊人美丽。而“血腥玛丽”也成为一个特定词，形容一个女子过于残酷，心狠手辣。

李夫人不是最早的“血腥玛丽”，最早的“血腥玛丽”出现在英格兰，她就是我们下面要说到的英国历史上第一位正式的女王：玛丽一世。

“血腥玛丽”

原来已经说过，亨利八世忙了一辈子，结了六次婚，累得半死生了三个孩子出来，其产量之低，“令人发指”。数量少，废品率还高。唯一的儿子爱德华是个痨病鬼，宗教狂热分子；大女儿玛丽是个大龄“剩女”，宗教极端分子；二女儿伊丽莎白，大家都知道，好听的说她是童贞女王，其实就是个没嫁出去的老姑婆，好在她在宗教事务方面没有一根筋，貌似有得商量。这三个孩子虽说是骨肉，却是比仇人还互相眼红，都有欲整死对方而后快的想法，尤其是玛丽和伊丽莎白，这对姐妹绝对是没有一点人情可言，打断骨头，还要抽筋。

前文说到，三十七岁的玛丽在传统天主教贵族的支持下夺回了王位，成为英国历史上第一位正式的女王。宗教极端分子不是一天练成的，让我们回顾一下她坎坷的成长经历。

玛丽是亨利八世的原配西班牙公主凯瑟琳的女儿。凯瑟琳被贬后，亨利八世宣布，因为他和前妻的婚姻不合法，所以女儿也就是私生女，再不是公主。这之前，玛丽作为亨利八世的独生女，是享受了很多宠爱和荣华富贵的，如今不带降落伞，直接从天堂栽进地狱，心理落差巨大，很容易出毛病。尤其是伊丽莎白出生后，玛丽非常离谱地被宣布成为伊丽莎白公主的侍女。在安妮·博林当王后的那几年，这位不太善良的后妈对这个宿敌的女儿，下手绝对不客气，大家可以想象玛丽的困窘无奈生活。

在凯瑟琳母女对安妮·博林母女的“金枝欲孽”中，除了抢老公，抢王后之位，还涉及一个宗教领域的争斗。凯瑟琳母女代表的是天主教传统派，安妮·博林代表新教，两派厮杀的过程中，弱势的凯瑟琳母女一直受到天主教宗的支持和保护。可以想象，玛丽的成长岁月，天主教这个信仰是她人生的一剂安抚药。尤其是母亲死后，自己从凤凰沦落为家禽，随着年纪越来越大，前途叵测时，信仰代表着跟她的生命一样重要的东西，如此一来，成为一个天主教极端分子就可以理解了。

亨利八世剥夺她公主头衔，逼着她承认父母的婚姻无效、自己是私生女时，玛丽表现出了跟她母亲一样的执拗性格，那就是，坚决不从，正式跟父王敌对。亨利八世作为父亲收拾这位叛逆闺女的法子比较缺德，那就是直接取消她所有的相亲、谈对象活动，人为地把她变成“剩女”，为她后来发展成为杀人如麻的女魔头打下坚实的心理基础。

玛丽人到中年，获得大英王位，一洗自己前半生的屈辱，更是靠天主教会的大力帮忙。所以玛丽一上位，一场对英国新教的血腥清洗就开始了。

玛丽做女王玛丽一世不过五年。这五年时间里，玛丽一世试图以最快的速度将英国带回天主教时代，重回教廷的怀抱。于是，她开始大肆缉拿和杀害新教徒，有三百多位新教徒被火刑处决，包括孕妇和孩子。因为这个高调张扬的杀鸡儆猴的动作，玛丽一世给自己挣得了一个“血腥玛丽”的江湖诨名，成为欧洲著名的女魔头。大家会问了，英国也不算个小地方，一个国王杀三百人就成了暴君很不公平，让中国那些个动不动灭人九族的暴君觉得搞坏行情，影响声誉。关于这个事，东西方有不同的标准，男王和女王也有不同的标准，反正不论什么标准，后来新教成了英国的国教，其后的历史工作者自然要将玛丽一世对教徒的迫害大肆渲染，这再次说明世界上没有完全绝对公正的历史观。

玛丽一世的宗教极端分子女魔头的形象让英国人民很不欢迎。他们原来支持玛丽登基，是因为还记得玛丽的妈妈凯瑟琳是一位如何端庄而贤良的王后。老百姓天真地认为，这样一个贤妇的女儿再差也差不到哪里去。新教在英国是受百姓支持的，毕竟那些教士、修道院太贪婪了，没有一点宗教人士的基本操守，比地主官僚还盘剥百姓，所以英国脱离天主教廷，尤其是免掉了大量信仰宗教时的繁文缛节，让百姓顿时觉得宗教生活竟然可以如此轻松。以前信上帝，没有直接渠道，要祈祷、要忏悔啥的，都要看教士的眼色，万一他们消极怠工，不给如实转达，上帝就根本不知道自己的疾苦。如今突然听说，自己和上帝是可以直接单线联系的，不需要代理，不需要介绍人，那些信众是多么欢欣鼓舞。所以，此时的英国，新教已经是一辆上了跑道的快车，它的发展已经由不得任何人阻拦了。强行拉停这辆快车，不仅不符合潮流，还很容易被这辆车顶到阴沟里去。

很快，所有人都发现，就算没有车祸，玛丽一世自己也在向阴沟里滑落。玛丽毕竟是个女人，第一个英国女王，没有前辈可以学习，所以心里没底，总觉得还是应该找个当家的商量一下。况且，因为父亲的阻扰，玛丽年近四十也没尝到爱情的感觉，一点不渴望也不可能。于是，玛丽一世一登基，马上就着手安排自己的终身大事，为自己物色了一个老公。

女王的婚姻优先考虑政治安全，既然是以找靠山为目的，当然是找最大的。当时的欧洲，最牛的国家当然是西班牙，横跨欧美，有半个世界的版图。而西班牙跟玛丽又有亲戚关系，所以自然是联姻首选。玛丽选择了西班牙的二王子腓力。他不仅是最大的靠山，对于将英国带回教廷的怀抱更有积极的意义，玛丽越想越觉得这桩婚事很值得，只是她不知道，不论她屠杀多少新教徒，都不如这桩婚事带给自己的打击更有毁灭性。欧洲的王室辈分血缘混乱，大家千万不要仔细研究，这位腓力结婚时二十七岁，整整比玛丽小十一岁，扳手指头一算，从西班牙王室的亲戚那边论，腓力应该叫玛丽表姑妈。

姑妈和侄儿的婚姻让整个英国不满，乱伦之类的事不考虑，根据嫁鸡随鸡的普遍法则，玛丽一嫁给腓力，腓力就成了真正意义上的英王。不久，腓力二世继位成为西班牙国王，英国等于就变成了西班牙的一个海上行省。玛丽一世实实在在做了一件卖国的事，她自己还没感觉。

二十七岁的小丈夫对自己这位老婆大人没什么感情，几乎从不在英国本土出现。腓力二世不拿英国当回事，玛丽一世对这个小老公的脸色还是要看的。西班牙一直跟法国不对付，结婚第二年，腓力二世一声令下，玛丽一世立刻集合英军开进了欧洲大陆，帮着西班牙跟法国打架。这次出兵英国掺和得很无聊，如果非要找出点意义，大约可以说玛丽一世为爱情而战。可惜英国的百姓不了解女王对婚姻关系的珍重，从出兵开始，英国上下就怨声载道，对玛丽的怨怼之情日益高涨。而玛丽一世也高估了她爱情的力量，这一番英军攻入欧洲，不但没有为自己的老公争出脸面，反而将英国留在法国大陆最后一块立锥之地——加来港彻底丢失。对于所有的英国人来说，加来港是英国人回归欧洲大陆的最后希望，是跟欧洲大陆连接的脐带，其战略和经济地位更是重要无比，失去后，如丧考妣。这件事，让英国人对玛丽女王的支持直接降到了冰点。玛丽一世不得人心固然让她烦恼，但更大的郁闷来自自己的生育问题。她处心积虑，顶住重重压力给自己找个老公，最大的目的就是给自己生出继承人来。因为如果她生不出孩子，英王位就会传给伊丽莎白。

伊丽莎白继位，不仅让玛丽很不爽，欧洲天主教世界更不爽，伊丽莎白生下来就是新教徒，如果她执掌王权，之前玛丽一世大刀阔斧的宗教回归活动就算白扯了，那三百来号男女老少白杀了。

本来玛丽一世一伙预备以新教徒这个罪名将伊丽莎白打入监牢，但伊丽莎白是个很懂变通自保的人，比她妈的智商高多了，一感到女王大姐和她的幕后智囊预备对自己下手，伊丽莎白就以最快的速度和最虔诚的态度宣布自己加入天主教，放弃新教。

全世界都知道伊丽莎白这个动作完全没诚意，实在是委曲求全之举，但她姿态已经做出了，玛丽一世总不能因为她改邪归正，悬崖勒马，改信了天主教而废除她吧。千思万想之下，唯一能让自己妹妹失去继承权的方法就是：自己生出继承人来，让妹子在一边干瞪眼。

三十八岁的玛丽对孩子的渴望几乎疯狂了，话说她跟腓力侄子结婚几个月，她就对外宣称她怀孕了，妊娠反应明显，甚至据她自己说还感觉到胎动，说得神乎其神。当时的王宫上下都在为新的王室成员的出世做准备，玛丽一世自己更是热切期盼。谁知几个月过去，女王的肚子没有任何变化，女王怀孕整个一个乌龙事件。这事很快被欧洲各大媒体传为笑谈，玛丽的西班牙小老公更是感觉这个大龄老婆什么都不懂，还神神道道的，完全没有魅力让他留下。于是，腓力二世从此扬长而去，再也没回到英国来。玛丽一世以最快的速度从新娘变成弃妇。巧妇难为无米之炊啊，老公跑了，玛丽自然就再没机会怀上孩子了，搭上了加来港，也没解决这个重大问题。

玛丽一世自己的人气越来越低，她发现妹妹的人气却在暗暗高涨，可以理解，这个玛丽已经让所有人失望了，现在英国臣民就等着她赶紧下课，早日让伊丽莎白上岗。所以，确定自己生不出继承人后，玛丽一世决定，把妹妹往死里整，让她永远没机会登基。恰好，来了个机会。因为玛丽贸然出兵法国大败，国内反对浪潮汹涌，一个叫怀亚特的英国贵族秘密组织了一次起义，希望能罢黜玛丽，扶持伊丽莎白上岗。事情没做得太隐秘，还没动手就被发现，怀亚特被割掉脑袋，挂在伦敦的城门上。

怀亚特不过是一条小鱼，玛丽和她的幕僚却知道，这是个整倒伊丽莎白的机会。所以，一个策动谋反的帽子就扣在了伊丽莎白的头上。其实这个事非常冤枉，虽然怀亚特打着伊丽莎白的旗号造反，但她自己并不知道这件事。玛丽一世宣她妹妹进伦敦受审时，伊丽莎白正被严重的猩红热困扰，半死不活。玛丽可不会心疼妹子，硬是下旨让人将妹妹架上马车，一路颠簸来到伦敦。伊丽莎白此番没被整死，绝对是印证了“天将降大任于斯人”的论点。

在伦敦，伊丽莎白百口莫辩，玛丽一派也管不得这个谋反事件有没有真凭实据，就想直接取了伊丽莎白的性命完事。好在英国的宫廷里还有些忠良，眼看着玛丽肯定是生不出孩子了，如果伊丽莎白也没了，将来英国的大位之争又是一场动荡。英国人难得过几天太平日子，还是放伊丽莎白一马吧。

玛丽迫于广大民意，也不敢贸然杀掉妹妹，只好下令将伊丽莎白关进伦敦塔，那里正是安妮·博林被砍头的地方，如果她的灵魂还飘荡在伦敦塔上空，将看到自己可怜的女儿在狂风暴雨中痛哭着走进那些黝黑阴冷的坚牢。

伊丽莎白因为疑似造反，在毫无证据的情况下，被姐姐玛丽关进伦敦塔。伦敦是个经常下雨的地方，而那一天，更是狂风暴雨。伊丽莎白在大雨中缓步走向监牢，她的侍从催促她快点进入牢中避雨，可她挺直了腰，用一个英国公主端庄雍容的步履慢慢向伦敦塔走去，因为她知道，一进入那些黑屋子，虽然不用淋雨了，也完全没有自由了。公主美丽而端庄的脸庞湿得模糊，泪水和雨水混合在一起，让周围所有人动容。

因为母亲在伦敦塔被砍头，所以这个阴森的地方，肯定是伊丽莎白心中最恐怖的所在，她的姐姐和弟弟也深知这一点，所以经常把她弄到伦敦塔收拾她。因为莫须有的谋反罪名被请进伦敦塔已经是二进宫了，之前还发生过一次，这要从伊丽莎白小时候说起了。

那是亨利八世生前。前文说过，凯瑟琳被废，女儿玛丽成为伊丽莎白的侍女，安妮·博林被杀，玛丽和伊丽莎白一起成为王子爱德华的侍女，后来三个孩子都在王宫之外“饲养”（没人管，形同放羊）。最后一任王后凯瑟琳·帕尔将他们全部接回了王宫。此后，伊丽莎白就一直在她的教养之下，得到了正式教育，学了很多东西。伊丽莎白一世后来能用六种语言交谈书写，就是得益于当时的教育。凯瑟琳·帕尔是个学者型女人，她做事的方法还是比较随性。亨利八世死后，她再次嫁人，她嫁给了一个叫托马斯·西摩的时任海军大臣。这个人什么路数呢？还记得亨利八世的第三个老婆，爱德华的母亲简·西摩吗？对，这位托马斯就是她的哥哥，爱德华的舅舅，爱德华六世九岁登基，肯定也是有一位摄政王的，当时的摄政王是另一个舅舅，托马斯的大哥，萨默塞特伯爵。

凯瑟琳·帕尔跟托马斯结婚后，伊丽莎白一直跟着他们夫妇，由他们抚养。此时正是伊丽莎白的青春期，一个青涩的花骨朵正缓缓地开放。这个岁数的小女孩儿，正是春心萌动，情窦初开。有经验的老男人都知道，这种小姑娘最好骗，很快，有个老男人就打她主意了，近水楼台，这个老色狼就是托马斯，现在充当她父亲的这样一个人物。

英国贵族老男人在猎艳方面都有些专长，托马斯要吸引一个十五岁的小姑娘难度也并不高。很快，整个伦敦都以各种版本风传托马斯和伊丽莎白的风流韵事，如果那时候就有路透社，在伦敦生活就幸福了，每天早上吃着早餐看皇室的香艳绯闻。

托马斯追求伊丽莎白有其更高深的目的。自己的哥哥占据摄政王之位让他非常眼红，他也想摄政玩，可哥哥的地位很牢固，由不得他打主意。于是，他决定绕个远路，先跟伊丽莎白结婚，再扶持伊丽莎白提前继位，他以王夫的身份执掌英国的大权。这种动机绝对是司马昭之心，地球人都知道。所以在凯瑟琳·帕尔难产死后，托马斯厚着脸皮跟他哥哥提出娶伊丽莎白续弦时，遭到他哥哥的严词反对。算盘打散了，托马斯恼羞成怒，策划谋反。眨眼之间，就被镇压。托马斯被抓住，押到伦敦塔受审，而伊丽莎白想当然应该是从犯，也跟在伦敦塔接受调查。后来托马斯被砍头，最大的罪名是：不惜手段与伊丽莎白结婚。

这事伊丽莎白毕竟是被动方，她一个小姑娘被老男人哄骗正是个受害者，只能算行为不端，下次注意就行了。所以老男人死后，也就没太找她麻烦。但由这件事，她知道了一个道理：自己的婚姻绝对不是小事，稍不慎重，王位甚至生命都要搭进去的。也许，由这时起，伊丽莎白的心里就已经开始滋生对婚姻的恐惧。

回忆结束，回到开头那一幕，伊丽莎白再次被莫须有的罪名弄进伦敦塔，英国国王的幕僚团，私家顾问团——大名鼎鼎的枢密院，郑重其事地派出九个人组成的班子，常驻伦敦塔，审查伊丽莎白策动谋反的案子。审了两个多月，实在是一点证据也没得到，而造反头目怀亚特在被绞死前，已经发誓伊丽莎白与此事无关。其实，伊丽莎白在跟姐姐的斗争中，一直很小心地保全自己，因为她知道，姐姐经常会派暗探潜伏在自己周围，随时试探，所以自从她宣布加入天主教，跟新教的人士都不来往，更别说有造反倾向的危险分子了。枢密院的同志奋战六十多天，没有任何收获可以指控伊丽莎白。玛丽一世只好把妹子放出来，转手就把她送到牛津以北四十公里一个荒僻的庄园，找了间小土屋，让她住在里面。她还找了个性情古怪的老爵士监视她，这位老爵士显然是玛丽一世的不二忠臣，在对待伊丽莎白的事情上，深知女王的心态，以至于伊丽莎白后来说，在这里度过的时光，比伦敦塔还要难熬，她的处境，比囚犯还糟糕。这样艰难的生活，她过了十个月。

玛丽一世的一生是痛苦的一生，即使后来成为英国女王，怕失去王位、对其他人篡位的猜疑、丈夫对自己的抛弃，每一件事也都在吞噬她，终于完全吞没。1558 年，四十二岁的女王在孤独中死去。

玛丽一世肯定想不到，她的死引起了全英国人的狂欢，欢乐的国丧。伊丽莎白根据亨利八世的遗诏成为英国的新女王，伊丽莎白一世。

1558 年 11 月 24 日，玛丽一世尸骨未寒，一千名禁卫军就簇拥着二十五岁的伊丽莎白，浩浩荡荡奔赴首都伦敦加冕。沿途的百姓人家都挂上国旗，表示向新女王效忠。

伦敦城更是比过年还热闹，所有人都挤到街上，树上、房顶上都是人。市民争相瞻仰新女王的风采，欢呼声如雷鸣、如海浪。英国的历史书这样描述:“玛丽一世女王狂风暴雨般的统治时代结束后，不愉快的愁云被驱散，难忍的痛苦像迷雾一样消失，迫害成为过去。感谢上帝给英格兰送来一个平静的季节、一个明媚的太阳、一个受到伊丽莎白女王保佑的世界。”伊丽莎白看到这一切，肯定会回忆起过去那些困苦难过的时光，她告诫自己，要吸取姐姐的教训，谨慎小心，善待自己这来之不易的地位。

读者终于等到伊丽莎白登基，最想看的，肯定是女王的私生活。伊丽莎白是大英的千古一帝，我们首先自然要介绍文治武功。

二十四　伊丽莎白女王

宗教是根本

伊丽莎白做女王，最大的优点就是亲善。据说她刚上岗那一年，大部分时间用来自驾游，拜访各地区的百姓人家，毫不嫌弃地品尝那些乡间农妇烹制的食物。这个世袭的女王，对民意的尊重可媲美一个民选的政府首脑。就算不离开伦敦，她也经常到伦敦大街上闲逛，跟市民聊天，优雅而淡定的女子带着浅笑征服了伦敦所有人的心。

一边收买民心，一边加强王权，她加紧建立自己的枢密院和完全听命于自己的政府，扶持亲信，说一不二。英国的贵族对女人就是有风度，伊丽莎白在位时，英国的王权空前强大，可贵族居然没想到把“大宪章”这个东西找出来给她上课。伊丽莎白上任伊始，第一个不能回避的问题就是宗教。经过她弟弟和姐姐两个宗教狂热分子的折腾，英国国内天主教和新教的势力各有消长，谁也不能完全压倒对方。

女王自己是个新教徒，但她知道，如果用蛮力推行宗教净化，是会引发很多问题的。所以，她刻意地隐藏了自己的宗教倾向，从不在公共场合参与宗教活动，在国内缓和地推行新教，将那些被放逐的新教徒召回家，但对国外，女王小心保持跟罗马教廷的谨慎的关系，和而不同。

英国的宗教问题彻底解决，要归功于一个天才，大名叫威廉·塞西尔。女王在扶持自己的亲信势力时，将重点放在了中下层贵族，而威廉·塞西尔就是女王一手挖掘出来的左右手——首席国务大臣，这位老兄在伊丽莎白一世的前半程，绝对是朝廷的巨擘，女王最重要的外脑。一个小姑娘这样老练从容地把自己修炼成一代明君，这个外脑是有重大贡献的。后来的英国历史学家评价威廉·塞西尔是“英国历史上完美的大臣”。

威廉·塞西尔出身剑桥，是个学者型官员。可这人一点都不书呆子，作为一个才华横溢的人，他也算是官场沉浮中的老油条。之前他混迹爱德华到玛丽的种种政治斗争中都能够保全自己，可见有相当的从政智慧。他一开始就跟女王提出，解决宗教问题必须采取一条骑墙派的中间路线，绝对不能极端。宗教改革的详细情况就不说了，现在的英国国教就是那时确立的，如果一定要描述，那应该是以新教的精神为核心，改革保留部分天主教的仪式，但所有的宗教活动都是以忠于国王为前提。这个条款一经确立，骚扰了英国几十年的宗教改革问题基本消停了，老百姓松了一口气，终于不用为信上帝的形式问题所困扰了。

女人的区别

伊丽莎白以一个新教徒的身份成为英王，天主教国家经常有些要刺杀她的传闻，她姐姐遭遇威胁时，光躲在宫廷里害怕了，可伊丽莎白的帮手显然高明多了，让她先发制人，以攻为守。威廉·塞西尔为女王在全欧洲和苏格兰等地建立了一个无孔不入的间谍网，专门侦察那些针对女王的威胁。威廉·塞西尔之后，另一位亲信沃辛汉伯爵接过了这个工作，将“伊丽莎白间谍网”发展壮大，为伊丽莎白的王位打造了一个密实的保护网。

先介绍伊丽莎白一世的对外政策，因为它几乎决定了英格兰的发迹过程。

在伊丽莎白一世的故事里，有另一个女王的故事是不能回避的，我们要先把她请出来介绍一下。这位女王也在英伦三岛上，那阵子这块地区阴气重，一茬茬的都是女当家，这位跟伊丽莎白一世较了一辈子劲的是苏格兰女王玛丽一世。读者不要晕啊，这位玛丽是苏格兰的玛丽，学欧洲历史的时候，很多人容易把她与“血腥玛丽”混淆。这两位玛丽一世除了帝号相同，最大的共同点是，都算不上幸福的女人，做女王做得很狼狈。尤其是苏格兰这位玛丽一世，她的一生真是颠沛流离，坎坷波折，总觉得上帝让她这样的智商和情商君临苏格兰就是为了玩她。

玛丽一世被宣布接掌苏格兰王位时刚刚出生六天，黄疸还没退，黄袍就加身了。没办法，父系所有的继承人都死光了。几个月以后，玛丽一世穿着世界上最小号的王袍加冕。好在这小婴儿有个厉害的妈，是当时法国权臣的妹妹玛丽吉斯，这位新妈妈自然成为苏格兰的摄政太后。

玛丽一世加冕的过程其实是偷偷摸摸的。根据英格兰和苏格兰之前的约定，玛丽一世应该嫁给亨利八世的儿子爱德华，如果生下继承人，将成为未来两国国君。这显然是英格兰一个直接兼并苏格兰的动作，现在摄政的太后既然是法国人，肯定不干。而亨利八世就想先下手为强，把襁褓中的玛丽抢过来。太后果断地转移了玛丽，在一个小礼拜堂给她戴上王冠。

亨利八世见苏格兰有悔婚的倾向，马上兴兵找麻烦，苏格兰在一次战役中大败，太后赶紧求救于自己的娘家，苏格兰的传统盟友法国。当时的法国国王亨利二世立刻出兵帮助苏格兰遏制了英格兰的兵锋。世界上没有白帮忙的事，苏格兰稍微消停点，法王赶紧替自己的儿子求婚，让玛丽一世嫁给自己刚出生的儿子弗朗索瓦。这个动作的动机也非常明显，跟英格兰的亨利八世一样，娶玛丽一世等于是用最简单的办法收编苏格兰的国土。之前法苏只是盟军，法国心底深处的心思，自然是将苏格兰纳入法兰西的版图，进而骚扰英格兰后方。法国人对英伦三岛的版图野心，一点也不低于英国人对法国大陆的心思。

太后是法国人，对于娘家的事总是偏心些，马上答应了法王的提亲，给玛丽一世收拾了细软，将她送入法国宫廷教养。玛丽一世在法国受到最正统、最高级的教育，在十六岁时嫁给十五岁的法国太子，并在第二年成为法国王后。从法国太子妃到法国王后这段时光，可能是玛丽一世人生中最幸福的一段了，虽然弗朗索瓦病病歪歪，据说在床笫之事上还力不从心。可惜即使是这样的日子也是短暂的，弗朗索瓦做了一年法王就歇菜驾崩了。法国兴起王位之争，年轻的寡妇回到了苏格兰，开始了不幸的女王生涯。跟英格兰一样，苏格兰此时也面临着宗教变局。玛丽一世在法国长大，顺理成章是个虔诚的天主教徒，但她在法国期间，苏格兰已经经过宗教改革成为一个新教国家。玛丽一世回国，所有的新教徒都捏了一把汗，担心她像英格兰的“血腥玛丽”一样，以极端的方式扭转苏格兰的宗教局势，所以玛丽一世一踏上苏格兰的土地，就已经感觉到了许许多多敌意的目光。

当时苏格兰当政的是玛丽一世的哥哥，不过这哥哥是父亲的私生子，所以不能名正言顺地登基，只能当当大管家。这私生子哥哥是个新教徒的首领。玛丽一世权衡了一下，决定还是让一切照旧，什么都不做，继续让新教当家。这个动作在她刚回家的那段时间有效稳定了局面，当然也让天主教的人在心里骂这丫头不够铁腕、很不上道。

好景不长，玛丽一世很快就犯下跟“血腥玛丽”一样的错误，那就是，对自己的婚姻太轻率。男人不坏，女人不爱，女人总是会被一些浪子吸引，玛丽一世突然铁了心要嫁给一个浪荡子达利恩勋爵亨利·斯图亚特。玛丽一世的全名是玛丽·斯图亚特，两个人同姓，血缘比贾宝玉林黛玉还近，是堂兄妹。再仔细地追溯上去，这一对堂兄妹都是英王亨利七世的子孙，如果按辈分算，此时的英女王伊丽莎白一世是他俩的表姑。

其实玛丽一世回到苏格兰，最恨她的既不是新教也不是天主教，而是伊丽莎白一世。因为罗马教廷不承认伊丽莎白的继位权，所以如果成功罢黜伊丽莎白一世，玛丽一世大有资格继承英国王位。伊丽莎白知道这个表侄女是自己王位的重大威胁，所以一直派人秘密监视她，还企图安排她的婚姻，以达到完全控制她的目的。

玛丽一世嫁人这个动作，所有人分析就是为了给表姑伊丽莎白一世一记耳光。如她所愿，她这次婚姻让整个英伦三岛地震了一次。因为达利恩是个苏格兰天主教派领袖，天主教头子成为王夫，对苏格兰刚刚站稳的新教是个重大的冲击，新教徒感到自己的地位恐怕岌岌可危了。而对伊丽莎白一世来说，这两个人结合，如果生出孩子，绝对血统纯正，天经地义可以接掌英国的王权，成为英格兰和苏格兰两国的君主，是伊丽莎白最大的王位威胁。

不论是私事还是公事，玛丽一世和达利恩的婚姻都是不妥当的，可是女王自己愿意，谁也拉不住。不久，玛丽怀孕并生下一个男孩儿詹姆士。婚后不久，达利恩浪荡子的形象就彻底恢复了，眠花宿柳就不说了，最无赖的是，他一直要求让玛丽一世封他做“国王”，还在玛丽一世怀孕的时候使用家庭暴力，差点让她流产。不过这两口子挺民主的，王夫在外花天酒地，女王在寝宫跟宠臣谈心。但最让玛丽不能忍受的是，达利恩只许自己鬼混，不许老婆出轨，当时女王最喜欢一个叫大卫·瑞丽奥的意大利音乐家，并让他做自己的私人秘书，简称“小秘”，可达利恩竟然有一天杀进寝宫，将这男“小秘”

杀死在女王的眼前。

1567 年，结婚两年后，达利恩勋爵在爱丁堡的一个别墅疗养，江湖传闻他正在治疗梅毒。2 月的一天，这个别墅突然发生离奇的爆炸，等烟火散尽，大家冲进去一看，王夫死在床上，不是被炸死的，而是被掐死的。这是个明显的谋杀案件，线索最后全部指向詹姆士 · 赫伯恩伯爵。审了 N 次，最后被无罪释放。跟美国的棒球明星辛普森杀妻案一样，大家都知道是他干的，他偏偏就可以逃出生天。

接下来的故事，简直是离奇精怪到极点。詹姆士 · 赫伯恩刚从官司中脱身，就干了一件惊天动地的大事。以下的故事是当事人玛丽一世自己说的啊，我们不能怀疑一个受害者的证词。这年 4 月，刚刚丧夫的玛丽去探望自己的儿子，在返回路上突然遭遇绑架，绑匪将她带到邓巴城堡，她发现绑匪的主谋就是自己的杀夫仇人詹姆士 · 赫伯恩。而詹姆士色胆包天，竟然强奸了玛丽一世。玛丽一世被囚禁在爱丁堡，受尽逆贼的侮辱，5 月中回到爱丁堡，想到自己既然已经失了贞节，就不如直接嫁给詹姆士算了。于是两人在当月就举行了婚礼，而玛丽一世对外宣称，王子詹姆士其实是这位詹姆士 · 赫伯恩的骨肉。

这一段让人听得目瞪口呆的故事并不复杂。有一个猜想可以解释所有的疑惑，那就是，玛丽一世和詹姆士早就有一腿并勾搭成奸，编这种白痴故事纯粹是愚弄所有的苏格兰人，而上一任王夫达利恩勋爵的死亡，说不定就是玛丽一世勾搭奸夫共同策划的。

苏格兰人又不傻，这桩婚姻绝对得不到国人的祝福，苏格兰的贵族以高地人的直率性格迅速起兵造反。玛丽一世如果此时选择跟丈夫切割，可能一切还有救，可这个为爱昏了头的女人，竟然选择了舍命相随，和丈夫一起跟所有的苏格兰贵族作战，兵败之后，被囚禁，并提前传位给儿子詹姆士一世，等于是被罢黜（根据野史传闻，她为他拼掉了王位的这个男人并不忠诚，还和他的前妻藕断丝连，勾勾搭搭）。玛丽一世被废后被关在一个大湖的中央小岛上。女王就是女王，这样的天险，居然被她成功越狱。逃出来后，又集合余部跟苏格兰贵族干了一仗，彻底兵败，赶紧往国外逃。

这时总结玛丽一世的一生，有智慧显然是说不上的，不管智商有多低，之前犯的错误还没有让她送掉性命。很快，她就犯了一个奇蠢无比、完全不可挽回的错误——她竟然逃到英格兰，向伊丽莎白表姑妈请求庇护。

玛丽一世和伊丽莎白一世绝对是不同的人。虽然从外貌上看，玛丽一世身高超过一米八，在当时是个女巨人，绝对比伊丽莎白看起来有气势，可当我们回顾这两位女王的成长经历就会发现，玛丽一世的前半生过于顺利了，她的王位几乎是天上掉下来的，而伊丽莎白是经历了很多磨难甚至生死考验才成为英女王的，在心态上，伊丽莎白更加知道小心谨慎，步步为营。玛丽一世最喜欢的事就是跟伊丽莎白对着干，让她不痛快，可她却不知道，作为对手，她自己的级数差得太多了。

玛丽的一生是糊涂的一生，最糊涂的事莫过于她死活都不愿意放弃英国的王位。而她的对手伊丽莎白一世根本不愿意跟这傻女人计较，面对她无数次的王位要求，轻松飘逸地玩起太极推手。以伊丽莎白的智商绝对清楚一件事，玛丽一世如果在位，英国内部还有些天主教蠢蠢欲动，是不宜激化矛盾的，所以她对玛丽一世疯疯癫癫的要求，既不答应也不完全回绝，让那个笨女人对英格兰总是有些天真的幻想。就是因为这些天真幻想的支配，她才会在被罢黜后，傻兮兮地将自己送入伊丽莎白一世张好的死亡之网。

一踏上英格兰的土地，伊丽莎白就将玛丽监禁，理由是，她涉嫌策划谋杀达利恩勋爵，也就是第二任丈夫。鉴于达利恩勋爵是伊丽莎白的表侄子，所以表姑妈要替他讨还公道。这实在是一桩大案要案，慎重起见，英格兰司法机关一审就是十八年，玛丽自然也就被监禁了十八年。在监禁期间，玛丽说了一句很意识流的名言，扬名史册："In my end is my beginning！"这话按老杨的理解就是：十八年后，老娘又是一条好汉！

玛丽被软禁这件事立即传遍了欧洲，新上任的教皇不信邪，觉得伊丽莎白这丫头欠收拾，之前的教皇对她实在太客气，于是他下令：革除她的教籍、罢黜其王位、号召所有的天主教团结起来，不惜代价，推翻这恶婆！还给了一条非常之明确的指令：谋杀伊丽莎白不算犯法！这可把伊丽莎白一世彻底惹毛了，看来之前对天主教徒的宽容并没有让他们感恩，既然如此，就推翻中间路线，在英国成立独立教会，推行新教。而教皇的废话以后就是歪理邪说，如果以后有人敢把教皇的话传到英国，一律惩以"叛国罪"！彻底跟教皇决裂后，伊丽莎白知道，她要预备应付来自欧洲的武力威胁了。

女王喜欢海盗

开始重点讲讲英格兰大国崛起最重要的一仗——对西班牙的海战。在大战开打前，我们先补充一点背景资料。

每一位英王上台，创收都是个重要问题，英王不能把老百姓的钱都算成自家的，因为有议会这样的机关，偶尔手头紧了，苛捐杂税也不能说收就收。比起咱家的皇帝，英王像个小商贩一样小鼻子小眼，小里小气，经常要变着法子给王室朝廷国库整点钱。伊丽莎白的前任玛丽一世光忙着阶级斗争了，一点不考虑财政建设，伊丽莎白一世接班时，国库账上几百万英镑的欠债，让女王上班第一件事就是不择手段地搞钱。

伊丽莎白一世登基之初，欧洲大陆最热门、最刺激、最快捷的发财致富门路，就是像西班牙和葡萄牙那些航海家一样，周游世界探险，或是贸易或是抢劫收获巨丰。那时的欧洲商业发展迅速，海洋贸易的范围显然比陆地大得多，赢在海洋比赢在陆地更有效益。

英格兰是个岛，任何一片土地约一百公里外一定是海洋，这种地缘优势让伊丽莎白非常清楚，英格兰正站在一个巨大的历史机遇面前。于是她开始大力扶持英国海外贸易，不仅授权商人组织贸易公司，发展外贸业务，还亲自出资入股，给他们发特许证，授予这些商人和冒险家到海上去笑傲大洋。

又要看地图了，大家找到咱家在南极的中山站所在地啊，在冰天雪地的南极半岛的乔治岛上，跟热辣辣的南美大陆隔海峡相望，这分割冰火两重天的海峡，名字叫作德雷克海峡，这个名字是为了纪念它的发现者，第一个到这里的英雄——英国人德雷克。叫他英雄，他自己都不好意思，因为这个伙计，实在是记录不太好，他应该是历史上著名的海盗之一，不，应该说是御用海盗，奉旨打劫的那种巨牛的犯罪分子。

这位深受女王宠爱的海上大盗出身寒微，学徒出身。他成为商船船长出海的时候，整个地球的水面上以葡萄牙和西班牙为老大。尤其是麦哲伦完成了环球航行后，葡萄牙进入了印度，莫卧儿王朝的财富源源不断流向欧洲，而西班牙则进入美洲大陆，干掉了玛雅人的后裔，将“黄金大地”南美收进腰包，遍地的金矿耀眼闪光。西班牙霸占封锁航线，其他国家就算想到海上分一杯羹，也不能越过西班牙的战舰，当时很多欧洲的商船甚至没见过太平洋。而这么大的水域，简直就是西班牙自家的水泡子，他家要是高兴，可以把太平洋当自家的水族箱摆着看。英法这两个大家伙被治得没脾气，看着西班牙和葡萄牙两个国家都变成大金牙，羡慕得眼冒绿光，当时这哥儿俩只能是小打小闹整点奴隶贸易，分点小油水。

1568 年，德雷克和他的表兄约翰·霍金斯组织了五艘船到墨西哥，主要业务是进货，贩卖人口。遭遇风暴，船只损坏，当地西班牙总督同意德雷克到他们的港口修理船只。几天后，西班牙总督突然翻脸，下令攻击英国船只，将船员全部杀死，德雷克和霍金斯兄弟俩命大，虎口余生逃回英国。德雷克心里清楚，自己的出海探险让西班牙非常不爽，想趁他没成气候，把英国的大航海计划扼杀在摇篮里。德雷克从这时起，心中就酝酿对西班牙的深仇大恨，一辈子都以骚扰西班牙船只为己任。

四年以后，德雷克兄弟整理了船只卷土重来，潜进巴拿马地峡蹲守，终于找到机会抢劫了西班牙运送黄金的骡队和船只，并成功地返航。德雷克这一次出击立刻名扬欧洲，因为所有的欧洲人这下知道，原来西班牙这个老虎屁股还是可以摸的。回到英国的德雷克更是受到民族英雄一样的欢迎，女王亲自接见了他，并从此视他为亲信，给他抢劫特许证，鼓励他替女王出海打劫，女王私人掏腰包入股支持他扩充装备。

1577 年至 1580 年，腰杆很硬、心里有底的德雷克预备大规模跟西班牙单挑一次。他从英国出发，穿越大西洋，绕过美洲，再横穿太平洋回到英国，完成了一次成功漂亮的环球航行。这一路收获太丰富了，因为胆子肥了的德雷克基本是跟在西班牙和葡萄牙的商船后面抢劫，人家辛辛苦苦跟土著作战抢来的那点战利品，转手就被“黄雀在后”了，都是不义之财，英国人取得心安理得。路上最大的风险大约就是在南美大陆的南端，为躲避西班牙的拦截走错了航道，虽然绕了远路，却发现了德雷克海峡，让海盗把大名永远留在了世界地图上。不仅地图留名，历史也留名，德雷克是世界上第二个环球航行成功的航海家，而排名第一的麦哲伦同志因为在经过菲律宾的时候掺和人家土著内讧，被乱刀砍死在沙滩上，并没有全程指挥船队航行。所以德雷克是世界上第一个亲自指挥了整个环球航行的船长，我们向他致敬，而他完成这一壮举的船队旗舰大家需要知道一下，就是大名鼎鼎的“金鹿号”。

最该向德雷克致敬的是伊丽莎白女王。这趟生意走下来，她投资了多少不知道，反正回国分红时，伊丽莎白分得大约十六万英镑，而当时英王室全年的收入大约五十万英镑。伊丽莎白在家数完了金子，马上御驾登上“金鹿号”甲板，在万众欢呼中，封德雷克为爵士。随后，德雷克出入王宫成为女王的亲信，当然也是王室的摇钱树，虽然她经常收到西班牙、葡萄牙对德雷克的投诉，要求英国严惩海盗，伊丽莎白都一笑置之。最“拽”的是，她还将德雷克环球抢劫弄来的五颗绿宝石镶在王冠上，每天戴在头上耀武扬威。从这里我们可以看出女王的道德观，拿抢来的东西炫耀，从来不觉得丢人现眼。

伊丽莎白发家致富的路子很野，除了扶持海盗，还贩卖奴隶，限制羊毛原料和粮食出口，保障了本国的工农业发展，实行新的货币政策，抑制了物价上涨。英国国内人口开始增加，GDP 高速增长，老百姓生活水平得到不同程度的提高，新闻里天天都是好消息。女王甚感欣慰之余，还是有些忧心忡忡，总觉得这样的生活还是不算圆满。为什么呢？因为国内那些个天主教徒，放着好日子不过，老是找麻烦，这不是有个间谍网吗？“007”带回的消息都是天主教徒欲除掉伊丽莎白而后快。除掉她之后谁接班呢？当然是被软禁的苏格兰前女王玛丽。

还记得沃辛汉伯爵吗？英国情报网的头目，相当于“007”的上司“M”，这个男 M 可算是忠心耿耿了，一直帮女王监控所有的消息。沃辛汉知道，只要玛丽不死，那些境内外反动势力就不会消停，他跟伊丽莎白提议了几次，索性杀掉玛丽，但女王知道杀掉另一个女王绝对不是小事，而且毕竟是自己的骨肉亲戚，有点下不了手。沃辛汉急得跳脚之余，准备设个陷阱，让玛丽自动自觉自投罗网。

根据他的情报，他发现有个叫吉福德的年轻人形迹可疑，他在法国神学院留过学，回到英国后，有些鬼祟。以沃辛汉这种猎狗般的身手很快发现，吉福德实际上是欧洲天主教集团派驻英国跟玛丽联络的通信员。沃辛汉不动声色地控制了这小子。吉福德显然是个刚出江湖的雏儿，被沃辛汉连利诱带吓唬，没用辣椒水没用美人计就全招了，并答应“无间道”，替英国到玛丽集团卧底。沃辛汉便马上安排将玛丽换了个监禁的地点，跟外界的联系全部切断，唯一可以联络的，就只有吉德福。双面间谍吉德福不负众望，很快在关押玛丽的周围找到一个啤酒馆老板，并成功地通过他将密信传给了玛丽，建立了联系。吉德福给玛丽出了个高招，说是可以将她的信件藏在啤酒桶中带出去，非常安全。玛丽立马被忽悠，马上交出了大批信件，给各路救兵的。沃辛汉知道，这些信件还不能最终决定玛丽的命运，他需要玛丽更过激的行为，将自己送上绝路。沃辛汉很有耐心地看着玛丽在自己眼皮子底下玩花样，每一封信，他检查过后，就还给吉德福用啤酒桶运出去，交给有关的“反动派”。过了一段时间，玛丽和境外势力都感觉信息沟通得足够，渠道畅顺，可以谋大事了。沃辛汉赶紧派吉福德到欧洲出差，告诉那些人，一切都准备好，可以下手了。

这时，境外“反动集团”的头目——西班牙国王腓力二世露头了。这个团伙谋划的大事是什么呢？就是派一个杀手团伙上来，将伊丽莎白干掉，扶持玛丽登基。当然这个计划没这么简单，潜进来的西班牙特工，一部分负责刺杀，一部分负责解救玛丽，而腓力国王自己就集合好西班牙的无敌舰队，列阵海上，随时提供后援。

仔细算起来，这西班牙国王腓力二世曾经是“血腥玛丽”的老公，伊丽莎白一世要喊他姐夫，为什么对自己小姨子下手这么狠呢？除了腓力自己是个天主教的狂热分子，还有好几件事让两人结下大仇，一件一件细数一下啊。

海上女霸主

第一次结怨，伊丽莎白拿腓力当傻小子，摆了他一道。

话说伊丽莎白初登大宝，她和她屁股下面的英国王位让欧洲所有的王老五垂涎。腓力二世更是以前姐夫的身份过来求婚，小姨子结婚，姐夫优先，似乎也并无不妥。当时伊丽莎白一世的处境非常艰难，因为几乎整个欧洲大陆都不承认她的王位有效，尤其是法国。对法国人来说，玛丽是他家的媳妇，如果成为英女王，对他家自然是大有好处。面对姐夫的求婚，伊丽莎白采用了含羞带笑、半推半就的动作，腓力二世以为这小姨子绝对跑不出自己的手心，于是为了取悦她，开始帮她在欧洲开路，摇旗呐喊。以西班牙的江湖地位，这点事还是能做到的，况且如果连“大哥大”西班牙都承认了伊丽莎白的女王之位，其他国家有什么理由反对呢。很快，伊丽莎白一世算是在王位上坐稳，获得了欧洲诸国的认可。达到目的后，女王小脸一板，义正词严地告诉腓力二世：“咱俩宗教信仰都不一样，哪有共同语言啊，以后居家过日子，天天为信上帝的事干仗多不合适啊，你快去找别人吧，我还有事，不跟你说了啊，拜拜！”腓力二世这才明白被这小娘子耍了，呕血数升后，决定君子报仇，多久也不晚。

世界霸主西班牙国王腓力二世追小姨子未遂，恼羞成怒还没过去。欧洲又出大事了，尼德兰革命了。

尼德兰，意思是低洼的地方，大致位置相当于现在的荷兰、比利时、卢森堡和法国东北部，原来是属神圣罗马帝国的土地，1556年归入西班牙。尼德兰是西欧资本主义经济发展比较茂盛的地区，资本主义经济的最大特点就是自由啊。而西班牙还是顽固的封建统治，由于该地区是西班牙国库收入的最大来源，所以对这块肥肉的压榨绝不客气。尼德兰因为向往自由的关系，很自然地接受了基督教的加尔文教派，也就是新教，这让传统的天主教西班牙非常恼火。腓力二世继位后，更是处处对尼德兰施以颜色，想逼迫他们放弃新教，重归天主教。

被压迫得紧了，尼德兰人便开始找西班牙总督请愿，想搞非暴力合作运动，通过感动心灵来达到目的。腓力二世可不吃这一套，他非常果断地派出西班牙名将阿尔瓦公爵带五万大军杀进了尼德兰。这位以手段毒辣著名的将军在尼德兰杀人无数，激起欧洲各新教国家的无比痛恨，纷纷组成援军支援尼德兰。尼德兰革命是世界历史上第一次成功的资本主义革命，革命的重要结果是，北部胜利独立，给世界带来第一个资产阶级共和国——荷兰，转动着大风车，摇曳着郁金香风情的魅力国度。

这个事跟本节的主角英格兰有什么关系呢？大家别忘了，英格兰此时也是新教国家，而尼德兰地区对英格兰是非常重要的。首先，英国的羊毛最多就是出口到这里。其次，尼德兰地区是欧洲离英伦大地最近的部分，相当于英格兰在欧洲大陆的前沿和战略缓冲带，如果被敌人占据，英国的国土是很危险的，如果把持在盟友手里，这里自然就成为英国进入大陆的跳板。所以，尼德兰的资本主义革命，伊丽莎白一世自然是全力支持的。

支持归支持，可要跟西班牙正式翻脸叫板，英国的实力显然是不够的。怎么办？未婚的女子总有她的办法。这时，突然又有人向她求婚了。

这次求婚的是法王的御弟，也是当朝太子，拥有安茹和阿朗松两个公爵爵位的弗朗西斯。这位阿朗松公爵二十多岁，女王已经年过四十，求婚时，公爵正带着法军进攻尼德兰的新教徒，伊丽莎白想到，如果能够笼络阿朗松，让他掉转枪口，是成本最低的帮助尼德兰革命的办法。于是伊丽莎白答应了阿朗松的求婚，但婚事要暂缓，这个傻小子沉浸在英国王夫乃至英法两国国王的遐想里，完全昏了头，果然在尼德兰的问题上改变态度，开始帮着新教徒反抗西班牙了。

如果仅仅是出于政治目的玩弄傻小子还罢了，英国人很快发现，这次女王好像态度犹豫暧昧，似乎对这位阿朗松公爵动了心思，她甚至还约阿朗松到英国见面。要知道，王室这种联姻，就算是真的成事，男女双方也不用见面，等入了洞房才互相仔细看。伊丽莎白约见阿朗松，聪明的英国国务政策办公室——枢密院很快就感觉到，这位大姐春心萌动了，怕是真的会堕入阿朗松青春的情网里。这可是不得了的大事，女王四十好几了，结了婚也不一定生出孩子，阿朗松还是个小鬼，看体格完全能死在伊丽莎白之后，那时的英国王位就跑到法国人手里，那可是英国人最不愿意看到的事。于是，全国上下开始掀起了如火如荼的反对女王结婚的运动。伊丽莎白做女王最成功的地方是，她从不以个人的利益跟整个英国对抗，非常尊重民意，所以这场婚事就一直拖下来，一拖就拖了十二年，女王超过五十岁了。而英国枢密院算命也没算准，那位可怜的阿朗松公爵并没有死在女王之后，这一场无望的爱恋以阿朗松热病暴死而告终。全英国人长舒一口气。可以想象女王这十二年的无奈，但这个牺牲非常有价值，因为有效地牵制了法国，使西班牙对尼德兰的镇压少了一支强大的力量，控制法国，比英国自己参加尼德兰革命还要效果好。

让我们站在西班牙国王腓力二世的角度想想吧，英国那个女人，拒绝了自己的求婚，却答应跟法国那个黄毛小子结婚，还煽动他跟西班牙作对，是可忍，孰不可忍？！腓力二世对伊丽莎白的仇恨又增加一重，所以，在 1585 年阿朗松去世后不久，腓力二世就将伊比利亚半岛全部的英国船只扣押。阿朗松死后，法国国内发生王位之争，自然有一派力量是天主教的，英国的敌人，所以，伊丽莎白敏感到，没有人可以帮助自己了，眼下既要派兵到尼德兰支持革命军，又要做好准备跟西班牙正式翻脸。

就是在这个背景下，腓力二世一边做打仗的准备，一边开始设计暗杀伊丽莎白。那个叫吉福德的小子不是已经联系上玛丽了吗？一切准备就绪，可以派人行动了。

这次到英国执行任务的特务集团头目叫巴宾顿，一在英国上岸，他就写了一封信让吉福德带给玛丽，信的主要内容是汇报工作，大体上是将自己的暗杀和营救计划都写得明白。被囚禁了快二十年的玛丽看到来信，心花怒放，想到自己的苦日子要到头了，有点言语失度。她在回信里对巴宾顿的工作计划提出表扬，并重点表示了自己对暗杀伊丽莎白的认可，认为只有杀掉自己的表姑妈，自己才能大摇大摆地继承英国王位。

前面说过，玛丽和西班牙的这些动作，如同一些老鼠的游戏，早就被大花猫——“M”当大片看，玛丽闹腾得越凶，英国的情报网越兴奋，尤其是玛丽同意杀掉伊丽莎白的信件到手时，英国的特务头子沃辛汉差点笑出声来。他等了这么久，就是要这样一个重磅炸弹。不管是谁，策动谋杀英国女王，还不是杀无赦啊。于是，沃辛汉开始收网，暗杀组成员、营救组成员、联络组成员，不管什么分工，沾边的就抓，顷刻之间粉碎了一起针对国家领导人的重大恶性案件。

人犯和罪证交到伊丽莎白手里，她本来还有点妇人之仁，还专门派人到苏格兰，征询玛丽的儿子，现任苏格兰国王詹姆士六世的意见。要不怎么说玛丽这女人做得失败呢，做老婆，克死第一任老公，害死第二任老公，第三任老公对她还不忠；做女王，轻而易举就被罢黜了；做亲戚，来串个门就被主人家关了 18 年。真是失败得不能再失败了。更可怜的是，最失败还在后面，她自己的儿子居然同意伊丽莎白一世对老妈的处决，做母亲也失败了。这样的女人，活着也没啥意思了，仁慈的英国女王决定送她到上帝那里去，希望她不要再在人间受苦了。于是，1587 年 2 月，伊丽莎白一世带着沉重的心情宣布把玛丽砍头。

玛丽行刑那天穿了一身红衣，意味着，她自认为是替天主教殉教。砍头当天非常诡异，刽子手严重不在状态，据说第一斧子劈下去，断了一半脖子的玛丽居然还能说话，刽子手最后是砍了三次，才把她的头剁下来，英国的斧头疑似有质量问题。最惊悚的是，刽子手提着那个头颅给观众展示，这个脑袋上的嘴居然还在颤动，貌似在祈祷！玛丽被砍时，她的小猎犬藏在她的裙子里，身上浸染主人的鲜血，后来好不容易给洗干净，被制成小木乃伊，收藏起来了。

玛丽殉教，这个消息如阴风席卷欧洲大陆，尤其是天主教世界。伊丽莎白一世的这个处决令被认为是向欧洲天主教世界宣战，最受挑衅的，就是西班牙。腓力二世以极快的速度在伊比利亚半岛西部集合舰队，预备向英国大举开进。只是，虽然是正经海战，也没说不准耍赖，也没说不准海盗参与。英女王的秘密武器，大海盗德雷克先动手了，他幽灵般地突袭西班牙的港口，迅雷不及掩耳之势摧毁了西班牙近三十艘战舰，抢劫西班牙的海军补给更是不计其数，而在这期间，英国海军也紧急动员，做好了战斗准备。

正式开打发生在 1588 年，西班牙派出了大型战舰一百五十艘，号称“无敌舰队”（人家不吹牛啊，在这之前，西班牙的舰队正式出征，从无败绩。被海盗骚扰不算啊！）。这家人的战舰最大的特点就是“拙”，体型粗笨，掉头困难，但是火炮火力还是比较凶悍；而英国预备接招的战舰是轻灵型的，吃水浅，速度快，炮弹也小，但射程非常远。在指挥者方面，西班牙派出一个公爵，而英军实际上的指挥官就是副司令德雷克，我们相信，在当时的江湖上，德雷克绝对是水上第一高手，而且最重要的是心理优势，不管西班牙把自己的舰队吹嘘得多厉害，吓唬别人可以，德雷克是不会放在心上的，因为对西班牙动手，他的经验实在是太丰富了。

无敌舰队的一百五十艘大战舰排成月牙形，浩浩荡荡驶进海峡。西班牙的策略是，穿越海峡在法国加来港靠岸，将那里正与尼德兰作战的西班牙陆军接上船，然后扬帆越过海峡，让陆军在英国登陆。英国人知道，西班牙陆军如果真的顺利登陆，英国的防线还是很脆弱的，所以一定要将他们尽量消灭在海上。

在“无敌舰队”去法国海接陆军回师的路上，英国舰队远远看着，并不正面迎战，只是让少数快速舰只绕过敌舰，尾随在它后面，一有机会就袭击那些掉队的舰只。当时的英国人把这种打法叫作“一根根捋下它的羽毛”。这种鬼鬼祟祟的骚扰战术一看就是海盗的身法，让西班牙稀里糊涂地在行军路上损失了不少船，气得跳脚又抓不住凶手。只是，他们不知道，这只是英国人送来的餐前小食，西班牙舰队驶达法国海岸的加来港以后，真正的大餐才开始。

离加来港不远，西班牙的巴尔马公爵已经集结了一批精锐的陆军部队，在等西班牙舰队帮他们渡过海峡。英国海军决定抓紧时机，在西班牙海陆军还没有会合的时候，把它的舰队摧毁。德雷克同学在家里看了好几遍《赤壁》，一边暗恋小乔，一边精心布置了火攻战术：准备好八艘速度最快的小艇，装满火药和干柴，在炮火的掩护下，向敌方中央的指挥船舰冲去。随着撞击的巨响，西班牙几只大船着起了熊熊大火，其他没沾上的船知道大势不好，都忙着闪避，可西班牙的船本来就笨重，行动迟缓，一时间乱成一团，再加上德雷克有诸葛亮之能，还会借风，当然他借来的是西南风，风助火势，曹操大营被烧成一锅粥。

德雷克放下鹅毛扇，换上周瑜的行头，知道歼灭敌人的机会到了。第二天早晨，他率领六十艘英国战舰出击。这些舰只虽小，速度却比西班牙舰只快一倍，火炮发射速度也比西班牙那些大东西快很多。双方一交火，西班牙的大战舰就完全处于挨打的状态。从早晨到黄昏，英舰在西班牙的舰队中，纵横穿梭，身手敏捷，西班牙舰队在原地挣扎如同无头苍蝇，打又不好打，躲又没处躲，结果五六十艘大船很快就报销了，随着风势一转，英国舰队果断撤出战斗，消失得无影无踪。

这一仗打下来，无敌舰队显然很“无力”。西班牙人决定逃跑。上帝不保佑啊，海峡上一直刮着强劲的南风，还有英舰截击，往回逃已经不可能。残存的西班牙舰队只好顺风北上，准备绕过大不列颠岛，沿爱尔兰岛西岸驶回西班牙。这段路程不仅漫长，还很残酷，北海滔天的巨浪和狂风都与英国人合伙欺负西班牙人。逃命之路让西班牙舰队受到更严重的损失。据说，在爱尔兰北部沿岸，有八千名西班牙官兵还葬身在那里，永远回不了家。等到“无敌舰队”由爱尔兰驶回西班牙的时候，西班牙失掉了一百多艘战舰和一万四千多名官兵，可以号称全军覆没，而英国几乎没有舰只的重大损失，就是死了一百多名水手。

这一场，就是世界战争史上著名的1588年英西海战，打顺手的英国女王后来经常毫不客气地主动出击西班牙，直到世界的海权易主。

女王是“剩女”

读者都期待伊丽莎白一世的绯闻，其实这个女王很让大家失望。作为一个单身女子，九五之尊，她的私生活乏善可陈，一点不劲爆，男国王不好色，女国王没有面首之类的故事，都让历史特别没劲。老杨发扬“狗仔”的精神，深入挖掘，没事也要找出事来吧！

前文说过求婚者的事，西班牙国王和法国太子分别向她求婚，并都成功地被女王利用，成为实现政治目的的工具。在跟法国王子的婚姻计划被全体臣民搅和了之后，伊丽莎白就宣布，她终身嫁给英格兰。其实除了这两位傻小子，欧洲大陆向伊丽莎白求婚的人是非常多的。要知道，伊丽莎白除了是女王，相貌还颇为秀丽，有才学，不管从哪个角度考虑，都是钻石级的老婆人选，不过这些求婚者，因为在政治上地位比较低，连当工具的资格都没有，我们就将他们彻底清除出女王的情史吧。

关于伊丽莎白为什么不结婚的事，最多的说法是她父亲的六次婚姻给她幼小的心灵留下伤痕，让她对婚姻有了些需要看心理医生的不科学认识。还有种说法，是她自己非常清楚，自己的婚姻对政治影响太大，在不知道这种影响是好是坏的前提下，伊丽莎白这个谨慎的女人索性选择不尝试，不冒险。伊丽莎白因为不婚，给自己整了个“童贞女王”的绰号。伊丽莎白没嫁过人是真的。

男国王没有女大臣，没机会闹绯闻，但女国王是要靠男大臣的，时间长了，肯定有个别模样不错、善解人意，跟女王关系特别好些的。这个族群就是我们经常说的“宠臣”。

伊丽莎白第一个宠臣是莱斯特伯爵达德利。这段关系说青梅竹马比较适当，达德利也是王亲，还记得玛丽之前那个短命的女王简·格雷吗？达德利就是简·格雷老公家族的孩子。小时候，伊丽莎白就和达德利在王室的私塾上学，明亮而清纯的少年时代，那时伊丽莎白八岁，据说达德利跟女王是同一天生日，应该年长一岁。两个小孩一见面就很投契，是私塾里最好的朋友。不过显然两人都没有健康而快乐地成长。伊丽莎白的命运之前说过了，而达德利也好不到哪里去，他在家里排行老五，估计将来既没钱也没地位，所以家里安排他迎娶一个乡绅的女儿，因为她陪嫁优厚。不久，简·格雷被推下王位，玛丽一世惩罚所有有关的人，达德利被关进伦敦塔。缘分啊，不久伊丽莎白也被送进伦敦塔，生命里都有了伦敦塔的记忆，长大后也有些同是天涯沦落人的感觉，更近了。

伊丽莎白一世一登基，达德利的生活就发生了翻天覆地的变化，他被任命为皇家御马师。大家一听都很失望，怎么能给人家安排个弼马温的岗位呢！大家有所不知啊，这个御马师的地位可比孙悟空强多了，基本上女王的出行、活动、私人聚会都由他安排，有点私人秘书的性质，几乎天天和女王腻在一起。而女王对达德利的封赏更是不计其数，还授予他莱斯特伯爵的头衔。

一男一女有了特殊的关系，如同阳光下的灰尘，很难瞒住别人。莱斯特伯爵可以随意进出女王的寝宫，一点也不掩饰。很快，他就发现自己犯了众怒，朝野上下，宫廷内外，所有人对女王无原则宠信这个有妇之夫感到气愤，而莱斯特伯爵的目的更容易让人往最坏的方向猜测。不久后发生的一件事，让莱斯特伯爵的人品更遭人鄙视了。他的老婆埃米莉突然从楼梯上摔下来死掉了。这个案子一出来，几乎所有英国人都成为福尔摩斯，推理的结果全都一样：莱斯特为了恢复自由之身跟女王结婚而杀掉了自己的老婆！不管莱斯特有没有杀老婆，独身后的他确实向女王求婚了，伊丽莎白虽然深爱莱斯特，但头脑高度清醒，如果自己答应了婚事，莱斯特老婆的死亡谜案就坐实了，伊丽莎白说不定直接被定性为帮凶；而莱斯特在宫廷内外遭所有人忌恨，如果他成为王夫，说不定会有人造反啊。于是，痛苦地权衡之后，理智再一次战胜情感，伊丽莎白拒绝了莱斯特的求婚。

知道跟女王结婚无望后的莱斯特娶了女王美艳绝伦的表姐。据说为了怕女王受打击，这桩婚事瞒了女王很长时间，即使是知道以后，女王还是保持了对莱斯特的宠幸。让他领兵去尼德兰参战，本指望他挣点军功回来改变大家对他的看法，可这家伙不长进，在荷兰被打得很惨。莱斯特兵败让大臣更憎恶他，女王却一点不责怪。到 1588 年莱斯特伯爵去世，他独占女王的宠爱三十年，死时女王悲痛欲绝，即使是英国海军在海上大胜西班牙都没让她高兴起来。莱斯特伯爵曾经替女王视察美洲，回来后带给女王的礼物是一种鲜艳的水果——“狼桃”。这种东西让女王非常兴奋，我们现在经常吃，也就是番茄，又叫西红柿。因为这个浪漫的来历，番茄在英国又叫爱情之果。

莱斯特伯爵一生没有合法的儿子，私生子却有一个，大约源于他某次露水情缘。这个小孩叫罗伯特，一直跟在莱斯特身边教养，还随他出征荷兰。莱斯特死后，他将儿子交给了伊丽莎白，女王自然将他带入宫中，这个小孩就是英国历史上出名的埃塞克斯伯爵。为什么很出名呢，除了他英俊不凡、风度翩翩外，最重要的是他取代了父亲的位置，成为女王的新宠。这时，伊丽莎白五十三岁，埃塞克斯十九岁。又是个老牛吃嫩草的经典故事，在这种故事里，那老牛不管之前多么有智慧，都会为嫩草犯糊涂，而这些个嫩草，普遍空有一副好皮囊，腹中全是草莽，一个比一个脑子笨，还会闯祸。埃塞克斯伯爵在朝廷几乎是无所不能，伊丽莎白一世将英国最赚钱的生意——葡萄酒的业务让他垄断，经常升他的官，年纪轻轻，比韦小宝还有前途。可这小子是个志大才疏的绣花枕头，在朝廷里指手画脚还不满意，竟然要求带兵出征，去爱尔兰打仗。

这时又涉及英格兰面临的另一个外交问题了，那就是爱尔兰的问题。我们之前已经说过，英王亨利二世的时候入侵爱尔兰，将它收为殖民地，一直派总督管理。后来因为英格兰忙着跟苏格兰、法国之类的宿敌扯不清，对爱尔兰的管理比较松懈，让该地区经济发展迟缓，跟中央长期离心离德。亨利八世在位时，跟天主教翻脸决裂了，顺带让爱尔兰也跟着一起加入新教，可爱尔兰毕竟是当年欧洲最不开化的地方，英格兰平时对该地区就没有文化建设，关键时刻让人家突然接受这么大的变革，自然是不干的，所以爱尔兰就开始叛乱不断。亨利八世后来觉得这样太麻烦，索性让爱尔兰直接由英国管辖，以后英国国王兼任爱尔兰国王，不管人家愿不愿意，这个事就这么决定了。到爱德华六世，为了稳住这个蛮荒的地区，英国人开始不断向这里移民。

伊丽莎白一世在位时，爱尔兰也一直不太平。尤其是西班牙海上战败后，就一直想利用爱尔兰的反叛力量找英国的麻烦。其实，就算没有西班牙人挑唆，爱尔兰人对英国也是满心仇恨的，因为英政府派驻爱尔兰的历届总督，无不是以挖地三尺，以欺负百姓为己任。而伊丽莎白自己，因为害怕爱尔兰成为天主教颠覆自己的基地，对那里也是很防范、很刻薄的。1598 年，爱尔兰的总督突然死翘翘了，英国一时半会儿没派出新总督，借这个机会，爱尔兰人在首领蒂戎的领导下，开始反击英国。

女王赶紧组织朝会商议新总督人选，这新出炉的总督，自然是要带兵平乱的。埃塞克斯刚出征西班牙回来，虽然没打出什么威风，但这小子瘾大水平低，听见打架的事就想掺和。当时女王和众臣已经议定了新总督的人选，不是埃塞克斯。这小子平时被女王宠坏了，见她不按自己的意愿办事，当场就发飙。要不怎么说这小白脸放肆而愚蠢呢，他竟然在满朝文武面前转身就走，背对着女王离去。老杨对英国的宫廷礼仪不是太清楚，可老杨知道，哪怕是今天，面见英女王都要倒退着出门，埃塞克斯这样的动作，在咱家的说法上叫大不敬。当着一屋子臣下，女王的颜面无存，气恼之下，狠狠地扇了埃塞克斯一记耳光，而埃塞克斯也没想到老太太居然会动手，火冒三丈，彻底昏了头，竟然面对女王拔出了剑。当时现场所有人脸都吓白了，幸好有几个还没被吓傻的过来按住了埃塞克斯，将这场难看的风波结束。这事之后，所有人都认为，女王一定会处罚小白脸，谁知老太太竟然没事人一样，让这么大一件殿堂风波不了了之，小白脸自己把自己关在乡村别墅生了几天闷气，又跟女王和好了。

后来埃塞克斯多次要求出征爱尔兰没能如愿，而此时，对战英军的爱尔兰的反叛军队骁勇野性，又善于游击战，在爱尔兰的树林中神出鬼没，英军如同陷在越南的美军一样，只有招架之功全无反抗之力，加上西班牙国王腓力二世又出钱又出力在背后支持，让伊丽莎白更加郁闷。后来，在万般无奈的情况下，死马当活马医，只好派埃塞克斯出任新的爱尔兰总督，满足他出征爱尔兰的理想。

小白脸神气活现地全副武装杀进爱尔兰，这次出征跟以前几次都不一样，埃塞克斯出门打架，女王是很心痛的，所以不仅要人有人，要钱有钱，最好的装备、最优质的后勤保障，当然还有御赐尚方宝剑。从埃塞克斯离开伦敦，女王就吃不下睡不香，生怕这宝贝有危险，好在宝贝有危险的消息是没有的，最多的消息就是，还没遭遇叛军的主力，埃塞克斯的军队就损失过半了。

埃塞克斯的大军在爱尔兰花钱如流水，一场胜仗都没打过，女王开始焦虑了。而埃塞克斯自己更焦虑，越想赢越赢不了，最后被逼急眼了，他居然私下去跟爱尔兰的叛军首领谈判，谈判的结果是，英军最后的防线被击溃。英国朝野上下盛传一个猜测，埃塞克斯反叛了，他预备伙同爱尔兰一起打进伦敦。

这显然不是真的，联合爱尔兰攻打英国这么高明的计划，老杨认为这小白脸肯定想不出来，但面对伦敦越来越难听的流言蜚语，他有他的解决办法。作为英军统帅，他竟然完全放弃了自己的军队、自己的职责，带着自己的亲信随从跑回了伦敦。他到达女王行宫的时候是早上 10 点，女王刚刚起床。埃塞克斯地方熟啊，直接就冲进了女王的卧室，此时的伊丽莎白六十多岁了，因为年轻时的一场天花，脸上留下一些疤痕，每次出现在公众面前的女王都经过长时间的化妆，充分掩盖了苍老。即使是埃塞克斯也没见过女王一脸皱纹，满头乱发，脖子上的肉都松弛下垂的样子。

当时的女王很吃惊，但埃塞克斯跪下表白，说完全是因为思念女王才这样赶回来，女王见他一身泥泞、狼狈不堪的样子，当场也非常感动。这一番苦肉计虽然感动了女王，枢密院的谋士可不信这个邪，埃塞克斯兵败，私会敌首，擅离职守，违反的军纪国法也太多了，女王没有任何理由可以为他辩护，只好任由枢密院做主，将埃塞克斯软禁。

前面一直说埃塞克斯是个草包，不过以他的地位，草包不怕，自然有高人在他身边帮忙出主意，而埃塞克斯身边的师爷可不得了，说出名字来，大家都要吓一跳，弗朗西斯·培根。如果还有人说不认识这个伙计，那老杨就真的无语了。据老杨所知，百分之八十以上的各类学校，墙上都会贴这位老兄的名言，最著名的一句："知识就是力量！"

培根一直被称为哲学家、文学家和科学家，他的治学之道非常出名，"读史使人明智，读诗使人聪慧，数学使人精密，哲理使人深刻，伦理学使人有修养，逻辑修辞使人善辩"。对于一个倡导科学的人，他提出一个叫"归纳法"的东西，简单说就是先试验，再看前人的经验，然后分析、选择、排除。马克思说他是"英国唯物主义哲学实验科学的真正始祖"，江湖地位非常之高（到 20 世纪初，英国还出过一个天才的画家，也叫弗朗西斯·培根，画风比较疯狂，但很值钱，2013 年 11 月 13 日，他的一幅作品卖了 1.424 亿美元）。

按说有培根这个幕僚，埃塞克斯不应该太笨，实际上，培根算是女王和埃塞克斯的情感顾问，经常在两人之间调解关系。老杨不厚道地分析，培根学问不错，可在伊丽莎白一朝，仕途发展很一般，他此时依附埃塞克斯，只要这小白脸跟女王关系好，保持宠臣的地位，他自己的地位当然也有保障。应该说，埃塞克斯经常恃宠而骄，如果不是培根天天在背后提醒他"低调"，这小子早就闯大祸了。可惜培根也是个书呆子，也不知道怎么对付爱尔兰的悍匪，只好眼睁睁看着他主子任性地从前线逃跑，铸成大错。

自从埃塞克斯被软禁，培根就经常到女王那里求情，希望女王还像原来那样放他一马。可这次不知道为什么，女王听到培根的求情总是很不耐烦，并且让她更加生气了。不久，女王突然宣布，取消埃塞克斯的葡萄酒专营权。埃塞克斯完全不分析女王的行为目的，只觉得自己被软禁，受了天大的委屈。在他的逻辑里，老太太视自己如珍似宝，绝对不会对自己下手，她现在居然这样惩罚自己，太过分了，爱恨只有一线，埃塞克斯想到自己大好青年，伺候一个老太太这么多年，无比委屈，立时开始憎恨女王了。

他被软禁在乡间别墅，经常在家里召见各路亲信，埃塞克斯的亲信也没什么好东西，凑在一起就煽动埃塞克斯造反，让他带头推翻女王，自己做国王。埃塞克斯的愚蠢又一次害了他，因为他经常跟女王在一起，知道些国家大事，女王因为常年对外用兵，国库匮乏，税收方面又有点重手，让老百姓开始对女王颇有微词。埃塞克斯认为，如果他走到街上，振臂一呼，英国的百姓绝对会追随他攻入王宫，让伊丽莎白一世下课，自己成为新的英王。

于是，埃塞克斯和他的那些草包朋友就真的这么干了，培根早就劝告埃塞克斯不要跟这些狐朋狗友混，会出事，这小子偏不听。话说这一群花花公子揣着些天真的想法开始反叛，说来好笑，整个过程简直连一点情节都没有，基本上是，还没发生就被平灭，如同拍死一只苍蝇。埃塞克斯被俘，关进了伦敦塔，而负责审理此案的大法官就是培根。女王又做了一件让人想不到的事，这次小叛乱因为太玩笑了，所以很多主谋都被赦免，就是埃塞克斯没有免，女王亲自签署了他的处决令，非常果断。

伊丽莎白处决埃塞克斯这个事，是很多心理学家喜欢研究的问题，就算埃塞克斯犯下滔天大罪，女王若真想保他，肯定也能让他活命，为什么一定让他死呢？尤其是他死了之后，女王悲痛得几乎生病。

最高明的分析是，埃塞克斯从前线逃回来，不算大错，最错的是，他不应该在女王没刷牙没洗脸没梳头的时候见驾。伊丽莎白一世一直以智慧型美女自居，生过天花后，脸上的疤痕让她郁闷死，总担心自己不美的一面被人看见，在英国的朝廷，大臣最适当的拍马行为就是赞扬女王的绝世美貌，女王每次都很受用。

话说咱家汉武帝时代有个李夫人，有倾国之色，受尽武帝宠爱。后来李夫人生病，眼看就要香消玉殒，但她抵死不肯让武帝见她一面，武帝去见她，她用被子蒙住头，当时武帝甚至以千金的代价希望看到她病中的容颜，她宁可抗旨也不给见，她的名言是：“以色事人者，色衰而爱弛，爱弛则恩绝。”

虽然伊丽莎白九五之尊，不存在这个问题，但是对女人来说，总是希望自己最美的样子让爱人铭记，而如果有一天形容枯槁被爱人看见，那简直是人生最大的痛苦。从伊丽莎白的角度来看，自己最丑的样子被埃塞克斯见到，这件事让她想起来就胸闷气短，想太久，钻了牛角尖之后，女王肯定也开始恨埃塞克斯这个不懂事的小子了。

这应该是伊丽莎白最后一段绯闻，埃塞克斯死后，伊丽莎白的性情大变，暴戾乖张，喜怒无常，经常不吃不喝，抑郁地在王宫里晃来晃去，拎着把剑，对着墙上的挂毯乱刺。所有人知道，年届七十的女王走到最后了，现在最重要的事是赶紧物色接班人。伊丽莎白为怕引起国家动荡，一直不提继位人的事，但那些重臣都知道，伊丽莎白经常跟苏格兰国王詹姆士六世通信，像导师和母亲一样给予关照和教化，而詹姆士会那样果断地大义灭亲，同意英国人处决自己的老妈，也是向伊丽莎白表忠心之举，他显然是女王心仪的人选。

1603 年 3 月，弥留之际的伊丽莎白一世已经失去了语言能力，她用手势交代了后事，将英国王位传给詹姆士，是为詹姆士一世。

二十五　莎士比亚

欧洲历史上的天之骄女结束了她的时代，在位四十五年。伊丽莎白一世励精图治，调和了宗教矛盾，发展经济，杀败强大的宿敌西班牙，她绝对是英国历史上获得赞颂最多的国王，而英国在北美的第一个殖民地就是“弗吉尼亚”，因为在英文中，“童贞女王”是 Virgin Queen of England，弗吉尼亚就是用她的名字来命名的。其实，她对英国历史最大的贡献，就是帮英格兰确立了所谓的“英格兰主义”，其要点就是保持在大陆之外独立的岛国个性，不依赖也不屈服，建立属于英国人自己的民族精神。

伊丽莎白时代也是英国文化发展的一个巅峰时代，英国文艺复兴的峰顶，除了重量级文化人培根，还有一个大家都认识的文化巨擘莎士比亚。

莎士比亚出生在英国中部一个镇子，父亲经商，还做过一会子镇长，那时候家里还算殷实。十三岁时，父亲生意失败，家道中落，莎士比亚只好辍学打工，很早就结婚生了孩子，过着窝窝囊囊的生活。

因为从小就喜欢戏班子，所以二十二岁的时候，没什么特长的莎士比亚跟着一个戏班子进入伦敦，开始了大部分明星都要经历的“北漂”生涯。小莎在戏班子里大概算个车童，代客泊车那种，当然，那时候没有机动车辆，都是骑马或是马车，所以车童的工作就是照看客人的马。小莎同志在卑微的工作岗位上发光发热，深受顾客好评。

小莎口齿伶俐，为人机灵，还善于模仿。很快，戏班子有些路人甲匪乙兵之类的角色就让他来跑龙套，龙套跑得好就成为配角，获得戏班子的正式合同，算是进入了娱乐圈。当时的伦敦，戏班子不少，最缺的就是好故事，编剧本的人非常走俏。小莎为自己前途打算，开始系统地读书，学习编故事，写剧本。几年后，长达三部的历史剧《亨利六世》上演，轰动了伦敦，莎士比亚开始走红。

莎士比亚的剧本创作早期，人生比较顺利，伊丽莎白一世的政局稳定，社会繁荣，所以他当时写的都是喜剧和历史剧。但是在这个阶段，让他奠定了世界剧作行业宗师地位的，却是一部悲剧，那就是大家都熟悉的《罗密欧与朱丽叶》。讲述两个宿仇家庭的孩子意外相爱，私订终身，遭遇重重阻挡，不能公开关系，罗密欧因为杀人逃跑，朱丽叶被许配他人。后来在一个神父的帮助下，朱丽叶吃了一种高科技的假死药，让要娶她的那家人以为她死了，解除婚约。谁知局设得太像了，骗了所有人，包括罗密欧，傻小子以为爱人已死，当时就服毒自尽，待朱丽叶被救活过来，看到罗密欧死在身边，也啥都不说，跟着去了。罗密欧和朱丽叶的死让两家和解。大家知道，这个故事不知道影响了多少后世的作品，是西方戏剧经典中的经典。

莎士比亚后来就发达了，成为泰晤士河畔享誉世界的环球剧院的股东，后来还出入宫廷，侍奉女王，掺和点政治，作品的人文高度也不断提升，而莎士比亚本人的创作巅峰，毋庸置疑应该算是《哈姆雷特》。这部作品大家也都非常熟悉了，“To be，or not to be，that is the question”这句英文只要小学毕业都会说。

莎士比亚的大牌作品太多了，有四大悲剧。《哈姆雷特》讲的是一个弟弟杀了哥哥霸占嫂子，后来被侄子报仇干掉的故事。《奥赛罗》讲的是一个贵族费好大劲娶个美女回家，后来被手下人设局，把自己老婆掐死，自己最后也懊悔自杀的故事。《李尔王》讲的是个糊涂父母孝顺孩子的故事，花言巧语的女儿骗得父亲的信任，取得了土地，不会说好话的女儿啥也没有，后来发现，花言巧语的女儿都是些不肖子孙，那个不会说好话的女儿回来帮父亲出了气。可惜这个孝顺的小女儿死了，所以是悲剧。《麦克白》讲的是个篡位的故事。

另外还有四大喜剧。《仲夏夜之梦》是老莎喜剧作品的巅峰作品，四个年轻人四角恋，误入森林，在一群神仙精怪的捣乱帮忙下，对象混乱，后来终于有情人终成眷属的故事。《皆大欢喜》讲的是被流放的公爵女儿到森林中找父亲，找到了爱情，还解救了父亲的故事。《第十二夜》讲的是相貌相同的孪生兄妹，航海遇险，在异国他乡找到自己的爱情的故事。《威尼斯商人》是个欠债还钱的故事。如果用一磅肉还债，是不包括一滴血的。

跟文学青年吹牛，以上的剧目要经常挂在嘴上，以显得有文化。

现在关于莎士比亚最有趣的新消息是，怀疑他虽然有三个孩子，却是个同性恋者，他写了大量的十四行诗，内容普遍比较肉麻，有人分析是写给他的主要赞助人南安普敦伯爵的。还有更离谱的说法是，莎士比亚不是一个人，还是一个创作团体，最骇人的说法是，莎士比亚是伊丽莎白一世的笔名。这些杂史，大家就自己鉴别判断吧。

二十六　北方佬在伦敦

本地人挤对

却说伊丽莎白一世孤独终老，只好让侄孙子——苏格兰的国王詹姆士六世兼职，成为英格兰斯图加特王朝的第一位君主——詹姆士一世，同时成为苏格兰、英格兰、爱尔兰的国王，英伦三岛终于有了统一的老大。

原来说过，詹姆士这个小同志是个童工，一岁就是苏格兰国王了，一辈子不会干别的，只会当国王。以为自己是个当国王的专家，给几个兼职也不怵，可是啊，国王和国王不一样啊，他在苏格兰那种乡下地方称王称霸习惯了，来到伦敦这个大都市，非常之水土不服。詹姆士因为生下来就是国王，所以受教育程度很高，算是一个学者，颇有著作，还会写诗。作为一个读书人，詹姆士从小就知道“普天之下，莫非王土”，一直有一个坚定意识，叫作“君权神授”，整个世界，上帝之下就是国王，凡事说一不二的。可到了英格兰这个地方，古怪啊，有个叫议会的东西，居然可以对国王指手画脚，所有的军国大事，他们不点头，国王着急上火不管用。上院还好说，一群老贵族，专心养老，没什么事，不太让国王不愉快。最招人嫌的是下院，既然是叫“平民院”，自然都是些乡下人，那些乡绅、地主、新兴资本主义组成的团伙，处处跟国王作对，总想着跟国王分权的事。

詹姆士三十五岁来到英国当主子，伦敦人也欺负外地人，不拿人家当干部。詹姆士同志也不先了解情况，不知道英国议会这帮人对本土的国王都不给面子，更何况是外地来的干部。詹姆士一上班还是比较聪明，他预备采用“釜底抽薪”的办法，既然下院总和自己作对，他只要控制下院议员的人选就行了嘛。谁知，下院的人非常客气地告诉他，议会的议员任命跟国王一点关系都没有，这事是议会自己决定的。詹姆士气得直跳，拍着桌子说：“太嘚瑟了！不要忘了议会的权力是国王给的！”他一说完这话，下院的议员集体笑翻在地上，马上有议员拿出电脑，找到杨白劳写的世界史，让詹姆士好好了解英国议会的起源。而从这事之后，英国议会发现新国王是个土鳖，于是，议员更是欺负他没商量，还让他有了一个永垂千古的外号“最聪明的笨蛋”。

其实詹姆士还是挺可怜的。前文说过，伊丽莎白一世在中晚年的时候从辉煌坠落为平庸，对西班牙的战事、爱尔兰的叛乱加上农业歉收，詹姆士接班的时候，接受了英国王室近四十万英镑的外债。詹姆士前半生一直在严寒的苏格兰高地生活，苏格兰一直就不富裕，国王的生活也就是小康，绝对没条件奢侈。一到伦敦花花世界，詹姆士找到暴发户的感觉，天天吃肉包子蘸白糖，吃一个还丢一个，过上了大款的生活。几年之后，英王室的财务缺口几乎翻了一倍，詹姆士没认为这是什么大事，身为一个国王，手头没钱，那不是笑话吗？国王创收的办法很简单，收税啊！1608年，詹姆士将一千多种商品的税率从百分之三十涨到百分之四十，这可以直接让王室增加近十万英镑的年收入。

詹姆士作为一个外地人，实在是太不了解英国的国情，英格兰一直有一个优良的传统，那就是“国王自理”，不管国家有多富裕，英王只能花自己那份钱。作为英王，除了常规的税收外，就是自己领土上的收入。按道理说，英王是英国最大的地主，收入不错，可开销也大啊。开party、组织出门打猎、装修寝宫之类的活动都不能拿到国库报销的，如果还要经常打赏宠臣，那就更加花钱如流水，所以历史上，英王大部分都是穷鬼，伊丽莎白女王通过海盗搞钱绝对是自谋生路致富的典型。詹姆士擅自通过加税来搞钱，这个动作在英国就算是骇人听闻了，议会气坏了，连收税这么大的事，国王都敢自己说了算，懂不懂大英法律啊？下院于是想出各种办法阻挠国王。人穷志短，鸟为食亡，这可是关乎经济效益的大事，谁也不能给面子了，詹姆士一不做二不休，两次将议会解散。不管反对的呼声多高，强行收税，这个乡下来的新领导一时间把自己整得很难看。

且让国王和议会继续互相咬，我们先将注意力从英国的高层转入英国的民间，詹姆士一朝，除了国王和议会的恩怨，还有一个巨大的问题就是宗教矛盾。略懂历史的同学应该知道，此时的英国正到了一个关键的路口，即将掀起巨大的变革风暴，所有这个阶段发生的矛盾，都是日后那些大事的根源，而宗教是根源的根源，如果基督教的事不讲清楚，后面的事就更不好解释了。

信不到一起

原来说过欧洲浩瀚的宗教改革。基督教被分割出一个叫新教的派系（按中国的习惯，基督教指的就是新教），跟传统天主教对立。而新教也在变革中分成几个体系，一个是路德派，一个是加尔文派，还有一个就是英国此时的国教——安立甘教。

说到英国的国教时曾经说过，英国最后确立这个国教，是新教和天主教的妥协，在新教的框架下，保留了一些天主教的东西，比如，英国还是有自己的教会和主教。宗教这件事，由不得摇摆不定，两头不着。骑墙派的整法，让很多激进的新教徒不满，他们提出英国应该深化宗教改革，最终的目的是要将英国国教中天主教的成分彻底剔除干净，在这个精神下，英国诞生了一个新的教派——清教。而清教徒从此就开始对国王的宗教政策叽叽歪歪。英国的国教是考虑了很多方面利益的平衡解决方法，清教徒的鼓噪让国王非常烦恼，从伊丽莎白那一朝开始，就开始让这些清教徒保持安静，时不时还镇压他们一下子。大家都知道，改革派一般都有先进性，所以清教徒广泛存在于当时英国新兴的资产阶级这个阶层。到詹姆士这一辈，这些清教徒靠着自己强大的经济实力，向政坛渗透，成为议会下院的重要力量。

其实，詹姆士国王来英国上班之前，英格兰的清教徒还是对他有点期待的，为什么呢？詹姆士本人是个加尔文派的新教徒，加尔文派在新教中比较激进（这个教派的特点是喜欢讲道，大家去参观教堂，如果发现教堂的讲台在教堂的中轴线上，正前方的中间，就可以知道，这个教堂是加尔文派的），所有清教徒都期待这个激进的新教英王过来一举涤清天主教留在英国的所有痕迹，最好能彻底取消教会和主教这些残渣余孽。

可是，出乎意料的是，詹姆士国王是个务实的信徒，他在权衡收益后，认为一个由国王控制的教会对王室还是非常有利的，所以他选择了维持现状，尊重国教。面对这个情况，清教徒内部随着出现分化，一部分比较随和的教徒选择还是留在英国的教会内，希望从内部推动改革，最后达到结束教会的目的；而另一些比较激进的清教徒则认为，扫帚不到，灰尘不会自己跑掉，坚决退出，跟英国的教会决裂。这部分激进分子成立了一个新的教派，叫作分离派，跟教会作斗争。

教会是英王的教会，强硬抵制是没有好处的，分离派成为詹姆士国王很不喜欢的一群人，好在此处不留人，自有留人处，这些人中的一部分不堪迫害，只好登上一条船，希望能到海外找到一方乐土，让他们获得理想中的宗教自由。1620年，"五月花"号出海并在北美的普利茅斯港登陆，建立了后来信仰自由的美利坚合众国。

天主教在英国没有被赶尽杀绝，日子也并不好过，原来伊丽莎白就规定，留在英国的天主教徒必须老老实实参加英国教会的活动，如果不从，每个月交二十英镑出来。英国此时已经是新教当道了，为什么天主教徒在英国还可以这么硬气呢？很简单，有后台啊，后台就是西班牙。这些死硬派的天主教徒知道，万一英国人迫害自己，自己马上可以找西班牙寻求庇护。不过这事天主教的算盘打错了。17世纪的欧洲，战火缭绕，几乎没有不打架的君王，而詹姆士国王却是个异类，是个著名的和平人士，最恨打仗，所以虽然伊丽莎白在位和西班牙打破头，但是詹姆士一上台就与西班牙寻求和解，西班牙被打得心里发虚，也不想跟英国人为敌，为了表达友善，宣布以后英国的天主教徒再想宗教避难，他们就不好大张旗鼓地接收了。这事让英国的天主教徒感到了危机，看来他们不采取办法自救是不行了。

历史无数次证明，恐怖分子是没有血统遗传的，任何人逼急了都能搞恐怖袭击。英国的天主教徒竟然组织了大批火药，埋在英国下院，预备发动连环爆炸，行动的目的是将英王和议会所有人统统炸上天。计划是好的，执行力是很差的。刚一部署好，有内部人士想到下院中有几个天主教徒，要提前通知他们，不能一锅端掉了。这一通知可就热闹了，一传十、十传百,一个惊天大阴谋就露馅了，天主教造反，那还不镇压吗？这个事件就是著名的"火药阴谋案"，这个事件发生在11月5日，据说如果此事成功，国会一带将炸成废墟，英国人还是有幽默感的，这一天后来成为英国的"焰火节"。每到这一天，英国人满大街放焰火，火树银花，模拟爆炸现场。这个事也带给英国天主教转机，造反起义无门后，为了保留有生力量让天主教在英国传承下去，教徒选择了跟英王妥协，而詹姆士为了向西班牙表示友好，也没有将天主教赶绝，这事，自然让英国的清教徒更是不爽。

除了和议会不对付，宗教问题乱麻麻，詹姆士这位老兄私生活也遭人非议。话说这家伙喜欢帅哥，欧洲的君王乃至全世界的君王，喜欢同性绝对算不得大事，虽然这是基督教不允许的。当然，他也不敢公开表达自己的性取向，最多就是对某位爱卿特别关照罢了。那些面目姣好、服饰华丽、有明显脂粉气质的帅哥在詹姆士国王的宫廷内来回走动，他们都以最快的速度获得这个国家的权力和爵位，其中做小白脸做得最成功的，要属乔治·维利尔斯。

白金汉公爵

乔治出生于英国中部一个乡绅的家庭，从小在法国学习音乐舞蹈、骑马格斗各种技能，成人后生得俊朗妩媚，色艺双绝。1614 年，乔治与詹姆士初见，金风玉露一相逢，便胜却人间无数，在随后的几年里，乔治从骑士如同直升机一般以最快的速度成为白金汉公爵。因为乔治不是出身贵族，一个平民出身的人成为公爵，对英国人来说还是够惊人的，特别是，詹姆士在位的后几年，乔治几乎完全把持了朝政，成为全英国最有权力的人。（白金汉公爵是欧洲历史的风头人物，在大仲马的小说《三个火枪手》里，他被描写成法国国王路易十三的老婆——安娜的情夫，所有人都说大仲马的小说一般都有些原型，不是完全瞎编，所以怀疑乔治在伺候英王的间歇还要关照法国王后，生活得异常充实。）

自从白金汉公爵主持国事，后面那些愚蠢丢脸的事就不能算在詹姆士头上了。1618 年至 1648 年，是欧洲历史上最混乱的三十年战争时期，整个欧洲大陆打得翻天覆地（参看《德意志：铁与血的历史》）。对于悬在海上的英国来说，虽然没有直接卷入，但也不能置身事外。毕竟这场战争还是宗教改革导致的，不参与显得没有立场，尤其詹姆士的女婿，新教加尔文派的教徒弗里德里克是当时波希米亚的国王，而西班牙竟然出兵占领了他的土地，对詹姆士来说，怎么解决这个问题，是一个巨大的考验。

三十年战争分成两大集团。一派是天主教代表集团，西班牙、奥地利，还有此时欧洲势力最牛的哈布斯堡家族（《德意志：铁与血的历史》有详细介绍）；另一派当然是新教，包括丹麦、荷兰，俄国也站在这边起哄，而法国虽然是天主教国家，可从各方面利益考虑，也加入新教这边找哈布斯堡家族的麻烦。英国显然应该加入新教体团，向西班牙宣战，替驸马爷出头，当时的英国下院摩拳擦掌，都预备投身到欧洲热火朝天的群架中去。白金汉公爵深察圣意，他知道主子是最怕打架的，跟老牌劲旅西班牙刚刚缓和的关系又敌对了非常不好，最聪明的办法就是跟西班牙联姻，仇家变亲家，凡事好商量。西班牙给面子从驸马爷的领土上撤出去，英格兰不费一兵一卒就可达到自己的目的；而另一个诱人的利益就是，西班牙公主嫁入英格兰，肯定带着巨大的嫁妆，正好可以缓解王室窘迫的财政危机。

计划一确立，白金汉公爵就找出詹姆士的次子，现任太子查理，给他收拾干净，到西班牙求婚去了。鉴于英国和西班牙的宿怨，白金汉知道，这次联姻不会得到英国人的祝福，所以乔装易容，鬼鬼祟祟，渡海而去。

在前文我们曾经说过，伊丽莎白女王继位之初，西班牙国王腓力二世曾上门求婚，伊小姐为了自己的地位能被欧洲诸国承认，态度暧昧地调戏了西班牙国王一把，这个事我们大家应该记得，西班牙人更记得。

却说白金汉公爵带着查理偷偷摸摸来到西班牙。腓力二世的孙子先是讶异，随后就偷笑了。接下来，英国人受到了腓力四世的殷勤接待，专门安排宫殿给他们居住，吃山珍海味，还经常给安排舞会、KTV、桑拿之类的活动，中间还特意组织了宫廷巡游，让长公主胳膊上绑着蓝色丝带作为标识从查理眼前飘过。西班牙美女果然不是盖的，风情冶艳，查理暗爽了好久。白金汉公爵见西班牙对自己的客气态度，似乎有准驸马的规格，心中也暗自窃喜，每晚两人凑在一起讨论这事，都觉得实在是一个妙计。白金汉公爵和查理在西班牙好吃好喝住了几个月，胖了好几十斤后终于脑子清楚了，西班牙国王一边像喂猪一样招呼英国贵宾，一边继续在欧洲战场打得如火如荼，非常 high，一点也没有从詹姆士的女婿土地上撤军的意思，分明是故意拖延。白金汉公爵此时不得不承认，被西班牙人涮了。腓力四世终于替他爷爷腓力二世报了当年被耍之仇，伊丽莎白泉下有知，定是很郁闷。

求亲团灰溜溜地返回英国。听说这两个人求婚失败的消息，整个英国都欢腾了，他们知道，既然巴结不上，就必须开战了，英国下院早就想收拾西班牙人。白金汉公爵和查理受此侮辱，更是恼羞成怒，本来是挺反战的两个人，现在成为坚定的主战派，强烈要求狠揍西班牙一顿。

詹姆士国王作为一个和平人士，断然不愿看到打架斗殴的事。于是在1625年，体弱多病的詹姆士一世驾崩，将王位传给查理，使之成为查理一世，你要打自己打去吧，我反正是不想看了。詹姆士为斯图加特王朝奠定了非常糟糕的开始，他想不到的是，他造成的所有恶果都被他儿子放大，最后终于不可收拾，甚至要用一个国王的鲜血来清洗。

无论詹姆士一世是多么傻的国王，他任内有一件大事是不能不提的，那就是主持编撰了一部英文版《圣经》，这部只有八千左右个单词的通俗易读版《圣经》很快流传到英国各阶层，成为广大群众接近上帝的最好工具。这部被叫作“钦定版《圣经》”的书在世界文化史上地位非常超然，后世的《圣经》基本都是在这个基础上编修的，而现在的英文成为世界通用语言也和它有极大的关系，它被称为现代英语的基石。

二十七　走向共和

议会，又是议会

二十五岁的查理一世登基，英格兰议会发现，这家伙比他爹更不讲理。虽然没有证据证明查理一世跟他父王一样对白金汉公爵怀有特殊感情，但是他的确像他父王一样相信白金汉公爵，而白金汉公爵完全辜负了两代英王的信任，出的主意，一个比一个臭。

向西班牙公主求婚失利，白金汉知道对西班牙一战不可避免，所以要物色欧洲盟友啊，还是靠联姻，况且查理一世年纪不小了，不能总耍单身。环顾欧洲，最佳选择应该是法国公主，当时法王路易十三有个妹子，正当年，白金汉公爵赶紧去求亲。有了西班牙的教训，这次求婚不能再丢脸了，为了保证求婚成功，白金汉不惜承诺出兵帮助法王镇压法国国内的新教徒，而后又不顾朝廷拮据，大操大办，非常奢侈地举办大型婚礼，将法国王妹迎进英国王宫。这位王妹是天主教徒，带着大量的天主教随从，一过门，就在王宫里捣鼓一些天主教仪式，让英国朝野上下侧目。

查理一世一上台，白金汉就开始对西班牙干仗。第一次，预备在欧洲大陆上帮助詹姆士一世的女婿拿回失地，深入内地作战，远征荷兰一带，长途行军，战斗补给跟不上，英军最后因为饥饿和疫病兵败而归。第二次，白金汉想仿效伊丽莎白，占领西班牙的加德斯港，以达到抢截西班牙各类运输船只的目的，谁知西班牙早就得知这个消息，绕道进入港口，让英军在海边望穿了双眼也没找到任何西班牙船只，避免了失足成为海盗劫匪。

这边跟西班牙的事还没有了结，白金汉为了巩固自己的地位又去掺和法国人对新教徒的镇压，出兵想解救法国被围困的新教徒，结果再次损兵折将，铩羽而归。英国国会看着白金汉公爵上蹿下跳地折腾，像个小丑，查理一世看他可像个大英雄，为了配合白金汉这些无聊战事，查理一世不断向议会要钱。议会很不痛快地批了十四万的战争补助，但为了防止这个糊涂国王拿更多的钱供白金汉玩战争游戏打水漂，又规定国王，以前可以终身享受的关税不准收了，最多收一年，小小地补贴一下。

此时的查理和白金汉君臣二人已经是穷凶极恶了，不管什么办法，一定要搞到钱。怎么办？利用国王的地位强行借钱，把那些不肯借钱给国王的贵族骑士等通通抓起来。从这时起，查理一世与议会的战斗就已经开始，而议会刚开始对查理还算客气，一般都是针对白金汉公爵，查理一世上台的头几年，议会的主要内容就是弹劾他。好在 1628 年，一个不得志的英军中尉在大街上刺杀了白金汉公爵，终于让议会和国王之间的矛盾失去了缓冲地带。

眼看着查理一世要钱的手段越来越不受控制，英国议会发扬“大宪章”时期的优良传统，预备长篇大论地给国王上课，教教规矩。上下两院很快提出了一个“权利请愿书”，说是“请愿书”，其实还是国王专用的纪律手册，重申了：不经议会同意不许征收新的税种；没审判不准随意逮捕臣民；不可让士兵强占民房（因为之前预备起航去欧洲作战的英国士兵借住在老百姓家里，英国议会显然认为这不对），等等。对当时的查理来说，这些规矩必须先收下，他需要议会通过他收税并给他拨款，因为打仗，他真的已经是债台高筑。谁知钱到手，税收了一年，查理一世就反悔了，拒绝接受这些条款。议会也气疯了，公然宣布，如果不遵守这些守则，将是国家的敌人，必定要被全国人民打倒！而查理一世更加发飙：“朕……朕……受命于天，岂……岂容尔等放……放肆！”（查理一世是个结巴，气急了更是严重。）他即刻解散了议会，而且在后来整整十一年里，英国议会销声匿迹，查理一世实现了独裁统治。

独裁的经济效益立竿见影，只要能弄到钱，查理一世什么都干，卖官鬻爵，明码标价。最好笑的是强行封爵，随便找几个乡绅出来，不管他们要不要，封个爵位给他们，他们要向国王缴纳各种费用表示感谢。出售所有商品的专卖权，要知道，17 世纪的英国，资本主义经济已经高速发展，除了传统最发达的毛纺织业外，采煤、冶铁以及锡、铜等冶炼方面也建立了不同规模的手工工场，诸如肥皂、火药、玻璃等高级东西也都有专业制造，海外殖民地以及外贸业务也蒸蒸日上。把上述商品划为王家专利，实行专卖，极大地损害了新兴工商业者的利益，让新兴的资产阶级非常怨恨。征收砍树的罚款，还在全国范围内征船税（以前只是在沿海地区偶尔收取），总之是名目众多，帝国万税。没几年，查理一世就成功地脱贫致富了。

暴君一般都伴随奸臣，查理一世为了通过宗教敛取更多的财富，任命了一个新的坎特伯雷大主教，威廉·劳德。这位劳德主教果然好身手，他一上位，就在英国教会内恢复了一些传统天主教的繁文缛节，这让新教的英国人很厌恶，大家都不愿意去教堂做礼拜，不去不行啊，不去立即罚款，查理一世不明不白又搞来一笔钱。他甚至还幻想着能够恢复到宗教改革前教会的状态，占用很多土地，修道院里有大把的金银财宝，这些动作让英国人隐约感觉到，是不是天主教要卷土重来了。

在英格兰搞钱的办法奏效，劳德主教受到表彰，更是热情高涨。他突发奇想，要对苏格兰推广英国的国教！此时的苏格兰和英格兰虽然共戴一王同是新教国家，但宗教信仰还是略有不同。苏格兰是加尔文派的国家，他们的国教是新教加尔文派的长老宗（晕吧）。简单地说，苏格兰现在的国教是宗教改革后的成品，而英国的国教则是个两头不到岸的改革半成品，如果在苏格兰推广英国国教，那就等于倒退，苏格兰这么多年的改革成果就彻底被糟蹋了，非常荒唐离谱，苏格兰人民绝对不能答应。

1639 年，苏格兰军队进攻英格兰，很快就攻入北部地区，战争爆发。这下查理一世苦恼了，虽说他这几年捞了不少钱，可那都是顶风作案。在所有臣民愤怒的目光中，挣点小钱心理压力极大，而且因为他这样做违犯英国法律，所以有些人公然抵触他，拒绝他勒索的，也最多只能关起来，因为没有法律可以治人家的罪啊。他厚着脸皮强行搞钱，应付自己的收支还是没问题的，可现在要打仗哦，打仗就需要源源不断的钱，凭自己这样的强取豪夺肯定是不能满足需要的，怎么办？还是要找议会啊。

万般无奈之下，查理一世咬着牙重开了议会，议员休息十一年了，现在精力旺盛着呢。本来查理一世开会是希望议会拨款给他镇压苏格兰起义，可会议一开，就由不得他了。这些议员憋着一肚子火，就是过来清算这十一年的辛酸的，七嘴八舌，跳到桌子上，控诉查理一世对议会的不公正待遇，以及声讨他解散议会的种种罪行，还要他保证，这种错误下次绝对不能再犯了。查理一世越听越不对劲，这帮人就是来出气的，压根也不想给我钱啊。哼，议会这东西绝对不能让它存在，再次解散。这次议会开了二十多天，历史上有个好名字叫“短期议会”。

议会解散了，苏格兰的军队可没解散，人家在英格兰北部攻陷好几个城池，查理一世硬着头皮带着些老兵残将象征性地抵抗了一下，根本不是高地人的对手，算了，求和吧。苏格兰人厚道啊，你既然求饶我就不打你了，可我打这一架可是又花精力又花钱的，你总要赔偿我损失吧，苏格兰占据的城池，查理一世必须花钱赎回去，现在没钱赎啊，那行，那我就在这儿住下，你什么时候有钱我什么时候走人，当然，我大军驻扎在这里，吃喝拉撒所有的费用英格兰还是要给补贴的啊！

查理一世真是被逼上绝路，他知道还是要找议会来救命，于是，当年底，议会再次召开。这次议会坚持了十几年，所以叫“长期议会”。虽然议会对国王意见很大，但毕竟还有个尊卑意识，不能一味赤裸裸地指责国王大不敬。国王没有不好，主要是被佞臣所害，所以这次议会的中心议题是，将查理身边的劳德主教和另一位亲信斯特拉福伯爵拖出去砍头，所有的过错都算在他们身上。上下院都同意让这两人当国王的替罪羊，可死刑书还是要国王亲手批，面对自己的左膀右臂，下不了手啊。就在国王犹豫的时候，伦敦老百姓聚众请愿了，围住了国会，要求严惩奸臣。窗外的民众呐喊山呼海啸，查理一世知道，如果不签，自身也危险，只好忍痛将这两个爱卿送上了绞架，此时的他并不知道，自己也快将要追随他二人而去。

处死了奸臣，议员再次给国王上规矩，以皮姆为首的议会反对派抛出了“大抗议书”，再次强调，以后国王要老实一点，谦卑一点，千万不要再惹是生非。查理一世被议会制住，没有自由，心里憋屈得快疯了，拿到“大抗议书”，盛怒之下，集合亲兵，要到议会去把那几个激进的反对派分子全部抓起来。谁知走漏了消息，皮姆等人早就跑得无影无踪，查理一世疯了一样地在伦敦搜捕这几个逆臣。结果发现，全伦敦人都在保护他们，不仅保护他们，还组织起来抗议和阻挠国王的追捕，市民在街上高喊“反独裁”“反特权”这些口号。查理一世当然知道，这些指责都是针对他的，现在整个伦敦都是自己的敌人，这个地方太不安全了，不是久留之地。

1642 年，不愿意向议会低头的查理一世带着自己的亲信北上，到了传统贵族比较集中的地区，并在诺丁汉城建立了自己的根据地，开始招募军队，预备用武力让议员学习君臣礼仪。如此一来，英国的内战拉开了大幕。根据马克思的说法，这一场英国内战被称为英国资本主义革命，它最终导致了资本主义制度在英国的确立，而查理一世和议会拍桌子吵架预备翻脸的那一年，1640 年，也被历史学家定为世界近代史的开端。

王的抗争

查理一世终于决定跟议会撕破脸。1642 年 1 月，他来到英格兰北部的约克郡驻下，竖起王旗，正式宣布跟议会开战，启动了英格兰的传统恩怨，国王和议会反目成仇横刀相向的戏码再次上演。

虽然大部分的议会议员都认为国王不能无法无天，一定要遵守有关纪律，但真正要决裂，跟国王干仗，有些议员却是不愿意的，在与国王长期拉锯扯皮的过程中，议会也在分化。历史书上，这一次英国内战被称为资本主义革命，大概是因为议会军是以新兴资产阶级为主力的，其实这个分法也不科学，因为王军里也有不少属于这个阶层。如果一定要分析议会是因什么分歧分化的，应该还是宗教。

议会最后分成两派。一派是支持现有国教的，他们也反对增加那些烦琐的天主教仪式，但坚持保留英国教会，不赞成议会一定要强压国王一头，这一派议员坚持保持旧骑士的做派，戴个卷毛的假发，举手投足颇有派头，被称为骑士党；而另一派则几乎都是清教徒，他们要深化宗教改革，清洗天主教残余，提倡简洁地生活，简洁地信仰上帝，众生平等，社会需要更多的自由和公平（清教徒的主要思想可参看《五月花号公约》），认为国王应该在议会的约束之下，这一派衣着朴素，完全放弃了英国的传统假发，剃小平头，大背头，反正是天然没有修饰的脑袋，被称为圆头党。

自从查理一世到了北方，英格兰各界已经感觉到内战将至，非常自动自觉地站队，找自己的组织加入，骑士党和一些老派贵族都筹集装备人马纷纷北上加入王军的阵营，圆头党只好也跟着准备战斗。

8 月，王军正式南下讨伐议会军。查理一世的王旗下大约有兵马八千人，而南方预备迎战的圆头党有大军两万，背靠富裕繁盛的东南方，补给充沛，还有大量反对暴政的老百姓，为圆头党提供源源不断的兵源，天时地利人和似乎都在圆头党这边。可是一交火，圆头党就节节败退，王军步步向伦敦逼近，并将大本营推进到了牛津，议会军缩在东南方，非常迷茫。

为什么议会军有这么大的优势，却不是王军的对手呢？最大的原因是战斗目的、精神力量不一样。对查理一世来说，他要挽回自己的王权，要收复伦敦，憋了一肚子气，咬牙切齿；而圆头党呢，他们只是跟国王意见不合，没预备打架啊，现在不过是国王要收拾他们，他们仓促应战而已。当时的议会军首领说过一句特别泄气的话："同志们，俺们跟老大干仗老不划算了，俺们打赢他九十九次，他还是俺们老大，俺们也不能把他怎么样，可如果他灭俺们一次，那俺们绝对被诛九族，死得老难看了！"就是这样，议会军上了战场心里都发怯，只求国王能纳谏，改正错误，抛弃前嫌，不要打架。心里没底气，打架也不太专业。议会军都是些专业政客，除了往国会大厅丢鞋子，也没什么战斗经验，纵然口才好、嗓门大，似乎也不太管用，那些经验丰富的带兵将领都在王军那边，圆头党投笔从戎后，整得不伦不类的。眼看着王军的前锋已经逼近伦敦，近在咫尺。好在圆头党抓住时机跟苏格兰组成联军，两面夹攻之下，终于和王军勉强战成平手，进入胶着状态，但要取得胜利，还是要等待奇迹。

奇迹降临在 1644 年的马斯顿荒原。此时的议会军因为苏格兰盟军的帮助，已经不限于在英格兰东南部被动挨打，他们开始绕到敌后直捣王军大本营。直接向国王的战时陪都——约克郡进攻。查理一世赶紧派出自己的外甥鲁波特王子去支援解围。看到王军到来，议会军退却到郊外的马斯顿荒原，面对鲁波特王子的军队布下战阵。因为之前的战绩，王军对议会军没有任何心理障碍，裁判一声令下，骑士就扑向了对面的军队，根据经验，随便进攻两下，议会军就会溃败而去。谁知这次进攻遭到了顽强的抵抗，防守坚实，对面的骑兵浴血奋战，一步不退。王军再三再四不得手，随即气竭，这时议会军调整阵形开始反扑，却是锐不可当。苦战半日，王军丢下四千多具尸体溃逃而去，议会军还俘获了一千五百多人，这是内战开打以来议会军最大的一次胜利。这场战役也是议会军从失败走向胜利的转折点。

这场著名战役的影响力跟春晚一样，小沈阳那样的人可以一夜成名，马斯顿荒原战役成就的大英雄、大明星就是奥立佛·克伦威尔。

仔细算起来，这位克伦威尔的确是帮助亨利八世离婚的那位克伦威尔的后裔，家庭成分应该是乡绅。剑桥大学毕业，在校期间成为一个清教徒，因为和当时的议会首领有点亲戚关系，所以毕业后进入政界，平步青云，混得极顺溜。内战爆发，他回到家乡组建了自己的骑兵部队，然后带着这支武装征战东部。克伦威尔带兵最大的特点就是重视思想建设，他的兵都是虔诚的信徒，都知道是为了捍卫信仰而战，浑不畏死。所以才有后来马斯顿荒原一役，红遍英伦。据说这一战之后，他的对手鲁波特王子给克伦威尔起了个外号叫"铁人"，而他麾下的骑兵也就成为"铁骑兵"。

克伦威尔的胜利，让议会军重新思考了军队建设的问题。当时英国没有常备的正规军，每次打仗都是贵族自己拉壮丁，请乡勇，乌合之众，一盘散沙。圆头党发现，既然自己是专业搞政治的，就不要带兵了，军队应该交给会带的去带。于是，圆头党发布了新规定，贵族和下院议员，如果还想掺和政治就必须放弃军权，军政必须分开。但有一个人例外，那就是克伦威尔，可以允许他在议会和军队两头兼职。然后抽选两万四千人，组成一支正规的军队，按照克伦威尔的模式建设训练，克伦威尔做个副帅，这支真正属于议会的军队被称为"新模范军"。

共和祭品

1645 年 6 月，纳斯比一战，"新模范军"让王军真正见识了军事改革的强大力量。这一战，查理一世的主力几乎全部被灭，彻底扭转了战争形势。查理一世东摇西摆地勉强支持了一年，牛津大本营被议会军攻破，内战的第一阶段算是结束了。

眼看大势已去，查理一世早就逃之夭夭，他逃去哪里了呢？化装逃到了苏格兰，他的老家。高地人厚道啊，看见国王返乡避难，赶紧以最快的速度把他扣起来，并跟英格兰叫卖，希望议会军最好是出钱把国王赎回去。大家别忘了，查理一世也是苏格兰的国王，苏格兰人出售自己的国王，充分证明高地人有大义灭亲的英雄气概。

有苏格兰人看着国王，议会军内部要解决一下派系问题了。仗打了四年，圆头党内部也开始结党，共分出三个帮派来。第一派是长老派，这一派认为，既然国王知道错了，就应该把他老人家接回来，以后将新教加尔文派的长老宗定为国教，国王议会维持以前的关系，君主亲亲热热化干戈为玉帛。这一派是这次内战收获最大的，财富和权势都被他们抢在手里了。自己鼓了腰包，却不管其他人的死活，他们认为，既然仗打完了，以后跟国王关系恢复了，“新模范军”就没有存在的意义了，应该解散。这个要求直接侵害了另一派的利益，那就是“独立派”，独立派是啥意思呢？长老派分化出来的，基本上全是军队的各级领导，内战期间出力最多，还没有获得他们期望中的利益。他们认为国王可以回来重新上班，他们也愿意效忠，但不同意长老宗作为国教，更不同意增加一个叫长老会的宗教领导机构，而对于长老派要解散军队，他们更是义愤填膺：“没有天理了！仗是我们打的，血是我们流的，这会子狡兔还没死，你们就要烹走狗。况且，你们还欠我们钱呢！”于是，军队以欠饷为名拒绝解散。并开进伦敦驻下，国王也接回来扣在自己手里，把议会那几个嗓门太大的长老赶出国会去。军队和独立派成为英格兰最强的帮派。

除了上面两帮，战斗中还诞生了一派，叫平等派，来自军队的中下层。这一派的思想那在当时就相当“潮”了，他们的观点是“一切人生而平等”。既然一切人生而平等，那么教会中便不该有主教、长老，国家中也不该有国王、贵族，所以应当直接推翻君主制与上院，下院全民普选成为国家最高行政机构。这些观点我们现在听起来都使劲点头，可是在 17 世纪，这个提议还是会让人发蒙的，相当惊世骇俗，让人怀疑平等派想玩行为艺术。这种平等的思想肯定是受到那些平民子弟的欢迎，所以一时间也发展得很快。

长老派当道的时候，平等派和独立派还是挺团结的，就是在平等派的激进思想鼓励下，独立派才敢杀进伦敦，扣押国王，并驱逐死硬长老派。等到独立派站稳脚跟，平等派就是敌人了，独立派都是上层军官，他们需要实际利益，民主和专制只限于在国王和上流社会之间调节，对于平等派废除特权之类的天真想法，独立派非常不以为然。我们独立派浴血奋战可不是为基层百姓谋福祉，打土豪分田地社会财富重新分配？你傻啊你！

独立派和平等派一开始只是口水战，都试图说服对方修改思想，达成共识团结一致。辩论赛没有结果，那就看哪边的老大做事果断了，独立派的大佬克伦威尔实在不想再啰唆了，亲手镇压了平等派，还当场枪毙了一个激进头领，终于把这场哲学、社会学、宗教学的争论打住了。

就在独立派和平等派开辩论会的时候，英格兰的长老会和苏格兰的长老会结成一党，反正最终目的是在英伦大地确立长老宗，查理一世只要肯在这件事上低头，两边都愿意扶持他拿回王位。独立派光忙着跟平等派吵架，忘了国王是个活人，是会走的，他居然逃跑了，而且和苏格兰的长老宗达成协议，只要苏格兰帮忙拿回王位，他一定会将长老宗定为英格兰国教。于是，苏格兰大军挥师南下，帮助国王复位。独立派一看大敌来袭，没有平等派帮手无力应战啊，只好向平等派妥协，答应只要抓了国王，就审判这老家伙，不让他继续返岗上班；答应取消上院，让那些老贵族下岗等平等派的要求。面对共同的敌人，军队再次团结。这是英格兰内战的第二阶段。几个月后，苏格兰军队兵败而退，英军撤回伦敦，清理门户。

清理谁呢？当然是议会那些长老派，因为这一次苏格兰来袭，基本上就是这帮老家伙挑唆的。1648 年 12 月，一支英军开进议会，将议会中的长老派赶出门。这样一来，国会就只剩下院九十多名独立派议员，史书上叫作“残缺议会”，自然，独立派几乎已经大权独揽。

根据事先的承诺，独立派必须审判查理一世。在克伦威尔的主导下，查理一世被控五十九件各种罪名成立，其中有“暴君、杀人犯，还有我国善良人民的公敌”。1649 年 1 月 30 日，清寒的伦敦，热闹的广场，查理一世保持着他从审判以来都没有松懈的帝王派头，从容而镇定地走上了断头台，成为英国历史上第一个好在也是最后一个被砍头的国君。

查理一世就这样走了，这一场乱糟糟的英国内战也告一段落，英格兰进入了共和国时代。这一段老杨写得头晕，大家看得也晕，可是这一段却是英国历史的重点，如果参加历史考试，这些都是要背的呢。就算不参考历史考试，这一场内战不仅是宪政之争，还是很多思想体系的争夺和纠结，极大地影响到后来的欧洲历史。

二十八　克伦威尔

查理一世上了断头台。在对待要不要处决查理一世的问题上，当时的英国议会产生了意见分化，有一部分议员不同意砍国王的脑袋。不过，自从以克伦威尔为首的军政府掌握大权，议会就不太敢嘚瑟。看着议会天天开会，总是达不到共识，“丘八”特别闷躁，他们很快想到一个提高议会效率的办法。

1648 年，克伦威尔手下普莱德上校拿着名单带着军队闯进议会，所有名单上的，都是希望保住国王性命的。上校一边叫名字，一边找到当事人，揪着人家的耳朵，就把该议员丢出了议会大厅。将英国议会变成“残缺议会”。虽然很残缺，效率却很高，三下五除二，查理一世非常顺利地被干掉了。

国王没了，太子跑了，不列颠不需要老大了。共和国吧，上院取消，下院由人民选举产生，政治权利属于全体人民，这是人类进化历史上第一次提到老百姓的政治权利，在人类发展史上有巨大的意义。不过，说是这么说，这个“残缺议会”代表的还是地主资本家的权益。

但这一场英国革命给老百姓很多遐想，他们还什么都敢想。除了我们之前说过的那些思想派别，还有一派想得更远，他们认为政治上的平等不够，还要在财富上平等，应该废除私有土地，大家共同劳动共同收获，吃大锅饭。这个很傻很天真的理想我们不陌生啊，我们精确地称呼它“空想社会主义”。

这些不列颠家的空想家，因为人少没势力，不可能用枪杆子打土豪分田地，他们有他们的办法，自说自话地跑到伦敦附近一个山上去开荒，并说这是上帝赐予的土地，属于所有百姓。这些家伙太可笑了，整个英国革命，没有任何一个领导脑子里想过要对贫下中农做善事。让这些穷鬼拥有自己的土地，自给自足，不再受地主资本家的剥削，这种事，英国的管理阶级想一想都觉得对不起自己。克伦威尔非常果决地派军队镇压了这些开荒者，历史上，这次公社开荒的行为被称为“掘地派运动”。说是运动，怎么看怎么像行为艺术，在当时的环境下，实在是太荒诞了。

虽然有整个议会管理国家，但真出了大事，还是要克伦威尔带着军队解决。查理一世大小是个国王，跟欧洲其他国家有千丝万缕的关系，还加上宗教问题，这样一个人，岂能说杀就杀了，没人寻仇吗？

有啊，第一个就是宿仇爱尔兰。作为殖民地，爱尔兰一直跟英格兰进行不屈不挠的斗争，最要命的是，爱尔兰是个虔诚透顶、完全没有转圜余地的天主教国家。所以从英国宗教改革开始，两家就经常动手，积怨颇深。克伦威尔的军队跟王党开打的时候，查理一世因为许诺可以放宽爱尔兰的天主教地位，于是爱尔兰人非常坚定地站在王党一边，跟议会军作对。查理一世死掉，王党很多余孽跑到爱尔兰，并在那里拥戴查理一世的儿子小查理，继续跟英格兰作对。

爱尔兰搞事，正中克伦威尔下怀。前文不是说过，“新模范军”因为是资本家赞助的，不算太宽裕，一边借资本家的钱要还，一边部队里还欠着军饷，虽然爱尔兰也不算富裕，但是破船也能卖三斤钉，于是，打着平乱的旗号，“新模范军”杀进了爱尔兰。

这是爱尔兰历史上最惨烈的浩劫。阻拦“新模范军”的第一个城池是德罗赫达，攻击不下，步兵冲炮兵轰，步兵冲不下就炮兵轰，克伦威尔调来大量炮兵，预备将这个城市炸成齑粉。城破后，克伦威尔下令屠城，整整三天，连神甫和僧侣都没放过。杀得兴起，上瘾了，后来征途中，但凡破城，一定全境屠杀，绝不留情。克伦威尔在爱尔兰打了三年，这里原有人口一百五十万，克伦威尔活活地帮着消灭了五十万人口，另外还不知道有多少被发配到北美当奴隶。爱尔兰岛上原来绿草茵茵，森林苍郁，是个静谧的祥和之地，这会子几十公里都很难看到活物，阴森森透着吓人。

克伦威尔也怕人口骤减引发生态不平衡，赶紧把爱尔兰的土地分封给手下士兵，这些士兵喜欢现钱，又把这些土地卖给英格兰那些地主资本家，引发了一波英国大款向爱尔兰的移民。

刚把爱尔兰压下去，苏格兰又开闹了。小查理看到爱尔兰没指望，赶紧秘密偷渡到苏格兰，于是苏格兰像捡到宝贝一样，赶紧扶持他做国王，跟克伦威尔叫板。克伦威尔又以最快的速度掉头进入苏格兰。

对苏格兰这一仗，克伦威尔自己心里都没底。因为一进入苏格兰境内，他就发现自己陷入了游击战的海洋，自己的补给线被切断，还没正面动手，军队就开始严重减员。克伦威尔实在是战场老手，再不利的局面，他也能看清形势，终于被他发现苏军的弱点，在邓巴尔以少胜多，消灭了苏军主力。随后又诱敌南下，将小查理和苏格兰最后的兵力引入自己的圈套，一举荡平了苏格兰的反叛。小查理据说是躲在一棵树上得以逃脱，辗转流亡欧洲。

克伦威尔照样将土地分封给手下，将苏格兰长老会的势力彻底铲除，并派自己的亲信，大将蒙克驻守苏格兰，确保高地人老老实实不再启衅。镇压了苏格兰和爱尔兰两个不老实的邻居，克伦威尔带着常胜将军的美名回到伦敦。克伦威尔下得厨房，出得厅堂。对内要镇压叛乱，对外要争夺商业利益。

西班牙被整废，让出了海上霸主的地位，英格兰、法兰西都想坐这个盟主之位。只是，呼声最高的，不是这两家人，而是当时欧洲的新兴大款，年轻的资本主义国家荷兰。

这帮人本来就是在洼地里种种花，养养牛，怎么突然发家的呢？却说这一阵子，欧洲的海上贸易热火朝天，海上贸易最重要的硬件就是船只。因为海盗横行，当时的商船都带着武备、军队，英国造的商船更是装配大炮，以保护货物安全，这就使商船的造价非常高，不管是租用还是购买，花老钱了。富贵险中求，这时，荷兰的前辈为了争取这部分市场，独辟蹊径，他们壮着胆子，将商船完全简化，所有的军事设施全部拆除，这种商船自然就便宜多了。而且，当时的进口生意是以商船甲板宽度来征税的，荷兰人创造性发明了一种甲板很窄而船舱很大的大肚皮货轮，深受客户欢迎。大家会问了，用这种商船运输，货主不怕被打劫吗？怕啊，除了当时荷兰的军舰巨多，游弋海上，为自家商船护航。荷兰人还赌运气啊，如果没运气，人家也认赔，信誉非常好。

有一个非常出名的故事。那时候荷兰有个著名的航海家，叫威廉·巴伦支，他一生都致力于从北极绕到亚洲去。1596 年，在北极圈附近，巴伦支的船只被浮冰撞毁，不得不在北极的新地岛过冬。大家可以想象，在当时的科技条件下，如何在北极圈熬过冬天。巴伦支和船员靠燃烧搁浅船只的甲板取暖，捕杀北极熊和海象充饥，第二年初夏才靠小救生船逃出这个冰雪的地狱，被俄罗斯人搭救。大多数船员因饥寒交迫死在北极，可是他们搁浅的船只上，却有大量的衣物和药品，这些货物唾手可得。因为那是客户所托，巴伦支和他的船员宁死都没有染指，完好无损地将货物带给货主。

这件事让荷兰人在海洋市场上赢得了巨大的美誉，而荷兰人的经商理念传之后世，更成为守诚负责的经典，荷兰的船只成为海上贸易的首选。巴伦支在返航的路上死去，为了纪念他，就有了现在地图上的巴伦支海。在北极圈附近，巴伦支海的南部海域四季不冻，是优秀良港。可惜俄罗斯人在那里玩核潜艇，又不注意安全，让“库尔斯克”号沉没。核污染这种事，还是宁信其有莫信其无吧。

因为荷兰物流价廉物美服务好，客户巨多，生意遍及全球，通过荷兰转口的商品也不计其数，阿姆斯特丹成为当时最繁忙兴盛的码头，所以这个郁金香国度当时的外号叫“海上马车夫”。

英国的资产阶级看着荷兰日进斗金眼红不已，怂恿克伦威尔赶紧想办法，不能让他一家把全地球的钱都赚了。克伦威尔高效铁腕，马上颁布了《航海条例》，大意就是凡是跟英国有关的货物，或是到达英国殖民地港口的货物，只能用自己或是英国的商船，如果自家没有船，就必须使用英国的，诸如此类。这个条例针对性太强了，荷兰立即对英国宣战。克伦威尔继续维持他无敌的战绩，不论是陆地还是海上，两年后，荷兰认输服软，承认不列颠海上霸主的地位。

百战不殆，克伦威尔和军队在英格兰更是威风八面。而克伦威尔的手下，本来是为信仰而战，现在纯粹是为了财富，少不得有些骚扰百姓、强取豪夺的行为。时间长了，英国议会的责任心又被激发了，觉得有责任限制军队的品行。“丘八”都是些粗狂汉子，最恨总有人在自己耳边叽叽歪歪。不让俺们抢，那俺们征税吧，军爷也有个固定的进项。征税也不行？！哼！你们天天猫在议会里，制定这个政策那个条例往自己钱包里搂钱，限制俺们这么来劲，这帮人纯粹找抽啊！

克伦威尔不高兴了，不就是议会嘛，收拾他们不跟玩似的吗？带上亲兵，走进那个“残缺议会”，老办法，拎着议员的耳朵，一个一个地顺到门外去。

议会解散。没有议会，有克伦威尔就够了，当时议会的残余势力曾想怂恿克伦威尔直接成为英格兰国王。克伦威尔脑子清楚，只要一成为国王，按照英格兰法律，他必须组建议会，并在议会约束下干活。克伦威尔不计较名号，他要实际，他要独裁。于是，克伦威尔成为苏格兰、英格兰、爱尔兰三地的护国公，由他老人家全权管理各类行政事务。护国公是新鲜词，法律里自然也没有约束条款，他的权力比以前的国王还大，也没人能管。独裁嘛，肯定是赤裸裸的军事统治，说不清的官司全用枪来解决，军人的政府，就是有效率。

这时，读者困惑了，哎呀，我们记得当初英国革命的目的就是限制王权啊，就是怕国王权力太大疑似独裁，现在克伦威尔明火执仗地独裁，他这个革命的目的相当纠结啊！对啊，这就是英国大革命不上道、不靠谱的地方。这么稀里糊涂的革命注定是要失败的，所以下面，被推翻的斯图加特王朝就死灰复燃了。

二十九　复辟

杀父之仇

1658 年秋天，一场恶性疟疾顷刻间夺去了克伦威尔的生命。再强悍的人也斗不过疾病。鉴于终身护国公这个头衔是可以世袭的，克伦威尔的儿子理查接了这个跟皇位无异的大位。

克伦威尔在英格兰、苏格兰、爱尔兰威震三方，定海神针，那是因为他麾下强大的军队和那些忠心为他死战的将士。理查接班的时候三十二岁，文不能安邦，武没有军功，尤其现在是军政府，“丘八”谁也不服，只服跟自己共过战壕的兄弟，所以理查接班，遭遇的全是各种鄙视。

理查没什么本事，但基本还算有眼色识时务，他知道强扭的瓜不甜，第二年，乖乖地辞职，提前退休养老。护国公一走，群龙无首，三个岛子都没人管了。不！也可以说，想管的人太多了。军队里面派系纵横，高级将领此时都开始发挥自己的政治天赋，各拉势力抢班夺权，一时间，英伦三岛又进入混乱状态。这时，稍微有点责任心的国民开始考虑国家的前途，总不能一直混乱下去吧，怎么办呢，收拾这一切，两个选择。一个办法是，让高级军官正式开打，最后打出另一个克伦威尔式的人物收拾山河；另一个办法就是，迎立一个新国王，恢复帝制。

很显然，后面这个选择是对国家最好的，最安全。大家刚刚开始这么想，就有人行动了。还记得克伦威尔留在苏格兰的蒙克将军吗？这可是英伦版“无间道”了，这伙计居然是一个埋藏很深、潜伏很久的王党分子。蒙克忍辱负重，在克伦威尔身边卧底并成为亲信，就是为了熬到他翘辫子了，他好恢复王政。

蒙克带几千精兵南下，虽然人不多，可都是能打的干将，火速控制局势，并组建新议会，这次议会中的主要成员都是被克伦威尔赶走的那部分长老派和王党分子。他们很快达成共识，迎立查理一世的儿子小查理成为查理二世。

大半辈子东躲西藏，生活颠沛的小查理正龟缩在荷兰等待自己的命运仲裁，发现自己复国有望，赶紧很配合地抛出三点宣言：第一，宗教自由不苛求；第二，当时反王党分子不追究；第三，战时分的土地不回收。大度而懂事，让英国人相当满意。于是，“新模范军”的重要将领居然亲自出面将查理二世接回来，忘记了当初如何追杀人家的。查理二世戴上王冠，斯图加特王朝复辟，英国革命终点又回到起点。

根据查理二世的遭遇，他如果真能按他说的做到，其胸怀堪比圣人。登基伊始，他知道自己脚下不稳，不敢造次，小心谨慎地做一个称职的好国王，算是给了英伦三岛一阵休养生息的机会。待他发现自己地位无虞，新仇旧恨浮上心头，那些流浪逃亡的回忆压得他透不过气来。他开始报仇了，当年参与过对父王审判的人，参加过对王党作战的人，有一个算一个，活着的，当场整死，死了的，挫骨扬灰。而最大的仇家克伦威尔，从棺材里掏出来，拖着尸体在整个伦敦游街，后来在查理一世被行刑处砍下克伦威尔的脑袋，插在一个长棍上，游街，游完钉在威斯敏斯特教堂的墙上，一钉就是二十多年。后来日晒雨淋掉了下来，被有心人收藏，很多年后当古董到处参观。

查理二世以帝王之尊报杀父之仇似乎也无可厚非。这口恶气出了，查理二世可能就平静了。其实不然，很快，英国人就发现，这个国王开始在最敏感的国家大事上闯祸了。

党同伐异

先是外交，查理二世在流亡期间深受法王路易十四稍稍关照（也没有关照得很多啊，没说让查理二世去法国政治避难），一朝翻身，滴水之恩不敢有忘，对路易十四大哥说的事，一般都是顺从的。路易十四介绍查理二世迎娶了葡萄牙公主，这公主陪嫁不少，但最重要的是，葡萄牙是天主教国家。查理二世的婚姻反映了他的宗教态度。为答谢路易十四的大媒，查理二世出手也大方，他将敦刻尔克卖给了法国，收了二十万（一说四十万）英镑，揣进腰包。

敦刻尔克大家都不陌生，因为“二战”时的敦刻尔克撤退闻名天下。这里是法国的第三大港口，法国东北部的比利时边境上。西班牙称雄海上时，占领此地。克伦威尔做了英国老大，为了英国的海上利益，出兵从西班牙手中抢过这个重要据点，英军占据了敦刻尔克这个有利的位置，对后来英军战胜荷兰成为新的海洋霸主有巨大的意义。就是这样一个不管是经商还是打仗的各国必争之地，查理二世竟毫不吝惜地还给了法王，充分表明了查理二世对路易十四的亲近之意。

随后不久，江湖传闻，查理二世私下跟路易十四签了个秘密协定，这份协定的大意是：英王查理二世随时会宣布自己恢复天主教徒的身份，而法王应该在将来查理二世恢复天主教时帮着镇压国内反叛。

英国革命虽然是失败了，宗教改革却是成功的，现在活跃在主流社会的，都是些新教分子，新兴资本家很多都是在收拾天主教的过程中发家的，他们怎么也不敢想象，如果天主教卷土重来，他们的命运将会是什么。其实对查理二世来说，他倒也不是特别虔诚的宗教分子，更没有滴水之恩报以涌泉的义气，对他来说，宗教问题是他的外交筹码，他可以用来跟法国交换利益，他需要的是，摆脱议会对他的种种限制，说到底，他也想扩大王权。

就在国内人心惶惶、猜测纷纭的时候，新教徒最害怕的事情还是发生了。查理二世突然宣布，英国国内所有的非国教教徒信仰自由，也就是说，之前被压制的天主教信仰也是可以接受的。好在议会反应快，而且查理二世当时想帮着路易十四打架，需要钱，于是议会许诺以大笔的军费按压了查理二世的天主教情结。

眼前的风波是过去了，长远的危机还在。那就是，查理二世的葡萄牙皇后没有子嗣。这不怪查理二世啊，他没问题，他有各类公开的私生子十四个，可惜，私生子不能继位。于是，眼看查理二世进入退休的年龄，他的继承人成为很要紧的大事。没有儿子，兄死弟及，天经地义。查理二世真有个弟弟，约克公爵詹姆士。詹姆士要继位，举国上下如临大敌。为什么呢？小詹同志是个虔诚的天主教徒，第一个老婆是新教徒，死了以后，第二个老婆是意大利公主，更虔诚的天主教徒。稍微有脑子的可以认定，只要詹姆士成为英王，他绝对恢复天主教的地位。

议会未雨绸缪，觉得这个事要提前准备，没日没夜地工作了几天，捣鼓出一部《排斥法案》，听名字就知道，该法案的中心思想就是将詹姆士排斥在王位继承以外。法案是个大概意向，还需要议会投票通过，当时的议会因为这个法案分成了两派，当然是同意的一派、反对的一派。认为王室正统比较重要，宗教信仰可以暂不考虑，应该让詹姆士登基的成为所谓“托利党”；坚决反对詹姆士继位，反对所有天主教徒继位的这伙，组成了“辉格党”。当时可能是议会里互相打架扯皮的帮派，后来一直传承下来，就真有地位了，成为后来我们都知道的英国保守党和自由党，而英国的政党政治，从这时起，就算起源了。

辉格党和托利党，哪帮比较厉害？不知道，所以《排斥法案》迟迟不能通过，下院通过了，上院也不答应，大家都知道，英国上院一般都是跟国王站在一起。既然纠结上了，下院有撒手锏啊，那就是，不给政府钱用。不过这一次，撒手锏对查理二世已经没用了，因为他从大哥法国手里搞钱，也能对付着让政府运转自如。不用看议会脸色，查理二世自然是不断提升自己的能量，扩大自己的权力，并欺负辉格党人毫不留手，一出世就在野的辉格党遭受巨大的打击。

1685 年，查理二世突然就一病不起了，随后他很满意地死了，没有遗憾。死前，他公开正式皈依天主教。他将王位传给詹姆士的时候，整个英伦的大局，被牢牢控制在国王手里，议会多数也是国王的人，形势一派大好。

托利党支持的詹姆士上台，他是詹姆士二世。大家会问了，那辉格党人支持谁当国王呢？他们支持查理二世的一个私生子，叫蒙默思公爵。詹姆士二世上台不久，一小撮没被整死的辉格党人就簇拥着蒙默思打回来夺位。英国人分析事情还是很公道的，不论如何，蒙默思是私生子，要求王位名不正言不顺，全国不太会支持他，所以詹姆士二世没费什么力气就将这股叛乱平息。

詹姆士二世这个伙计吧，虽然是个虔诚的教徒，却没什么仁爱怜悯之心，他处理叛臣的手法过于偏激了，该杀的几乎都是酷刑处死，十大酷刑，花样百出，沾边的全部流放。这让英国人民对詹姆士二世很反感，都是自己的臣民，既然已经平乱了，不用把事情做这么绝嘛，能砍脑袋非要把别人按在水里淹死，就显得很不厚道。于是，辉格党人因为这次牺牲，赢得了不少英国百姓的同情，詹姆士二世也开始往暴君的形象上发展。

镇压过叛乱，詹姆士二世自信心大增，他开始想一个困扰所有英王的问题，那就是，为什么其他国家的国王那样安逸，那样独裁，那样说了算，而英王总是要看议会的眼色行事？究竟是什么让英王如此无力、如此脆弱？根据克伦威尔的成功经验，詹姆士二世很快找到了症结所在，那就是手里一定要有兵，一支完全听国王调遣的军队。不久，曾经帮着镇压蒙默思叛乱的军队就被派驻在伦敦周围，成为英王的常备部队。

手里有兵，詹姆士二世怕谁？他正式启动了天主教复兴的大业，包括将天主教徒安插到军队政府的重要部门，在全国范围内恢复天主教各种仪式。为了强行推广他新的宗教政策，他甚至下令逮捕了英国国教的七位主教。

这是个昏招，犯了众怒，詹姆士二世上台，多亏托利党人的扶持，托利党人虽然支持国王，可毕竟还是国教徒，跟天主教也是不共戴天的。我们扶持詹姆士二世上台，可不是要把英国带回天主教去啊。于是，在反对天主教复辟这个问题上，辉格党人和托利党人团结起来了，所有新教徒，不论是不是信国教的，也都团结起来了。

就在这时，五十五岁的詹姆士二世的意大利老婆生了个儿子。老年得子，詹姆士二世认为是上帝的恩典，英国百姓却感觉是灾星下降。因为如果没有这位王子，詹姆士二世前妻生的玛丽公主绝对是未来的英王，玛丽是清教徒，嫁的老公更是新教分子，不管现在詹姆士二世怎么闹腾，现在也是一把年纪，只要一蹬腿，玛丽女王会将所有的宗教错误修正。可詹姆士二世生出儿子了，这个事就变了，儿子肯定是第一继承人，而这位太子在詹姆士二世和他老婆的教育下，百分之百是个天主教徒。他一继位，天主教复活这件事就坐实，到那时，问题就严重了。这次，辉格党人和托利党人同仇敌忾，意见一致，千万别再互相拆台了，大家联手，齐保玛丽长公主登基，这位长公主王室正统，符合托利党的要求，又是新教徒，符合辉格党的要求，只有她上台，英国宗教政治才能走上顺途。

玛丽的老公，是当时的荷兰执政官。选择这两口子，除了宗教事务方面的考虑，还可以跟荷兰联手对付法国。威廉夫妇听说，英国人哭着喊着请他们去做英王，两口子像中了彩票在家高兴了好几天，赶紧收拾细软，备好船只，计划着渡海上任的事了。

三十　光荣革命

荷兰来的上门女婿

大家都知道，欧洲各国君主都有点亲戚关系，外交模式也是随时变化的，今天打得头破血流，隔天又结儿女亲家喝喜酒，全看当时的实际需要。英国和荷兰的关系就是如此，一方面，都是新教国家，荷兰的独立英国还是帮过忙的，所以在对付天主教国家这方面，应该是盟友；另一方面，双方为争夺海上的利益，又是敌人。

话说 1651 年克伦威尔打荷兰那次，逼着荷兰同意了“航海条例”，遏制了荷兰成为海洋霸主的脚步，我们称为第一次英荷战争，后来这样的架又打过两次。第二次是 1664 年，这次，英格兰将目光投向了荷兰那些富裕的海外殖民地，没办法啊，不是非要跟荷兰人过不去，实在是肥得流油的好地方都被他家占了啊。

先对北美下手，英格兰出兵占领了荷兰在北美的黄金港口，荷兰人当时也叫它“阿姆斯特丹”，英国人拿到手后，给换了个名字，大家都认识，叫“纽约”。随后，又开始对非洲的荷兰殖民地动念头，因为那些象牙、黄金，还有奴隶，都是些市场紧俏物资。这下荷兰可不干了，咬着牙跟英格兰打了一场。这次老天爷站在荷兰这边，1665 年，伦敦暴发鼠疫，三个月人口少了十分之一。还没处理完，1666 年，又着了一场大火，从一个小面包铺开始，将大半个伦敦烧为平地。现在我们看到的伦敦，是在这场大火后重建的，人没死多少，却烧死了很多老鼠，提前结束了英国的大规模疫症。首都多灾多难的，打仗肯定不灵了，英国不得不与荷兰议和，放弃对西非那些宝地的贪婪想法。

第三次，这就跟下面说的男主角有关了，就是前文提到的詹姆士二世的荷兰女婿威廉。别以为他是不小心娶了金枝玉叶一步登天的穷小子啊。他是奥伦治家族的子孙，这个家族对荷兰的影响可是相当大的，奥伦治亲王家族一手领导了荷兰的独立运动，是荷兰独立之父，于是这个家族世袭了荷兰执政的位置。威廉是国父奥伦治亲王的曾孙。身世虽然显赫，不过八字却不好，出生之前就死了爹，算是个遗腹子，遗腹子就容易被欺负，更何况他自己还患有肺结核、哮喘之类的疾病，是个多愁多病身。

威廉的爹死得快，威廉长得慢，以至于执政的位置出现空当，当时的荷兰国内也非常动荡，眼看着威廉可能没机会顺利接手执政的职务。

好在时势造英雄，危机就是危险伴随着机会。威廉二十二岁那年，荷兰遭到欧洲两条大鳄的左右夹击：一边是英格兰，一边是宿敌法兰西。前文讲过，这时正是查理二世向路易十四献媚密谋的时候，所以这两个敌人其实是联手的。国家有难，奥伦治家族的铁血基因终于在威廉身上被唤醒，他果断而坚决地领导了对英法的战斗，虽然这一仗之后，荷兰再也无力跟英国人在海上争名，却是维持了荷兰的国土安全，并将进犯的法国敌人赶出了荷兰国土。以自己的实力和战功非常体面地成为荷兰执政，二十二岁的护国英雄。

同时被两条大鳄撕咬是挺难受的，为避免再两头受气，威廉权衡了一下，觉得还是跟英国和解比较好，主要考虑因素还是宗教信仰，于是迎娶了詹姆士二世的大闺女玛丽，他当时绝对没想到，玛丽的陪嫁，竟然是整个英伦王国。收到英国议会的议员代表发来的信，威廉喜不自胜，他不是一直跟法国打架吗？如果自己成为英国国王，就可以集合两个国家的力量同法国干仗，瞌睡碰上枕头，这顶王冠真是来得太好了。

威廉在家收拾了行囊，装备了船只，然后声称捍卫新教，偷偷摸摸地在英国登陆。威廉带了一万五千人来争取王位，他胆子有点大，因为詹姆士二世最少有四万军队等他过来鸡蛋碰石头。鸡蛋是鸡蛋，扛不住是有些石头跑到鸡蛋那边去了，威廉也没想到，他一个荷兰人，长得不太帅，也没在英国参加过选秀节目，还曾经跟英国人干过仗，在英格兰竟有这么高的支持率。詹姆士二世的军队，左一群，右一帮都过来投靠了威廉。先是海军，然后是陆军，各地起义武装也纷纷过来入伙。最后詹姆士二世的二女儿安妮公主也逃出来，找到姐夫，说是自己跟老爸脱离关系，以后跟姐夫混。

詹姆士二世稀里糊涂地众叛亲离，还不知道怎么回事。好在他也是个识时务的，他爹查理一世被砍掉脑袋的事似乎就在昨天，詹姆士二世决定，还是不要跟这些叛臣赌性命，于是带着老婆孩子，撒丫子溜了。

詹姆士二世的懂事让威廉很满意，如果杀掉詹姆士二世，怕激起他那些死忠的叛乱，如果不杀他，他还健在，自己登基就有点尴尬。索性威廉帮他一个忙，安排他逃亡法国，去找路易十四哭鼻子。伦敦这边，既然是国王自己撂挑子不干了，也怪不得威廉替岳父行天子之事了。

1689 年，威廉三世和玛丽二世共同成为英王，而威廉还兼任荷兰执政一职，英国和荷兰共用一个老大。玛丽二世不太管事，威廉是实质上的英王。

要会看脸色

威廉两口子回娘家成为英王，威廉是上门女婿的性质，这种身份一般是谨慎低调，吃饭都不敢上桌的，而且像英国议会这种，一对自己的国王不满意，要么自己跟国王正面械斗，打赢了还砍国王的脑袋，要么勾结外人带兵进来撬掉自己主子，如此大义灭亲毫不留情的一帮人，让后来的英王想想就怕怕的。所以基本上威廉上台后，议会说什么就是什么。

国王明事理，议会自然就不客气了，威廉和玛丽登基伊始，议会就抛出早准备好的文件，这就是世界历史上大名鼎鼎的《权利法案》，法案规定：从今往后，国王管理国家必须依照法律，必须尊重议会权利；议会不同意，不得征收赋税；臣民自由请愿；议员自由提意见，议会要经常召开，诸如此类。威廉和玛丽只能接受《权利法案》，从这时起，英国的君主立宪制原则才真正确立，核心内容就是“议会高于王权”，“法律高于一切”。为防止再有天主教死灰复燃借尸还魂的事，《权利法案》明确规定，天主教徒不得担任英国国王，英国国王也不得与天主教徒结婚。

还觉得不保险。过几年，议会又倒腾出一部《嗣位法》，明确规定玛丽与威廉死后，由玛丽之妹、国教徒安妮公主继位；安妮死后，由斯图亚特家族的远亲、信奉新教的德意志汉诺威选帝侯继位。白纸黑字彻底断绝了詹姆士二世的后代想杀回来做英王的念头。同时也表明了英国捍卫宗教改革成果的坚决。

威廉夫妇获得英王位的整个行动，被称为“光荣革命”，因为既没打仗也没流血，威廉渡海过来打瓶酱油就完成了政权转移。威廉上台，《权利法案》成立，总算是终结了英国纷乱百年的宪政之争，而议会也取得了最后的胜利，将英格兰最高的权力控制在自己手里，国王不再启衅搞事，议会也不用时不时地给国王上课，纠结了这么久，终于把国家政体确定下来了。根据马克思的观点，英国这一轮革命是世界近代史的开端。

英国革命复辟到国体确立的过程，给英国也带来了巨大的变化。最明显的改变是商业的发展，海外殖民地的增加，海上贸易的繁荣，这些都使英国的商业越来越繁荣兴盛。商业发达毕竟会刺激制造业配套，所以不久就引发了让英国一步登天的工业革命。

威廉上台后，为英国引进了一件新鲜事物，那就是“银行”。1694 年，英格兰银行成立。当时的英国资本家还比较小农，对银行这种新鲜事物很不以为意。不过好在不久后知道人家的好处了，英格兰银行后来成为英国的中央银行，伦敦成为世界金融中心后，英格兰银行成为全世界的中央银行的祖宗，非常可爱的英镑也是它印出来的。

议会人多，办理国家大事容易效率低，国王一般会找些亲信或是朝中势力比较大的人组成一个小智囊团，关在皇宫的一个小房子里探讨治国方案。时间长了，几乎所有的大小决定都是从这个小房子里出来的，这个小房子叫什么呢？叫内阁。在小房子里上班的人，自然就是内阁成员。有人帮着办事，威廉非常满意，因为他一辈子最上心的事就是跟法国人算新仇旧恨，路易十四是威廉最恨的敌人，只要议会支持他找法国打架，让路易十四难受，什么都可以同意。

话说威廉两口子当国王也算及格，反正即使有错也是内阁或者议会的问题，国王这个差事，越到后来越有空。就这么轻松的岗位，玛丽女王还因为天花死掉了。玛丽活着的时候，没看出威廉对这个老婆有什么特别情深义重的地方，他在英国和荷兰都有不少情妇，还有些同性情人，可玛丽死了后，他想起老婆的好了，哀伤不已，而且坚决不另娶。没几年，他也死了。他临死之前，西班牙出现了王位继承权问题：法王的继承人要成为西班牙国王，这样法西两国就有可能合并，如果这两个老对头二合一，威廉就永远没办法找法兰西的麻烦了。为了防止这件事发生，威廉支持另一个继位者，再次跟法国大打出手，打了好几架之后，西欧霸主法兰西被逐渐削弱，英格兰越战越强。

三十一　风笛呜咽

威廉和玛丽都驾崩了，根据议会的王位安排，王妹安妮公主要上岗了。安妮女王是个秉性柔软的女子，遇事喜欢哭哭啼啼，为人优柔寡断，经常一件事，内阁商量好了，议会一有异议，她又决定不干了。因为内阁的意见经常和议会不能统一，于是很多国家大计都朝令夕改的，辉格党和托利党互相不服气。好在英国人政治智商很高，很快就找到了解决办法，那就是，内阁成员必须是议会的多数党，这样意见容易统一，不管什么事，内阁和议会达成共识，再写个报告交给女王，一般就很顺利了。

安妮刚上台不久，安静没几天的苏格兰又跳出来了。此时的苏格兰跟英格兰共用国王，但政府班子、议会法律这些还是各自独立的。高地人总想着彻底独立，看着英国议会倒腾出一部《嗣位法》，他们也整一部这样的法律出来。重点就是，安妮女王驾崩后，苏格兰扶持自己的国王，以后不跟英国人玩了。

不过这时英国人不怕苏格兰嘚瑟。实际上，17 世纪波澜壮阔的欧洲商业大发展，苏格兰是严重落后的，他家一没市场，二没特别有竞争力的产品，学别人家到海外找殖民地，别人都发了大财，他家是赔了夫人又折兵，家里还粮食歉收，闹饥荒。有钱的邻居英格兰以前看他是自己兄弟，时不时拉扯他一把，现在见他要死要活地想分家，冷冷一笑，宣布对高地贸易禁运。手段包括：所有居住在英格兰的苏格兰人被宣布为外国人，财产充公，禁止苏格兰的大宗物品进口，禁止向苏格兰出口武器，如果苏格兰跟法国做生意，英国的军舰一律阻挠。这家伙，让本来就不宽裕的苏格兰雪上加霜。

人穷志短，国民都快饿死了，民族独立根本就是扯犊子。高地人也不敢高傲了，算了，还是傍着英国大哥过吧，也别扭扭捏捏了，不表明态度，人家也不会真心待我们，正式合并，两家变一家，亲上加亲。

1707 年，苏格兰人含着眼泪接受了英国的《联合法案》，从这时起，英格兰的国名变成“大不列颠联合王国”，苏格兰取消自己的议会，选举议员到伦敦议会去上班。不过英格兰允许苏格兰保持自己的长老教信仰，英国人也不对该邻居实行文化清洗，还允许苏格兰保留自己的法律。所以合并后的苏格兰，享受了英格兰巨大的市场和海外殖民地，随着英国的崛起一起进入了发达国家之列，共同经历了工业革命，创造了不小的经济奇迹。但是它人文方面的独特传统也安全地传承了下来，没有被英国彻底同化。

我们都认识的大思想家，经济学的开山鼻祖，《国富论》的作者亚当·斯密就出生在 18 世纪的苏格兰，伴随着当地的经济腾飞创立了全面系统的经济学理论。很难想象，如果苏格兰还是个缺吃少穿的穷乡下，亚当·斯密还有心思研究这些吃不饱、用不上的东西？可以说，苏格兰并入英格兰，虽然当时精神和心理上是痛苦了一点，实质上还是利大于弊。即便如此，当年一手促成合并的苏格兰政治家永远背负卖国贼的骂名。

1998 年，因为苏格兰人又开始叽叽歪歪，刚刚交还了香港，心理很脆弱的英国人怕引起其他的麻烦，同意他们恢复了自己的议会。

三十二　帝国基础

前文说到，威廉三世死前，因为西班牙的王位之争，西欧又打成一锅滚粥。大家都知道，那地方因为几百年下来复杂的姻亲联络，王室多半都有些血统关系，仔细排辈分，全都是七大姑八大姨，五服之内的近亲。西班牙王位的继承人中，呼声最高的是当时的法王路易十四的孙子，而大家都知道，路易十四在法国历史上也算得上狠角，他的孙子成为西班牙国王，他绝对会撺掇两国合并，成为欧洲之霸。这是也想成为霸主的英国最怕的事，所以，他家赶紧出兵，想帮助另一个候选人获得王位，打翻路易十四的如意算盘。

英国成为反法联军的头领，威廉三世死后，统率联军作战的英国将领名叫约翰·丘吉尔。西班牙王位之战打了整整十二年，丘吉尔的大军压得法军透不过气来，丘吉尔这个光荣的姓氏也因此成为浩瀚的欧洲战争史中耀眼的明星。荣光一直延续到第二次世界大战我们都认识的那个胖老头，温斯顿·丘吉尔（戴安娜王妃也属于这个家族后裔）。

英军在海外战场顺风顺水，丘吉尔甚至计划杀进巴黎当面给路易十四上规矩，可是，英国国内现在有两个党派，只要有两个党，不管什么事想不扯皮几乎是不可能的。辉格党为战争着迷，而托利党根本不愿意打仗，安妮女王私下也喜欢托利党。长期战争，国内消耗也大，英国好不容易攒点家底，不能就这样打光了吧。托利党这次占了上风，丘吉尔被罢免，停战，议和。

战场上的胜利让英国人在谈判时非常有利，不久，《乌特勒支条约》签订。这个条约的成立宣告，整个西班牙王位之战，将欧洲打翻天，不列颠依然是最大的赢家。条约规定，路易十四的孙子可以成为西班牙国王，但西法不能合并。

英国得到大量的殖民地，包括北美、西印度等地，最要紧的是，获得了地中海的咽喉——直布罗陀海峡（大家都知道，这个要命的位置原本是属于西班牙的领地，就是在这个条约里被割给了英国，西班牙人忙活了几个世纪想要回去，可咱们香港都要回来了，他们这么重要的地段就是拿不回去，而且看情形，以后也拿不回去了）。贸易方面，英国获得西班牙占有的北美殖民地黑奴的专卖权，此专卖权三十年有效，每年还可以向这个地区派出六百二十吨的商船。这个条约让不列颠要面子有面子，要里子有里子，尤其是这场战事，法国和荷兰两大对手严重受创，一时半会儿不能跟英国争短长，而英国也因此建立并维持了欧洲最强大的海军，开始放眼全球，预备大展宏图。

三十三　这次英王来自德国

乡下小地主的品位

1714 年，安妮女王去世。这位女士不知道八字出了什么问题，一辈子生了十七个孩子，最长寿的一个活到十岁。这种折磨，哪个女人也受不了，难得的是，安妮女王并没有因此变成疯子和变态。她在位时，名声好像还不错，就是喜欢酗酒。这段时期，英国的内阁更加成熟了，主要表现在，既然女王经常是喝醉的状态，大小事就自己看着办，不要总去麻烦圣上。

安妮有没有子嗣问题都不大，反正这时候，英国的国王人选基本已经不用皇室操心了，能生出儿子来就努力生，实在生不出，内阁、议会自然会安排英王的人选。根据之前订好的那部法律，安妮之后，英国王位应该轮到德国汉诺威一个小诸侯——乔治继位。乔治的妈是詹姆士一世的外孙女，听起来血统有点远，这不重要，重要的是，乔治不是个天主教徒。乔治一世一上任，英国的斯图加特王朝就算结束了，汉诺威王朝开始。

话说汉诺威在德国西北部，平原地貌，农耕小国。乔治一世是个土地主，早年间曾参加反法联军在丘吉尔麾下征战，貌似也走了不少地方，见过些世面，可他毕竟只是个乡下侯爷，从汉诺威的原野进入伦敦的王宫，这个身份转换有点猛，乔治一世颇不能适应。

乔治一世不能适应伦敦，伦敦也不适应他，这位新英王几乎不会讲英语，跟大臣靠法语交流，法语也带着德国乡下口音，内阁开会，朝臣看国王如同看乡土风格的小品，光惦记着国王什么时候掏出手帕来段二人转，国家大事什么也商量不了。打扮土鳖，谈吐就更不用说了，带来的那些随从，好像脚后跟还带着稻田里的泥巴呢！

那阵子伦敦市民茶余饭后最大的乐子就是取笑国王并编派国王的逸事。

不过这个德国小地主还真有逸事。话说乔治一世刚当上国王不久，就亲自抓到自己的老婆跟一个瑞典军官在床上。这个瑞典军官据说被他剁成碎块，埋在汉诺威王宫的地板下。王后则被监禁，而且一关就关了三十二年，一直到死，不许她见孩子。

不知道是不是因为这件事，乔治一世对女人的品位受到极大影响，口味相当重。他情妇不少，而他最喜欢的，是一个外号“大象堡”的德国女人，胖如肉山，传说脖子上的肉垂在胸口，让伦敦那些腰身如柳的贵妇看得目瞪口呆，大臣私下笑得前仰后合。要知道，英国是个岛国啊，这样吨位的胖子踩在大地上，对国土安全非常不利，低洼的地区很快就有海水漫上来。

乔治当然知道英国人在背后议论自己，而且这种当国王还要看议会脸色的规矩也让他很郁闷，又没力量反抗，他选择了消极怠工，没事就躲到汉诺威去继续当地主，那里的长工绝对不敢对自己说三道四，挽着胖女人漫步乡间，空气清新，汉诺威的人民见到自己都非常恭敬，感觉真好。

英国首相

英国现在两院两党还有个内阁，办事的一多，大部分时间都用来争执吵架了。以前国王在，还可以弹压一下，平衡缓解各种关系，现在国王什么都不管了，一加冕就自动退居二线，英国觉得还是需要选一个人，代理国王的职务，主管所有的事，最后拍板，群龙不能无首啊，这个主管是什么呢？我们大家都猜到了，那就是内阁首相。让我们请出大不列颠第一位首相，罗伯特·沃尔波尔先生，辉格党人。为什么他会成为首相呢？首先是辉格党人战胜托利党成为执政党。

托利党这帮人吧，有点血统偏执，乔治一世都登基了，可他们想起这位英王的血统就不舒服。在他们心中，詹姆士二世的子孙才是天潢贵胄，所以几个病得严重的托利党人竟然去跟詹姆士二世的儿子谈判，让他们放弃自己天主教信仰，回来做英王。结果是人家被挑唆起万丈雄心，不但不放弃信仰，还要打回来争夺王位。詹姆士二世的儿子闹了一阵没成功，孙子又闹了一场，这两次斯图加特王朝的复辟都被镇压了，可托利党就成了卖国贼了。当时的英国上下大多数都拥护光荣革命的结果，斯图加特王朝的残渣余孽成为英国人心目中的反动派，而这帮反动派造反想破坏君主立宪制的新生活，居然是托利党怂恿的，托利党太混蛋了。

其实托利党也冤枉，他们也是光荣革命的参与者，也积极拥护当时的革命成果，就是脑子一昏办了傻事，后来也很后悔。政治斗争可等不到你检点错误，辉格党人抓到他们的把柄，处理政敌快刀斩乱麻，于是，托利党被稀里糊涂地赶出了中央政府核心管理层，辉格党一党独大，托利党满腹委屈成为在野党。

鉴于这个政治背景，大不列颠的第一任首相是辉格党人就不出奇了。时势造英雄，这时，英国出现了一起经济事件，引发了一场政治动荡。

话说 17 世纪至 18 世纪，英国经济快速发展，发了不少人，民间财富急剧增长，暴发户抓了一把钱不知道干什么好。英国和法国打仗，需要钱，当时英国政府成立了一个南海公司，大量购买政府债券，支持政府出门打架。仗打完了，债券要兑付啊，怎么办呢？政府总是有办法的，他们决定，向公众出售南海公司的股票。

人家英国人天生会玩这种游戏，为了让股票好卖，要给公司编故事啊，炒股票就是炒业绩预期嘛。很快，英国上下两院就通过一个法案，将南美洲的所有商业权力垄断式地交给南海公司，这包括贩卖黑奴、开采南美洲的金银矿藏。根据政府宣传，南美洲的土层下，金银满地，南海公司随便派几个人过去挖几勺子，就可以日进斗金。这是政府发了话的，绝对不忽悠。顿时，全英国人疯了，南海公司的股票被抢购，不少人砸锅卖铁也要去抢几手。半年时间，南海公司的股价从每股一百二十八英镑飙升到一千零五十英镑。社会各阶层都投身其中，大科学家牛顿拿了家里卖苹果的钱也开始投资。

现在我们都知道，这种股票的过度投机造成的股价短期快速上涨就是所谓的泡沫，南海公司的事件，是世界上第一桩股票泡沫，也叫“南海泡沫”，并由此衍生出一个经济学的名词，叫作“泡沫经济”。

跟所有的泡沫一样，“南海泡沫”后来也碎了。因为南海公司真的只是个空壳，唯一挣钱的生意就是买卖黑奴，那些金山银矿一直没开出来，而深知内情的英国政界高层，在跟着赚了大把钱后，开始抛售，股价如高山速降般回落，其下跌的速度还远远高于当时那个疯狂的上涨速度。这个情景咱们都不太陌生，结果就是大批散户被套牢。而我们的牛顿大哥，也被套在半山腰上，一脸绝望："我能计算出天体的运行轨迹，却难以预料到人们如此疯狂。"

"南海泡沫"的破裂，让英国的政府信用跌至谷底，尤其是听说南海公司在发行股票过程中通过贿赂议员散布假消息，那些议员还从中中饱私囊，更是让民情激愤。这个事件之后，英国有一百年不敢发行任何股票，因为股票这两个字，已经成为英国上下心中的一根硬刺了，而"熊市"这个词也从此经常被提起（熊市说法源于英国，英国谚语"还没捕到熊就卖掉熊皮"，讥讽投机商人，"南海泡沫"事件后，熊市有了现在我们理解的意思）。

英国当时内阁官员中，最中枢的就是财务大臣，因为管理一个国家最重要的就是调节经济，会挣钱花钱。而那时财长在此次"南海泡沫"事件中获利甚丰，发了大财，事情败露后，他受到了法律制裁，连带着一串议员被清算，更多人被迫辞职。英国议会因为这次重创，风雨飘摇，不知道谁能出面收拾这个烂摊子。

辉格党将托利党赶下野，内部也分化为各派系。势力比较大的，就是上面说的这位财务大臣那一派。而我们将说到的大英首个首相，正好是被排挤的那一派。政治斗争的成功，有的时候不靠你做了些什么，而是取决于你什么都没做。沃尔波尔被排挤在主流政治圈之外，所以"南海泡沫"的好处没有捞着，没有收益也不受拖累。"南海泡沫"干掉了许多政治大员，政府部门青黄不接，而沃尔波尔出名就是因为会理财，他以一个很清白的面孔接受财长之位，像消防员一样为辉格党救火，收拾政府残败的局面。很快，就取得了英国上下的支持和拥护，他不喜欢首相这个头衔，认为听上去似乎权力太大了，其实首席财政大臣已经管理着王国内几乎所有的事务了，所以后来首相成为英国政府里固定的职称后，全称还是叫首相兼首席财政大臣。

股票交易最先出现在荷兰的阿姆斯特丹。荷兰作为最早的资本主义国家，商业资本运营活跃，有一阵子，阿姆斯特丹是欧洲的商贸中心。"南海泡沫"是世界上第一起股票泡沫，但不是第一次在经济领域出现泡沫，第一起经济泡沫也发生在荷兰的阿姆斯特丹，那就是著名的"郁金香泡沫"。

荷兰因郁金香闻名，而郁金香的原产地并不在荷兰。荷兰莱顿大学的一名植物学家在奥地利维也纳的皇家花园做园丁，初见郁金香，惊为天物。他后来带着获赠的郁金香花种回到荷兰，处心积虑，废寝忘食，终于让郁金香在荷兰的土壤里开放。当时的欧洲，奇花异草、园林别墅是贵族喜欢攀比的东西，郁金香很快成为他们的新宠，可毕竟数量少，郁金香的球茎价格连连攀升，价格越炒越离谱。最贵的时候，一个球茎可以兑换一幢豪宅。

这个郁金香泡沫当然不久也碎了，而且破碎得神秘而突然，大约半个月不到，大部分的球茎变成了洋葱的价格，而且正逐步接近土豆。这一趟也害死了不少人，不过荷兰人不太吸取教训，后来他们又炒洋水仙，又整出一场泡沫。

这家人也算风雅，把这些花卉当期货炒作，没炒好的结果就是让这些貌似贵重的花种得以普及，至少换得了一个鲜花满地的美丽国度，比股票泡沫好多了，还带着些清香……

三十四　小岛外是星辰大海

乔治对乔治

先跟读者报告一声啊，接下来的汉诺威王朝的故事也很容易引发大家错乱，因为该王朝前四任君主都叫乔治。真服了这些欧洲人了，想不出别的名字了吗？学学人家日本国啊，人家龟田之类的名字多种多样的，何其壮观。该谁了？乔治二世出来！

乔治二世是乔治一世的儿子，乔治一世还没死，他顶多是威尔士亲王。这对乔治父子出名的原因是关系恶劣。为啥呢？因为乔治二世的妈。乔治一世将老婆监禁，不许和儿子见面，乔治二世为了探望老妈，不惜以太子之尊泅过护城河想潜进他妈妈被关的城堡。不过被逮住了，还遭到乔治一世的惩罚。太子对老爸不满，除了爹死时拒绝披麻戴孝，还有更有效更狠毒的表达方式，乔治二世在上下两院发展反对党，处处跟老爸作对。他老爸干脆宣布，乔治二世是不受欢迎的人，把乔治二世赶出王宫把孙子留下，我儿子对我不好，我要让你儿子也对你不好。传说那些让伦敦百姓笑死的乔治一世的笑话，很多都是乔治二世的顾问班子发表的。乔治二世天天诅咒乔治一世早死，只盼老头一死，就可以恢复他妈妈的自由。可惜，乔治一世还是挣扎着死在老婆之后，让乔治二世留下终生的遗憾。

乔治一世突发脑溢血死在汉诺威，似乎大不列颠的人谁也没有把国王的尸体接过来安葬的打算，乔治一世生是汉诺威人，死是汉诺威的死人，英伦的生涯，他不过是个过客。乔治二世虽说也有点小地主做派，但毕竟做过太子，度过了英王的适应期，还学会了英语，他上台，要比乔治一世从容大方多了。

乔治二世没太闹笑话，但他对啰唆的英国国务也没什么太大的兴趣，这个伙计天生好战，从上台开始，天天心里念叨的，就是找人干仗。

乔治二世上台时，沃尔波尔已经在首相的位置上工作了十余年，兢兢业业的。他是个谨慎人，觉得国家人民都需要休养生息，应该跟欧洲那些国家搁置争端，互不骚扰，维持低税率，发展经济，建设和谐大英。这个想法显然是好的，也使得这段时间，英伦三岛祥和而平静。但是这跟国王那戎马欧洲的万丈雄心就不搭配了，而且当时英国的商业利益很多都来自海外。海外市场就没有太平，所有市场和利润空间都是打出来的，谁比较霸道，谁就能抢到最大块的蛋糕。对于沃尔波尔这种缩头乌龟的治国方式，辉格党内部许多年轻的鹰派也很有意见，而这些主战的辉格党新锐代表就有威廉·皮特，大家先记住这个名字。

乔治二世不喜欢沃尔波尔，一上台就想把老家伙换掉。乔治二世是个武夫，办事鲁莽，好在找了个老婆有头脑。乔治二世和他老婆卡罗琳王后可是欧洲历史上数得着的恩爱夫妻。乔治二世在英国上班，休假时就回到汉诺威鬼混，卡罗琳王后留在伦敦摄政，基本上，乔治二世对老婆的意见是非常尊重的。乔治二世在汉诺威老家养了大量情妇，这一点不影响他跟老婆的关系。因为他的很多情妇是王后亲自挑选的，而乔治二世跟情妇厮混的所有细节，也会如实向老婆禀告，两口子维持着非常自由民主、相互尊重、互相体恤的“新型前卫”的夫妻关系。这个乔治二世也是个怪胎，他恨他老爸入骨，还笑话他爸的那些胖情妇，可轮到他自己找情妇，他也喜欢胖女人，非常神奇地继承了乔治一世的奇特品味。

沃尔波尔知道乔治二世不喜欢自己，作为一个老干部，老沃做人的本事肯定在做官之上，他感觉到卡罗琳王后对乔治二世的影响，所以将自己的效忠方向转向后座。很快，卡罗琳就将老沃视为心腹，而且在乔治二世面前力保他继续管事。乔治二世为给老婆面子，只好也表现出对老沃的赏识，还将唐宁爵士在威斯敏斯特宫附近盖的一座红砖房子送给他居住办公，这个房子后来就成了固定的首相官邸，大家都知道的唐宁街 10 号。

乔治二世上台十年，卡罗琳王后去世，没人帮沃尔波尔美言了，那些激进好战的辉格党年轻人开始炮轰沃尔波尔，预备跟他清算。

想打架总是有的

国内势态严重，海外也不给沃尔波尔留机会。

自从哥伦布发现美洲，欧洲那几个大佬就争先恐后地过来抢占殖民地。从佛罗里达到哈恩角被西班牙占有，还将整个加勒比收入怀中。葡萄牙盘踞在巴西。英国、荷兰、法国由南至北排队占据北美海岸。17 世纪末，英国挤掉荷兰，把从佐治亚到马萨诸塞那一条抢过来，又想觊觎西班牙拥有的殖民地。

大家还记得我们前文说过的英法《乌特勒支条约》，英国每年可以向南美派出一艘六百二十吨的商船。六百二十吨的交易肯定不够，所以英国商人就变着法子走私。为了打击英国走私船，西班牙都快愁死了。而法国此时趁机表示愿意帮忙，可以跟西班牙联手行事。西班牙抓到英国走私船一般都是酷刑处罚，辣手报复，这让英国内部要求开战的呼声很高。

就在国会吵吵闹闹争执不休时，1738 年，一个叫詹金斯的走私船长举着一个耳朵来到议会，并说他的船航行到加勒比海遭到西班牙人强行上船检查，并因他涉嫌走私而虐待他并割了他的耳朵，还把他吊在桅杆上。詹金斯表示，自己吃点亏可以忍耐，但他们对大不列颠的侮辱是绝对不能接受的。其实，这个伙计被西班牙人割耳朵是几年前的事了，他也不知道是用什么办法让自己的耳朵得以保鲜，可以拿到议会去表达愤慨。不管这事是不是有人幕后主使，詹金斯的耳朵被割掉这个事总是真的，西班牙不仅是割了一个走私犯的耳朵，更是切割了大英的尊严，稍有爱国之心的人岂能坐视。沃尔波尔的反战思维显然是跟主流抵触了，所以第二年，迫于无奈的沃尔波尔终于决定向西班牙宣战，所以这场战争被叫作“詹金斯耳朵之战”。

开局打得仓促，况且沃尔波尔本来不愿意打仗，心里发怯，一将无能累死三军，所以战局对英国不利，政敌毫不客气地将失利的责任全部推给老沃，可怜的老头期期艾艾下了台。现在英国政坛的主持人都是主战派了，不怕打不过，就怕没仗打，好在欧洲局势也很配合他们，不久，欧洲大陆那锅粥又开始沸腾了。

这次的起因，是奥地利的王位争夺战。这个战争的起因就复杂了（奥地利哈布斯堡家族的事，参看《德意志：铁与血的历史》）。

简单介绍一下，哈布斯堡家族绝嗣，他家预备让大公主登基，公主成为奥地利大公，驸马爷顺势成为神圣罗马帝国皇帝。这个事让法国、西班牙、普鲁士等国家都不答应，因为神圣罗马帝国的众多诸侯国中，以普鲁士和奥地利势力最大，两边都想遏制对方，一统大德意志的江山。普鲁士率先对奥地利宣战，并出兵奥地利的家族属地西里西亚，于是欧洲为了皇位继承的传统群架再次开打。

本来这个事，可以说跟英国没什么关系，可是因为法国和西班牙是支持普鲁士的，刚跟西班牙打架吃了点小亏，要赶紧找补回来，敌人支持的，我们一定要反对，于是英国非常坚定地站在奥地利一边，联合了荷兰、匈牙利、俄国等哥们儿加入战团。

除了报前仇，这场战争最上心、最积极的还是乔治二世。除了本身是个狂热战争分子外，他还有一个担心，那就是，普鲁士在西里西亚摧枯拉朽的，搞不好就杀进汉诺威的领地了。乔治父子乡土情结太坚定了，已经拥有英伦三岛，可在感情上，还是感觉汉诺威才是自己的家，看到汉诺威在普鲁士的兵锋下可能会有危机，赶紧撺掇着英国人去收拾普鲁士。

乔治二世当国王刚混及格，做战场统帅却是一条好汉。1743 年 6 月，英国和奥地利还有些其他盟军四万人，由英王乔治二世带领的一部分，在德廷根近郊与两万法军遭遇。此时的乔治二世已经是六十岁的老人家，因为中了埋伏，有一阵子英军惊慌失措，乔治二世的坐骑还跑掉了，乔治二世老儿硬是与士兵挥剑步战，身先士卒，骁勇无比，激励着联军终于让法军败退。乔治二世因为这一仗，成为英国历史上最后一位御驾亲征的英王。此后的大英再没有那种金戈铁马神勇的骑士之主，而乔治二世的英雄无畏也让英国对来自汉诺威的土包子皇室改变了看法，乔治二世一时声誉很高。

1748 年，这场对英国来说莫名其妙的战争终于结束了，不管欧洲怎么样，反正英国就是出去打了一架，花了大笔冤枉银子，没收获什么实质上的利益。唯一产生的影响大约就是和法国的矛盾越来越深，利益冲突更加直接，尤其是北美和印度这两个英国最敏感的殖民地的发展，总是遭到来自法国的阻挠。英国人计算了一下，现在荷兰废了，西班牙软了，能在全球跟英国人争抢的就剩下法国了，如果能咬牙一战，彻底将这个宿敌打残，则英国就真正成为欧洲乃至世界霸主了。

这一仗可不是随便打的，而且欧洲打架，从来不存在单挑的问题，每次都是打群架。但是群架也可以打得花样百出，因为每次都要考虑结伙的问题，到底这次应该和谁结盟，一起上呢？

三十五　七年战争

我们接下来要讲的，就是我们都熟悉的英法七年战争。这是人类历史上第一次真正意义上的世界大战，几乎整个欧洲都被卷进战团，地球上大部分地区成为战场。这是一场极端复杂混乱的战争，很难讲得明白，既然英国是最后的大赢家，我们就从他家的角度来说说吧。

法国人比较早到现在北美的大湖区、俄亥俄，以及密西西比河，他们在这些地区建立了交易中心，做些兽皮之类的买卖。法国在今天美国宾夕法尼亚州的匹兹堡地区建立了一个贸易点。英国人不干了，说这个贸易点位于弗吉尼亚，是英国的领地。弗吉尼亚总督派遣一位二十一岁的年轻人去跟法国人交涉，让他们赶紧搬家。年轻人讲了一大篇道理，法国人完全不买账。不能说这位年轻人不会办事啊，这小子我们大家都认识，大名叫乔治·华盛顿！华盛顿吃了瘪，决定诉诸武力，他率领一百多号人对一群法国人发动突袭，打死十来个，这下好了，七年战争的开幕，大战法印战争（英法打架，印第安人按照自己的喜爱分别加入两边帮忙）开打。可惜的是，1754 年至 1755 年，北美地区不管是民兵还是英国正规军对法军的攻击都以失败告终，逼得英国不敢掉以轻心，预备在欧洲找帮手，布置一场大战，以达到收拾法国的目的。

放眼当时的欧洲，最互相看不顺的一对仇家自然是英国和法国。另外还有一对，那就是普鲁士和奥地利，刚结束不久的奥地利王位之争其实就是这个矛盾的激化而已。王位战的结果是，奥地利哈布斯堡家族的玛丽如愿成为奥地利女王，代价是，普鲁士占据了她家世袭的西里西亚领土。奥地利当然不能忍受国土沦陷，也憋着劲儿要拿回来。王位之战时，普鲁士的帮手是法国，欧洲的邻里关系跟小孩过家家一样，今天跟你玩，明天不跟你玩，奥地利觉得，要对付普鲁士，釜底抽薪的办法就是拉拢法国一起。法国知道跟英国绝对少不了一场大战，这时候拉帮结派格外重要，于是就答应这个回合跟奥地利一边。不用说了，法国倒向奥地利，英国自然是牵手普鲁士，而且普鲁士人还吓唬英王，说是奥地利只要拿回西里西亚，绝对会打汉诺威的主意，乔治二世一听，我老家和祖坟又危险了，别管真假，要防患于未然啊。

这四家两两站好，预备双打。慢点！选手没到齐呢，又冒出来一个强行要参加的，那就是俄国，这家伙刚干掉了瑞典，正预备西进，拥抱波罗的海，他遭遇的阻挡是东普鲁士，于是自然成为普鲁士的敌人，自动自觉地流窜到法国和奥地利那边站好（读者看得眼冒金星了吧？看地图吧，一看地图就明白了）。

七年战争的两派站好位置，预备开战。不管欧洲大陆上的各国有什么恩怨，不列颠家脑子是很清楚的，那就是合伙归合伙，不列颠非常聪明地选择在海外领土或是海上打击对手，发挥自己无敌海军的长处，绝对不派军队到欧洲大陆战场找抽，因为敌对那一派人太多了。他家跟普鲁士的联合，很大程度上是经济支持，可怜老普鲁士为了几个英镑，咬着牙地帮着不列颠牵制着法军的主力，让法兰西没有精力在大陆以外的战场跟英国角力。关于欧洲战场那些乱七八糟的事，我们就不讲述了。其实战争伊始，不列颠局面相当难看。一开打，英国就丢掉了他家在地中海的战略要冲梅诺卡岛，接着北美五大湖区中的重要港口奥斯威戈也被法国人占了，还没结束呢，法军在大陆上攻陷了英王的汉诺威属地。

这下不列颠家炸锅了，这样打下去不是完犊子了吗？乔治二世现在已经老得上炕都费劲了，更不能指望他统率三军了，可是仗打成这样，总要有人出来负责任吧。沃尔波尔被整下台，现在英国主事的是纽卡斯尔公爵兄弟，他家首当其冲成了民怨的标靶。现在的英国首相是总经理，国王是董事长，董事长不好随便换，总经理还是可以换的。战争时期，那些激进而偏激的鹰派容易上位，这时，大家想起，议会里还有一个狠角一直没有起用，他平时闹腾得挺欢，现在把他拉出来，看这伙计到底是骡子还是马。这位就是上篇提到的威廉·皮特，为了区别他那个更出名的同名儿子，我们就叫他老皮特。

老皮特这家伙，大家都知道他有本事，他做下院议员期间，被称为“伟大的议员”。这么有本事的人，为什么没能进入英国内阁，而非要等到打输了挽救颓势才想到他呢？很简单，因为乔治二世不喜欢他。为什么不喜欢？遗传！还记得乔治一世将乔治二世赶出皇宫留下孙子吗？这招很恶毒，产生的结果就是，乔治二世跟自己的大儿子弗雷德的关系就如同自己同乔治一世的关系一样恶劣。乔治二世也将弗雷德一家赶出皇宫，让他们在民间生活。而弗雷德也不跟老爸客气，也组建反对党，拉帮结派跟自己老爸找碴，而且也学习了给老爸编故事抹黑这一招。弗雷德的幕僚班子中，最醒目耀眼的政治人物就是威廉·皮特，所以，不管老皮特在政坛有多高的声誉，乔治二世就不给他入阁的机会。

现在没办法了，首相知道，如果继续战败，自己的地位就岌岌可危了，此时必须起用老皮特，于是威廉·皮特进入内阁，成为陆军大臣，专管对外打仗。如果国家在战争状态，一般举国上下所有的事都是为战争服务。所以，老皮特虽然没有得到首相的头衔，但实际上，几乎已经执掌了大英的政权，成为实质上的总经理。

威廉·皮特手握大权，马上就证明自己不是浪得虚名，他将整个战争的重点放在北美，在海上袭击法军的运输船，切断他家的运输线。在北美攻克法国军队在北美的总指挥部魁北克，并接连拿下要塞蒙特利尔，将整个法属加拿大控制在英国手里；在南亚，由东印度公司指挥作战，依靠雇佣军一举打下印度全境，成为南亚霸主；英国的海军分别在大西洋和地中海干掉了法军的舰队，从那时起，英国的海军游弋大洋，成为真正的海洋盟主。

而在欧洲大陆，普鲁士被好几个国家围着打，形势很严峻，他也知道不能指望英国的舰队上岸帮忙，好在上帝帮他，俄国换皇帝了，彼得三世上台了。大家还记得他吧，叶卡捷琳娜的老公，喜欢普鲁士不喜欢俄国的窝囊废沙皇。他一辈子最崇拜的人就是当时的普鲁士老大腓特烈大帝，最大的人生理想是加入普鲁士军队为腓特烈作战。所以他绝对不会伙同别人打普鲁士，反而派军队掉转枪口向自己的盟友奥地利开火。在俄国的帮助下，普鲁士立即扭转了战局，加上英军在海上对法军的遏制，欧洲战场也逐渐分出了胜负。

本来就为了各种利益开打，分出胜负了也就不用打落水狗，和谈吧。

1763 年，《巴黎和约》签订（历史上有很多个《巴黎和约》，巴黎那地方衣香鬓影，夜生活丰富，去谈判的人晚上找到乐子，白天心情好，不容易吵架，特别适合签条约），英国全取加拿大以及密西西比河以东地区，在印度还给法国五个据点，用哈瓦那交换西班牙的佛罗里达，作为补偿，法国将路易斯安那送给西班牙。收回法军占领的梅诺卡岛，英国还获得加勒比海众多岛屿和非洲的塞内加尔。毋庸置疑，这一架的结果，不列颠是最大的赢家，而且，继西班牙、荷兰之后，法国也终于被不列颠踏在脚下，不敢叫板了。而从这个和约开始，全球范围内的大英帝国版图开始形成，“日不落”帝国冉冉升起。

三十六　英王不用太进取

国王跟小报记者

七年战争还没打完，乔治二世就死掉了，因为他的战场功绩，死的时候，名声非常好。而他晚年最大的遗憾就是，全世界打翻天了，他老人家却不能参与其盛，自古名将如美女，最恨人间见白头。不过有件事让他死得很瞑目，那就是自己最恨的长子死在自己前面了，不用把王位传给一个不孝的孽障。

弗雷德跟父王斗了一辈子，以为自己肯定可以熬到乔治二世驾崩获得最后的胜利，可惜，乔治二世先把他熬死了。最后继位的是弗雷德的长子，乔治二世的长孙——乔治三世。乔治三世跟前两个乔治不一样，他可是土生土长的英国人，标准伦敦腔，绝对不土鳖。他妈妈是乔治二世特地为弗雷德选择的德意志小国的公主奥古斯塔。乔治三世是个早产儿，生下来大家都认为养不活，谁知病歪歪的却是英国历史上在位最久的国王之一。十二岁就死了爹，一直靠自己的老妈和家族至交布特伯爵教养。

乔治三世的老妈是个德意志小国的公主，在英国做了多年太子妃也没看懂英国政治，她对儿子的教育就是：要做真正的国王。而布特伯爵是个苏格兰籍的托利党人，对当时执政的辉格党自然满怀敌意，作为太子师，他成天向乔治三世灌输对辉格党不利的言论。而乔治三世因为从小生活在父亲和祖父的争斗中，养成了步步为营的性格，不管是做太子还是后来做国王，他认为世界只有两个人信得过，一个是老妈，一个是老师。

一朝天子一朝臣，不出任何意外，威廉·皮特在成功地领导了英国的七年战争后兔死狗烹，没办法啊，乔治三世要扶持自己的老师做首相啊。辉格党一党独大多年，内部也腐败分化得厉害，托利党人和其他政敌感觉到，推翻它们的机会来了。布特周围很快聚集了很多辉格党的敌人，七年战争让英国百姓觉得很有负担，威廉·皮特自然是主要责任人，感觉到政治气氛对自己不利，老皮特自动辞职了，伴随着乔治三世登基，布特顺理成章成为新首相。

汉诺威王朝的前两个乔治在感情上对英国疏离，也无力主张王权，所以到乔治三世接手的时候，国王的权力又短了些。乔治三世跟上两任不一样，因为老师布特不仅教他不能相信辉格党，还教育他，要恢复国王的尊严，拿回属于国王的一切。

布特作为一个苏格兰人，野心太大，做事太急进，容易树敌。很快，布特发现，首相这事他干不了，他还是躲到幕后给国王出主意。接替他成为英国首相的，是乔治三世从小一起玩的发小诺斯勋爵，并以巩固王权为目标吸收大批亲信，成立了一个叫“国王之友”的派系。几番政治运作后，“国王之友”成为国会内阁的领袖，组建了一届完全听从乔治三世个人统治的英国政府。

大家已经习惯英王生活以修身养性为主，王权越来越小才是正常的，突然冒出来一个有进取心、亲自干预政治的英王，让整个英伦大地都不舒服。很快有些个刺头冒出来了。下野的辉格党人办了份叫《北不列颠人》的报纸，以攻击当时的政府为主要精神。出了个记者约翰·威尔克斯，在该报撰文批评乔治三世的议会演讲，认为他将王权凌驾于议会之上，是非常危险的。乔治三世火了，直接下令将威尔克斯抓起来。人是抓了，可麻烦随即而来，人家威尔克斯是下院议员，一般的法院不能审他，他是享有豁免权的。

乔治三世可不管这些，现在他完全可以操纵议会，按他的意思，议会直接将约翰·威尔克斯开除，变成平民就可以想怎么收拾就怎么收拾他了。英国人从来不惯国王的毛病，为这事，全国各地到处示威，迫于压力，威尔克斯一会儿被捉，一会儿被放，每次都引起全国局势的动荡，他本人当然成为政治明星，还是受迫害的那种悲情英雄。英国人为了替他出头，竟然在大选时，投票让他成为伦敦的市长，乔治三世再专制也不敢推翻民选的结果，不得不接受这个垂头丧气的失败。

其实乔治三世是个不错的人，性格也不残暴粗鲁，说话和气，日常生活检点自律，家庭和睦，不养情妇，不乱搞男女关系，这样一个国君放在咱家的历史上，老百姓绝对把他供起来。可在不列颠，这样一个国王就是跟一个小记者较真，还没争赢，硬是遭到了全体国民的反对，让我们都替他冤。而英国人从这件事上发现，现有的政体，表面上议会大于国王，可如果国王真想独裁专制，他还是有办法操纵议会的，英国人认识到，现有的议会制度有漏洞，需要改革和进步。

美利坚割离

全国人民示威反对，绝对不是乔治三世任内最大的悲哀，他对英国政务的满腔热情遭遇了不久之后的一场重大打击，让他彪炳史册，那就是，自由而民主的美利坚合众国诞生了。不列颠那样辛苦征伐取得的殖民地，在乔治三世手里说没就没了。

话说七年战争，英格兰虽然是打赢了，银子却是花海了。战争期间借了不少外债，现在打完了，该还的钱不能赖着不还啊。英国政府一想，整个战争，最主要的战场就是北美，如果不是为了保住这片土地，可能还花不了这么多钱。所以，冤有头债有主，北美洲花的钱，自然要从北美洲要回来，向殖民地收税是最快的办法。

英国人收税需要议会通过，可殖民地的人是没有资格进入议会参政的，所以碰上对殖民地不利的话题，整个议会没人替他们说话，不收白不收。英国政府很快想出一个高明的办法，就是收“印花税”，所有北美的印刷品，报纸、杂志、公文、小广告必须购买印花税票贴上才能流通生效，否则就是厕纸一类。不用想，这分明就是逼老百姓造反，北美各地开始出现各种反英地下组织，示威、暴动，反正能干什么干什么，终于让英政府不得不结束了这个缺德的税条。但是反抗了一件又来一件，隔三岔五，英政府就会想出一个新花样来折腾北美人。过不了几年，为了解决东印度公司的经营困难，又把仓库里那些卖不掉的茶叶拿去强行推销。逼人太甚了，终于把北美人逼反了。

这种左一次右一次的示威、游行、暴动甚至倒茶叶都不能解决问题，要从根本上防止此类事件发生，最彻底的办法就是从英国的版图上剥离，拥有自己独立的主权，除了美国人，谁也不能随便收美国人的税。接下来的事，我们都很熟悉了，经过1775年至1782年又一个七年战争的煎熬，在法国、西班牙的公开支持和俄国等国的暗地支持下，美国人打赢了，以后英国人也不用越过大西洋操心了。

这么大的失败，整个英国几乎是如丧考妣，照规矩要追究主要责任人。这次比较容易找麻烦，你乔治三世不是喜欢管事吗？你不是嫌议会碍手碍脚吗？你的诺斯内阁不是一天到晚嚷嚷着增加国王的权力吗？如果不是你们胡闹扯淡，不列颠能吃这么大的亏，丢这么大的人吗？那边俄国的女沙皇还摇着扇子说风凉话："这事要是给我遇上，我就开枪打爆自己的头！"

乔治三世没有自杀的勇气，甚至丧失了所有的勇气，不仅不再要求王权扩张，一度连王位都不想要了，他想过要辞职。董事长一般是不能辞的，总经理下岗就能缓解很多矛盾，于是诺斯内阁灰溜溜地离开了。

美国独立后的乔治三世换了好几个人组阁，走马灯一样换首相，都不能平复英国的创伤感。乔治三世悲痛的心稍微恢复后，决定起用一个二十四岁的年轻人，他觉得，这家伙可能会比较容易控制，说不定自己还有机会发挥余热，能对国事说了算。

不管出于什么目的，乔治三世的这个选择为他屡遭失败的治国生涯挽回了一点声誉，因为他为英国选出了历史上最优秀的首相，也就是我们前面说过的威廉·皮特的儿子——小威廉·皮特。

乔三与乾隆

好久没讲花絮了，从花絮开始吧。2007年5月，外交家傅莹履新，任中国驻英国大使，带给英国人一份让他们欣喜的礼物，就是总共十六册的《钦藏英皇全景图典》复制品。这套东西是乔治三世送给咱们乾隆爷的。却说乔治三世时代，英国人在家看了地图，隐约感觉自己应该是个大国，虽然刚丢了美国，有点丧气，但自己"日不落"帝国的版图不是唬人的，试看天下谁能敌啊？有人敌，还有个上邦，雄踞太平洋西岸，没将不列颠这个小岛放在眼里，自然是咱们大清帝国。

1793年，乾隆老爷子八十三岁的寿辰，乔治三世认为应该过来结交一下。当时不列颠已经和咱家贸易了，但大清是闭关锁国的，市场大，能让不列颠赚大钱的机会不多，乔治三世打着算盘，看乾隆爷能不能在珠江一带给不列颠一块地，让他家的商人能自由贸易，不受大清海关关员的盘剥，最好能定期在广州一带组织个“广交会”，两国还应该互设公使，经常交流。乔治三世自己也知道，跟当时的天朝上邦提这种造次的要求相当于找抽，于是决定过来行贿，行贿管事的，管事答应，自由贸易区就给他了。大英的国王从来自谋财物，小家子气的，不知道咱上邦天下之大，莫非王土，连老百姓厨房里蟑螂的所有权都属于皇上，乔治三世还以为天朝的圣上跟他一样眼皮子浅——他选择行贿的对象居然是乾隆爷。

乔治三世花公费不算小气，他组织全家费了一年工夫，给乾隆预备寿礼。后来发到中国的各种礼物有六百多箱，刚才说到的那本全景反映当时英国社会风光形态的册子就是其中之一，但是比起其他的东西，实用价值就差多了，其他礼物包括：蒸汽机、棉纺机、织布机，当时欧洲最精密的天体运行仪，标有世界各国位置、首都、山脉和河流的地球仪，英国最大的装备一百一十门大口径火炮的“君主”号战舰模型，榴弹炮、迫击炮、卡宾枪、炮兵装备，望远镜、秒表、帕克透镜、热气球，车辆等。

乔治三世递交给乾隆爷的生日贺卡上，非常亲切地称呼乾隆为兄弟和朋友。在乾隆爷看来，比起自己收到的和田玉雕白菜、顾恺之的真迹、王羲之的字帖这些寿礼，英国人拿来的简直就是破烂，居然还想用这些破烂来要求商业利益，乔治三世一个番邦小王，跟咱们的天子称兄道弟，也显得非常缺乏礼数，没有家教。乾隆爷连教都不稀罕教他们，好吃好喝之后，把英国人打发了，并且写信告诉乔治三世：我大清，第一不会和你这等小野人太过亲热，第二也不想跟你家做生意，现在这种贸易格局，你要做就做，不做拉倒，我大清啥都不缺，你那些破烂自己留着玩吧，千万别往我这里堆，乱丢垃圾，触犯大清法律。最后还说，你没事最好顺着朕的意思，朕可保你国家无恙。口气还是比较霸道。其实这不算是一封信，因为开头有“奉天承运，我皇昭英王曰”的字样，所以，这根本就是颁给乔治三世的一道圣旨。

乾隆爷文科出身，估计跟老杨一样，看到机械之类的东西就自然抵触。对于西洋这些机械物件，他老人家貌似对钟表之类的更感兴趣些，那些火枪大炮之类的凶器，非常不祥，没事最好不玩，为了教育乔治三世今后不要随便用不祥之物给人贺寿，圣上的回礼是玉如意、景泰蓝花瓶等物，让英国土贼狠狠地开了一次眼，开眼开大发了，英国人受教，知道翡翠玛瑙、古玩字画是绝对的好东西。

几十年后，英法联军在圆明园的一个马圈里找到了乔治三世的礼物，大部分完好如初，甚至没有拆封。而我们都知道，这一次他们过来，实现了所有想到甚至没想到的目的，既不行贿，也不赔小心，他们用乾隆爷看不上眼的那些东西打进了北京城。我们不能怪英国人后来仗着自己工业国家手里的家伙硬欺负我们农耕国家，人家给过咱们试题的答案。

军火是乱世的宝贝，古玩是盛世的珍藏，这两种东西其实就是一件事情的两面，那就是实力。军火在前，古玩在后，有了军火，古玩自然也就有了，自己没有的可以去抢，抢不到手看着生气的，可以一把火烧掉，最重要的是，被别人抢去的自己的东西，可以拿枪炮指着劫匪，让他老老实实还回来。圆明园那两个兽首自然也符合这个道理。

乔治三世有诚意，他发过来的六百箱东西，在他本人眼里绝对是最好的东西，代表着当时英国乃至世界制造业的最高水平和最新科技，这些东西的诞生，是值得全世界敬畏的，历史上被称为工业革命。下面，我们就讲讲这个让中华民族掉队的东西。

三十七　工业革命

所谓工业革命，就是指大机器生产取代手工，可以说，工业革命是世界现代化的起源，为繁荣的资本主义经济奠定强大的基础。怎么开始的？为什么开始？为什么在英国开始呢？

英国的“光荣革命”让国王基本被教育老实了，国王不敢为自己的利益启衅，更不敢搞垄断，所以英国有钱是大家赚的，国王要脱贫也要自己经营。民主政治为经济发展提供了一个很宽松的环境，最重要的是，这里已经确立了私有财产要受到保护这个重要的意识，重商主义，鼓励致富，大家各凭本事挣钱，又加上此时的不列颠，英伦三岛基本实现统一，有一个稳定而广阔的内部市场。外部呢，更不用说了，广袤的殖民地，海洋上那些往返如梭的大英商船，大半个地球是他家的市场。面对这么大的市场，英国的商人当然是开足功夫，生产东西。

其实工业改革的最初起源还是英国的农业革命，耕种方式的革命，科学种田，科学养畜，农产品产量大大增加。不列颠家不是一直有个痼疾——“圈地运动”吗？那些大地主自从引进农业科技后，农家活就开始产业化，具体表现在，雇很少的长工就能干出很多活来。农业效率越高越有收益，大地主就需要更多的土地扩大生产，越来越多的农民失去土地，经济发展，社会平静，人口自然暴增，农民找不到出路，只好进城打工，为工业革命提供了大量的人力和人才基础。

英国一直比较流行家庭式的手工小作坊，比如纺纱织布之类的活计，那些经营纺织品的商人根据市场需要就对这些家庭作坊下单，为了提高效率，慢慢有些商人开始购买织布机，提供原料，用支付工资的方式雇佣人过来集中纺布。有工资发了，聪明的工人就会想办法让自己多劳多得了。1733 年，有个家伙发明了一种叫“飞梭”的东西，大大提高了织布的效率，织布速度快了，纺纱的速度跟不上，因为当时一部纺纱机一次只能转一个线轴，纺一根线。

英国很早就确立了专利制度，随便什么人，发明了新东西基本会受到保护，所以有人愿意动脑筋搞发明创造。有个叫詹姆士·哈格里夫的，忙活了三年，终于发明了一种可以同时转动八个纺锭的纺纱机，他用自己女儿的名字将它命名为“珍妮纺纱机”。珍妮纺纱机虽然高级，可还需要人力手摇。发明很多都来自偷懒的需要，不久，有个家伙发明了用水力推动的纺纱机，纺纱速度又提高了，接着就有人将“珍妮纺纱机”和水力纺纱机的优势结合在一起，发明了“骡机”，让纺纱这个动作率先告别了人力。

原来说过，英国传统的工业就是纺织业，市场大，配套好，所以工业革命最早在这个行业启动就非常正常了。我们现在看这个产业进步的过程枯燥无比，相当没劲，可是，我们想象一下，这些设备的每一次更新，都要带给英伦大地多大的财富和惊喜。

通过水力的能量，纺纱的效率是高多了，这就要求，所有的纺织厂要集中在水流旁边，还需要这些小河小溪有一定的落差。可是这种地方，大家知道，发展旅游合适，作为工厂就存在运输管理等一系列问题，更多的聪明人将眼光放在发现新的动力上，能不能找到一种办法，不用让这么多人都挤在河边忙活，不会游泳的都不容易找工作？下面，工业革命最牛最明星的人物来了，大家都认识——詹姆斯·瓦特。

根据我们从小听说的故事，瓦特从小好学，看到奶奶家的水烧开了冲顶壶盖，悟到了蒸汽的能量等。这样的故事教育学龄前儿童是可以的，既然咱们成年了，就不能这么容易受忽悠。

最早想到使用蒸汽做动力的，是一个苏格兰铁匠。而英国很早就出现了一种名叫“纽卡门蒸汽机”的东西，用于采矿业，瓦特老兄不过是改良升级了这种蒸汽机，让这东西连续运动持续工作。经过瓦特最后完善的蒸汽机被用于很多工业部门。大家都知道，动力是所有机械的基础，解决了动力问题，就突破了工业革命最大的瓶颈，以后的很多机械都是在蒸汽动力的基础上工作的。比如，极大提高了织布效率的“动力织布机”。所以，瓦特蒸汽机被认为是工业革命的标志，代表着生产力质的飞跃。

研究发明，申请专利，再成立配套的工厂让新技术成为产业，很多人因此致富，于是，发明创造就成为潮流，这些发明不仅表现在工具、动力这些方面，还因此引发了一些材料上的革命。比如制造金属需要钢铁，炼铁就需要烧柴，英格兰的林子眼看要砍光了，好在有人发现煤可以炼成焦炭，从此开始烧煤炼铁，等等。

工厂兴起了，产品不断出来，现在要解决的是交通问题。除了修理原有那些泥泞的公路，还开始挖运河。18 世纪末，全英国所有的河流几乎都连接成网。河道通了，船只要跟上，既然有蒸汽机了，蒸汽轮船很快就出现了。以前英国的船只是木质的，要保证船体轻便，否则摇船的水手会累死，现在好了，有蒸汽推动，不用划船了，钢和铁的质量也越来越好，自然就开始用钢铁造大船了，更结实，更耐用，更扛打。运输中最重要的是铁路建设，还是蒸汽机让一切变成可能。

1825 年，斯托克顿—达林顿铁路建成，全长三十七英里，当时著名的火车专家乔治·斯提芬用他发明的机车头拖着一长列载满乘客和货物的列车，行驶在这世界第一条铁轨上。虽然，这小小的一段路走了几个小时，也就比牛拉车稍微快一点，但是，这绝对是人类交通上的革命啊，人和动物从此就从拉车这种不伦不类的活动中解放出来了。几年之后，到曼彻斯特至利物浦的铁路通车时，斯提芬新设计的机车时速就快多了，快到大家可以接受的水平。铁路运输价格低，效率高的特点很快显现出来，于是英国兴起了大建铁路的活动。19 世纪中叶，英国已经有铁路八千多公里，基本形成了一张适用的铁路网。

不用再讲下去了，如果要给整个工业革命期间不列颠家的新技术列一张清单，那可是相当浩瀚的。被认为是人类历史上最伟大发明的抽水马桶，也是在这段时间得到充分完善，并取得专利的。那些具体的经济数据不用详细提列，这时有一件事是公认的，那就是，工业革命之后，这个小岛的工业生产能力超过世界上其他国家的总和，绝对是当时世界上最富有、最发达的国家。

写工业革命很容易心情不好，因为枯燥无聊还有点郁闷。这些新发明、新技术虽然带给我们的生活翻天覆地的变化，让不列颠发达得不出门欺负别人都过不下去，可我们说到此处，总归有点酸溜溜的。这些发明，老杨统统认为是很聪明、很有才的，但同时老杨又想，根据我们读过这么久的英国历史，他家真没什么特殊才能超越其他地球人啊，怎么这会子天才就扎堆了往他家去呢?

其实原因大家都很清楚，亚当·斯密说的，经济规律是“一只看不见的手”，而这只手应该是不受任何外力干涉的，它自发调节供求、价格等因素，让参与其中的人利益最大化。而这只看不见的手引导大家发财致富的重要规则是，不受干预，它需要一个自由宽松的政治和经营环境，不管这只看不见的手现在是不是折断了，但在当时，绝对是英国经济成功的重要原因。我们不敢想，这样的自由发生在大清帝国。

不妨空想一下，假如工业革命真的发生在中国会怎么样。以华夏儿女的聪明才智，我们在如厕的时候会不会有更高级的东西?这些想法通常会让大家很灰心，英国的工业革命刺激了欧洲乃至世界上其他很多国家的工业升级，带动整个世界向工业资本主义过渡，只有中国是不受影响的。英国人如火如荼地研究如何能不用人力织出更多的布时，咱家认为西方最好的东西就是建筑艺术，于是向西方学习，给自家盖了个大园子。如果在当时，谁说蒸汽机比圆明园更有用，估计会被拖去杀头。一步踏空就步步踩不上节奏，中国沉浸在自己的独舞里，不管背景音乐已然变化，成为整个18世纪至19世纪最孤独、最边缘的舞者，当然，也终于为孤僻付出了惨痛的代价。

三十八　法国大革命

改朝最考功夫

乔治三世在位六十年，正好统治大英帝国一个甲子，遭遇了不少事。他从上台开始就鼓励英国探险家往外跑，不勘探清楚地形，怎么争取殖民地呢？大约在 1770 年，一个英格兰的船长绕过好望角，穿过印度洋，在海上漂了好些日子，找到一个很大的岛。

这位船长绕这岛转了一圈，确认风景不错，能住人，于是宣布，这个岛从此时起就归大英所有，起名叫新南威尔士。那可真是个无法无天的时代，这么大一片地方，不列颠说占就占了，岛上那些西印度群岛过来的土著完全搞不清状况。

大英的法律有流放之刑，他没咱家这么大的国土，从北京打发到广东，就足够该犯人凄凉了。不列颠巴掌大的地方，流放了家属还能随便探亲，搞不好该犯人在流放地还活得滋润，根本起不到惩前毖后、治病救人的效果。所以，那时英国犯人如果被判流放之刑，一般都是一船打发到北美跟印第安人抢食去。

后来美国独立了，你家的犯人凭啥往我家流放啊，我家犯人往哪儿去啊？这阵子英国的流刑犯没处安置，留在英国本土不伦不类的，很不好管理。这时有人出主意了，不是在太平洋上找到个岛嘛，既然属于英国的版图，就要分担祖国的负担啊，把犯人往那个新南威尔士放吧！于是，18 世纪末开始，大量的英国犯人被流放到这个岛，这里成为名声很不好的囚犯之地。

英国人喜欢往外溜达，听说这个小岛，很多没犯法的人也想过来看看。参观旅游后发现，该地区资源丰富，土壤肥沃，还有丰美的草原，当地土著脾气也不算太顽劣，基本能商量。于是，很多有眼光的英国佬开始在这里养羊，并将羊毛返销英国，这个囚犯之地逐渐发展成英国纺织业的羊毛供应地。一说到羊毛大家都知道了，我们小时候都学过一首外国歌曲叫《剪羊毛》，没错，这里当然就是澳大利亚。

澳大利亚的故事先放下，让那里的小绵羊安心长毛吧。回到伦敦，小皮特在大选中战胜那些老政客，二十四岁成为英国首相，龙生龙，凤生凤，英雄少年，让人惊艳。小皮特的政治生涯十分诡异，他本来是个辉格党人，后来又加入托利党，随后又加入“国王之友”这个新进党派，取得乔治三世的信任，顺利上位。一取得执政的资格，他就露出对国王的真面目，直接剥夺了乔治三世那些个不该有的权力，再次让国王准确定位，后来他又吵吵一阵子议会改革。花样百出的，不过看得出，年纪虽轻，政治手腕却很纯熟。

美国独立后，乔治三世软弱了很多。虽然他发现小皮特并不好控制，但见他有条有理处理国务，打击贪污，精简机构，遏制走私，节省开支，所有的动作专业而流畅，绝对是天生的首相，民众支持率也节节上升，于是也逐渐将自己“做一个真正国王”的远大理想放下了。

不久，乔治三世淋了场大雨，突然开始抽筋说胡话，后来就发展到口吐白沫，双眼血红。有一天吃饭，他突然跳起来抓住太子，按着他的脑袋往墙上撞。根据当时的医学知识，所有人认为乔治三世疯了。王后赶紧将他送到一个小镇，一大批巫医也是庸医用各种奇特的办法往死里折磨疯子，希望他恢复理智。其实乔治三世没疯，直到近代，医学家再次研究乔治三世的病例，他的所有症状反映出，他得了一种由某种酶缺失引发的血液病，现代的叫法是卟啉病。

国王疯了，国不可一日无君啊，内阁赶紧安排太子爷摄政，小皮特这么年轻位极人臣，政敌是肯定有的，在威尔士亲王摄政的问题上，内阁的意见也无法统一，就在这时，欧洲大陆又出事了。

隔岸观火做不到

这次可是大事，欧洲大陆上老大，法兰西家被造反了。农民军攻陷了巴士底狱，路易十六带着他那个奢侈的皇后逃之夭夭。话说法国革命刚开始的时候，英国上下还是很欢迎的，他们认为，法国人民是在学习英国建立一个君主立宪的国家，限制王权，很进步啊，况且，法国国内乱哄哄的，英国人总是很愿意看到的。

但随着法国革命的发展，尤其是路易十六和他老婆被抓起来咔嚓后，英国和其他欧洲国家都发现一个危险的事，这家人革命过火了，他们不是要限制王权啊，他们要取消国王这个职位，建立共和国，还开始有人嚷嚷着众生平等，天赋人权这些危险的事了。

此时的英国，虽然国王不能独断，但基本上还是寡头政治，国家大权掌握在那些贵族资本家手里。法国革命刺激了中下等百姓考虑自己的权益，自己的社会地位、政治地位，这些穷鬼乡巴佬开始向特权阶级叫板了，英国民间出现了要议会改革，使之更民主，更代表国民呼声的要求。

关于英国要不要插手法国革命，英国内部分成两派开始争论。因为这事，英国还涌现了不少政治明星，争论归争论，掌权的英国贵族觉得还是应该控制法国的事态，不要让这帮革命党闹得太过分。于是，不列颠出钱，指使同样憎恨法国革命的奥地利和普鲁士找法国的麻烦。

欧洲这些国家，一会儿打，一会儿和，相信法王跟这些国家都算不上朋友，可路易十六两口子被杀，这些人还都表现出悲痛了。奥、普的军队在法国边境集结，随时预备杀进去替法王报仇。刚完成革命的法国百姓带着持续高涨的革命热情，配合新兴的法国议会立即组织了国民自卫军，向奥、普宣战，当然，也顺便向不列颠宣战，反正他们是一伙的，加上荷兰、西班牙、撒丁王国之类的，这就是所谓的第一次反法同盟。法国的革命党相当凶悍，尤其是雅各宾派上台后，更是全民皆兵，极端激进，怂恿着全法国像打了鸡血一样亢奋。两年时间不到，法军就打退了第一次反法同盟的进攻，并占领了奥属尼德兰的部分地区，这个地区后来的名字叫比利时。

开始英国人只是在背后出钱，等见到法军骁勇无比，尤其是他们占领比利时后，感觉不妙了。因为一直以来，尼德兰的低地被英国人当作自己在欧洲大陆的战略屏障，敌人如果攻占这一地区，下一步绝对是剑指不列颠本土。英国人不敢置身事外了，不得不亲自上阵，跟小兄弟共同进退。

话说反法同盟帮着法王出头，法国内部的保皇党自动自觉地里应外合，开打没多久，保皇党就将地中海沿岸一个重要的港口城市拱手送给了联军，使之成为联军进攻法国的重要据点，这个港口就是土伦。为了永久占据这里，联军将土伦修得固若金汤，不过再坚固的城墙也没扛住一个拼命三郎的狂轰滥炸，法军后来还是攻陷了土伦，迫使联军仓皇撤出。那个喜欢乱炸的拼命三郎，这一战的法军指挥官，是个科西嘉小个子，大家都熟悉的波拿巴·拿破仑。因为这经典一战，拿破仑二十四岁被提拔为炮兵准将，开始逐渐成为很多国家的噩梦。

法国军队打的是人民战争，全法国都愿意支持军队对抗联军，反法同盟为了些自私狭隘的目的整合在一起，虽然军队训练有术，但真打起来，还是扛不过法军的士气如虹。法军在海上收服了荷兰和西班牙的舰队，让这两支舰队掉头为法军作战，与英国海军遭遇。英国海军是当时世界上最强大的，这绝对不是胡吹，这两个叛变的舰队很快就知道了老大的厉害，英国舰队分别在圣文森特角和英吉利海峡取得海战胜利，拿回海上优势，也粉碎了法国想渡海到不列颠本土找麻烦的计划。

整个法国革命战争，因为出现了拿破仑这种千年难遇的牛人，让其他各路英雄都黯然失色。原来老杨说过，不管什么样的牛人，上帝一定会派来相应的对手，土伦战役让炮兵拿破仑名震天下，而英国这两次海战，也成就了英国历史上一位旷世的英雄，那就是海军名将霍雷肖·纳尔逊，而他，是拿破仑的噩梦之一。

海上拿破仑

纳尔逊将军出身平民，不过他的舅父是英国皇家海军的舰长，纳尔逊十二岁被他收养后，自然就沿着这条路发展人生。因为勤奋好学肯动脑，二十一岁时，他就已经是舰长。纳尔逊的一生虽然是光荣的一生，但也是惨烈的一生。

拿破仑炮轰土伦时，他的舰只就围在土伦的港口，遭到拿破仑火炮的攻击，年轻的纳尔逊失去了右眼，成为独眼龙，跟一个舰长的造型相当吻合，好在后来，他找拿破仑报了这一眼之仇。

在上面说的圣文森特角海战中，英国舰队组成编队拦截西班牙舰队，纳尔逊发现西班牙舰队可能会冲出包围圈，二话不说，也不管上头的命令，全速脱离编队，迎着西班牙的舰队就顶了上去。随后带领士兵跳上西班牙旗舰跟对方肉搏，迫使西班牙旗舰投降，为英国舰队完整地扑上来争取了时间，成为此次海战胜利的头号功臣。晋升为海军少将，加封勋爵。不久之后，在西班牙的加那利群岛海战中，他又身先士卒，跳上敌军的甲板，亲自参与厮打斗殴。这次比较凶险，如果不是他手下舍身挡在他前面，多少纳尔逊都被剁成馅了，最终还是失去了一条右臂。少一只眼、少一条胳膊，比杨过还惨，人送外号“残疾将军”。

却说拿破仑在法军中步步高升，法国革命党内部也开始矛盾重重，反正各国的规矩都一样，造反成功，还没坐稳江山，义军就开始互相倾轧。拿破仑横扫意大利，欧洲大陆有些小报开始称他为新出炉的恺撒，当时法国执政的督政府对这个小个子颇有猜忌，生怕他上升得太快，给法国政局带来些不可知的变局，于是任命他为远征军司令，让他远征埃及。督政府这一招调虎离山似乎高明，拿破仑也欣然领命，率战舰奔向埃及。拿破仑当然不傻，他也不是受人调摆，他出征埃及有他自己的想法。不管反法同盟七零八落有多少国家，真正的老大，法国最凶险的敌人还是不列颠，不列颠打服了，反法同盟也蹦跶不了几天。当时英国的巨大财富很大一部分来自印度，拿破仑心想，只要切断印度和英国的联系，对英军绝对有釜底抽薪的作用，而埃及显然是实现这一战略目的的最好的战术据点。

拿破仑是陆上雄狮，下了海，我们还真不好意思恭维他。埃及之战，他遭遇了纳尔逊。此时如果比外形，拿破仑再矮几公分也比纳尔逊的独臂独眼受看，可是，真动起手来，“残疾将军”才是海上虎鲨。

听说拿破仑杀向埃及，地中海上散步的纳尔逊赶紧过去找麻烦。可是纳尔逊在海上的速度太快了，以至于他的追截经常跑到敌人前面去，等他终于用那一只独眼亲眼见到了法国的舰队，拿破仑已经带着陆军安全地踏上了埃及的土地，并在一天之内，拿下了亚历山大港，恺撒一样的效率。不过既然法国舰队终于被纳尔逊找到，以这位大哥不留活口的脾气，肯定就要遭到屠杀了，这是纳尔逊第一次单独率领舰队作战，用拿破仑练手实在有点欺负外行，咱们拿破仑同志还晕船呢。

具体过程就不用讲了，结果是，法国舰队四百艘战舰大约只有两艘逃出了战场，所以，虽然拿破仑在埃及大地无坚不摧，锐不可当，据说还打掉了狮身人面像的鼻子，可是因为失去了海上的补给，也不得不含恨撤回家去。远征失败的拿破仑有点气急败坏，所以回到法国第一件事就是发动“雾月政变”，成为法兰西家的老大。

尼罗河口大败法军，纳尔逊再次红透英伦。这位大哥是真正的猛人，不管做到什么职位，都是冲锋在前，于是乎，几乎每战必伤。这一次战役，他又被打破头，被安排到那不勒斯休养。英国驻那不勒斯的大使夫人艾玛·汉密尔顿为他安排了盛大的欢迎宴会，并亲自端汤送药，照顾纳尔逊的伤势。

艾玛可不是个普通的家庭妇女，出身微末，甚至有些风尘经历，后来成为欧洲著名的交际花，艳名远播。三十岁时，嫁给六十岁的汉密尔顿爵士，算是从了良。艾玛初遇纳尔逊，这位明媚的美人已经走过了自己的花季，只能说是风韵犹存，而独臂独眼的纳尔逊也没有西门庆那样的英俊潇洒了，但奇特的爱情就这样发生了。

纳尔逊是战斗英雄，大英皇家海军的楷模，尼罗河口战役后，他的声誉比黄金还耀眼。艾玛就算是从了良，可那些英伦贵族是知道她底细的。跟这样一个女人混，纳尔逊显然有点不顾身份，更何况纳尔逊家里还有个原配呢。这份爱情饱受争议，纳尔逊跟杨过一样，一边卓然而成大家，一边为情所困。纳尔逊是个猛人啊，在战场上，他总是决定对手的生死，现实生活里，他也要掌握自己的命运。后来因为战争形势，艾玛和她老公回到了伦敦，不久，艾玛生下一个女儿，不用 DNA 检测，百分百是纳尔逊的。纳尔逊欣喜若狂，在众人的白眼中，离开自己发妻，跟艾玛在一个农庄里非法同居，这事不仅让纳尔逊的家族蒙羞，也成为政敌打击他的重要筹码。艾玛也因为对老汉密尔顿的背叛，在老家伙死后，什么也没得到，穷困潦倒，依附纳尔逊生活。

拿破仑上台后，欧洲各国又组织了第二次反法同盟。这次的同盟更脆弱，在欧洲大陆上，谁是拿破仑的对手呢？好在纳尔逊带领的英国海军还是稳稳控制着英国的海上优势，一时间，英法两国都拿对方没办法。

拿破仑有办法收拾英国人。这时英国工业革命如火如荼的，工业产品大量生产，欧洲是主要市场。拿破仑在大陆上他所有可以控制的区域内，封锁英国商品，这可是英国人的软肋，英伦立刻感觉到了沉重的压力，情急之下，赶紧向法国宣战，并伙同俄国、奥地利组织了第三次反法同盟。

1804 年，拿破仑从终身执政变成了法兰西皇帝，登基后的第一件事，就是预备亲自过海，“成为伦敦、英国议会、英格兰银行的主人”。拿破仑可不是不知死活的愣头青，他知道英国海军的厉害，也知道自己在海上只能犯晕，他制定的战略是，法国和西班牙的海军在地中海牵制大英舰队，他自己率陆军登陆不列颠本土，他知道，只要他的脚踏上英伦三岛的土地，那些讨厌的英国佬末日就到了。

拿破仑的这个战术听上去不错，如同老鼠商量如何给猫挂个铃铛，且不管他登陆后能不能所向披靡，他凭什么认为屡战屡败、长期患“恐英症”的法国海军能够在海上牵制英国海军呢？法国海军采取的战法是调戏英国舰队，勾引人家在海上乱跑，这个动作对付一个实力远远高于自己的对手太危险了。这场世界战争史上著名的海战发生在西班牙附近的特拉法加，省略过程，单看结果吧。法西联合舰队死亡 4395 人（法国 3373 人，西班牙 1022 人），受伤 2538 人（法国 1155 人，西班牙 1383 人），被俘约 7000 人，战舰被俘 15 艘、损毁 8 艘，而英国呢，死亡 449 人，伤 1214 人，军舰无一损失。这一战的结果是，法国海军精锐尽失，拿破仑皇帝也终于没有等到登陆英格兰的伟大一天，从此之后，只能隔着大海仇视对方了。特拉法加海战彻底打服了法国。这下子，不列颠说它自己是海上的老大、大哥大、东方不败，再没人有意见了。但，这次战斗英国最大的损失是：纳尔逊战死。按说，这样优势的胜利，指挥官是很难遭到危险的，可这伙计太爆脾气了，战中总是冲在最前线。

无论如何，纳尔逊是真正的猛人，海上战神，他发明了用不同颜色和符号的旗帜在各舰船之间传递消息，开辟了海上游击战法，现在这组“国际信号旗”还在海上通用着。而纳尔逊留给英国海军的战斗精神，一直鼓舞着英军凶悍无比地纵横海上。他死后，英军海战稍遇挫折，指挥官用旗语打出“记住纳尔逊”这句话，立即可以让英国海军进入彪悍无比的搏命状态。

纳尔逊被称为“英国海军之魂”，其实他不仅是英国海军之魂，也为全世界的海军提供了一个膜拜的偶像，全世界不少海军将领也喜欢用纳尔逊的标志旗鼓舞士气。

纳尔逊临终，剪下自己的一缕头发和订婚戒指，托人转交艾玛，在生命的最后一刻给这个可怜的女人一个名分。不过纳尔逊的家人没有满足他临终的要求，拒绝承认艾玛，艾玛最后在窘迫潦倒中死去，她的芳名，跟纳尔逊将军的情妇这个称号一起留在英国历史上。

拿破仑是个大牛人，可不列颠专出他的克星，纳尔逊当然是其中的一个，还没走远呢，又来了一个。

三十九　为拿破仑送行

先交代个事件。法国革命对欧洲各国的影响巨大，摇醒了底层百姓某些骚动不安的思想。英国国内的声音可以压服和平息，周边那两个属国就不容易安分，现在苏格兰已经合并进来了，爱尔兰还在外晃悠，时不时整些动静让大英帝国睡不好觉。法国革命热闹的时候，爱尔兰赶紧发邮件过去套近乎，希望借助法国的力量，让爱尔兰脱离不列颠的魔掌。估计跟法国提这种帮忙要求的小国太多了，人家安排不过人手，况且，对法兰西来说，跨海打架，还越过英国的海域，这个事难度极高。爱尔兰人心眼实诚，没等到帮手自己就先动手造反，被不列颠拿苍蝇拍就给拍死了。

首相小皮特觉得，这种周期性的发病太折磨人了，要一劳永逸根治爱尔兰的毛病，太散漫的地方就是要管，不能让他们太自由，直接拉进来，跟不列颠合并，正式成为一个国家。被不列颠完整吃掉，爱尔兰人当然不愿意，可人家小皮特有操作手段，爱尔兰的议会也没表现出玉碎瓦全的爱国情操，竟然就同意了不列颠的合并办法。

1801 年，爱尔兰的部分贵族和平民到伦敦议会上班，英国的国名更改为大不列颠和爱尔兰联合王国，国旗也改成现在我们看到的“米字旗”模样，一统江山了。统是统了，爱尔兰归入大英的版图可不是苏格兰那种万不得已的选择，尤其是他们家大部分人是天主教徒，拿了大英的身份证，一点社会地位也得不到，见天受迫害，所以年年月月、世世代代，爱尔兰人都想脱离英国人的辖制，争取回到那个属于爱尔兰人自己的自由国度，让爱尔兰问题成为困扰不列颠的长期梦魇。

前文说到，英国海军之魂纳尔逊战死特拉法加，为了纪念这位伟大的将领，伦敦市中心建起了特拉法加广场，广场中心是纳尔逊的铜像。这个广场人气很高，尤其是圣诞节，据说挪威的王室每年都会送一棵高大完美的圣诞树矗立在这里，让该广场成为英国人过年赶庙会最喜欢的所在。

海军被打废，拿破仑同志再牛也只能望洋兴叹。好在他在海上的郁闷之情都被抒发在大陆上了，第三次反法同盟的同党俄国、普鲁士、奥地利被拿破仑收拾得没处躲没处藏的，这第三次结伙再次宣布失败。不列颠家不服气啊，加上这阵子首相小皮特死了，新首相新官上任，又忽悠欧洲那些小弟并肩上，屡败屡战。这第四次反法同盟更惨了，拿破仑击败欧洲大陆最精锐的普鲁士军队，直接打进了柏林，普鲁士、奥地利、俄国先后投降，签订条约，向皇帝陛下俯首称臣，整个西欧大陆匍匐在拿破仑的脚下。

现在对英法两国来说是个僵局，都想要对方的命，可都拿对方没办法。打架动武是低级竞争啊，拿破仑完全能想出兵不血刃的办法，他知道，对工业蓬勃发展的英国来说，最要命的就是海外市场，拿破仑预备玩经济武器。就在柏林，在被他征服的国家，他发布了著名的“大陆封锁令”，这个条令很简单清晰，中心内容是：所有欧洲大陆法国治下国家不得与英国通商。

这个封锁令真正卡住了英国的喉咙，欧洲大陆等于是向英国关闭了大门，可如今的英国是封不死的，除了欧洲市场，英国还有美洲和南亚的市场，虽然有损失，但是想困死并不容易。加上英国很快就发布了一个反封锁令，大意就是，欧洲那些不跟英国玩的国家，只要他们的商船给英国人发现，英国可以当场缴获。拿破仑同学玩炮厉害，玩经济武器显然很嫩，经济制裁这东西，绝对是双刃剑，能整死不列颠的法子，他自己肯定也会深受其害。整个欧洲大陆，这几年都指望着英国制造的工业产品过活，有些生活必需品如茶、咖啡之类的，也牢牢控制在不列颠手里，拿破仑光知道封锁，又造不出同类产品满足市场需要，肯定被动啊。于是，在封锁令下，英国和大陆的商人变着法子地走私，为了打击走私，法国人累死了。而英国作为农产品进口大国，是俄国、普鲁士那些土豆、玉米的重要市场，这会子封锁了，你拿破仑又不愿意包销别人的土豆，这些国家当然也不愿意跟你混。

最早决定不搭理拿破仑的是葡萄牙和西班牙，这里的港口不受控制，跟英国的走私非常猖獗，为了保证自己的封锁令真正让英国窒息，拿破仑挥师伊比利亚半岛，亲自监督禁令的执行。这事引起了葡萄牙和西班牙人民的极大不满，尤其是西班牙，发动了一场浩大的人民战争跟法军死磕，大量法军被牵制在半岛，久战不胜。西班牙的战事如同美军的伊拉克，拿破仑陷在一个巨大的泥潭里不能拔足，大家都知道，这片西班牙泥沼是勒死拿破仑的第一根绳索。

这事跟不列颠有什么关系呢？有啊，法军在西班牙这么狼狈，以不列颠的脾气肯定不光是看看热闹就算了，怎么也要过来骚扰一下，火上浇油，雪上加霜。英国派了个三万人的军队进入葡萄牙，配合西葡军队跟拿破仑作战，带兵的将领名字叫作阿瑟·韦尔斯利。韦尔斯利来到欧洲，他的最初目的可能仅仅是在拿破仑屁股上踢两脚过把瘾，绝对没想过可以要这位皇帝的命。

西班牙的战争严重影响拿破仑的形象，欧洲大陆其他国家发现，原来这厮并不是不可战胜的，那些被拿破仑揍过很多次的国家萌发了新的希望，反应最过激的就是俄国佬。亚历山大一世被拿破仑封锁得都快疯了，家里本来就不富裕，哪能扛住这么折腾。于是俄国率先开放港口，把英国货物放进来，拿到英国货，转手还向欧洲其他国家倒卖，着实赚了一笔小钱。就是这种挑衅，让拿破仑气得失去理智了，他知道必须先从西班牙抽身出来，北上收拾俄国人。剩下的事我们都知道了，拿破仑被俄国人侮辱了。

随后，俄、普、奥这几个神勇追穷寇，一直杀进巴黎，让拿破仑退位，成为一个小岛的岛主，每年还能拿到不少的退休金，待遇相当不错。可拿破仑不甘心退休生活，居然偷偷离开他的小岛，跑回法国复辟了他的王朝。

这一段又跟英国人有啥子关系呢？有啊！却说英国将领韦尔斯利因为在半岛骚扰拖累拿破仑，战绩彪炳，所以一直留在欧洲大陆出差，拿破仑战败，他回到英国受封，他的封号可是如雷贯耳啊，现在，我们要叫他惠灵顿公爵！

拿破仑退位，终于打了胜仗的第六次反法同盟忙着分赃，这帮人在对付拿破仑的问题上耐性非常惊人，听说这家伙又杀回来了，赶紧集结为第七次反法同盟。

历史的镜头定格在比利时南部的滑铁卢，新出炉的英国公爵惠灵顿率领着英、荷等国的联军六万多人在一个小山头上等待拿破仑。拿破仑带着对惠灵顿公爵的藐视，指挥七万军队为自己打通了地狱的坦途。惠灵顿公爵以巨大的心理能量，顶住了拿破仑山呼海啸般的一次次冲锋，眼看就不行了，幸亏普鲁士援兵及时赶到，成就了惠灵顿公爵这一场惊世骇俗的大功劳，这一仗的新闻性和轰动性堪比令狐冲与东方不败一战。

这段时间，上帝肯定是站在英国人身后的，虽然对法国的战争艰苦卓绝，毕竟最后还是赢了。整个欧洲最让英国讨厌也最没办法的敌人终于老实了。善后对法战争，英国人当然以老大自居，按他家的利益绘制世界政治地图，英国因此获得了南非开普敦、亚洲的锡兰、西印度群岛的特立尼达、地中海的马耳他岛、印度洋上的塞舌尔群岛和毛里求斯岛等大量战略要地。这时的不列颠有点寂寞啊，他冲着全地球大声询问："还有谁？！"

敌人总是有的，此时能战胜英格兰的，只有英格兰自己一手培养的对手"山姆大叔"。

对法战争期间百忙之中，不列颠还抽空跟自己的兄弟"山姆大叔"干了一仗。起因也是拿破仑的"大陆封锁令"，新兴的"山姆大叔"家不愿意因为欧洲的狗咬狗让自己在贸易上受损失，加上不列颠家总存了把美国收复回来的想法，于是一有摩擦，就发展为战争。不过，那些暧昧的血缘关系，让这两个国家总有些说不清楚的莫名情愫，很难想象他们能撕破脸打得血肉横飞，最后双方战平，大家维持现状吧，美国的独立国家地位再次确定，历史上，这是美国的"第二次独立战争"。

四十 绝嗣风险

英格兰连年征战，虽然没在自己的国土上打，战争损失可一点不小。国家打仗，直接受损失的就是老百姓，苛捐杂税的，民不聊生。乔治三世本来是个形象很好的国王，统治后期，因为老百姓对战争的厌恶，当然首先迁怒于大当家，经常有人要刺杀国王。

这时候刺杀乔治三世是很没有爱心的行为，因为乔治三世已经是个公开的间歇性精神病人了。国王生涯的后期，乔治三世一会儿犯病，一会儿清醒，而为了治疗国王这个说不出来由的疾病，当时的大英御医都快被折腾疯了。

汉诺威王朝有个非常明显的遗传基因就是父子不和。乔治一世看不上乔治二世，乔治二世憎恶乔治三世，为了尊重血统，乔治三世能和乔治四世父子和睦就见鬼了。乔治三世与长子关系不好，完全是性格不合。乔治三世疯之前是个道德君子，为人正统，勤恳自律，这样的人不出意外，肯定是一位严父。没有高压教育，也不会出逆子，人在成长中对教育的逆反力量是不能小觑的。

乔治三世的长子就是被种歪的树苗，做太子的时候就是花花大少，最出名的爱好有以下几种：酒、美食、豪赌、女人。看到没，吃喝嫖赌，一应俱全。所以乔治四世模样不丑，可成年后就开始发福，是英国历史上最肥的国王，当时的报纸对他的评价是：食言无信（食言而肥？）、荒淫无度、到处欠债。绝对是教育失败的典型。

1784 年，太子爷乔治四世做了一件让所有人掉眼珠子的事，他看上了一位比自己大五岁的寡妇，而且买通一个破落牧师，偷偷结婚了。太子爷偷着结婚肯定不合规矩，但也不至于太惊天动地，可他娶的，是一位天主教徒。我们之前说过，不列颠家此时已经立法，规定王室不能与天主教徒通婚了，威尔士亲王娶了天主教的女人，根据法律，当然是婚姻无效，从这事我们可以看出，乔治四世无法无天到啥地步了。

英国议会怕太子爷再闹出其他事端，决定赶紧安排他大婚，找个人看着他，根据太子的个人条件，给他物色了远房堂妹卡罗琳为妻。乔治虽然不痛快，但还是答应了，这家伙欠一屁股债，一时肯定还不清，英国议会说了，只要太子迎娶卡罗琳，债务可以一笔勾销。乔治心想，不就是关了灯闭着眼睛上床，咬咬牙坚持一下，这么大笔债务就免了，这生意可以做。乔治自己是个红脸胖子，对女人还挺有审美原则，话说卡罗琳进门，新婚之夜，乔治连咬牙的勇气都没有了，卡罗琳堂妹比乔治瘦不了多少，也是说话粗鲁，为人邋遢，整个一个女版的乔治，显然太子爷看到自己也是恶心的。当晚，他把自己灌得烂醉，被抬进寝宫，逃过一劫，如果我是乔治四世，我肯定疑心英国议会故意玩我。

乔治三世犯病，最高兴的就是太子，江湖上传闻的乔治三世发疯等种种情形，后来证实都是太子传出去的，为什么传自己父亲的闲话呢？遗传嘛，汉诺威家族不都这么干吗？当然最重要的，还是要到达自己早日上位管事的目的。太子爷就是太子爷，作风不好也不能开除公职，乔治三世病中，太子爷该摄政还是要摄政的，所以，虽然乔治四世 1820 年才正式登基，但之前已经做了好几年实质上的国王。

却说乔治四世登基仪式盛大而热闹，国王一改醉鬼的旧模样，颇有章法，风度翩翩地完成各种仪式。要知道，没喝酒的时候，乔治四世是个博学且深有艺术造诣的人，尤其是建筑设计方面，很有天赋。但是这个人大多数时候是不着调的，登基大典也有问题，那就是，老婆卡罗琳赶着马车过来参加加冕礼，乔治四世将她拒之门外，坚决不同意让这个胖女人成为王后。可卡罗琳的确是合法原配啊，还给乔治四世生了个女儿夏洛特公主。好在卡罗琳在乔治四世登基的第二年就死了，否则两个胖子天天干仗，也有失王室体面，算是给了乔治四世一个眼前清静。后来的日子，乔治四世也没再娶，他的情妇多得用不完，而且他自己也知道，以自己的岁数和能力，就算再迎立王后，也生不出儿子了。

乔治四世的独生女儿夏洛特公主自然成为王储。为了保证继承人的安全，英国议会早早就为公主物色了后来的比利时国王为夫，希望他们早日为英国王室诞下后代。夏洛特公主不负众望，很快就怀孕了，随后流产，接着又怀孕。这是世界产科发展历史上的重要案例，夏洛特公主怀孕四十二周后，开始长达五十个小时的分娩，这个艰苦的过程没有迎来大家希望的结果，一个九磅的男婴生下来就是死胎。三个钟头后，公主自己也因产后出血死在产床上。一天之内，英国失去了两个王位继承人。

乔治四世没有别的孩子了，眼看他也坚持不了几天，他的弟弟忙死了。这些王爷个个年过半百，都没正经儿子，为了汉诺威王室的传承，也为了自己获得乔治四世死后的继位资本，这些老头发了疯地到欧洲各国物色公主，老爷子夜夜做新郎。

四十一　议会改革

从光荣革命到工业革命，英国人风风火火地奔走，全世界看着他们眼热。按说这一百多年英国也发生了翻天覆地的变化了，江湖地位也不断上升，国家形象越来越牛，国家在进步，英国人在进步，可他家有一个最重要、最根本的问题却从没变化过，一直保持在旧社会的水平，那就是议会制度。

对欧洲其他国家来说，在保留了王室的基础上，由议会说了算，这已经是非常先进、非常前卫的社会制度了，够好多国家学好一阵子。可对英国本身来说，相对于经济上的突飞猛进，社会制度显然就跟不上形势了，如同一个迈着大步走的人，穿了一双不合脚的鞋，或者是发育期的孩子，没给买新衣服。

到底此时的英国议会制度有多落后，多不配套呢？原来我们说过，英国的议会其实就是贵族寡头的俱乐部，上下两院，上院自然都是贵族，不用选，下院貌似民主选举，实际下院议员也是贵族或者王室操作出来的，所以上下两院其实都被王室、贵族、大地主、金融寡头控制着。

进入 19 世纪，英国的议会选举就非常好笑了，英国人选议员，有两个来路，一个是乡下；一个是城里。农村人，如果有一块年收入超过四十先令的土地，就成为选民，可以掺和国家大事。虽然这四十先令的门槛不高，可经过这么多年的圈地运动，手里有土地的农民已经不多了，就算有，为了让自己日子好过一点，周边的地主和贵族在选举时找他帮忙，他也不敢有异议。况且，18 世纪、19 世纪的英国农民，吃饱比掺和政治来得现实，手里的选举权绝对可以随时出售变现，换成面包之类的更有用。所以，大地主要控制农村选区是相当容易的。

城镇选区就是选邑，这个东西更离谱，因为这些选邑的位置是中世纪就划定的，几百年过去了，沧海桑田人事翻新，英国人就在这些选邑上极不严肃地产生政府班子。

以前的英国，国家的中心在南部和东南部，城市发达，人口稠密，可随着工业革命，大家都跑到西北一带创业，现在那里是中心啊。人口的来回流窜，造成很多选邑有议员的名额，可是已经荒芜了。比如有些选邑已经沉入大海了，可选举的时候，选民要划个船过去完成任务；还有些变成了农田，选民只好走到田里去投票。有些地方可能只有两个选民，好家伙，有两个议员资格，阿猫阿狗，只要会喘气，都能当选。跟这些衰败选区相比，那些新兴的工业城市，比如我们如雷贯耳的曼彻斯特、伯明翰，到处工厂林立，兴旺繁荣，可人家是一个议员名额都没有，有的小城几百号人，几十个议员资格，有的城市几十万人，没有一个指标。因为这么一个稀里糊涂的选邑安排，英国的选民稀里糊涂地越来越少，到 18 世纪，选民大约占人口不超过百分之三。根据当时一份调查报告，英格兰四百多个议席，超过一半的数量是一万一千多名选民选出来的，也就是说，只要控制着一万多人，你就控制了议会，进而控制了大英政府。

工业革命之后，贵族、地主、金融寡头已经不是英国社会最牛的阶级了。那些新兴工业资本家，养了大批工人的企业老板，口袋里英镑越来越多，腰杆越来越硬，以前没想过的事现在都敢想了。这些人发达后明白了一件事，那就是自己可以更发达，但如果政府里那帮子不替自己说话，好多事还是不方便，书面说法叫“严重制约资本主义经济更快速地发展”。求人不如求己啊！行贿议员肯定比不上议会里有自己人参政议政更方便，虽然当时的英国下院，几乎所有的议员都是营私舞弊或者行贿受贿选上并工作的。除了资产阶级的企业家要求参政议政的权利，法国革命让英国中下层人士也很开窍，自由和民主这两件事，如果你一辈子不知道，也能活着，可一旦有人告诉你这两件事，你活着就有更高的精神追求了。

从 18 世纪开始，英国社会就开始出现议会改革的呼声，不过当时执政的是小皮特带领的托利党，他们是乡绅的代表，对他们来说，土地主说了算这件事是没有商量的，也永远不会变的，固执而保守，所以后来，他们就变成了英国保守党。而他们的对头辉格党，好长时间不能掌权，在野急得够呛，他们当然天天吵着改革，于是就成为自由党了。

改革这种事，从萌生念头到付诸行动，通常需要一个很长的过程。而这中间，大小事件都会起到催化作用，在这段要求议会改革的时间里，英国除了跟法国人打仗，家里还是出了不少事情。这时候不是流行进城打工了吗？农民和手工业者变成工人了，也挺好的。不过这时候的英国工厂可没什么劳保福利啊，也没工伤保险之类的，工人生产条件非常差，连天加班，累得贼死，挣点小钱。苦归苦，劳动人民嘛，不怕吃苦，可是很快他们就发现，没有保障，因为如果以前种地，无论如何，只要有土地，土豆萝卜总能长出口吃的，工人就不一样了，会被炒鱿鱼啊，一旦被炒，就是所谓的手停口停，会没饭吃的。而且工厂的每一次技术升级，机器更新，都会导致大量工人失业，尤其是拿破仑的"大陆封锁令"一发布，市场骤然收缩，工厂肯定跟着裁员。

经济危机总是伴随社会动荡，眼看要饿死了，工人也会造反，那个时候没人告诉英国工人，剥削压迫他们的，是万恶的制度，"资本从诞生的那一天起，每一个毛孔都滴着血和肮脏的东西"，这道理当时没人知道，因为说这句名言的人还在他妈妈肚子里，不过快出来了。因为没有明白人讲解，工人大概一分析，就得到一个结论，自己的日子这么苦，就是因为机器，这些东西抢夺了自己的饭碗。找到罪魁祸首，事情就好办了。工人迅速组织起来，结成团伙，开始跟机器较劲，能砸烂的一律砸烂，砸不烂的，也想办法让它报废。这个有组织有规模地破坏公物的运动就是"卢得运动"。托利党政府下令镇压了这次运动，议会甚至快速通过法律，制定了一个刑罚甚重的砸机罪，好歹把这场运动顶过去了。

不久，对法战争结束，国家不打仗了，负担总归小一点吧，没有，大量士兵复员，他们要工作啊。经过战争重创的欧洲，市场也没有迅速恢复，工厂开工不足，闲人多，工作少，日子更苦。战争时期，粮价飞涨，种地有利润啊，那些大地主大量开垦荒地，扩大种粮规模，战争一结束，粮价应声而落，在战争中开了不少荒地的地主更是血本无归了。其实这时候，英国是一个粮食进口国，如果限制进口，国内的粮食价格还是可以保住的。这些大地主大农场主不是控制议会吗？他们马上启动了英国一项古老的法律——《谷物法》，与时俱进。根据现状，英国议会很快就公布了新的《谷物法》，规定当国内粮食价格没达到每夸特（1 夸特 =12.7 千克）80 先令时，不准进口粮食。

这招毒，这时候英国人已经知道什么是市场经济和自由贸易了，没想到政府还能出这种招哄抬物价，结果当然是粮价暴涨。粮食涨价，各种生活成本都要跟着涨，紧紧跟随的，就是工人的工资要跟着上浮，这下工人资产阶级当然是首先受损失，而广大老百姓也是受害者。于是从这个缺德法颁布开始，资本家和工人就团结在一起，上街、集会、游行，结伙反对大地主大农场主，当然也反对让这些人说了算的议会制度。1819 年，八万多人在曼彻斯特的圣彼得集会，向政府示威。活动正热闹呢，突然广场冲进来一队全副武装的英国骑兵，高举马刀，见人就砍，手起刀落，威风无比。

大家很快认出，来的这队人马，主力就是在滑铁卢干掉拿破仑的骑兵。显然他们对同胞百姓下手，一点也没有比对法国人下手客气，当场四百多人死伤，为了讽刺英国骑兵杀自己人毫不留情的行为，大家称这次事件为“彼得卢惨案”。这次事件后，托利党索性一不做二不休，我管你民怨如何，我还就保守了，从今以后，英国人不准随便结社、集会，出版物严格审查，乱说话的一律抓起来，改革派比较冒进的那几个人统统拘留。

经过光荣革命以非暴力的形式达到妥协，英国人越来越绅士了，觉得能商量的事，最好还是不要撕破脸，动不动自己人打自己人多难看，既然政府反应这么激烈，改革派就稍微缓和一下吧。这段时间喧嚣的改革呼声归于平静，当然也没有消亡，大家换了办法，转入地下，各种各样的组织门派应运而生，不管名目有多少种，反正目的都是直指议会改革。这时的英国首相就是我们的大英雄惠灵顿公爵，滑铁卢的不世战功当然让他仕途平坦。惠灵顿是个极其保守的托利党人，所有关于改革的提议，到他那里一律被拍回来，而且他还公开表示，他处在这个位置上，就是为了保证一切都不要变，还以不变应万变。

惠灵顿公爵显然是个说话算数的铁腕形象，但是很快他就掌了自己的嘴。话说随着英格兰闹事的潮流，爱尔兰也想反。爱尔兰人不是天主教吗？而挤对天主教几乎是英国的国策，没得商量。爱尔兰被强行拉进不列颠的院墙，心里憋屈郁闷，于是就成立了天主教组织，向伦敦那帮人要求权力。爱尔兰的天主教徒只能做选民，不能做议员，这个事让他们不能忍受。于是，爱尔兰的天主教徒不当绅士，他们预备大闹一场，眼看着一场内战就要开打。惠灵顿自然不怕打仗，可做首相和做统帅考虑的层面不一样，以英国现在的状况，一开打，还不知道便宜了谁呢，所以这位铁汉打掉门牙和血吞，居然就颁布了《天主教解放法》，给予那些一直被排挤的天主教徒平等的权利，当然包括参选和当选。

爱尔兰事件是平息了，可这个事不光让辉格党吓一跳，连托利党内部都地震了。这可是件惊人的大事，你惠灵顿怎么胆子这么大呢，连国策你都敢动。好了，连这样无法无天的议案都能通过，议会都昏庸到啥程度了，看来真是要改革了。而既然国策都可以改，那就没什么事不能改了。原来改革的事只是辉格党说说，现在托利党有一部分也认为要改革了，惠灵顿处理不了这个内外交困的局面，只好下台，而改革派的辉格党代表格雷上台组阁，开启了英国历史上第一次议会改革的大幕。

格雷一上台就抛出了辉格党早就准备好的改革方案，当然是增加选民人数，扩大选举范围，不过辉格党肯定还是代表有产者说话的，无产阶级的时代还没有来临。这套改革方案，可以让一部分先富裕起来的中产阶级进入政府班子。托利党虽然也同意改革，但不是这种改革办法，他们也不愿意让那些工业暴发户进入议会参政议政，分割自己的权利，所以改革议案虽然在下院勉强通过，上院那些老贵族抵死不干。上院的强硬态度再次引发民众的不满，暴动之类的活动又开始了。格雷首相想了一堆办法都无效后，他也生气了，老子不干了，有本事上院你们就犟到底。于是，格雷辞职。

当时的国王是酒鬼乔治四世的三弟威廉四世，刚戴上王冠没多久，碰上这么个乱麻麻的局面基本发蒙，咋办啊？要找熟手回来收拾大局啊，就惠灵顿吧，他下台没多久，有丰富的工作经验。惠灵顿再次组阁的消息传出，所有人都翻脸了。本来格雷辞职就是个策略，我赌口气，国王你一求我，就要想法让改革议案通过，现在你不但不求我，还把老顽固请回来了，那就是说，改革永无希望了。

在惠灵顿即将回去上班的前一晚，伦敦突然出现了很多标语，或者说是通告，大约就是告诉民众“取黄金、阻公爵”，意思是号召那些个有钱的改革派都去银行提兑黄金，这些家伙现在很有钱，他们一响应号召，英格兰银行的黄金储备就开始泻肚子一样锐减。这充分体现出了得罪谁也不能得罪有钱人的普世真理。有钱人威胁国家的金融安全，工人老百姓走上街头威胁社会安全，这样一折腾，惠灵顿也不敢再蹚这浑水，只好拒绝了组阁这个烫手的山芋，没办法，威廉四世只好把格雷再请回来，好言相劝，让他把想做的事继续做完。

就这样上面闹下面乱，轰轰烈烈你是风儿我是沙，折腾了一年有余，改革的议案终于获得通过，取消了很多衰败的选邑，议员名额重新分配，选民增加了近一倍。工人资产阶级开始在议会获得一个门口的小板凳，不过，离他们说了算还早呢。这是 1832 年，英国的第一次议会改革，这次改革后，选举这码事，从原来的身份象征转变为财富象征了，有钱才能有权这个真理开始在英国社会确立了。

但是，这中间有个问题，那就是整个议会改革的斗争中，长期冲锋在前，又当枪使又做炮灰的工人阶级，他们忙活一阵，得到了什么呢？什么也没得到。改革不彻底，工人兄弟不服气。好在这一轮的运动，工人阶级已经让所有人见识了他们的能量，待时机成熟，他们自然会再次为自己的权益而战，我们期待着。

四十二　欧洲祖母

女王养成记

我们终于要说到维多利亚女王了，这位女士最出名的外号叫“欧洲祖母”，现在欧洲几乎所有的王室，诸如挪威、西班牙、丹麦等都是她的后代，后裔遍及欧洲上流社会。大英在她治下，除了英伦本土，还拥有加拿大、澳大利亚、新西兰、印度、巴基斯坦、缅甸、马来西亚、南非和拉美的一些小国，跨越五大洲，而大洋上，属于英国的岛屿更是数不胜数，这是真正的“日不落”帝国，而这位女士当之无愧是第一帝国的第一女王。

写英国历史，如果跟咱们本身的利益没啥关系的话，立场应该放在英伦三岛。可进入维多利亚时代，我们就不能置身事外了，不论这位“祖母”对英国乃至欧洲是多么重要，多么地位尊崇，我们记得的是，她是向大清宣战的人，她是用大炮和鸦片打开了中国大门的人，最可悲的是配合她的是另外一个女人，大清的慈禧太后。19世纪中叶，我们苦难的家邦就被这两个女人内外荼毒了。

每一个写历史的人都要站稳立场，在这个基础上，我们还是要尊重史实。维多利亚是个优秀的女王，我们要感谢她是优秀的，因为如果咱们是被一个窝囊废欺负了，则更加丢人，让我们把维多利亚的故事从头说起。

维多利亚哪儿来的？她妈生的呗。她妈是谁啊？还记得五毒俱全的乔治四世国王吗？他的独生女儿跟自己新生的孩子一起死去。没有子嗣，兄死弟及，乔治四世的兄弟们都赶着临时找女人生孩子，希望帮着排忧解难。这一轮忙碌中，最有成效的是“四爷”，乔治四世的四弟肯特公爵，他以最快的速度跟自己那些不着调的情妇分手，迎娶了德国一个诸侯国的公主维多托里。运气不错，十个月后，维多托里公主大着肚子从德国长途跋涉来到伦敦，终于让维多利亚在万众瞩目中出生在伦敦，成为合格的王位继承人。肯特公爵忙着生孩子，显然是给自己挣一份接班的资历，毕竟在王室即将绝嗣的情况下，最先有后代的王子肯定是太子的人选，不过肯特公爵的历史重任在生下维多利亚后就完成了，维多利亚还不会叫爸爸呢，肯特公爵就翘辫子了。

维多利亚的成长一直蒙她舅舅的教育和扶持，这位后来的比利时国王，一直耐心地给予维多利亚一位国王的教育。维多利亚童年没尝到什么荣华富贵，生活水平跟她的准王储身份也不太吻合，父亲死后，留下不少债务，孤儿寡母生活并不宽裕。好在，再穷没穷了教育，维多利亚所受的教化，一直比较正统，而后来成为女王，依然生活比较简单朴素，跟幼年的经历也很有关系。

爸爸没了，应该和寡母相依为命了。可维多利亚对自己的母亲似乎没那么依恋。维多利亚的妈妈虽然守寡，并不孤独，她身边一直有一位爱尔兰的男秘书康罗伊，秘书这个职务，只要是异性，总归有些暧昧。康罗伊除了当秘书，显然还承担了别的责任，以至于整个维多利亚的童年和少年，她妈妈都按康罗伊的幕后策划安排她的生活，甚至，这位秘书先生还想过，一旦维多利亚登基，他可以整个摄政王之类的职务干干。

关于维多利亚的身世，有很多揣测，几个英国的历史学家声称找到证据，维多利亚根本就不是肯特公爵的亲生，而是康罗伊的私生女。如果这事成立，那就麻烦了，私生子不能继位，从维多利亚以后所有的英王都不合法，而我们的查尔斯太子估计也没机会做国王了。

维多利亚从懂事起，对她母亲和这个爱尔兰人的关系就深恶痛绝。1837年6月20日早晨，刚刚睡醒睁开眼的维多利亚听到自己的伯父威廉四世驾崩，而自己从这一天开始，就是英伦三岛之主了。

新女王终于可以为自己决定所有的事，终于自由了。传说28日登基那天，十八岁的女王紧张得颤抖，一直问自己的侍女应该做些什么，去加冕的路上，有黑天鹅飞越而过，当时有人断言，这个丫头王位坐不长久的，显然，封建迷信是靠不住的。

戴上王冠，维多利亚马上将康罗伊赶出王宫，让他陪伴王太后摄政的梦想彻底破碎。其实，就算维多利亚不是个有个性的女孩儿，康罗伊也达不到目的，有骁悍的大英议会呢，此时的英国首相，是颇有经验的辉格党老家伙墨尔本。

很耳熟的名字吧？没错，就是澳大利亚的墨尔本，这个澳洲第二大城市就是用墨尔本子爵的名字命名的。虽然拥有如此的荣耀，墨尔本的生活经历并不幸福，一个男人的不幸，经常源于他娶错了老婆。

墨尔本的老婆是伦敦著名的交际花卡罗琳，这个任性冶艳的女人，在伦敦刻板保守的上流社会，开得如一朵野花般放肆张扬。年轻时的墨尔本就是被这样一个女人吸引，虽然所有人都告诉他，这女人不适合做老婆，可墨尔本不服气啊，他终于得手，他的家族都为他们的关系捏一把汗。不管墨尔本后来的政治地位如何，变成丈夫后，要满足卡罗琳这样的小姐还是比较困难的，而像卡罗琳这样热情无处宣泄的女人，她爱上别人应该也是迟早的事。

不久，卡罗琳认识了宿命中的男人，皮肤白皙，一头棕色的卷发，有一双聪慧而清澈的眼睛。唯一遗憾的，这个男子是个瘸子。虽然是残障人士，卡罗琳这位伦敦著名的妖女偏偏搞不定，因为这位帅哥的“粉丝”太多了，这位美男子大名叫拜伦！对，这是拜伦的时代。

他出生在一个没落的贵族家庭，有一个挥霍的父亲和暴躁的母亲。从小残疾的孩子很难有开放的性格，所以躲在屋里读书玩就是唯一娱乐了。西方的学者喜欢游学，拜伦后来游历东方，写成了长诗《恰尔德·哈洛尔德游记》，轰动了伦敦。而他的作品塑造了一些很帅很倜傥的骑士形象，自然吸引了广大女性读者。伦敦的贵妇无聊的私生活找到了新的亮点，那时的伦敦贵妇如果床头没有一本拜伦的诗集，就如同现在的潮女没有最新款的LV手袋一样，容易遭人鄙视。

成名前的拜伦，因为生活落魄，爱情道路上并不成功，成名之后，心理上多少有点病态，具体表现是，对于那些贵妇的追求，他更多的是当作游戏、娱乐，享受过程，不投入真情。而大家没想到的是，卡罗琳这个长期玩别人的妖女，自己也沦为玩物。她使出了浑身解数，风情万种，神仙都失魂，可对拜伦偏偏没用。两个人以征服对方为目的而角力，恋爱谈得五痨七伤的。而卡罗琳显然是输家，这个得不到真爱的美人终于为爱痴狂。

当她听说拜伦爱上另一个贵妇的女儿，并预备跟对方求婚时，卡罗琳崩溃了，她学了林黛玉的法子，将拜伦的书信和诗全部烧掉，还用草扎了个拜伦的模型一并烧成灰，然后，操着把刀子，去找拜伦了断。

后来的故事说明，你去找一个诗人的麻烦是很难的，尤其是拜伦这样有才华，两三句话就能要人命。看着卡罗琳眼中的疯狂和她手上的小刀，拜伦平静地说："请对准你自己的胸膛吧，我的心早就被你毁掉了！"这句琼瑶式的台词有魔咒的效果，卡罗琳尖叫着冲出了屋子，随后有人发现，她倒在血泊中，而那把刀子，她真的就插进了自己的胸膛。

拜伦最后也没得到好结果，他后来娶回家的老婆完全不懂这个男人，并在结婚不久后离开他。拜伦除了是个诗人，还是个革命者。他一直支持那些底层的革命解放运动，让英国的上层认为此人是危险分子。他老婆的出走，更加让政敌有了把柄，围攻他。最后，他不得不离开英国。生命的最后几年，他投入希腊反对土耳其统治的解放运动，成为一名将领，最后死在希腊。他的死，让希腊全国举丧三天，可遗骸运回伦敦，英国却拒绝这位伟大的诗人葬入威斯敏斯特教堂，那是英国名人的国葬地，而拜伦显然是个大名鼎鼎的英国人。

扯得太远了，拜伦就是那个害死墨尔本老婆的坏男人。卡罗琳因为拜伦而死，死得颇不体面，墨尔本家族自然跟着蒙羞。但老杨还是相信，墨尔本一直是深爱卡罗琳的，因为丧妻后，他就一直没有再娶，孤独终老。不久，他和卡罗琳唯一的儿子也病死了，这个无牵无挂的老家伙只能寄情于工作了。

这时，维多利亚登基，五十八岁的墨尔本迎来了十八岁的女王。这是一段怎样的关系呢？维多利亚幼年丧父，最尊敬崇拜的人是自己的舅舅，对老男人应该有种自然的依恋感；墨尔本情感空白，世界上能让他操心的人都不在了，只有这份工作是实在的，帮助这个小女孩儿治理这个世界上最大的国家，而这个小女孩儿，就代表着自己全部的生活。很快，维多利亚和墨尔本就建立了一种既像父女又像师生的关系，一个立宪制的国王，有很多禁忌，有些事可以做，有些事绝对不能多嘴，这些，墨尔本从一个睿智老成的政治家的角度，一点点教给维多利亚，而其他的时间里，墨尔本不是陪她骑马，就是陪她聊天，让她快速适应了自己的身份，习惯了宫廷的生活。

君主立宪制国家的君主说起来没大用，其实还很忙，国家大的方针政策，由议会通过，最后要国王签署。虽然她仅仅是签个字，可这项工作绝对是个体力活，因为文件太多了，就算不用脑子，干一天也相当于背了几袋水泥的劳动量。除了签字，就是协调关系，现在英国两个政党都成了气候，有自己的领袖章程和地方组织，执政的组阁，落选的在野，渐渐形成了轮流执政。既然有两个党，就肯定有矛盾，此时国王就是个调解员的角色，主要工作是劝大家好好说话，开会不要打架，吵嘴，不要说脏话，不要在国会开会问候政敌的长辈，注意团结，诸如此类。既然是这个功能，国王就必须遵守一个非常重要的规矩，那就是，对这两个政党，一定要保持不偏不倚，一碗水端平。虽然几乎每个国王都有自己对某个政党的偏好，但绝对不能明白地表示出来，尤其是在那些公开的动作上。

刚上班的维多利亚并不知道这个很重要，因为对墨尔本的依赖，她对辉格党当然地偏好，她宫中的侍女，清一色的辉格党人。原来我们说过，大英王室的侍女，并不是打打扇子倒倒马桶那么简单，她们更重要的是起到一个陪伴的作用，既然是陪伴，就有语言思想上的交流，而如果女王身边全是辉格党的喉舌，托利党肯定是不答应的。

一个首相，光受到国王的喜爱是不够的，除了反对党，全国人民也都监督你呢。墨尔本的问题在于，他不是个体恤下情的人，对社会底层的老百姓，他考虑得不是太多，加上这段时间，因为议会改革前后的社会动荡，墨尔本碰上这些苗头一般是镇压，无论如何，这时的首相是很难当的。于是 1839 年的英国大选，辉格党落败，墨尔本只好下课，托利党的皮尔上台组阁。

皮尔组阁有个要求，他认为女王应该把身边的侍女换掉，由托利党指派人选。墨尔本下岗，本来就对维多利亚打击挺大的，现在还要换掉墨尔本亲手为自己选来的侍女，情感上不能接受，于是她拒绝了皮尔的要求，皮尔还以颜色，拒绝组阁，维多利亚这次发了狠，你不组阁拉倒，让墨尔本继续回来上班，如此一来，国王和议会的关系陷入一个危险的僵持局面，这就是英国历史上著名的“寝宫危机”，也是维多利亚成为女王的第一次大考。

1839 年对维多利亚来说是个重要年份，墨尔本倒台，她失去了依靠，好在很快，上帝又给她安排了另一副臂膀，那就是她的丈夫，艾伯特亲王。

这是她的表弟，一样来自她母系的家邦——德国的萨克森哥堡，艾伯特英俊潇洒，颇有学识，最重要的是，他爱维多利亚，对她体贴照顾，帮她解决所有的问题。刚成为王夫，艾伯特就劝女王妥协，跟议会恢复关系。在艾伯特斡旋安排下，女王身边的侍女换掉一半，由托利党人指定，寝宫危机得以妥善解决，维多利亚因此受到教育，后来很少在这种小事上找麻烦。而从这时起，艾伯特就算真正主宰了维多利亚的政治生活，虽然王冠还戴在女王的脑袋上，实质上的英王是艾伯特。娶了全欧洲乃至全世界最有权势的女人而一步登天，这让英国很多人很嫉妒，议会在商讨如何给王夫这个职位发放年薪时，也诸多刁难，他们说艾伯特就是个叫花子，到英国来行乞的。

I saw thee weep（我见过你哭）

拜伦

I saw thee weep（我见过你哭）
The big bright tear（晶莹的泪珠）
Came over that eye of blue（从蓝眼睛滑落）
And then me thought it did appear（像一朵梦中出现的紫罗兰）
A violet dropping dew（滴下清透的露珠）
I saw thee smile（我见过你笑）
The sapphire's blaze（连蓝宝石的光芒）
Beside thee' ceased to shine（也因你而失色）
It could not match the living rays（它怎能比得上在你凝视的眼神中）
That filled that glance of thine（闪现的灵活光彩）

As clouds from yonder sun receive（就如同夕阳为远方的云朵）
A deep and mellow dye（染上绚烂的色彩）
Which scarce the shade of coming eve（缓缓而来的暮色也不能）
Can banish from the sky（将霞光逐出天外）
Those smiles unto the moodiest mind（你的笑容让沉闷的心灵）
Their own pure joy impart（分享纯真的欢乐）
Their sun shine leaves aglow behind（这阳光留下了一道光芒）
That lightens over the heart（照亮了心灵上空）

附上拜伦最著名的诗句，看到这样的句子，我们理解了为他而死的女人……

毛利人归化

还是从花絮开始。找张地图啊，浩瀚的太平洋，散布着大小很多岛屿，根据分布情况，大致可以圈出三个岛群，高中地理学过吧，必须会背的内容哦，中部的密克罗尼西亚，西部的美拉尼西亚，东部的波利尼西亚。其中波利尼西亚群岛就包括我们知道的夏威夷一带。这地方早年间可没有草裙美女，也不是什么度假天堂，波利尼西亚人还驾着小船往外面跑。这些人比鱼还适应大海，没有指南针，靠星辰和潮汐，在太平洋上晃悠。大陆人乱窜发现新的大陆，岛人乱窜发现新的岛屿。

大约公元 800 年，有个波利尼西亚浪荡子，爱上一个同村人的老婆，这哥们儿做事比较果断，直接干掉别人的老公，想取而代之。别以为上古的岛民没有法制啊，这种事放在原始社会也不可能不受惩罚。怕遭报仇，这个波利尼西亚人只好划着独木舟往海上逃跑。也不知道划了多久，这位老兄看到一片岛屿笼罩在白云中，上岛后，发现这里风景美丽，土地肥沃，还有些友好的珍禽异兽。他赶紧跑回去，告诉大家他发现新大陆了，于是，他同乡暂时忘记他杀人夺妻的事，被他忽悠着到这个岛上去探险。探险的结果是，越来越多的波利尼西亚人向岛上迁徙。人多了，抱团形成各种部落，拥戴各自的酋长，日子过得其乐融融。

熟悉的故事又发生了，几个白皮肤的欧洲人，驾着古怪的大船，开始在港口窥探。最先来的是荷兰人，他们跟岛上的波利尼西亚人发生冲突，还打不过人家，这些人出名的强悍善战，还喜欢吃人肉，对了，他们现在的名字叫毛利人。而荷兰把这个岛屿命名为新西兰。

荷兰人没搞定，但很多欧洲人已经知道这个地方了，他们有意识地向这里移民。不服气不行，在向往外面的世界这一点上，炎黄子孙没有欧洲人那样热情。毛利人知道，这些白人过来也是个趋势，虽然他们打完仗吃死人，可也不愿意总打仗，毛利的酋长商量了一下，如果一定要在欧洲拜一个老大，当然是进最厉害的那个山门。这是 19 世纪中叶，毛利人不用看报纸新闻电视广播也知道，英国人最不好惹，于是，几百个酋长联名签署条约，同意维多利亚女王成为新西兰之主，新西兰岛并入大英帝国。

酋长同意英国人向他们购买土地，后来毛利人很快发现，欧洲人像蝗虫一样铺天盖地而来，挤压他们的生存空间。渐渐地，毛利人不愿意出让土地了，已经签了条约，由不得你不卖，于是毛利人开始跟英国人干仗。打了快十年，部落联盟基本被瓦解，毛利人被驱赶到部分地区居住，而英国人总算控制了大部分地区。没有被灭绝的毛利人也将奇特瑰丽的毛利文化传承下来，成为非常棒的文化遗产。

毛利人来自波利尼西亚，那波利尼西亚来自哪里呢？原来说是来自南美，根据最新的研究结果，还有些 DNA 的数据，现在怀疑他们来自中国的台湾岛，台湾土族……毛利人……

毛利土族愿意归化大英这一年是 1840 年，这是个有很多故事的年份，除了维多利亚大婚，英国人还发行了世界上第一枚黑便士邮票。对中国人来说，这一年是中国近代史的起点，也是华夏儿女其后一百年屈辱和战乱的开端。

用鸦片挑战上邦

我们的历史书上常说，是英国人用鸦片摧毁了我们人民的体质，然后又用枪炮蹂躏我们的民族。英国人的确向中国输入了鸦片，英国人重商主义，他们是商人啊，这些英国商人确实不地道。不过这里让我们也从另外的角度，来分析一下那两场苦难深重的鸦片战争吧。

维多利亚上台后，满世界都是英国的殖民地。面对这么大的版图，英国人也头痛，不好管理啊，渐渐英国内部形成了一个很开明的思路，就是所谓的“自由帝国主义”。这种思路的精髓就是，不用执拗于版图上的控制，殖民地就是殖民地，不需要像英国本土那样事无巨细地什么都过问。殖民地的重要作用还是其商业价值，英国本土大量的工业产品可以拥有巨大的海外市场和原料产地。保护航道就比保护那些殖民地的疆域重要多了，控制海洋进而控制全世界的市场，保障英国的自由贸易，全世界的黄金白银和各种资源都向英国流动，这才是征服世界的最高境界。最赞成这个方案的是当时的英国外务大臣，我们的历史书上叫作巴麦尊，这家伙是个出名的鹰派人物，大家记住这个名字。

思路确定，满载货物的英国商船开始上门推销产品，遇上不开门的，商船退后，战船上前，两炮轰开大门，强买强卖。可以想象，以当年英国的海军实力，用这种方法肯定是生意兴隆通四海。小门小户的两炮可以轰开大门，万一有高门大院，门墙巍峨的，一时间炮舰也不知道从何下手。

当时的街坊，要说门墙之高，庭院雄伟，自然是大清帝国。中英贸易一直也进行着，问题是，中国是个农业国，英国人造的那些个古怪机器用不上啊，而中国的茶叶、丝绸、瓷器之类的，进入英国都是好东西，抢手，供不应求。我的东西你少不了，你的产品我不需要，如此一来，贸易上，英国对中国就形成了巨大的逆差。

英国商人不信邪，难道这家人真的什么都不缺，什么都不需要吗？英国人绕着大清的院子转了两圈，很快就发现了巨大的空白市场。有需求啊，什么需求？精神需求！后来很多人会问，为什么单单在中国，鸦片形成潮流，活活地将华夏儿女折磨成东亚病夫，日本人、韩国人，甚至鸦片原产地的印度人怎么不这样大规模吸鸦片呢？因为中国有高人啊，有个叫庄子的圣人告诉我们，清静无为，回归自然。还有个叫陶渊明的说，万一世道不好，大家可以找个“桃花源”之类的地方躲躲。总之一句话，现实是改变不了的，也别想自己做不到的事，如果实在是乱，就装作看不到，听不见，日子总是能过的。所谓“生于忧患，死于安乐”，每到末世，整个社会气氛都体现出一种糜烂的享乐意识，还逃避现实，而放纵自我麻木的最高级形式，大约就是吸鸦片吧！

19世纪初的大清，跟中国历史上所有进入晚年的王朝一样，人口激增伴随着土地减少，官僚腐败，风气恶劣。八旗上层放浪靡费，下层百姓艰难贫困，四川白莲教已经闹了一场了。上层需要放纵，下层需要逃避，这两个功能，似乎鸦片都能实现。鸦片这东西，大约唐代就进入中国了，来自波斯，被当作很好的药物，用于治疗头痛、目眩、咳嗽等病症，尤其是止痢疾，效果绝对比“泻立停”好。明朝中期，鸦片被开发出另一种功能，那就是壮阳，可以当作春药，我们的万历皇帝就是个公开的瘾君子。17世纪初，荷兰人发现东南亚一带有些天才用鸦片混合烟草也可以抽得飘飘欲仙的，于是通过台湾，将南美的烟草运进了大明。很快，烟草就在中华大地流行起来，不过混合鸦片一起吸，实在是很奢侈的享受，只有少数有钱人家才能消费，所以鸦片暂时没有形成潮流。明末最尽职的皇帝崇祯同志本来就被内外交困折磨得神经质，听说突然开始流行“吃烟”了，很生气啊，北京就是“燕”，“吃烟”不就是“吃燕”吗？太不吉利了，于是开始大规模禁烟。烟草是禁了，可瘾戒不掉，有些富人很快发现，其实不用烟草，吸纯鸦片更high。渐渐地，有些中国人知道，吸纯鸦片是一种很高档、很小资的生活状态。

鉴于鸦片一直以来的进口高档药物形象，普通老百姓就算心里渴望，也没地方买，没地方吸，尤其是，中国人为吸食鸦片设计出精美的烟具和排场，更不是一般人消费得起的。英国人发现这个市场了，又加上他们占领的印度、孟加拉那一带盛产鸦片。有了市场，有了产品，现在就差推广了。中国人可能不怕死，但都想长寿，那些偏方古法的养生方子从来不缺拥趸。

早知道鸦片是好东西，也知道吃多了会死人，可那些什么都懂的洋鬼子说了，这东西如果吃得得当，有延年益寿的功能啊，长精神，有力气，一口气爬五楼，腰不酸腿不痛的。所以这东西在中国人的心目中是“福寿膏”。

于是，按照麦当劳和肯德基的扩张规模，一边不断输入鸦片，一边在全国各地开办配套的鸦片馆，而林则徐的大老板道光皇帝原来也是个鸦片爱好者，还经常跟王公大臣分享吸食后的心得，慈禧当然也众所周知地好这口。英国人造福百姓啊，只有皇室贵胄才能享受的东西，现在居然送到老百姓门口了，打电话还有人送外卖，怎么也要试试啊。两口大烟抽下去，毛孔舒张，经络通畅，快活似神仙啊，乱七八糟的生活琐事都不用想不用愁了。

鸦片在中国的流行，除了生理心理上的需求，还有一种是家庭教育的需要。当时社会动荡，有些思潮暗流涌动，正是个一不小心就时势造英雄的时代，而这些个时势英雄，有个共同特点就是革命性，没事出去瞎跑，不按主流标准成才，让家长很犯愁。自从有了鸦片，家长高兴：“哎哟，我的小祖宗哎，别出去给我惹祸啊，来，妈妈给你‘福寿膏’吃，吃完了你就不胡思乱想了啊！”于是，很多小太岁就老实在家吸毒了，顷刻间瘦骨嶙峋，所有的雄心壮志化作对大烟膏子的渴望，如同当时的大清国一样，快速走向衰败，苍老……

鸦片泛滥，这中间跟中英两国的正常贸易没啥关系，中国人再傻，也不会让一种“药物”这样肆无忌惮地进口，更何况国库的银子正以一个拉痢疾的速度消失。嘉庆帝开始，就禁过鸦片，但是英国人是走私专家啊，大清的海关关员不用检举揭发了吧，如果说清末的官员是清廉的，全中国的贪官都白死了。根据当时的记录，英国一箱鸦片从印度运到中国，大约可获得 1000 个银元的毛利，一个银元相当于 0.72 两银子，大家可以计算一下这其中的暴利。这样的生意，要想让各类官员低头为英国人服务，为走私保驾护航，似乎太容易了。根据历史记载，广东水师、福建水师和浙江水师简直就以帮着英国人进口鸦片为主营业务了，当然，根据中国人做官的传统，这几个水师得了走私银子，自然也要大大地孝敬在京的官员，在对待鸦片问题上，很快就上下一心了。

抽鸦片真花钱啊，等道光帝发现国库的银子都变成鸦片的时候，他的国民大部分都是大烟鬼了。害人还花钱，这种事再蠢也知道不对了。道光下令，鸦片必须禁绝。林则徐领命而去，英国的驻华商务总监督义律交出两万箱鸦片，林则徐在虎门销烟，名留青史。

林则徐的工作完成得好吗？虎门销烟，英国商人会善罢甘休吗？林则徐难道没有想过，可能会招致战火吗？尤其道光帝绝对不是个喜欢打仗的人。林则徐不仅仅是销烟这么简单，作为中国“第一个开眼看世界的人”，他深知“知己知彼”的道理。

话说林则徐进入广东后，就找了四个翻译，用各种文献解构分析不列颠。当时大英的战舰有两艘已经逼近虎门，林则徐以一个上邦重臣的心态认为，这是不列颠吓唬人呢。根据林则徐分析的结果，一个小岛国，全国总动员也翻不了天，而且对方在千里之外，要想劳师以远过来打架，大清肯定是以逸待劳地将他们按在海里。除了打架，中国还有个收拾英国的法宝，那就是贸易战，只要中止和英国的贸易，中国最多是不抽鸦片了，可英国人也买不到茶叶了，他们会比我们更惨，更郁闷。而大英国内有不少声音反对鸦片生意，维多利亚女王作为一个女人、母亲和教徒，当然在公开场合也指责贩毒的行为。林则徐认为，鸦片商人是些英国散商，不代表英国政府的立场。林则徐基本同意英国人海军厉害，但究竟怎么厉害，他也不知道，但他知道一件事，那就是，这些英国人只会在海上打仗，因为在海上站久了，不能登陆，一上岸，因为腿不能打弯，会摔跤的。综合这些因素，林则徐基本认定，不管在鸦片这件事上大清有多强硬的态度，也不必担心英国狗急跳墙，进来砸场子。

广东禁烟手法重，英国的鸦片贩子只好流窜到澳门，澳门很快成为另一个走私中心。林则徐大怒，将澳门的英国人全部赶走。这帮英国人只好到香港栖身，又因为英国水兵打死九龙的村民，引发矛盾，最后导致林则徐要求停止跟英国人的所有贸易。英国人感觉到，林则徐咄咄逼人，东方不好混了啊！对此时的英国来说，全世界都是它的赌场和乐园，没有哪里是不好混的。不错，并不是所有的英国人都支持贩毒，可鸦片贸易不仅渗透了中国上下，也渗透了大英上下，中间还涉及其他产业的利益，如果因此失去了中国市场，英国人就更不干了。1840 年 4 月 7 日，英国议院就对华战争军费案和广东鸦片商人赔偿案开始辩论，三天的激烈争论，以两百七十一票对两百六十二票的微弱多数，通过了内阁的提议，向中国出兵。大家注意，打与不打，只是九票之差，这一场战争，他家自己心里也发虚，要知道，说到底，不过是贸易纠纷而已。

维多利亚女王非常光荣而自豪地签署了对这个最大的东方帝国的战书，接下来是我们再熟悉不过的两次鸦片战争，两次远征的结果让大英帝国完成了一个真正世界帝国的修炼，而维多利亚女王的这张战书也让其他欧洲人彻底洗掉了汉唐繁华带给他们的艳羡、蒙古铁骑带给他们的心胆俱裂，跟着不列颠，你有我有大家有，到中国抢劫分赃去吧！

现在对于林则徐的讨论很多，倒林派认为，如果林则徐处理上稍微平和一点，多少考虑一下英国商人的利益，战争也许不会发生，至少不会这么快发生。这显然是天真的想法，老杨承认林则徐在处理鸦片问题上少了些外交智慧，如果他真是个外交专家，战争就能避免了吗？不是鸦片打垮了我们，是不求上进、闭关自大的意识让我们落后了，落后就要挨打，哪里有道理可讲，更何况这么大一片土地，物华天宝，资源丰盛，没有自保的能力，靠外交上的小花招，能安全多久？！无论如何，回顾中国的近代史，越过我们那些祖先空洞的目光，虎门销烟，让我相信，中华民族心底总有一股热血不灭。

世博会

回到本土，维多利亚继承大英王位，可她家传统的汉诺威领地，就继承不了啦，因为人家德国人不接受女人当家。于是维多利亚将汉诺威传给她的叔叔，英伦再次失去了他们在欧洲大陆上的领土。

前文说过，艾伯特亲王作为一个倒插门女婿，不招英国人重视。不管英国人待见不待见，艾伯特是个风度翩翩的正人君子，有思想有学识，特别是跟女王的确是伉俪情深，他能左右女王的很多决定。其实结婚后，女王也没什么时间过问政事，她大部分时间都用来生孩子。一连生了九个，任何女人生这么多孩子，你就真不能指望她还有空干别的了。艾伯特亲王照顾老婆啊，既然不能替她生孩子，就只好替她上班了，于是，不管别人怎么看，他也不拿自己当外人，开始在皇宫当家做主。维多利亚的前几位英王个人操守一般，上梁不正下梁歪，很多英国贵族也吃喝嫖赌，过着糜烂堕落的生活。艾伯特带头从王室开始整饬纪律，肃清风气，开展了一场如火如荼的宫廷精神文明建设活动。艾伯特依靠自己节俭自律的形象渐渐被英国人接受认可。

艾伯特在宫廷提倡精神文明建设，还非常关心民间的疾苦。办了不少学校、养老院，经常过问码头工人的生活福利，很快又在民间建立了一个亲善形象。不过这个德国女婿来到英国后，最长见识的就是英国那一日千里的工业科技，让他叹为观止，而正好，这位英国的“第一先生”还就喜欢捣鼓这些个新鲜玩意儿。

英国的新奇工业品络绎问世，为了同业交流，产业合作，英伦三岛范围内，开始经常组织一些工业品的博览会。艾伯特倒插门过来后，办博览会成了他主要的工作之一，这活越练瘾越大，开始有新想法。艾伯特亲王出发点不一样，看事情喜欢放眼全球，他认为，这些工业和技术不应该仅限于英国国内交流，而是应该整个世界范围内互通有无，所以他提议，开一个世界性的博览会！

这时候艾伯特就是维多利亚的主心骨，他随便出个主意，女王都高声叫好。艾伯特的主意对英国议会是没什么权威影响的，办个国际性的博览会倒没什么，可时间紧啊，女王有这个想法是 1849 年，她希望，1851 年这个事就能实现。别的不说，世界性的展览，首先要巨大的展厅，当时的计划是在伦敦的海德公园建展馆。海德公园是英国最著名的公园，原来是皇家猎鹿场，成了公园后，几乎是伦敦游览的标志景观之一了。在海德公园自然清新的环境里拔地而起一座巨大的石头房子，冷硬丑陋，这让很多英国人不能接受，而且，以当时的生产能力，盖这个大房子的建材一时也很难凑齐，眼看着这个宏伟的世博计划要泡汤了。

好在哪个时代都不缺天才。当时的欧洲盛产探险家，这些人满世界猎奇，总能找到好东西带回英国。有个英国探险家在南美洲北部一个叫圭亚那的地方，发现一种神奇的植物，是一种莲花，有巨大如盘的荷叶。这位探险家将这种神奇植物的种子带回伦敦，交给了一个园艺师叫帕克斯顿。这个花匠厉害，放一浴缸的温水，竟然将这种南半球的作物种活了，翠绿的荷叶如一个碧玉盘在水面上摇动，还开出了娇媚的花朵。荣耀属于女王，花匠会拍马屁啊，不仅用维多利亚的名字命名了这种莲花，还特地当礼物送到宫里。这种莲花就是我们都知道的王莲。因为这送花之谊，花匠和艾伯特亲王成了好朋友。

花匠家里有个七岁大的女儿，这个爸爸百无聊赖之余，就拿女儿当玩具玩，他想试试王莲那巨大的叶片到底能承受多大的重量，居然把自己女儿放上去了。小女孩儿没淹死，花匠发现了王莲叶片的秘密，叶片背后那些纵横的经络稳稳托住了巨大的重量。花匠是个聪明人，受到启发后，他很快用类似的原理盖起了一座玻璃温室，发现不会倒，花花草草沐浴在阳光里，长势喜人。这下花匠发现自己还有这种天赋，于是预备往建筑业发展，毛遂自荐地要求帮忙解决海德公园的世博会展厅建设问题。

一幢透明的大房子，这个设计太诱人了，招投标这些个琐碎都免了，仅仅六个月，这栋被英国人称为水晶宫的大房子就出现在海德公园。占地十九亩，辉煌壮丽，玻璃顶在阳光下闪耀着金光。满心欢喜的英女王亲手发出了对各国的邀请函，1851 年 5 月 1 日后的二十三周时间里，十个国家的十万件产品在水晶宫参展，让六百多万人叹为观止，流连忘返。这是当时世界上工业和艺术的顶级展现，也是第一次全世界的产品不通过打架和互相劫掠得到交流和沟通。当时摇摇欲坠的大清也派了代表参加，虽然那些丝绸、茶叶、漆器、瓷器还是让欧洲人一脸艳羡，但是比起那些实用的工业科技，就显出一点衰败而颓废的奢靡。整个展会，最让人惊叹的是美国，这个年轻的国家以它们的工业产品让所有人见识到它们的发展活力。不过，不论世博会里的展品多么出色，让世界上第一次博览会大获成功而声名大振最重要的原因，还是这展厅本身，也就是水晶宫的设计。战后水晶宫被拆除，搬到另一个地方重建，可惜 20 世纪中叶毁于一场大火，让我们无缘再见这座带着不列颠盛世荣光的标志物。

这里重点介绍一下第一届世博会的逸事，也算是与时俱进了。

第一届世博会要风光有风光，要名声有名声，最后一核算，英国政府还赚了好大一笔英镑。这活练得漂亮，艾伯特亲王因为这件事，终于在英国站住了脚，获得英国人的尊重，也准他偶尔掺和一下国家大事了。

克里木战争

世博会都开完了，全世界其乐融融地开展览，能有什么大事啊？不要被世博会的表面繁荣迷惑，要知道，这时欧洲刚刚走过 1848 年，这个对欧洲来说，非常神秘非常躁动的年份。工业发展，让资产阶级翅膀硬了，可欧洲大陆那根系深厚的封建势力不给人家让路啊，于是，如同一场大型疫症蔓延，起义、造反、革命成为该年度欧洲大陆的关键词。先是法国革命，建立了共和国，拿破仑的侄子路易·拿破仑成为共和国总统，不过这个家族的人对共和的事天然抵触，都有独裁的嗜好，于是不久，这家伙复辟，成为法国皇帝，等于法国革命失败。接着德意志联邦革命，随后失败；奥地利革命，失败；意大利和匈牙利的革命行动统统失败。整个 1848 年，激情和悲情交加，欧洲没有胜利者，就剩了一片乌烟瘴气的混乱。大家仔细一算，发现欧洲所有的大佬都家宅不宁，只有一位仿佛置身其外啊，隐约我们还看到了他抚着大胡子在一边躲着偷笑。

这个大胡子当然就是俄国，作为一个根深蒂固的老封建，俄国开化得晚，他家那些小资本主义还没到造反的境界，所以面对全欧洲遍地开花的造反忤逆，当时的沙皇尼古拉一世是非常愤恨的。话说欧洲这几家联手干掉拿破仑后，生怕法国大革命那种恶性事件发生，于是组成一个叫神圣同盟的团伙，专事镇压各路起义革命。所以这次欧洲大乱，俄国有责任有义务帮着打架，他自动自觉出兵帮着镇压了奥地利的革命活动。

俄国镇压起义一派大义凛然，其实对于欧洲乱哄哄的状况，心里是挺高兴的，因为可以趁乱占小便宜啊。不，不是小便宜，俄国想的是控制黑海，最好是把黑海变成自己的内湖，再到地中海去争取利益。俄国的战略思路很不错，最要紧的是，必须干掉扼守在这条道路上的劲敌——奥斯曼土耳其帝国。

当然，这个时期的奥斯曼帝国也没有往日的峥嵘了。1853 年，俄国出兵占领了现在罗马尼亚这个位置，借口保护东正教徒，土耳其被迫宣战。俄国打土耳其，牵动了两家的神经，一个是法兰西，一个是不列颠。俄国是东正教国家，虽然现在土耳其大部分是伊斯兰教的天下，但是俄国还是经常考虑着扩大东正教的影响，甚至还想延伸到耶路撒冷去。这事法国不干，因为法国想在这个地区推广天主教，法俄两国是宗教之争。而对英国来说呢，土耳其达达尼尔海峡这条通道，是他家控制印度的黄金航道，岂能让俄国染指，尤其是，地球人都知道，俄国南扩，兵锋自然也是指向东方的印度。

英法难得有同病相怜的时候，啥也别说了，哥儿俩并肩上吧。这一场就是著名的克里木战争。而这时的英国国内，维多利亚女王两口子正和当时的外交大臣巴麦尊闹不和，因为对欧洲革命的看法不同，这位在英国历史上可以和丘吉尔齐名的强悍人物刚被整下台。克里木战争爆发帮了这位老兄的大忙，因为他是强硬的主战派，所以战争一开始，民众就建议他复出，领导战争，让他再次回到权力之巅，为维多利亚时代的外交打造了非常大国、非常强势的风格。

战争惨烈胶着，很快两边都发现占不到便宜，消耗惨重，而俄国佬发现实在不可能实现最初的战略理想了，这样的战斗，唯一的结局就是和。

这场战争造成五十万人丧生，大部分都是病死的。打个仗病死这么多人，不是因为医护人员不负责任啊，这场战争最出名的就是护士了，让我们认识一位英国的战地护士，她的名字叫南丁格尔。

克里木战争一开打，她就带着三十个护士进入战区，巡视护理伤员，她的出现，极大地降低了联军战士的死亡率。而她提着油灯巡查军营检查伤兵的经典形象，被留在很多艺术作品上。战后回到英国，南丁格尔被奉为民族英雄，她用政府奖励的四千英镑，创立了世界上第一所专业的护理学校。她死后，她的生日 5 月 12 日成为国际护士节。她带给全世界一个经典的护士天使形象，以至于现在我们打针碰上态度不好的护士也不敢叫板。

克里木战争英国不能说是完胜，但至少是达到了遏制俄国佬的目的，也算是赢了。随后的两年，印度民族起义也被成功镇压，又赢了一局。大不列颠的国运行走得如此坦途，这时的维多利亚已经是个成功的女王了，如果说她还是个成功的妻子，相信艾伯特亲王也没意见，虽然孩子有些不尽如人意的地方，但是毕竟生了九个，也算是伟大的母亲，这样成功幸福的女人，上帝都会嫉妒的。1861 年，艾伯特亲王因为伤寒去世，提前结束了维多利亚的幸福人生。

王夫的早逝，给女王以巨大的打击，仿佛抽掉了她的精神支架，她骤然垮塌了。换上寡妇的服装，维多利亚开始了一种封闭自己的寡居生活，她搬到苏格兰高地的别墅隐居，女王夫妇曾经在那里度过非常美好的一段时光。

寡居的是非

英国的历史，维多利亚一段是很重要的，所有的历史书，关于这一段都长篇累牍，事情太多，也太杂，不好整理，最要命的是沉闷，没什么特别了不得、吸引眼球的大事。好在寡居的维多利亚遭遇了生命中另一个男人，这个男人让她完美的形象大受打击。俗话说得好，寡妇门前是非多，不用划拉够一车。世界上最大帝国的女王守寡，则更加遭人联想。地球发展史上，男女的地位一直不对等。话说男人做了九五之尊，除了找个正式老婆外，还可以养后宫三千，或者情妇无数，只要不过分，不变态，最多搞坏身体，不容易搞坏名声。女王就不一样了，如果在老公之外养小白脸，估计就容易遭人非议，所以历史上的女王，还是独身的多，当然，她们登基多半是克死或者害死老公接班的。

帝王于我们，其权势和奢华当然是不能想象的，他们唯一会跟我们一样的，就是七情六欲，于是乎，我们更关心他们的私生活，生怕他们在公务之外不注意后宫生活的调剂。

不列颠君主立宪之后，国王的生活已经很不好玩了，就算“日不落”帝国现在纵横江湖，所向披靡，日进斗金，我们也不会把这些荣耀归于维多利亚，因为这位大姐没亲自操作这些事啊。好在她突然守寡了，私生活有发展空间了，我们才算有故事看了。

艾伯特亲王去世，维多利亚伤心难抑，不理朝政，把自己关在苏格兰的一栋别墅里哀悼，这一住就是好几年。古今中外，各朝各代，可能没有忠臣或者奸臣，但是一定会有投机者。所谓投机，关键是投得准确。这时的女王，空虚寂寞，她需要有人陪伴，忘记一段爱情的最好办法是开始一段新的恋情。这时，一个叫约翰·布朗的贴身侍卫出现在女王的生命里。

守寡五六年后，维多利亚女王和约翰·布朗的绯闻就开始风传英伦三岛，说是侍卫，不过是个下人、奴才，维多利亚女王身边的下人多了，凭什么可以这么快上位至龙榻呢？因为他跟别的下人不一样啊，别的人看见女王都毕恭毕敬的，加上人家丧夫，与她交谈沟通都要注意态度。

约翰·布朗可不管这套，这是个放荡不羁的高地人，抽烟喝酒，肯定也打麻将，而且在女王面前从不收敛，大声说话，高声谈笑，比起温文尔雅的艾伯特亲王，这显然是另一种风味，对女王来说，这种放肆的风情她很难见到，于是马上就被吸引了。

除了在苏格兰的行宫里跟他打得火热，还将他带回伦敦，对外宣称，这是她的伴聊男宠。伴聊这件事也没个标准，也没说不许在床上聊天，不过英国官方是拒绝承认这个丑闻的，直到后来约翰·布朗死后，维多利亚的一封信被公开。在这封信里，女王悲伤地说，她第二次守了寡。根据小道消息，女王的儿女在背后称布朗为“妈妈的情人”，不过有些小报更缺德，直接叫人家“女王的种马”。

“日不落”女王

跟所有的女人一样，女王也有更年期，她的特点表现在，突然开始对权力有无限渴望，这种渴望也许不是那种指点江山的宏大理想，更多的是一种虚荣，她突然很想当皇帝。她看到普鲁士和俄国的国君都自称皇帝，心里头也长草，自己统治着世界上最强的国家，自己难道不能做个女皇帝吗？英国的女皇，这个称谓她想都不敢想，她知道，在对付想独裁的国王方面，英国的议会经验太丰富了，他们几百号人呢，自己孤儿寡母肯定不是对手。她想来又想去，觉得自己完全可以做印度的女皇过把瘾啊！瞌睡碰上枕头，听牌就碰上放炮的，这次帮女皇和牌的人来了，新当选的首相迪斯雷利。他可是深谙圣意的著名马屁精，女王的想法，他一般都是予以满足，不过帮助女王成为女皇，则成为他职业生涯最大的挑战。

虽然朝野上下尤其是自由党对此事极力反对，但在迪斯雷利的全力运作下，最后还是成功了。1876 年，维多利亚加冕成为印度女皇，这时，老太太的职称全名应该是：大不列颠和爱尔兰联合王国女王和印度女皇。

维多利亚时代，是英国国运运行至顶的时代。在亚洲，除了对中国的两次鸦片战争，把一条东方巨龙打成毛毛虫，还通过印度，控制了阿富汗和缅甸，势力进入伊朗。哦，那边还有一片辽阔的非洲大陆呢，他家是不会放过的。

话说 1869 年，埃及政府开凿苏伊士运河。这么大的工程，埃及没钱办啊，只好跟法国人借钱。修完后，面对沉重的法国债务，埃及政府就建议法兰西干脆收购运河一半的股份，这样埃及政府的债务就少了很多了，法国人效率比较低，估计要开会研究，英国人已经反应过来了。迪斯雷利首相以最快的速度，说服英国的银行家出钱收购了苏伊士运河的百分之五十的股份，没办法，英格兰的经济实力强，搞钱的效率高，这种事，当然是谁的钱先到位就卖给谁，法兰西眼睁睁地失去了苏伊士运河的控制权。而控制了运河，就等于控制了埃及，同时，不列颠又为自己家争取了一条去往印度的近路。后来因为英法在埃及的动作过猛，几乎是挟持了埃及政府，终于引发了埃及人的起义。唉，要不怎么说，人要走运，狗屎都变黄金呢，不列颠笑眯眯地帮着埃及政府镇压了起义。从那时起，基本上埃及的事就是不列颠说了算，1915 年正式宣布英国是埃及的保护国，埃及进入大英帝国的殖民序列。

苏丹是埃及的属国，既然英国人可以在埃及做大哥，在苏丹则是大大哥，当然说话声音比较大。不久，因为不满英国对本国事务的指手画脚，苏丹本地人也造反了。他们对付的是埃及的占领军。最开始英国政府不想动干戈，于是派了个倒霉鬼过去看热闹，一边随时掌握态势和动向。这个家伙是我们熟人啊，他就是著名的戈登将军，火烧圆明园的主要凶手之一，当然他其他的战绩还包括镇压太平天国，那阵子，不列颠满世界帮着各国镇压起义，相当之敬业辛苦。

戈登在中国做大爷做习惯了，中国人懂礼数，不跟他叫板。可人家苏丹人不信邪，对洋人也没有大清子民那样敬畏，戈登一到苏丹摆谱，直接被光荣的苏丹起义军砍掉脑袋，挂在墙头展览。戈登之死让当时的英国执政党、自由党非常被动，因为他们是不主战的，现在朝廷大员惨死，首相肯定下台背责任，这就使保守党上台，当家了好长一段时间。为给戈登报仇，英国下狠手一定要拿下苏丹，于是，苏丹又成了不列颠的了。征服埃及和苏丹，英国等于已经控制了整个尼罗河流域。

在苏伊士运河开凿之前，英国去往印度的黄金路线是绕道好望角，所以南非的战略位置就相当重要了。19 世纪中叶，有人在南非的一条河边捡到一块透明的石头，当时有欧洲人鉴定后发现，这居然是颗钻石。神奇的土地啊，随手能捡到钻石的地方。英国人的财富神经马上被刺激了，一个叫罗德斯的英国人赶紧过来开钻石公司，垄断了南非的钻石产销。不久，这个地区又发现金矿，罗德斯毫不客气又成立矿业公司开始采黄金。随着财富的增加，这小子的政治野心开始膨胀，他在家想出一个计划，那就是将开罗和开普敦打通，为不列颠建立一个大非洲殖民帝国，这个计划就是著名的“双开计划”。

英国在埃及苏丹练得顺手，在南非却没有这样顺利，除了英国人，这里还有一批欧洲人，那就是一些荷兰人和他们的后裔，他们很早就来到南非讨生活，变成本地人后被称为布尔人。南非这样肥得冒油的猪头肉，谁都想独占，不列颠的扩张，肯定会跟布尔人的地盘冲突，最后发展为战争。这场“英布战争”是很诡异的，战争双方，一个是地球上最强大的帝国，一个不过是个小小的少数民族，大家都认为这布尔人是蚂蚁撼大树。谁知，这一场仗竟然一打就快三年，英国以两亿多英镑，死伤几万人的代价，才最终让布尔人屈服，终于将南非这块土地巩固住，让“双开计划”最终得以实现。到 20 世纪初，英国在非洲占有了八百多平方公里的殖民地，虽然这中间法兰西和德意志两家经常冒出来叽叽歪歪，但在抢地盘这件事上，不列颠家的实力显然强大多了。

到现在为止，“日不落”帝国的扩张基本完成了，二十四个时区，每个时区都有英国的土地，米字旗飘扬在世界每个角落，这样一个小岛国，就这样统治了大部分的地球。

以维多利亚这样的帝王功绩放在中国，皇帝就要张罗着到泰山去封禅了。反正是强国盛世，没有几出重大的庆典肯定是不行的，要搞出那种繁花似锦、烈火烹油的热闹来。于是1887年，在当时的首相要求下，英国举办了一个叫作“金色庆典”的活动，以庆祝女王继位五十周年。这次活动办得不错，全体市民上街狂欢了一次，女王出现在街头，受到呼啸般的欢迎，老太太的虚荣心得到满足，觉得这种活动，还是可以经常办办的，因此，英国总算出现了国家节日这种东西。英国人古板，但人是不会拒绝热闹的。“金色庆典”人流还没散，1897年，伦敦又捣鼓了一场“钻石庆典”，这时，女王登基已经六十年了。这次庆典则是世界历史上庆典的经典之作了，也是“日不落”帝国强势扩张力量的最佳亮相。当时的伦敦大街上，举行了一场盛大的游行，游行的队伍五花八门，基本是个各殖民地军队的阅兵式，骑兵方阵就包括来自澳大利亚的骑兵，来自加拿大的轻骑兵，苏格兰的骑兵卫队，来自沙漠的骆驼骑兵，印度人比较有诚意，派出了印度王公出身的警察部队军官，还有咱们的香港警察编队，当然还有非洲的各种方阵，光肤色就有好几种，模样和造型更是光怪陆离。这些五花八门的怪队伍都属于大英战旗下的武装，如果说第一届世博会所有人看到了大英的经济和科技实力，这一次的“钻石庆典”则实实在在让大家了解了不列颠的军事能量。女王在六英里长夹道欢迎的人群中雍容地穿过，这种荣耀的确是至高无上的。圣心大悦，自然会感谢活动的操办者，一手组织了“钻石庆典”的人物是当时的内务大臣张伯伦，从此，他像明星般冉冉升起在世界政坛。

1901年1月22日，老祖母终于坚持到了最后，她穿上白色的长裙，在她和艾伯特亲王最钟爱的怀特岛上驾崩。在她临终的榻前，左边站着太子，右边站着太孙，看到王位可以顺利地延续，维多利亚绝对可以瞑目了。大家可以回忆一下，她之前的几代英王，即位的事都是颇为坎坷的。维多利亚作为世界上最光彩耀眼的女人活了八十二岁，在位六十四年，是所有的英王中时间最长的，这样一个女人，她居然还得以高寿之年自然而终，如果没有艾伯特亲王的早逝，维多利亚简直可以算是一个让上帝都嫉妒的女人。

不过，她的日子好过了，霉运留给了后人。维多利亚和艾伯特血缘太近，他们生出来的孩子都携带着天生的血液疾病，也就是“血友病”。如果在欧洲，你是个“血友病”患者，所有人都高看你一眼，因为这个病实在是太尊贵了，维多利亚的后代子孙基本都与欧洲各王室联姻，这种大英皇家病就蔓延到整个欧洲的皇统。按当时的幸福家庭标准，就应该有一群孩子，维多利亚有九个孩子，一直被英国人当作英雄母亲来称颂。事实证明，女王太愚昧了，不仅近亲繁殖，还是“超生游击队”。

大英帝国最强大的年代被称为维多利亚时代，而世界上许多城市都有以维多利亚的名字命名的建筑，“东方明珠”香港最漂亮的地方叫“维多利亚湾”。虽然维多利亚似乎没有为大英的辉煌做出实际上的贡献，但是，很多人都认为，维多利亚时代之所以成为维多利亚时代，就是因为女王定位准确，也就是说，她最大的成功不在于工作辛苦，而是她什么都不做，充分保障了议会的正常运作，当然也保证了政局的平稳。在她的任内，看起来王权是进一步衰退了，可因为她和艾伯特亲王树立的亲善、诚恳、自律的英王形象，让英国人大为受用，让他们都觉得有这样一个道德典范供在王宫里也是不错的。所以欧洲大陆到处吵吵着推翻国王的时候，英国人并没有感觉到英王带给他们的困扰，以至于英国的王室得以延续至今。

四十三　议会再改革

其实对英国来说，虽然19世纪是它的黄金岁月、顶峰时代，发生过的露脸神气的事非常之多，可是究其根源，19世纪，英伦大地最重要的事件还是三次伟大的议会改革，这三次对民主政体的不断修饰和完善，让英国拥有当时世界上最健康、最有活力、最与时俱进的政治基础，引导了国家其他各方面的成功。19世纪英国的成功，说到底，就是议会改革的成功。

1832年，第一次议会改革，刚发达的英国的资本家获得了一定的政治地位，小部分汗流浃背地挤进了议会。虽然当时的成果并没有达到这些人的终极目的，但毕竟英国坚实的贵族政治被打开了缺口，新兴资本家开始不动声色地逐渐削夺老牌贵族的政治权利。他们希望中的由他们主导的政治表演正在慢慢拉开大幕。

资产阶级大款挤进了议会，在这场艰苦的争权斗争中，给这些人做了排头兵和马前卒，喊哑了嗓子，闹丢了性命的，当然是那些底层的工人阶级。资本家一进入议会，就关闭了大门，把那些工人兄弟关在门外，工人兄弟拍打了一阵，发现人家完全没有开门的意思，马上反应过来，被这帮暴发户耍了！

咱们工人有力量啊，一发现事情不对，马上就团结起来了，经过一些集会讨论，整理出著名的“人民宪章”，包含六点要求：二十一岁以上男子有普选权；选区大小人数平等；选举应该匿名进行；取消参选财产限制；议员应该按月领工资；每年应该选一次。

这六条第一次递到英国下院，那些议员几乎看都没看就丢出来了。这下把工人兄弟惹毛了，熟门熟路的，他们马上就开始组织暴动，过激的行动肯定会发生冲突，工人领袖被捕，外面的革命同志为了救他们出来，继续暴动，恶性循环。1842年的时候，宪章运动发起了一个全国性的请愿运动，征集了三百二十五万人的签名，相当于当时全国男人的一半，这个长卷据说有九公里长，被几个革命党浩浩荡荡在众人的欢呼中送到国会。签名而已，没有杀伤力啊，下院再一次关上大门，把请愿书丢出来。

一次次受打击，英国的工人被整得有些气馁，好在，那个神秘的年份来了。就是前文说过的 1848 年，这一年全欧洲都在喧嚣，突然产生这样的集体冲动，难道是因为天气或者风水吗？当然不是，能够将散乱在欧洲的各种力量引导至一处，肯定是需要一种可以控制这些人的思想意识。1848 年，到底出现了什么东西让欧洲几乎翻天覆地呢？

先给大家介绍一位来自英国的思想家，欧文。这伙计绝对不会踢足球啊，他会干什么，他空想，他希望消灭私有制，所有人财产公有，权利平等、共同劳动，这个事大家一听就明白了，又是一个想建乌托邦的，空想社会主义又来了。

这位欧文同志，就是历史上最著名的空想社会主义者之一，组建了英国第一个全国性的工会。他已经发现资本主义制度是万恶之源，是所有劳动人民生活苦难的根本原因，他也认为应该推翻资本主义制度。可是他天真啊，他不认为要斗争要暴力，最好资本家自己良心发现了，知道顺应潮流顺应历史，不会坐等到全球经济危机就会主动交出财产，早晚跟穷人同工同酬，工人兄弟耐心等待，千万不要打打闹闹引发社会动荡不安。

不管欧文的想法有多天真多单纯，他毕竟已经发现了症结所在，只是他想不出好的解决办法。1848 年，有两个人帮他想出了更好的实现这个理想社会的方法，这两个人，就是我们熟得不能再熟的马克思和恩格斯。他们在伦敦发表了《共产党宣言》，告诉所有人，资产阶级必将灭亡，社会主义一定会胜利，而广大的无产阶级正是资产阶级的掘墓人，既然是掘墓人，就要舍得动手，不能太斯文，要使用革命的暴力。这是世界上最伟大的纲领性文件，后来几次壮丽的国家革命已经验证了他的正确性。而在 1848 年的欧洲，当那些生活贫困毫无希望的底层工人突然看到这个灯塔，照亮他们的生活方向，那是一份多大的喜悦和希望，所以欧洲爆发那一场颠覆式的风暴就不难理解了。

《共产党宣言》在伦敦发表，让稍微沉寂的宪章运动又看到了希望。于是，宪章协会的兄弟又开始组织集会游行了。此时的英国正是国运的急剧上升期，统治阶层的根基深厚，实力强悍，老百姓也并没有被逼上绝路，所以，虽然又闹腾了好一阵，甚至还包了四辆豪华马车再次将宪章送到国会，整得像作秀，可议会还是没买账，还做好准备武力镇压，随后又解散了宪章协会这类团伙组织，宪章运动也就这样失败了，英国的工人算是锻炼了一场。

第一次议会改革之后，保守党（托利党）认为改革到位，很给面子了，不能再改了；可代表着广大资产阶级的自由党（辉格党）当然认为程度不够，还要继续改。宪章运动这一闹，让议会内部也知道，如果不再整点变化，民众情绪不容易压制。1867 年，执政的保守党为了稳定局势，不得不抛出了一份改革方案，经过自由党润色修改后通过，算是完成了第二次议会改革。这次改革结束后，工人资产阶级在议会基本算是把持了大局，取得了英国的主宰地位。而这次选举权的扩大也奠定了资产阶级民主政治的基础。选民的人数增加了，想靠行贿买选票当选就基本不可能了，只好老老实实，至少是貌似诚恳地拉拢选民，所以啊，各政党开始有意识地建设自己的形象，不太敢随便得罪老百姓了，政党政治逐渐成熟。而终于向自由党低头，主导了这次改革的保守党政治家大名叫迪斯雷利，不认识他不要紧啊，他说了一句名言，你一定要知道：“没有永远的朋友，也没有永远的敌人，只有永远的利益。”

改革就像一辆快车，一旦启动，不到目的地不容易停。保守党主导改革，大约就是审时度势，点到即止，毕竟他家背后，还有些顽固的封建土地主和传统贵族呢，所以总是不能达到自由党人想要的效果。那就自由党人出来改吧。

这不是两党轮替了吗？为了竞选胜出，总要巴结一下底层选民吧？于是竞选时，自由党就老百姓进一步扩大选举权的问题做了一些承诺，如愿上台后，兑现诺言，便启动了第三次议会改革。这一次改革之后，农业工人获得了选举权，重新规定了选民财产资格，每年只要有十英镑价值的任何土地或住房的人即有选举权。选区也重新分配，接近于宪章运动提出的平等选区的要求。很快，英国人就发现，虽然宪章运动失败了，但是宪章运动提出的要求，从 19 世纪末到 20 世纪初，随着英国议会的不断改革，都逐步地实现了。而就是从这第三次议会改革开始，英国的小朋友实现了义务教育。

在这两次议会改革期间，随着工人运动的持续开展，工人兄弟觉得应该成立自己的政党，以一种更正式、更体面的方式要求权利，这样，“工党”就诞生了。他们的目标是实现社会主义，不过这个理想有点远，成立之初，他们想实现的，不过是八小时工作，以及工人同志可以进入议会。

四十四　英伦文化人

经济这样发展，科技和人文的发展是不会脱节的，这是个光荣的时代，当然是名人辈出的。先请出那个时代最著名的牛人，牛顿之后另一个耀眼的英国科学家——达尔文。

达尔文是个医生的儿子，从小不务正业。因为他喜欢往野地里跑，研究些猫猫狗狗花花草草的事，怎么看都不像能有出息的样子。他爹给他安排了前程，先是送进医学院，随后又把他送进了神学院。大家记住达尔文这个神学院的经历，因为这对他后来的研究颇为讽刺。后来英国政府组织了一艘考察船，环球科普考察，研究猫狗微有成就的达尔文以博物学家和虔诚的基督徒的身份上了船，开始对全世界的生灵进行另一种思考。

大家都知道，关于物种如何起源，地球上这亿万生灵到底由何而来，一直不是个太艰深的问题，上帝造的呗，他老人家创造万物，然后单独把人类挑出来成为主宰。达尔文不是第一个怀疑这种说法的人，在他之前，已经有不少科学家认定，生物发源于同一物种，而后不断进化而来，达尔文经过对全世界大量物种的研究分析，以权威的证据证明了这个理论：大约三十亿年前，在一定条件下，形成原始生命，这些生命个体各自进化，修行有高下，最后变成了不同的物种，而人类也不得不低下高贵的头，跟猴子攀上亲戚。1859 年 11 月 24 日，《物种起源》一书在伦敦出版，全世界都被震惊了，最震动的，当然是宗教的世界。

现在对达尔文的一些争论来自他在临终前是否重新皈依了基督教。很多野史说，他在临终前沉痛忏悔了自己的歪理邪说，希望收回自己的著作，以一个基督徒的身份回到主的身边，具体证明是，他死后被隆重地安葬在威斯敏斯特大教堂。其实是没有的，达尔文抛出进化论是做过最彻底的神学思考的，像他这种等级的科学家，即使老得牙都掉光，理性还是不会完全丧失。

他并没有回到上帝的家园，他坚持自己的研究成果而终。将他迎进威斯敏斯特大教堂安葬，体现了英国教会开放的胸襟，他们认为，达尔文的科学研究和教徒坚持自己的传统信仰并没有什么冲突，达尔文的学术贡献和他一生的研究精神，让他无愧于威斯敏斯特大教堂这个专为伟大的英国人准备的陵寝。

除了天王巨星达尔文，英国此时还有一批被当作数据单位的科学家。第一位是约翰·道尔顿，他是原子理论学说的奠基人，也是原子量的单位，这伙计是个色盲，不过在他之前没人把这当回事，他让这个事严重起来，所以色盲也叫“道尔顿症”。而道尔顿有个学生，也是个单位，他叫焦耳，詹姆斯·焦耳，他是能量和功的单位，其成就不用细说了（其实老杨没办法细说，老焦说的东西我到现在也不太懂）。还有一个老杨不懂的大知识分子叫迈克尔·法拉第，他发现了电磁感应，并制造了世界上第一部电动机。这些牛人，我写历史的时候对他们满怀崇敬，可是求学期间，却非常不愿意看到他们，他们研究出来的东西，比议会改革还让老杨郁闷。

文化方面，最出名的家伙就是狄更斯。反正是写社会的阴暗面，所谓批判现实主义作家，就是最怕读者读完小说心情愉快，他的著作大家都熟，不用介绍了。而老杨的超级偶像柯南·道尔也生活在这个年代，他的福尔摩斯让人神往，影响了老杨，所以老杨一生喜欢研究杀人犯法的事情。另外还有三个让人愉悦的作家，就是勃朗特家的三个才女姊妹花，不要弄混她们的作品，夏洛蒂·勃朗特写的是《简·爱》，艾米丽·勃朗特的作品是《呼啸山庄》，而安妮·勃朗特写了《艾格尼丝·格雷》。这家子的风水好，毫不落空地出才女，而且据说，这三位小姐姿容秀丽。美貌和智慧并重，上帝是公平的，所以她们三个都在三十多岁死于疾病。其实仔细阅读上面的三本小说，你会发现，这三姐妹的生活貌似并不幸福。

四十五　第一次世界大战

战前好时光

先说点王室的花边。维多利亚去世到“一战”期间，不列颠经历了截然不同的两个英王，爱德华七世和乔治五世。

爱德华七世的时代称为英国的“美女时代”，这是因为爱德华七世同学一生，美女无数，这伙计一辈子犯桃花，经常绯闻缠身。他是维多利亚的大儿子，而他有个大姐，英国的长公主薇奇，她是所有母亲梦想中的女儿，秀外慧中，性格开朗，热爱学习，颇有天赋。这位曼妙的公主后来嫁入德国成为皇后，生下的孩子就是后来第一次世界大战的主角——德皇威廉二世。

爱德华从生下来就是跟姐姐做对比的，除了淘气顽劣，还有明显的学习障碍，从小就看不出能有什么大出息。长大后也是吊儿郎当，让父母操心。快二十岁的时候，这小子觉得自己大小是“日不落”帝国的未来掌门人，总是这么不着调也不行啊，于是开始装模作样读书，他是太子嘛，走走后门就可以进名校，牛津剑桥啥的，都给他去混一下，算镀金吧。除了英国读书，当然还要去欧洲游学，游学回来，再到军营去历练一下，全套的太子课程吧。

大家都以为太子爷转性，浪子回头，结果军营一考验，就露出真面目了。一个出身低微、举止风骚的女演员被发现经常出现在太子的军官宿舍，这貌似是太子爷的初恋，他是很认真的。你是太子啊，这事不能认真啊，女王和王夫闻讯后，气坏了，虽然对这个大儿子的闯祸有思想准备，可你这个做得也太过分了吧。兹事体大，艾伯特亲王亲自到剑桥，找到儿子做正面批评，不知道有没有关上门揍一顿，反正是让亲王伤筋动骨，回到伦敦，亲王就突发伤寒高烧不退，不久就去世了。所以，在维多利亚悲痛欲绝之时，最大的怨怼就是冲儿子，她感觉正是这个不孝的儿子直接害死了自己的老公。

一个国王要惩罚太子有很多办法，最狠的就是迟迟不让他登基，所以自己拼命地活着，爱德华七世可怜兮兮登上大位的时候，已经是个六十岁的胖老头了。六十岁上位，绝对不能指望人家大展拳脚了，但是，这个胖老头却在这样的晚年帝王生涯里，为自己树立了非常好的形象。

他是个爱玩的人，也希望周围的人一起玩，他在位的时代，是英国王室历史上最热闹开放的时代。他甚至打开了白金汉宫，组织大型 party，还邀请许多普通的市民进入王宫，参加王室的各种活动。爱德华七世喜欢打扮，衣冠楚楚，风度翩翩，还为人亲切坦诚，心胸开阔，性格开朗，加上他对政治没什么大想法，从不胡乱指手画脚，是个太平安乐富贵王的形象，跟当时英国富裕强盛的国家形象非常配合。虽然他生活奢侈，私生活也比较糜烂，但是英国上下都觉得，国王如果小气寒酸，不会享受花钱，会让大英帝国人很没面子，因此英国老百姓都很喜欢他。

爱德华七世最出名的，就是那些经常变换的情妇。各种演员、贵妇之类的就不细说了，其中有两位女士应该提出来记录一下。

第一位叫珍妮·杰罗姆，她是《纽约时报》股东的女儿，这可是一位出名的美女，即使生完孩子，依然艳名远播。她跟爱德华七世实质上发生了什么不知道，但关系暧昧是肯定的。而珍妮可以留在我们这个故事里的原因，不是因为她的美貌，而是她老公，她嫁的是鲁道夫·丘吉尔爵士，生了两个儿子，其中一个大名叫温斯顿·丘吉尔。

另一个出名的情妇，则是一直陪伴爱德华七世登上大位的女人，红颜知己，爱丽丝·可佩尔，一位英军上校的太太。她一直在爱德华七世的背后默默地支持他，她与爱德华七世的关系甚至得到了王后的认可。爱德华七世对于爱丽丝只能做自己的情妇，可能会有终生的遗憾，好在，爱丽丝的曾孙女帮她弥补了这个缺憾，她的曾孙女，大名叫卡米拉·尚德。一个相貌平平的女人从世界上最美的女人手里抢来英国太子做老公，不得不归结于这个家族的血缘遗传力量，估计是她的曾祖母在天上保佑。巧的是，查尔斯王子眼看着又是一个高龄登基的国王。

爱德华七世长得一脸福相，看上去就生活舒坦，但是绝对不能说是个昏君啊。他不问政治，一辈子就做了一件与政治有关的比较重要的事，而这件事，就可以让他的成就比大多数的英王都高，因为他办成了一件英国人一直都不敢想的事。

1904 年，爱德华七世出访法国，法国人本来就对英国人有宿敌感，加上他们认为英国在南非对布尔人的战争很不厚道，最重要的是，此时的法国人，最恨君主制，连带着也不喜欢国王这种东西。爱德华七世刚到巴黎，所到之处，都是喝倒彩的，当时是不兴丢皮鞋，否则爱德华七世也能收获一车鞋子，还都是法国名牌。爱德华七世从容淡定地发表演说，他竟然在最短的时间内以他的诚恳和亲切征服了法国人，并与法国签订了一个友好协定，让这两个宿世仇家握手言和。而正是这个协定，让英法两国在两次大战中都以盟军的姿态抱团。

爱德华七世死后是乔治五世，一个不喜欢 party，喜欢玩快艇的国王。跟爱德华七世相反，乔治五世性格比较严肃，维持传统帝王的威严。他一上台，就将他父亲开放参观的那些宫殿关上，恢复了英王古老的高高在上的神秘风格。

乔治五世是爱德华七世的第二个儿子，长子维克多是个脑子不算太好的人，差一点儿就是智障了，爱德华七世为他操了不少心。爱德华七世自己在剑桥修行过，觉得那地方有助身心发育，于是就把太子送去改造，结果太子爷随老子，在哪儿都学不好，最离谱的是，他居然玩同性恋。好在脑子不好身体也不好，刚预备给他物色个太子妃让他端正性取向，他就得肺炎死掉了。乔治五世赶紧接脚成为太子，不仅接受了太子之位，还接受了没过门的嫂子玛丽。

乔治五世在位时，对英王的地位是个挑战，风靡欧洲的民主运动，使国王这个头衔成为腐朽、没落、不开化的代名词，英国人当然也会考虑一下，到底要不要一年花不少钱养一个王室摆着玩呢？既然现在英王还在上班，就说明乔治五世在关键时刻表现得不错，对，乔治五世不是个很喜欢高调热闹的人，但是他对于所有对外的形象展示非常看重。比如，他专门带着王后到了印度，在首都新德里加冕成为印度的皇帝和皇后。这是一场著名的庆典，乔治五世戴着沉重的王冠，站在印度的土地上接受那些印度王公的欢呼拥戴，这个画面让所有的英国人有自豪感，英国人感觉到，英国是一个多么强大的国家，而英王是多么尊贵、至高无上的君主。

除了是民主运动正兴时的国王，也是大战时期的英王，可以想象的是，如果乔治五世在战争中稍有表现不佳，英国人恐怕也容不得王室的继续存在。究竟乔治五世在战争中表现如何呢？让我们先进入“一战”。

风干物燥，小心火烛

不管多大的大战，一般都是多点的地区冲突，然后连成片。到底此时的欧洲，有哪几个点冒出火星，最后引发大火呢？

第一个冲突点，也是最猛的，德国和法国干仗，也就是著名的普法战争。19 世纪末，德意志联邦的诸侯国中，最凶悍的就是普鲁士，他家的铁血宰相俾斯麦上台，干掉另外两个比较强的诸侯国丹麦和奥地利，预备一统德意志的江山。当时德意志的工业发展迅速，甚至已经超过了英国，国运虎虎生风。法国知道，德意志如果统一，绝对是欧洲霸主。法国一定不能让这只大金刚顺利合体变形，所以帮着德意志南部那些诸侯国对抗普鲁士。后来，俾斯麦用计让法国先对普鲁士宣战，自卫战争让德意志诸联邦顿时团结在一起，最后自卫战争转变成侵略战争，不仅普鲁士统一了德意志，将法国人赶出家门，还打进了法国本土，逼得法国最后割让自家的两块土地才结束了这场浩劫。赔了夫人又折兵，法国人丢脸丢到家了，自然从此恨德国人入骨。

另一个冲突点，就是奥匈帝国。原来奥地利也是属于德意志联邦的诸侯，而且奥地利的哈布斯堡家族还拥有神圣罗马帝国的皇帝名号，管理着中欧辽阔的国土和种族繁多的人口。普鲁士和奥地利都想一统大德意志的江山，打了一架后，奥地利输了，虽然是输了，普鲁士也吃不下奥地利这头大牛，于是俾斯麦采取一个“小德意志”的方案，将奥地利剔除在德意志之外统一。祸不单行啊，欧洲如火如荼的民主运动，奥地利闹得最热闹，为啥呢？辖区内族群混杂，民主运动还刺激了民族运动的神经，于是原来归顺的小国，争先恐后地要独立。奥地利分析了一下，其中匈牙利是一定要争取回来的，为了安抚匈牙利人的情绪，奥地利用了一个新思路。那就是，匈牙利还是承认奥地利的国王为自家的君主，外交军事等方面也由奥地利的政府出面代表，但是对内，议会和政府则享有独立权，匈牙利是独立的主权国家，和奥地利一起并称为奥匈帝国。奥地利在 19 世纪后期连连吃瘪，属于欧洲几个大哥中最没落的，一腔郁闷之气总要找地方发泄啊。恰好，巴尔干半岛自从土耳其人之后没有老大，貌似比较容易霸占，奥匈帝国决定，向巴尔干半岛发展势力。

巴尔干半岛并不是那么容易霸占的，因为堵在路上的就有南斯拉夫人为主的塞尔维亚，这些斯拉夫人一直在奥斯曼帝国的统治下，后来靠俄国人帮忙才算摆脱了异族的压迫获得独立，但是北部还有不少地区在奥匈帝国辖下，哭着喊着要闹独立，奥匈帝国当然绝对不答应。奥匈帝国欺负斯拉夫人，斯拉夫人有自己的老大啊，那就是俄国人，所以这三路人马开始互相虎视眈眈。

欧洲矛盾重重，貌似跟不列颠没关系，有啊，这时英格兰和德意志也有仇。大家都知道，像日耳曼人这样严谨自律的种族，如果发展工业，绝对是一日千里的。19 世纪中期，不列颠其实已经落后了，有两个国家在工业发展已经追上并超过他了，一个是美国，一个是德国。

进入 20 世纪，德国的工业总产值甚至已经超过了英国。工业上超过英国，德国人就想了，英国佬为什么有钱呢？因为他家的殖民地多，市场大，为什么殖民地多呢？他家的海军厉害，可以满世界横行，所以，如果要跟英国争夺殖民地，最重要的必经之路是，大力发展海军，压制英国成为大洋霸主。德国花大钱发展海军，英国着急了，斗富是吧，好啊，以后你德国人造一艘军舰，我们英国就必须造两艘，反正就是要比你多。1905 年，英国造出了“无畏舰”，全重型火炮，高功率蒸汽机动力，成为海上最凶悍的武器。德国人毫不示弱，马上就跟着造出来一艘一样的，让英国人急出一身冷汗。跟德国的军备竞赛没占到什么便宜，加上南非跟布尔人作战时，英国人打得很不顺手，于是想到，自己的军队是不是不行了，自己这个武林盟主的地位有点悬啊。算了，识时务者为俊杰，千万不要等到衰老后孤立被打，还是趁有资本，拉几个同伙，一起混，安全点。

原来就说过，欧洲人自古以来就不喜欢单挑，能拉到帮手，绝对不做孤胆英雄。眼看着欧洲局势越来越火爆，其他国家跟英国一样，都动了结伙的念头。根据上面的分析，我们大概已经可以明白派系的结构了。已知，法国和德国肯定有仇，德国和英国有仇，那么法国和英国肯定是一伙，之前爱德华七世访问法国，两国还签了友好协议呢。奥匈帝国跟塞尔维亚有仇，塞尔维亚是俄国罩着的，所以俄国和奥匈帝国等于结仇。因为法国和俄国之前有盟友关系，所以英法结盟自然就带上了俄国，虽然俄国和英国也有矛盾，但是为了对付德国，他们之间的矛盾也就不算什么。英、法、俄联手订约，成为一个叫协约国的大团伙，德国当然也不孤立，他马上表示跟奥匈帝国站在一起。欧洲还有一个国家，那就是意大利，因为普鲁士的一串战争，让意大利也恢复了统一，教皇被赶到梵蒂冈，不再是意大利之主。这个刚成立的意大利帝国也不省心，脚跟没站稳，就想殖民扩张。于是跟在德国和奥匈后面，三个人组织了一个叫同盟国的团伙。

好了，组团工作完成了，因为大家都有帮手，都不是单打独斗，底气都很足，也不怕干仗，加上达尔文不是说了自然界弱肉强食，适者生存嘛，这个原理放在国际社会也适用，谁强谁存在，不行的就等着被分吃掉。每个人都存了吃掉别人的念头，每个人都有些无名之火，20 世纪初的欧洲，空气特别燥热，人心特别浮躁，不仅巴尔干半岛，甚至整个欧洲都是个火药库，此时，只需要小小的一根烟头，就能引炸一切，让我们等待这根小小的烟头吧……

大陆起火

19 世纪至 20 世纪的欧洲，协约国和同盟国两大帮派在家磨好了刀子，喂饱了战马，蠢蠢欲动，每个人都知道马上要开打一场群架，但是打架也要有由头啊，都是文明人，哪能说打就打呢？现在就看哪朵云彩会带来暴雨。

雨云来了，出现在不让人省心的奥匈帝国哈布斯堡家族。奥匈帝国成立后，他们共同的皇帝就是弗兰茨·约瑟夫，大家都认识，我们都喜欢的茜茜公主的老公，根据我们看过的电影，这伙计是个温柔多情的帅哥。茜茜公主嫁给弗兰茨，生了三个女儿、一个儿子。这个金贵的儿子就是鲁道夫太子，他在欧洲历史上，最有名的事迹就是跟自己的情妇双双自杀，殉情而死。这让他妈妈茜茜公主几乎崩溃，后来这位绝代皇后就变成一个游魂，在欧洲各地闲逛，以寄托哀思，以致最终被人暗杀（参看《德意志：铁与血的历史》）。儿子死了，弗兰茨皇帝只好让自己的侄子继承大统，也就是弗兰茨·斐迪南公爵。

话说奥匈帝国向巴尔干半岛推进，占领了波斯尼亚和黑塞哥维纳。这两个国家是塞尔维亚的近邻，因为都是斯拉夫人，这两家人都想摆脱奥匈帝国，而自从挣脱土耳其的魔掌，塞尔维亚就成了斯拉夫人的主心骨，周围的国家都想让塞尔维亚主导南部斯拉夫人统一，成立一个“大塞尔维亚国”。当然，塞尔维亚也觉得自己责无旁贷。

新上任的奥匈帝国太子爷斐迪南可不是个省油的灯，这伙计是彻头彻尾的军国主义者，生怕世界和平。眼看着塞尔维亚方向的民族活动越来越热乎，斐迪南觉得有必要让他们了解一下奥匈帝国的军威，跑到波斯尼亚去检阅大规模军事演习，而且，假想敌设定为塞尔维亚。军事演习就够挑衅的了，他还专门选了个招人恨的日子，也就是 6 月 28 日。选这个日子到塞尔维亚边境去军演，犹如当众扇了斯拉夫人一个耳光。为什么呢？因为这一天，是塞尔维亚的“圣维多夫丹节”，而在 1389 年的这一天，土耳其人征服了塞尔维亚，对塞尔维亚人来说，这是一个国耻日，王国沦陷，基督徒被逼迫改信伊斯兰教。大家可以想象，这就如同日本选择 7 月 7 日这天到钓鱼岛军演。

斐迪南王储选好了日子，大摇大摆地进入了波斯尼亚的首府萨拉热窝。这一趟出来，除了炫耀军威，吓唬斯拉夫人，太子爷还有个私人心愿想了。王储出差，带来了自己的老婆索菲女公爵。这位太子妃出身微末，早先给太子的堂姐当侍女的时候吸引了太子，斐迪南顶住弗兰茨皇帝和哈布斯堡家族的重重反对，有情人终成眷属。皇帝对这件事很抵触，为了让王室面子好看，给予她一个索菲女公爵的头衔，但是她的后代没有继承权，也没有太子家属应该有的地位。据说太子妃在奥地利出巡是不能跟太子一辆马车的，她进出宫廷，大门也只开一半，处处提醒这个飞上枝头的麻雀，别拿自己当凤凰。

自己的老婆一直没有受到应得的礼遇，斐迪南心里自然是很不平的，在奥地利他不敢翻天，这次到波斯尼亚阅兵，正是个抛头露面的机会，让索菲女公爵可以与自己同车，享受那些被征服土地上的民众欢呼，他自己以为，应该还有拥戴。

这是一个阳光明亮的星期天，上午 10 点，检阅完军队的王储车队进入萨拉热窝市区。居民围在道路两旁，虽然对这位占领了自己国家的太子没有太多好感，但因为街上人多，貌似还很热闹。车队的目的地是市府大厅，经过一个码头时，王储车队遭遇了一枚炸弹，这东西在太子专车的车篷上跳了一下，落到后面，炸了，太子爷安然无恙。斐迪南作为哈布斯堡的太子，此时是绝对不能失态的，他虽然表面一派镇定，但说他心里不怕也不可能，所以他要求先到医院探望一个随从，目的其实就是减少在街上溜达的时间，防止另一个炸弹不知道从什么地方丢过来。车队太长了，王储的新指令没有传达到头车，车队还是按原计划的路线行进。在街道转角，一位年轻人突然冲出来，向太子夫妇开了七枪，其中一枪打在太子颈部，一枪打在太子妃腹部，都切断了动脉，太子喷出一口鲜血，倒在太子妃怀里，两口子算是不求同生，但求同死了。

整个刺杀活动共有七人，分散在太子车队的沿途，伺机而动。他们来自一个叫“青年波斯尼亚”的组织，成员来自波斯尼亚本地，但他们的上层组织却是塞尔维亚的黑手党。这个不是意大利西西里岛那个犯罪组织，而是塞尔维亚一个要求统一的斯拉夫人极端组织，激进而好战，主张用恐怖行动促使南部斯拉夫人的统一，所以在塞尔维亚国内，也不太合法。不过，当时波斯尼亚人加入这个组织或者希望加入这个组织的很多，而刺杀斐迪南王储的行动，就是由这些年轻的波斯尼亚人完成的。最后刺杀成功的枪手大名叫普林西普，十九岁，还是个中学生。

其实整个刺杀活动跟塞尔维亚政府真没什么关系，据说塞尔维亚听说有针对斐迪南的行动，还给奥匈帝国发过警告信。但是既然王储死了，就一定要死得有价值，不能白死。奥匈帝国不管事件真相如何，就是让塞尔维亚赔，最好是割让土地赔偿帝国的损失。这种无理要求谁会答应呢？奥匈本来就不指望塞尔维亚答应，于是，接下来的事情就顺理成章，一个月后，奥匈帝国向塞尔维亚宣战，并炮轰首都贝尔格莱德。

听到奥匈的王储又死了，不管协约国是不是在家里躲着笑，表面上肯定是要表示哀悼的。英国俄国都宣布全国志哀，志哀不耽误其他事，俄国一直偷偷看着奥匈帝国的动作呢。果然动手了，你以为斯拉夫人这么好欺负啊。7

月 30 日，俄国对奥匈宣战。

斐迪南的死，真有人伤心呢，就是德皇威廉二世，私下里，他跟斐迪南关系不错，估计有点一起泡妞搓澡打麻将的交情，他在家怀念了几天好友，听说那边已经开动了，8 月 2 日，跟着奥匈对俄国宣战，8 月 3 日，想到自己的主要仇人还是法兰西，一只羊是赶，一群羊也是赶，顺带对法国宣战。

在英格兰隔海相望的荷兰和法国之间，夹着一个小国，就是比利时。拿破仑时代，它隶属法国，拿破仑之后，并入荷兰，1830 年，比利时人闹独立成功，成为一个主权国家。知道自己地理位置尴尬，又小门小户的，对周围那些个大哥，最好是敬而远之，不结伙，不翻脸，保持中立。中立这事自己说是靠不住的，如果碰上脾气不好也不管江湖规矩的大哥，死得更难看。德意志就是这种黑社会，一对法国宣战，不，确切地说，还没正式宣战，他就跟比利时发了个短信，大概意思就是，他要借道去法兰西家里揍他，让比利时把道路清扫一下。

比利时收到这种没礼貌的串门要求，知道安宁的日子到头了，不结盟不行，赶紧找帮手啊。法国已经跟德国干上了，荷兰指望不上，邻居里稍有实力的就是不列颠了，临时拜入山门，认下这个大哥吧。

欧洲大陆，法俄和德奥已经启动，不列颠有点着急啊，没人向自己宣战啊，自己上赶着打到欧洲去，又花钱又出力，英国人民恐怕不会答应啊。比利时求救，借口来了。想想，比利时啥位置啊，隔着海峡打个喷嚏，口水能喷英国人一脸，这德国对英国一直贼心不死，想夺“日不落”帝国武林盟主之位，说是借道，保不齐就留下不走，待他们打下法国，整个英吉利海峡向德国人敞开怀抱，他们还不一头扎过来动手动脚的?

海上霸主出手

8 月 4 日，英国向德国宣战，理由当然是维护正义，保护中立国安全之类的。英格兰的小弟多啊，一宣战，印度，南非、加拿大、澳大利亚、新西兰等全部跟上，英法俄是桃园三结义，这几个小弟就凑成个五虎上将来配合。不久，日本因为觊觎德意志在咱们山东的利益，也加入协约国，跟着捣乱，浑水摸鱼占领了青岛。而咱家当时的段祺瑞政府也跟着凑热闹，敲边鼓，加入协约国作战，赚了个好名声，自己国内还一团乱麻呢，哪里有空管别人的闲事？没派兵，派了些劳工去法国做外劳，帮着挖战壕之类的。

这些个欧洲大佬都有自己的殖民地、小弟之类的，这一发动，全世界都亢奋起来，所以叫世界大战。同盟国也有桃园三结义啊，奥德都已经发动，意大利在干什么呢？他家最聪明，观望，因为意大利和奥匈帝国有些领土纠葛没解决，意大利决定还是先爬在墙头，哪边有利往哪边倒。好在同盟国也不缺帮手，很快有人补上了意大利的缺。之前说过塞尔维亚脱离土耳其很得俄国之力，俄国和土耳其也算是世仇，因为巴尔干、高加索、克里米亚半岛之类的纠纷，这两家前后厮杀了两百多年，简直是恨对方入骨了，所以俄国一参战，土耳其当然也就加入同盟国找俄国报仇。战局比较混乱，但主角是英格兰，所以我们只说英国参与的战役啊。

一宣战，英军就派出远征军进入法国作战，也就是我们常说的西线，东线是德国对俄国。这是滑铁卢之后，英军第一次踏上欧洲大陆打架，英国海军大家都见识过了，英国的陆军到底怎么样，还需要拉出来遛遛。本土的军队进入西线，跟法兰西协同作战，印度远征军则在中东登陆，对抗土耳其，其他的小弟则在德国的各殖民地作战。

第一战，加里波利半岛战役。大家看地图啊，土耳其在欧洲这边的土地，有一小条向西南延伸的部分，就是加里波利半岛。这个半岛资源没什么，一片荒芜的，但是它的地理位置很重要，它控制着达达尼尔海峡。这时的英国海军大臣就是我们认识的丘吉尔老头，他腆着大肚子，目光清晰地看到了达达尼尔海峡的重要战略意义。如果占领这个海峡，则切断了土耳其和德奥联军的联系，英法的作战物资也可以通过这里进入俄国的战区。最重要的是，把住这个位置，英格兰可以攻击并占领君士坦丁堡，以后对东方的贸易就更加顺手。于是，英法联军预备强行登陆作战。这是世界战争史上第一次水陆两栖登陆作战，不管后来的盟军如何将这种打法用得出神入化，第一次练这么大的活，成功率还是很低的。

英国联军的战舰在海角遭遇土耳其密集的水雷，不能靠近，英格兰调来了英军中比较精锐的澳新兵团，也就是澳大利亚和新西兰的大兵，利用一些运输船只改装成登陆舰。海滩强行登陆，一般就是给守军当靶子打，况且达达尼尔海峡地势本来就是易守难攻，所以英国人拿澳洲人来送死。战役的细节就不讲了，这场战役最搞笑的部分就是，不列颠家的指挥官在书店买了本地图，地图上明确告诉他，他预备登陆那个位置，有一英里的海滩，足够他的人马拥上去，并建立一个滩头阵地。待澳新兵团的大兵带着行李辎重冲上指定地点，发现那个海滩大约就是四分之三英里，不到一百英尺宽，两边都是悬崖。先期登陆的人都站不下，比高峰时的地铁站还拥挤。尤其是，土耳其人这时除了哈哈大笑，还开火了。因为诸如此类的很多原因，虽然英法联军血战海滩，但还是伤亡惨重，迫使不列颠家不得不非常识时务地撤出该地区。虽然撤退比登陆漂亮，死伤不多，但是之前死的人已经够惊人的了，这个小小的海峡上，打了十一个月，协约国部队死伤超过三十万，土耳其也有超过二十五万的死伤，达达尼尔海峡附近，海水都被染红了。

这是 1915 年，第一次世界大战最大的一次登陆作战宣告失败。主谋——英格兰家的丘吉尔引咎辞职，承担了全部责任。丘吉尔很冤啊，因为当时英法联军在比利时是处于跟德国谁也占不到便宜的僵持状态，到外围想办法突破，绝对是很高明的战法。而不管从哪个战略角度分析，加里波利半岛登陆战都是智慧的、正确的。遗憾的是，丘吉尔是个盖世的聪明人，他手下跟他差距太大，执行力太差，造成了这么完美的一个战略决策的惨败。

登陆战吃瘪，大英帝国的面子不好看，陆地上一时占不到便宜，还是到自己擅长的大海上去找回尊严。这几年，德国的海军突飞猛进，加上跟英国的军备竞赛，外围看热闹的，最希望看到的“一战”好戏，就是英国和德国在海上厮杀，这是真正的巅峰对决，观众等得好着急，估计外围赌博的盘口都已经开出来了。

好在英格兰和德意志这样的大腕比较有艺德，一般不辜负观众的期待。1916 年 5 月 31 日，天雷地火，两强终于在日德兰半岛附近遭遇。这是一场最大规模的海上战斗，这场大战也是一个乌龙事件。德国的海军司令是个狂人，从开战以来就憋屈着想找英国海军正面打一架。于是他制定了一个派小股舰队骚扰英国海域，将对方的舰队引出来合围消灭的办法。“一战”时的情报工作还不太健全，早在两年之前，俄国就在击沉的德国军舰上找到了对方的密码本，于是，很轻易破解了德军的诱饵计划。不列颠将计就计，也制定了一个一模一样的战法，派一小股舰队跟对方的诱饵接触，佯败，将德国舰队引进英国舰队的包围圈。

这下热闹了，两边都是诱饵出战，身后跟着主力舰队预备包围，这是一场乱战，两边都顺利将对方引进了包围圈。但是英国的舰队毕竟在数量和实力上都占优势，遭受重创后，还是缠住德国舰队不放，最后德国人拼了老命杀出包围圈，回到自己的海港。

这场战役到底谁胜谁败呢？两边都说自家赢了，看看进球数和技术统计：此战，英国舰队共损失 3 艘战列巡洋舰、3 艘轻巡洋舰和 8 艘驱逐舰，战斗吨位达 11.5 万吨，伤亡 6945 人；德国舰队共损失了 1 艘老式战列舰、1 艘战列巡洋舰、4 艘轻巡洋舰和 5 艘驱逐舰，战斗吨位达 6.1 万吨，伤亡 3058 人。英德双方损失比近 2 ∶ 1。这个数字，德国得 1 分。而德军作为海战的后起之秀，主动向盟主挑战，精神可嘉，再得 1 分。被英国舰队几乎合围，最后保住有生力量顺利撤退，再给德国人加 1 分吧。德国 3 ∶ 0，德国人赢了。

德国人一点不高兴，英国舰队一边吹着海风，喝着威士忌，一边大度地说："给日耳曼家一次加 100 分吧！他赢了有用吗？他的舰队还能再出来吗？"对啊，德国出击的目的是打开英军的海上封锁，让德国的舰队不用总是龟缩在港口赋闲。这次虽然是打了漂亮仗，可还是被英国困在港口里不能出来啊。这一战，最精辟的分析来自"山姆大叔"家的《纽约时报》："德国舰队攻击了它的牢狱看守，但是仍然被关在牢中。"

德国的舰队不能金戈铁马游弋海洋，不敢向英国的军舰叫板，但是他家有个东西厉害，就是大名鼎鼎的 U 型潜艇，沉在水底袭击商船。随后他家整出个"无限制潜艇战"，显得气急败坏，他家说了，以后开往英国海域的商船，不打招呼，不通知，给德国人看见，一律用潜艇打沉。上帝让其灭亡，必先让其疯狂，德意志打疯了，终于给自己树了一个不该得罪的新敌人。

美国表弟来得及时

战争空隙，先说点轻松的事。大家记得北京奥运会闭幕式上的伦敦八分钟演出吧，除了中年帅哥贝克汉姆，英国的畅销女歌手莲娜·刘伊斯，还有一位白发苍苍很有派头的老同志。不要小看这老人家啊，他叫吉米·佩吉，他是 20 世纪 70 年代最轰动的重金属摇滚乐队齐柏林飞艇的主音吉他手，对全世界的乐迷来说，齐柏林飞艇是神级的人物，他们是重金属的代名词，是重金属的象征。

不过，一个英国的乐队叫齐柏林飞艇，有点让人迷惑，因为齐柏林飞艇这几个字，实在是不会让上一代的英国人愉快。齐柏林是个德国公司，整个第一次世界大战，相当露脸，因为它们造出了线条流畅、装弹丰富的铝骨大型飞艇，用于对敌对国家的轰炸，而英国，也首次遭到了来自欧洲大陆的空中打击。英国人那时在天上看到飞艇漂亮地飞过，可不敢驻足，赶紧找地方隐蔽。最狠的是，齐柏林飞艇趁着夜色无声无息地进入英国上空，丢下一堆炸弹后，又无声无息地飞走，而夜间那些亮灯的窗户，就是他们最好的坐标。有一阵子，英国人提到齐柏林飞艇，半夜起来上厕所都不敢开灯。

后来英国人发明了一种高爆子弹和一种白磷燃烧弹，先用高爆子弹打穿飞艇那个氢气气囊，待氢气与空气混合后，一发燃烧弹打上去，轰的一声，整个英伦天空比放礼花还绚烂。

整个“一战”，让地球人知道了什么是现代战争，海陆空的各种玩具都出现在战场上。除了飞艇，还有早期的战斗机，也就是最早的双翼飞机加上几挺机枪，在天上互相打。水里，除了鱼雷之类的，还有德国人很得意的 U 型潜艇，最缺德的是，他家还整出毒气弹了，用得很过瘾。没办法，德国人要动这种脑筋，一般的人不是他家的对手。

回到战场，前文我们讲过了“一战”最大的登陆战、最大的海战。现在我们讲最大的阵地战，也就是索姆河战役。大家看地图，索姆河在法国西北。当时的情况是，德军大兵压境扑向法国东北部的凡尔登，法军调集了全部优势兵力在这一带顽强抵抗。顽强是没用的，法国人和德国人正面对打，高下优劣大家心里都有数。为了缓解这个位置的压力，法军的总司令霞飞（上海的霞飞路就是因他而来）觉得应该在另一个位置向德军反扑，逼德军分兵过来，这样凡尔登的压力可以骤减，而且如果突破成功，就等于把德国防线撕开一个缺口，这样对峙的胶着状态可以改变，英法联军可以转入运动战，不用老蹲在战壕后面据守。于是，英法两边商定，在索姆河附近向德军全面进攻。

计划不错，位置错了，德国人不好安逸，索姆河一带虽然之前没有很大的战事，可是德国人硬是毫不偷懒地把这个阵地修得固若金汤。1916 年 6 月 24 日，英法开始炮火准备，不断向德军的阵地炮击，眼看着第一道防线即将被打垮。7 月 1 日，联军主要是英军跳出战壕向德军方向冲锋。这一天也被世界战争史血淋淋地记录在册，因为这一天的冲锋，就有六万英国士兵死在德国的机枪和火炮之下。

好的开始是成功的一半，第一天就预示了整个战局的发展，那就是一寸阵地一寸血，两边开始拼人命，用几十万的性命换取中间那几公里的土地，那些鲜血染红的土壤不断易主。德国固然损失惨重，英法也没占到便宜，反正就是眼看着士兵的人数越来越少。

进入 9 月，战局有些细微的改变，因为某一天，德军突然发现，对面的阵地上轰鸣着开来一些庞然大物，像个大拖拉机，笨重而跌跌撞撞地开过泥泞，向德军的阵地逼近，德军那些轻重机枪之类的都不能阻挡它，眼看着，这个大怪物碾过德军的战壕。

德国人不认识，咱们都认识，这就是坦克。最早一位英军的战地记者提出这个构想，但是英国人都不放在眼里，全靠丘吉尔同志力排众议，让国会拨款给予研究。为了保密，对外就说拨款给他们研究新型水缸，所以这个钢铁怪物就有个“TANK”这样稀奇的名字。但是坦克的面世太早了，在索姆河战场，只是起到了威吓德军的作用，毕竟这么长的战线，派去的十几辆坦克解决不了问题（十公里十八辆坦克），而且早期的坦克行动迟缓、笨重，很快德军就消除了对它的恐惧，拉锯战又回到原点。

进入 11 月，连日阴雨，道路泥泞，这样长时间没有任何效果的人员伤亡，让两边都士气受创，而英法也感觉到，死磕下去，充其量是死更多的人，只不过，把德国那边的人耗死绝了，自己这边的人估计也剩不了几个。算了，认栽吧，索姆河战役宣布失败，两边清点损失，各自分开吧。

这真是一场鏖战，也是整个“一战”最大的战役，英军动用五十四个师，法军动用三十二个师，步兵冲炮兵轰，使出了吃奶的力气，向前推进了十二公里。为这个十二公里，英、法联军付出七十九万四千人的性命。德军启动了六十七个师，死掉五十三万八千人，看起来失去了不少壕沟阵地，但是毕竟是没有让英法最初的战略计划实现。

开战以来，英法这边貌似没占到什么大便宜，挨打的时候比较多，不过，德国人也耗不起，两线作战，一个人单挑一群，血也快流干了。

大家纳闷儿了，怎么就他一个人了，他的帮手呢？奥匈帝国哪儿去了？没办法啊，奥匈帝国被自己的盟军缠上了。意大利终于选择了方向，跳到协约国的圈子里来了。意大利统一后，一直有一部分土地还在奥匈帝国手里，天天想着拿回来。“一战”开打，意大利迟迟不动手，德国人已经意识到，这家人预备要两面派，他如果临阵倒戈，对同盟国将是支巨大的“暗箭”，所以德国人就建议奥匈帝国，你把人家的土地还给人家，让他家赶紧加入开打。奥匈帝国已经是个老朽了，老朽的重要特点就是守财兼抠门儿，他家想啊，俺家为啥打这一架啊，不就是领土问题，想恢复哈布斯堡家族往日的荣光，如果割让土地给意大利，还打个屁啊，让那些斯拉夫人独立不就完了吗？

奥匈帝国虽然嘴硬，身子骨也不扛打，在东线，他家被苏联人咬得浑身是伤。意大利人审时度势，看着奥匈帝国蹦跶不了几天了，心想，奥匈一旦被打废，协约国肯定分他家的地，让那些想独立的地方独立，自家如果不赶紧加入，装模作样打几场，将来怎么好意思要求协约国给自己分赃呢。赶紧的！意大利从围墙上一头栽进协约国的阵营，开始缠住奥匈帝国厮打。

意大利加入，协约国力量大增，战局慢慢向协约国方向转移。之前德国人搞出个“无限制潜艇战”，专打进入英国海域的商船，整个“一战”期间，每天还忙着跟英国做生意，争取发战争财的就是“山姆大叔”，他家的商船进出英国海域是非常频密的，于是成了德国潜艇的靶子了。商船被打沉，美国人很生气，但是派兵远涉重洋到欧洲打群架，这个决定还是有点难下，不久，英国人帮他们下决心了。

美国驻英国的大使某天收到一封电报，说是英国的情报单位破获的，德国的外交秘书发给驻墨西哥大使的一封电报。大概意思就是，如果墨西哥向美国宣战，德国可以帮助他们拿回被美国占去的新墨西哥州、亚利桑那州、得克萨斯州的土地。这可是戳到"山姆大叔"家的脊梁骨了，德国佬，我没招你没惹你，你在我背后捅刀子，绝对不放过德国人了，宣战。

美国虽然宣战，但他家向欧洲大陆派兵是个艰难的过程，装备先过去，人员迟迟没到。而这时，东线崩溃了，是俄国人不战自溃，十月革命爆发，他家退出了"一战"。东线压力一消失，德军就集中优势兵力砸向西线。时间安排得刚刚好，1917 年，所有的事情一环扣一环，严丝合缝。德军一压过来，美国大兵也到了，一个月三十万人，补充在协约国军队的阵地上。德军在 1918 年连续发动了五次大规模进攻，没有占到便宜，只好沉寂了。

近五年的战争消耗，让本来就老迈的奥匈帝国更加不堪重负，国内原本就紧张的民族主义革命更加乘势重来。奥匈帝国打不动了，跟他一起的土耳其和后来加入的保加利亚也打不动了。德国呢？更惨，那个一手发动了大战的德皇威廉二世，这几年为战争累得半死，德国人没感激他，大量战场上下来的德军身心俱疲，社会治安很差，而德国内部的不少人看到奥匈帝国和其他几个帮手的颓势，也知道德国是无法力挽狂澜了。于是，他家也革命了，推翻皇帝，走向共和，成立了一个非常短命的魏玛共和国。

1918 年 11 月 11 日，同盟国投降，第一次世界大战结束。三十三个国家十五亿人口卷进这场灾难，三千多万人死伤，各交战国的经济损失大约为两千七百亿美元。我们的主角英国在这一场战争中献出三百多万条人命，战费花了一百亿英镑，损失的商船之类的更是天文数字，这一仗彻底打坏了英国的经济结构，让英国在不久之后陷入严重的危机。

王室形象

原来说过，"一战"前后，是欧洲各国人民对各自王室的清算高峰，都想把国王放倒，人民当家做主。这样如火如荼地打倒国王活动，为什么没有波及英伦三岛，而让英国王室得以维持和延续呢？

这要感谢当时的英王乔治五世，他很好地履行了英王的职责，既没有不作为，也不多事。开战之前，他每次出现在公共场合都维持着英王富贵尊崇的形象。开战后，他立即降低了生活质量，放弃了所有奢华的享受。大战期间，王宫没有举办过大型宴会或者庆典活动，甚至下令封掉了王宫的酒窖，王室在大战期间禁止喝酒（至少不准公开喝）。那些从战场回来的立功军人，乔治五世一定会亲自为他们授勋，整个大战，他不知道为多少英国战士戴上勋章，让英军非常明确地知道，自己为谁而战。他甚至亲临前线视察军队，访问兵工厂，探视伤员，安抚士兵，鼓舞士气。自乔治二世以来，乔治五世还是第一位御驾亲征的英国君主。虽然他不再骑着马冲锋，也不再具有英国传统国王那种铁血骑士的彪悍风度，最多就是到阵地上去溜达了一圈。据说英国士兵在阵地上看到国王，兴奋莫名，欢呼雷动，直接惊了英王的御马，让这个畜生大不敬地把国王陛下掀下马来，受了点伤。也算是战场挂彩，为国流血，又让广大英国人民感动了一把。

不管是真心还是作秀，乔治五世有大把时间建设自己的战时国王形象，因为不管怎么打翻天，他也不用操心，这不是他该操心的事啊。跟他形成鲜明对比的，就是德国的国王威廉二世。算起辈分来，威廉二世是维多利亚的外孙子，乔治五世是维多利亚的孙子，两个人姑表兄弟，是实在的亲戚。整个“一战”，乔治五世最多是配角，威廉二世却是绝对主角，整日里忙着调兵遣将，逼自己的战士去送死，把欧洲邻居得罪光，他哪有时间作秀安抚臣民啊，他要的是胜利，以至于威廉二世的战时形象穷凶极恶，非常反派，映衬着乔治五世分外亲切爱民。

乔治五世在战时得到英国人民的爱戴，但是也遭遇了一个危机。

“一战”开始，英国人还以为这是一场欧洲传统的斗殴，打几个月就结束了，德国和英国还是亲戚，说不定打完过几天又联盟了。随着战争形势越来越恶化，那些年轻飒爽的英国儿郎一批一批死在德国人手里，英国社会爆发了对德国人的深切仇恨。越发展越激烈，甚至英国国内那些有德国血统的人都遭邻居鄙视，德国移民更是经常无端被殴打，有德国血统的议员直接罢官，德国过来打工的驱逐出境，对德国物品实行禁运，抵制德货，连英国人最喜欢的德国小猎犬也不准养了。

同仇敌忾忙了一阵，到大战中期时，英国人发现，英伦境内唯一还公开活动的德国人后裔就是英王一家。还记得吧，乔治五世这一溜英王来自德国的汉诺威领地，有非常明显的德国血统。这下麻烦了，一方面，英国人认为乔治五世算是土生土长的英国人；另一方面，又不能接受他家的德国祖宗，怎么办呢？乔治五世当然知道，这事处理不好，自己之前打造的谨慎小心的英王形象就完犊子了。最后，王室的幕僚想出一个解决办法，就是将英王的姓氏改变，换一个纯英伦的，不带任何德国色彩的家族姓氏，形式上给自己列祖列宗按英国风格重新包装。

用什么名字好呢？乔治五世想到了温莎堡，当年征服者威廉进入不列颠，为巩固伦敦防御修建的城堡群。后来经过几代英王的改造，庞大壮美，是王室的小金库，藏满金银财宝，所有英王都喜欢的行宫，而“温莎”这个名字，则非常有英伦风情。于是，乔治五世决定，将自己的姓氏改为温莎，从此时起，英国进入温莎王朝。随着英王改名，依附于他所有的德国亲戚都跟着换名字改户口，按道理，威廉二世也是亲戚，但估计他不会跟着改。

1918 年 11 月 11 日，虽然是个光棍节，英王可一点不光棍，上午 11 点，乔治五世在伦敦的冻雨里宣布英国战胜，大战结束。英国人长舒一口气后，欢呼雷动。没什么事谁家喜欢打仗啊，终于不用成片地死人了，所有人心情好，不在乎天气，看乔治五世，越看越帅，圣上果然是福泽深厚啊，连德国那么强悍的对手都干掉了。

欧洲人此时比咱们都知道什么是成王败寇，跟乔治五世如日中天的支持率相对应的是，欧洲大陆那些战败国国王的悲惨人生，绝对比光棍还凄凉。德皇下台，奥地利国王主动退位，保加利亚国王直接流亡海外，其他那些德国小诸侯国的王都作鸟兽散，四周跑，让国王逃难成为当年的欧洲潮流。

乔治五世高兴了，打开王室的酒窖，大家好好喝一顿。这是狂欢啊！战争是胜利了，可有的时候，战胜也不见得就万事如意。这一场大战，每个国家都伤筋动骨，英伦三岛上，肯定也会有一些变化。

最大、最积极的变化就是，战后的英国，妇女获得选举权了。这不是个温和的过程，20 世纪初，英国的女人突然变泼辣了。在多次要求选举权不果后，她们往恐怖组织发展，除了砸商店橱窗、切断电话之类的小型活动，还发展到烧教堂和放炸弹。最激烈的一次，有一位叫艾米丽·戴维森的女赛马骑师，在参加一次赛马活动时，冲到乔治五世的赛马前面，被王上的御马直接撞飞，当场惨死。这是赛马历史上比较罕见的恶性事件，女骑师胳膊上绑着女权主义的标志，让她的死脱离了一般体育比赛事故的范畴，有点殉道的感觉了。战争期间，英国随时在征兵，拉壮丁，男人都当兵了，工厂招不到工人，怎么办，女人上，没有相应的权利却要承担一样的责任，经过出外工作的洗礼，更多的英国妇女有了自己的想法和追求。战争结束后，妇女的地位隐约提高了不少，而且英国政府也感觉到，妇女运动是不容小觑的力量，人家俄国老百姓都造反了，说明中下阶层如果真被逼急了，那是相当危险的，于是，战后的英国国会同意给予三十岁以上的妇女选举权。

四十六　清算

好，打赢就是打赢了，赢了没有彩头，谁打啊！老规矩，大家到巴黎开会，每家都派代表，一边喝法国红酒，一边谈谈如何把德意志等几个输家往死里整。输的等人宰割，赢的各有鬼胎，来的人还真不少，一共二十七个国家过来公费旅游，官方叫法是“巴黎和会”。我们读过历史都知道，这种性质的会议，根本没有公平、和平可言。虽然来了很多国家，但真正主导会议的就是四大家族，战场主力啊，英格兰、法兰西、美利坚和意大利。可以想象，这四家绝对都有自己的利益考虑。

我们的主角英格兰想争取什么利益呢？第一，当然是德国巨大的海外殖民地；第二，最好是德国快速恢复市场，毕竟，他家是英国非常重要的贸易伙伴。从这两条考虑，英国人不赞成把德国整成残废。法兰西不这么想啊，他家苦大仇深，好多账要清算，不能让德国好过，让他家赔钱，最好赔得倾家荡产，法德战争德国人占去的土地拿回来；最好让德国莱茵河一带独立几个小国，让德国分裂，永世不得翻身。“山姆大叔”家比较柔和，当时他家也不太愿意掺和欧洲的事，所以摆出一副民主先锋的嘴脸，希望殖民地自决归属。意大利呢，不用说，肯定是想得到原来奥匈的土地。而俄国因为造反变质，从这时起就被排除在欧洲主流之外，不给他家参加会议的资格，不仅不给他家参加，而且从这次会议开始，就组团密谋对付俄国，遏制其发展。

“巴黎和会”吵了几个月，从冬天开到初夏，几位大哥终于在吵得筋疲力尽后签订了《凡尔赛和约》。整个和约就英格兰这方面来说，基本是满意的，因为德意志家的海外殖民地被瓜分，英格兰家分到了大头。殖民地这东西，有多少英国都嫌不够，如果他家能瓜分太阳系，肯定把其他那七大行星都当殖民地用。所以从表面看，法国人只是大仇得报，拿回了自己的东西，而英国却是获得了巨大的额外利益。不过，当时作为英国的首席财政代表参加巴黎和会的，就是我们都认识的大名鼎鼎的经济学家凯恩斯。当时他认为，对德国要求巨额赔款是不合适的，德国要赔款，国库就要有钱，哪来的钱啊，增加出口取得外汇啊，这等于要向欧洲这几个大债主维持贸易顺差，那么其他国家对他自然逆差了，这对协约国没有什么好处嘛。同时，和约对德国的沉重打击，使德国的经济难以复苏，德国是欧洲大国，战前的发展又使他在整个欧洲经济中占重要地位，把他整废了，整个欧洲的经济也难以恢复啊。经过后来历史发展的印证，凯恩斯老师的想法显然是正确的。

凯恩斯的话当时没人听，毕竟战胜国打这一仗花钱花海了，家里也没余粮了，不管以后会发生什么问题，眼下全国百姓目送他们出来开会，不拿钱回去怎么交差呢？凯恩斯老师发现这帮人冥顽不化，不听他话，于是辞了公职。反正他也不缺钱，这伙计一直理论联系实际，除了写经济理论书，还炒外汇玩。他最有名的著作就是《就业、利息与货币通论》，引发了经济学界的革命，是每个学经济的必读的书。不过投机市场没有神仙，他也亏本破产过，好在经济学家不同于普通投资者，散户死就死了，经济学家钱赔光了，还是可以写一堆经济理论书挣钱。

巴黎和会让英法两位大哥满意了，最初的目的基本达到。那些跟着敲边鼓，占小便宜的小弟，则有得有失了。意大利，自以为工作突出、表现突出，差点累得腰间盘突出了，可谁家也没拿他当回事，他想的那些好事没有如愿，没搞到任何实际利益，还落下一个背叛同盟的恶名声，心里积存了不少怨气，我们都知道，他家早晚要爆发的。

另一个敲边鼓的却发了大财，就是日本人。根据他家参战的目的，德国战败，撤出咱家的山东，日本就希望巴黎和会能直接裁判自己接收山东的地盘。当时中国代表据理力争，咱家的谈判代表顾维钧口才出众，告诉所有人，中国的圣人是孔子，山东是孔子的家乡，山东对于中国人，如同基督教的耶路撒冷。他的发言是获得了全体鼓掌，可惜，巴黎和会本来就不是演讲比赛，这是一场国家实力的角力，加上之前我们已经跟日本签订了《民四条约》，于是，巴黎和会中，作为战胜国的中国，也落入被瓜分的命运，这个事引发了后来的“五四运动”。

四十七　战后不容易

前文说到，“一战”这事，对赢家和输家都是一场浩劫，都别指望能全身而退（“山姆大叔”家特殊）。英国的政局，在战争前后也发生了很多变化，而其中最大的变化，就是工人阶级的政党——英国工党进入了执政核心，不但崛起做了执政党，还引起了自由党的失势沦落。

话说整个“一战”，英国死了不少人，沉了好多船，军费开支超过一百亿美元，国民财富烧在战场上。不仅国库的钱烧没了，还欠了一屁股债，债权国沦落为债务国，而他家的债主，就是“山姆大叔”。“山姆大叔”放债成功，参战有功，国际地位迅速上升。本来在工业总产值方面就已经超过英国，现在国际金融、船运、军事等又将大英帝国甩在身后，所谓世界霸主“日不落”帝国显然已经到了黄昏。

“山姆大叔”家的产品不断向英国输入，英国贸易逆差，经济严重衰退，自然而然就是工人大批失业，就算没失业，也是大幅度减薪，生活水平越来越差。大家都知道，工人老大哥是不好惹的，他们要是不爽，一定会表达出来的，加上工会组织力量越来越大，工人没有工作的上街，有工作的罢工也上。他们表达的意思非常明确，老百姓生活艰难，就说明政府无能啊，政府是资本家的代表，不管工人的死活，如果政府是工人阶级的，工人的生活自然就好了。

老百姓也不傻，工人阶级上两次街就让他们当家了？不会！但是人家工党抛出了政见啊，最低工资保障，四十八小时工作周，高收入者多缴税，国家办教育，等等，反正是让底层百姓听着心里贼舒服的甜言蜜语。

除了工党自己表现良好，自由党也非常配合地送他们上位。却说大战期间，两党觉得兹事体大，于是组成联合政府执政，谁也不服谁啊，后来自由党在要不要跟保守党组成联合政府的问题上，分成两派，闹得激烈了，很多人退党。政治人物没有党派就如同街上的混混没有帮派一样，绝对不好过，于是有的人加入了保守党，有些死活看不惯保守党的，没得选择，自然就加入了工党。工党吸收这些老政客、老油条的力量，玩政治的手段也从稚嫩走向成熟。自由党没落，英国一定要保持两个政党，怎么办？把工党拉上来凑数，而战后的英国，问题太多了，七灾八难的，自由党自由了，保守党还要保守责任，焦头烂额之余，王室和保守党都觉得，让工党来试试吧，他们总批评政府办事不力，让他们上来，看看这个当家的位置好不好坐，在这种情况下，工党被推到了执政的幕前。

大家可以想象，不是万不得已，怎么会政党大轮替，除了内部的经济问题，还有什么解决不了的麻烦呢？太多了，最闹心的是，殖民地纷纷要求独立，不跟不列颠在一条船上晃悠了。

有几家比较心平气和地跟不列颠坐下商量，比如加拿大、澳大利亚、新西兰。“一战”之前，他们就已经表明态度，这种小老婆的日子不能过了，有“山姆大叔”家的前车之鉴，这三片这么远的地方，还是给他们自由吧，估计就算英国人不想给，他们三个为了独立自治也有其他办法。所以，这三片地区先获得了自治权。老当家的好说话，这三位小妾也不好意思彻底翻脸，于是好言好语安慰老头子，就当我们是长大了吧，自己的事自己处理啊，但是英帝国这个大家庭我们还是不会抛弃的，英国国王还是我们的最高元首，我们依然效忠，但是我们自家那些个鸡毛蒜皮的事就自己选个总理出来对付着办啊，以后不麻烦您老了。于是，殖民地变成自治领，大英帝国成了英联邦。随后，南非也走了这条路子。英国治下的白人殖民地纷纷取得了自治权，在英联邦的大旗下，诞生了一批新的国家。

这个离婚的过程也不都好说好散，不少也干了仗，搞了好几回家庭暴力才解决的。第一个头痛的就是爱尔兰，英格兰同爱尔兰合并，在很多人心目中就是爱尔兰被英格兰吞并，爱尔兰人无时不想脱离不列颠的魔掌。英格兰家不厚道，你强行占有人家，就要对别人好一点，经常安抚。可不列颠人不当爱尔兰人是同胞啊。比如爱尔兰受了虫灾，马铃薯都死了，土豆都吃不上了，多大的事啊！可英国人没有任何实际上的救济动作，让爱尔兰人寒透了心。积怨多了，就有人出来组织了。有个叫查尔斯·帕内尔的人横空出世，开始领导爱尔兰的自治运动。大家注意，他们只是要求自治，并没有要求独立。在帕内尔的斡旋努力下，英国国会几乎已经同意了爱尔兰自治的事，只要帕内尔再使一把劲，爱尔兰就能有自己的议会了。可惜啊，帕内尔身背这么大的责任，生活却不检点，这位老伙计跟自己手下的老婆传绯闻，被揭破后，爱尔兰人忙着处理这事去了，自治事业只好先放一阵。就这么拖了好一阵，等到英国国会最后终于通过“自治法”时，“一战”爆发了。不管多大的事都要给战争让路，爱尔兰人只好低眉顺眼，满腹委屈跟着大英的战旗出征。

爱尔兰人老实巴交的，虽说不痛快，打仗时也不搞分裂，就这样上了战场。原来我们说过，爱尔兰本来是天主教的死忠，英国统治这么长时间，在英格兰、苏格兰两头影响下，新教徒也非常多，大约的分布就是，北方新教徒占多数，而南部基本都是天主教徒。爱尔兰人加入英国军队，宗教问题就分出了等级。英国人已经养成嫌弃天主教的自然反应了，所以，天主教的士兵都不准抱团儿、结伙，将他们打散分到各连队，还找人监视他们。英国人时时处处让爱尔兰天主教徒感觉到受歧视受排挤，他们再次认定，如果不完全脱离英国，这种二等公民的身份就没法改变了。在这种情况下，爱尔兰改变想法了，英王不是天主教的英王，不会爱爱尔兰的天主教子民，自治没用的，一定要独立，建立完全属于天主教人的国家。

怀了这种想法，有些过激的动作也就自然了。却说 1916 年，有个叫“爱尔兰共和兄弟会”的组织，跟德国人要了一批军火，在都柏林发动起义。还没成事，就被英国人一举抓获。这是一起没发生的祸事，爱尔兰人本身对于这种求德国帮忙对付英格兰的做法也不满意。但毕竟没有发生，没有造成实际上的犯罪，所以爱尔兰人认为还是放起义领导一马，判得轻点儿。当时国际上为这些人求情的也比较多，可英格兰不这么想，他家看着德国运来的军火，吓出一身冷汗，这事要不是在源头被熄灭，真要动起手来，前面在欧洲打德军，背后还被爱尔兰人骚扰，多大的麻烦啊。不行，坚决不能饶。最后，被捕的起义领导人几乎都被处死。本来只是一场小暴动，起义人士也不算什么大革命家，这一死，升华了，极大激发了爱尔兰人独立运动的热情，都怀着对英国人的仇恨要为这几个民族英雄报仇，也就是这个事件，让爱尔兰人铁了心，要从英国的版图上割离，不管付出多大的代价。

战后，南部天主教人成立了后来名动江湖的爱尔兰共和军，开始用武力和暴力向英国人要求主权。爱尔兰共和军的闹事能力咱们都了解啊，到 1921 年的时候，英国人再也不堪其扰了，因为爱尔兰几乎就是个战场了。英国人越想越没劲，痴情的脚步永远追不上变心的翅膀，就算留下爱尔兰的土地，也收不回爱尔兰人的心了，算了，放他们走吧。英国人期期艾艾地同意了爱尔兰部分地区的自治，算是先分居。在爱尔兰人泼辣的坚持下，1932 年，爱尔兰获得了独立国家的地位，留在英联邦内。1949 年，改名为爱尔兰共和国，脱离了联邦，彻底跟不列颠断绝了所有关系。

南部爱尔兰是独立的国家了，北部爱尔兰情况就复杂了。北部新教徒人数多了，他们心想，如果加入南方的爱尔兰天主教国家，那原来的地位就逆转了。原来是新教徒欺负天主教徒，现在天主教当家，还不变着法子反攻倒算，“像我欺负你似的欺负我啊”。所以北方的六个郡，坚决不跟南方人同流，他们要求继续做英国人。但是北方还是有不少爱尔兰传统天主教徒，他们哭着喊着要南北合并，因为斗不过当地的新教，于是就与爱尔兰共和军联盟，在北爱尔兰和英国本土搞恐怖活动，一直闹到现在都没扯清楚。这就是不列颠家头痛了快一个世纪的北爱尔兰问题，像根鱼刺扎在英国人的咽喉，虽然不伤性命，吐不出又咽不下，痛苦无比。

除了爱尔兰还有印度，英国人最伤心的抛弃和背叛，那个穿着粗布麻衣的干瘦老头甘地，让英国人的心拔凉拔凉的。

靠不断地暴力暴动从不列颠版图隔离的，还有埃及。这一拨的独立风潮，让不列颠已经很发愁了，随后的“二战”，更加催化了这些独立情绪，大英帝国就这样眼含热泪，从世界之巅，踉跄地滑下……

战后经济不景气，稍微恢复一点就遭遇 1929 年世界性经济危机，外交上的问题，民生的问题，英格兰立国以来从没这样焦头烂额过。这一切还没彻底解决好，王室又出问题了，这回，还出了大问题。

四十八　江山美人

在大战中备受爱戴的国王乔治五世进入了暮年，1936 年，在王室所有成员的同意下，对乔治五世实行了安乐死，一针吗啡后，身心疲惫的国王安静地辞世。大明星爱德华八世成为新的英国国王。

爱德华八世成名很早啊，20 世纪早期，随着电视的发明，报纸广播媒体的快速发展，英国王室的许多私密生活也随之进入老百姓的视线。爱德华八世是标准的严苛教育下的反叛，乔治五世一本正经，严肃谨慎地打造王室作风，可太子爷发展得随性放浪，不受羁绊。不过，爱德华八世做太子，形象是不错的，乔治五世的爱民，很大程度上是从一个国王的角度出发的，意思是说：我是你们的国王，我不能不爱你们，我也无奈啊！而爱德华八世，则更愿意跟普通百姓打成一片，他出访南非，甚至用布尔人的语言向当地人打招呼，让在场所有的人大惊，并为太子的魅力折服。爱德华八世喜欢绕着地球跑，反正都是他家的领地，经常看看也应该。亲善，时尚，帅气，爱德华八世很快成为王室的明星人物。

对于自己培养出一位明星国王，乔治五世没觉得自豪，他临死都郁闷必须将王位传给这个孽子。据说，为了表达自己的不满，乔治五世虽然传给爱德华八世英王之位，可王室的财产却没有给他，让爱德华八世非常生气。为什么乔治五世不喜欢这个人见人爱花见花开的太子爷呢？理由很简单，他太讨人喜欢了，除了老百姓喜欢，更有大把女人喜欢。

王室的绯闻成为报纸头条，进入百姓餐桌，大约就是从爱德华八世开始的。从太子时代开始，爱德华八世就有一个非常鲜明的泡妞特点，就是喜欢有夫之妇。根据史料记载，太子爷的性启蒙是在他二十二岁的时候。估计是开窍晚了，一上手，就很上瘾，开始了在花丛穿梭的忙碌生活。他第一个爱上的女人就比他大十二岁，是位子爵夫人，后来就延续这种嗜好，身边不断更换别人的老婆。

爱德华八世是个太子，他给别人绿帽子戴，人家也不敢找他拼命，可作为父王的乔治五世跟着丢人啊，所以一直劝他安心找个老婆，堂堂大英太子，模样又不丑，想找什么样的找不到啊，干吗老喜欢二手货呢？爱德华八世在这一点上坚决不与老父苟同，依然兴致高昂地找别人的老婆下手。

却说爱德华八世三十五岁那一年，他遭遇了一位二十四岁的年轻姑娘，叫泽玛。大家不要以为太子爷转性了啊，泽玛虽然年轻，可已经结了两次婚了。爱德华八世身边走过很多有夫之妇，泽玛是比较出名高调的。传说爱德华八世跟泽玛两口子去非洲旅行，野营的时候，泽玛的帐篷挨着太子，泽玛的老公被安排在远远的地方。后来闹得沸沸扬扬太难听了，为了专心跟爱德华八世混，泽玛离了婚。爱德华八世是个情种，段正淳式的人物，虽然生命中女人往来如梭，但对每一段恋情，他都还是挺认真专一的，比如 1930 年至 1934 年这一段，泽玛是爱德华八世最爱的女人。

伦敦的上流圈子就是喜欢聚会，这些人不管外面的环境怎么变化，都维持着自己奢靡热闹的生活氛围，派对、狩猎之类的活动照常进行。稍微低层一点的人通过这些聚会活动认识高层的人士，并加入他们的圈子，提高自己的身份。而有太子爷莅临的聚会，显然就是极高等级了，很多人削尖了脑袋想钻进来，进来后就找熟人看能不能介绍太子爷给自己认识，这样的投机者，除了男人，更多的是女人。

1931 年的某天，在某个聚会上，泽玛向爱德华八世介绍了自己表妹刚认识的一个朋友，一个美国女人，离了婚，改嫁给一个美国的船舶经纪人。这位经纪人是个英国佬，有点贵族血统，于是，将自己的新婚老婆带入了伦敦的上流社会。这两位就是辛普森先生和辛普森夫人。

爱德华八世认识辛普森夫妇，自己并没有放在心上，这两口子没什么特别吸引人的地方，爱德华八世一天认识一打多这种人，实在很难留下印象。爱德华八世忘了辛普森，辛普森可不敢忘了爱德华八世，尤其是辛普森夫人，这个叫作华丽斯的女人。出于某些我们可以想象的目的，华丽斯开始有意图地接近泽玛，华丽斯个性随和，是一种兼有英国女人的优雅和美国女人的开朗那种性格，很快就成了泽玛的闺密。而辛普森家因为这种关系，也获得了爱德华八世的关注，爱德华八世开始偶尔光临辛普森的家宴，跟这两口子，当然尤其是华丽斯混得熟了。

熟归熟，其他想法是没有的，这时爱德华八世的最爱还是泽玛。机会总是垂青有准备的人，华丽斯等到了她的机会。却说泽玛突然要去美国办些私事，太子爷当然不方便随行。可爱德华八世一直就像个孩子，貌似身边不能没有异性陪伴，泽玛临走，将太子隆重交给华丽斯，希望辛普森夫人在自己走后经常陪陪太子，照顾他。

这是个经典的引狼入室、监守自盗的故事，结果大家都知道，辛普森夫人很快取代泽玛成为爱德华八世的最爱。这段关系虽然不久就被曝光，英国人再次哗然于太子爷又卖出一顶绿帽子。可对大部分英国人来说，太子爷的绯闻如九月的云彩一样变化迅疾，这位辛普森夫人模样一般，各方面都很平庸普通，看不出有什么本事能让爱德华八世死心塌地，现在英国人业余时间赌的是，王子的新欢什么时候出现。

没有出现，这个女人奇迹般地让这个浪子专宠于自己，甚至为他舍弃了地球上最尊贵的一个王位。1936 年 1 月 11 日，爱德华八世登基成为英王，同年 5 月，坊间开始流传爱德华八世要迎娶辛普森夫人的传言，10 月的某天，辛普森夫人的丈夫辛普森先生，非常离奇地被人抓住在某旅馆跟人通奸。辛普森先生明明不是什么大人物，可他带人在宾馆开房的消息，顷刻间就布满英国的大小报纸，当然还有美国的报纸。随后，自然是遭到背叛的辛普森夫人满腔忧愤地跟老公离婚，恢复自由身。而辛普森先生此举，被很多人认为是对国王忠诚的爱国行为，他牺牲自己的名誉，给国王腾地方。当年 12 月，爱德华八世和首相多次会晤协商无果后，决定退位，冲冠一怒为红颜，大不了老子不做这劳什子英国国王了，老子要结婚，要给华丽斯一个名分。

英王已经没有实权，华丽斯就算有野心，她成为王后也不会对英国的政治有什么毁灭式的影响和打击，而她本人既不是爱德华八世的近亲，也不是天主教徒，为什么英国首相和国会这样反对她，而究竟是什么样的爱情，值得一个男人用帝国的王位来交换呢？

其实爱德华八世的退位故事，还有些跟爱情无关。

英国人，看着老实巴交，刻板守旧，其实十分八卦。他家研究王室秘闻就跟咱家研究《红楼梦》一样，已经形成独立的学科体系了。纵观他们历年的研究成果，大家会发现，英国人编派王室很雷人。像爱德华八世这样出众的英王，又出现在近代，可以想象，英国这些福尔摩斯挖掘出多少关于他的故事，我相信，对于他们来说，爱德华八世第一次和辛普森夫人上床的若干细节，都绝对不是秘密。这帮人什么都能扒出来，那么，一个让我们困扰的问题解答一下吧，究竟为什么爱德华八世喜欢跟有夫之妇鬼混呢？清纯干净、风华正茂的妙龄女人为何就入不了爱德华八世的青眼呢？有答案啊，据秘史说，爱德华八世有生理疾病。

根据记载，爱德华八世十六岁时得了腮腺炎，这个毛病不大，但如果发生在一个男孩子的发育期，则可能造成荷尔蒙低下，导致发育迟缓或者停止。爱德华八世最出名的就是看起来很年轻，一直保养得像个花季少年，大约就是这个原因。至于到底发育受到什么样的影响，我们就找不到细节了，但是，爱德华八世没有生育能力肯定是真的，他没有任何让女人怀孕的记录。于是大家猜测，他明知自己不能生育，找个正当的王后繁衍后代基本是不可能的，所以就干脆不结婚。跟有家室的女人鬼混比较安全，大家露水姻缘，没有其他的纠缠和麻烦。而已婚的女人比较有经验，估计能包容或者帮助爱德华八世在床笫间的力不从心。根据一些野史，辛普森夫人跟爱德华八世勾搭上不久，就经常跟别人吹嘘，说是爱德华八世有点疑似阳痿，只有她有办法让他一展雄风。听起来，这个理由仿佛真能科学合理地解释爱德华八世对这个表面平庸女人的一往情深。

1936 年底，爱德华八世宣布辞去英王的位置，这是世界上最轰动的辞职事件，也是英国历史上所有的宫廷混乱中最惊人的一件，这个雷炸得所有人发蒙。爱德华八世摘下王冠，走下王位，深情地牵着华丽斯的手，走向自由的天地，这个画面被定格为世界爱情的经典，永远留在所有人美好的想象里。爱德华八世成为世界历史上地位最高的几位情种之一，给英国王室争光了。但是显然，英国的八卦探秘家，不愿意让这个形象保持得太好，后来，关于爱德华八世辞职的事，有了新的说法。

据说，当时的英国首相以内阁集体辞职威胁爱德华八世，爱德华八世不得不退位。那么究竟什么原因，让当时的首相鲍德温同志这样的不能通融呢，真的仅仅是英国人自己说的，华丽斯是个美国人，而且是个离婚的美国女人吗？

关于爱德华八世的退位内幕，要先从爱德华八世和华丽斯的政治倾向说起。爱德华八世和华丽斯在床帏之间怎么样和谐我们是不知道了，但是这两人在某些理念上非常合拍，这一点是公认的。比如，“一战”之后，因为巴黎和会的协定，把当时的德国整得非常惨，欧洲人都是教徒，他们的同情心有的时候很古怪，一边把人家往死里整，花着人家的赔款不知道多爽；一边又开始同情弱者了。“一战”后不久，欧洲出现了不少同情德国遭遇的人，而我们的英王爱德华八世和华丽斯就是这一派的。却说 1934 年，德国总统病逝，当时的德国总理当仁不让地接替了总统位，并将总统总理两个职位二合一，他一个人干，党政军所有工作他一个人全包了，给自己一个称号叫“元首”，是的，闻大名如雷贯耳的希特勒登基了。

希特勒横空出世，连带着德国的形象也变得狰狞了，大家都模糊感觉这伙计应该是个狂人，但肯定没想到，是古往今来最狂的狂人。自从他初露头角，就一直叫嚣着要为德国复仇，要让《凡尔赛和约》的缔结者付出代价。从德国的军队戴上“卐”字徽标，并举起右手宣布向希特勒效忠开始，那几个结伙欺负过德国的就开始紧张了。第一个当然是法国，他家下手最狠，貌似希特勒也最恨他家，所以法国赶紧拉了美国、英国组成同盟，防止德国人的报仇雪恨。

希特勒是当时的明星，是很多人的偶像，他其中一个非常狂热的“粉丝”就是我们的女主角，华丽斯。华丽斯对德国人有特殊好感，当时的德国驻英国大使里宾特洛甫就很入华丽斯的青眼。据可靠消息，华丽斯伺候爱德华八世期间，还兼职跟德国大使交流情感，据说德国大使每天送给华丽斯十七朵粉色康乃馨，用来纪念他们共度的十七个春宵。

本来，所有人认为粉色的康乃馨不过是一段粉红色的回忆罢了，大不了是另一段王室丑闻。可是很快英国情报机关就发现不对了，而且这时候，美国的情报调查机关刚刚改了一个我们都喜欢的名字，叫“FBI”，绝对是身手不凡。英美两国都察觉到，英国内阁的机密消息很容易泄露，上午唐宁街开会说的私房话，下午德国大使馆烧锅炉的都知道了，咋回事，有内奸？！这事也容易查，很快，两国的情报机构基本可以认定，卧底的就是国王本人啊。内阁的消息不能瞒着他吧，他不瞒着华丽斯，华丽斯也没告诉别人，只不过是有人给她送花，她为了表示感谢，将自己知道的事随便传达一点过去罢了。

话说 1936 年，希特勒大军已经开进了之前拟定的不许驻军的莱茵非军事区，法国、英国、美国都已经心提到嗓子眼，知道另一场大战不可避免了，德国显然是敌人，而这时，英国的国王和准王后居然通敌？！这个事太严重了，英国的首相、内阁、王室、议会全傻眼了，而且，这事让英国人如何面对自己的盟友法国和美国呢？首相鲍德温多次和国王交涉未果后，只好抛出了最后的决定办法，要么国王辞职，要么内阁全体辞职！这不是个难选的题目，爱德华八世绝对不敢让内阁辞职，要知道，英王有权力、有兵马的时候，都干不过议会，更何况是现在一个空架子的英王。万般无奈之下，爱德华八世让出了王位，他的弟弟约克公爵接班，成为乔治六世。

爱德华八世让出王位，保留了贵族的头衔，他获得了温莎公爵的封号，赶紧跑到法国，跟华丽斯结婚，有情人终成眷属，辛普森夫人现在是温莎公爵夫人了。这两口子貌似求仁得仁啊，形象不错，他们真的甘心吗？让我们清算一下，下岗后的爱德华八世做了些什么。

退位第二年，爱德华八世就带着老婆拜访了希特勒。温莎公爵高度评价了他在德国的所有政策，高度赞扬他的独裁统治，高度支持他即将对东欧的所有行动。这是表面知道的内容，私底下，温莎公爵两口子和希特勒聊了些什么，就不知道了。

两年后，希特勒的德国大军闪电攻入波兰，第二次世界大战开打。战争照顾就业啊，温莎公爵两口子本来就在法国流浪，没处安身，日子挺凄凉的。不过他俩可不缺钱，传说，温莎离开伦敦前，他的弟弟，也就是新的英王曾问他可有困难，他可怜兮兮地对弟弟说，他欠了大笔的外债，日子极其拮据。乔治六世意外登基，对这个哥哥多少也有点同情，于是答应每年给温莎数目很大的退休金，帮助他还债。后来此事穿帮，所谓还债的钱都被温莎两口子用来挥霍了。这个事让乔治六世很鄙视自己的哥哥，而另一个对温莎公爵改变看法的，就是丘吉尔。爱德华八世和华丽斯闹得沸沸扬扬的时候，爱德华八世最忠诚的支持者就是丘吉尔，他坚持认为，国王有错可以改，让人家下课不合适。后来看到爱德华八世的种种不上道行径，也对他颇为失望。

“二战”开始，温莎公爵得到一份工作，出任英军驻法军总部联络团特派员，少将军衔。给温莎这样一份工作，实在是说明了英国人的妇人之仁，他们可能是认为，就算温莎公爵对希特勒有点古怪崇拜，但既然已经正式敌对开打，温莎公爵还是应该拎得清事情的轻重；另外一个原因是，盟军之间也互相防备，温莎在法国，经常可以把法国的一些不让英国人知道的事传播回来。英国人想错了，温莎公爵用实际行动告诉我们，没有人会随便放弃王位的，如果能拿回来，他不介意再次戴上王冠。已经被英国人抛弃的英王，怎样才能重新获得失去的一切呢？温莎选择了支持希特勒，希望通过他的努力，战后让自己拿回王座。

温莎的职位很有利，经常可以接触到盟军的作战计划，而他本人还可以进出大部分的法军要塞，有做间谍的最好条件。而他的老婆则是个优秀的联络员，因为她的康乃馨情人此时已经是希特勒的外交大臣了。华丽斯愿意跟爱德华八世混，自然是对英国的王后之位怀着幻想，如今美梦破灭，老公还被赶下台，华丽斯恨英国议会入骨，肯定是帮助德军不遗余力，更何况，她也坚信，德军战胜，一定会主持正义，让老公回伦敦重新上岗，她还有机会成为大英王后。盟军计划—温莎—温莎老婆—德国外交部—希特勒，就形成了一条非常高端而且流畅的情报传递链条，根据后来揭秘的资料，温莎公爵甚至还建议德军对英国实行持续的轰炸，以迫使英国投降求和。

刚才说过，丘吉尔本来还是站在温莎公爵这边的。看他实在扶不上墙，也就寒了心。后来临危受命成为英国首相的丘吉尔知道了温莎两口子在法国的行为，惊出一身的冷汗，赶紧把这雌雄双煞两个双面间谍远远打发到西印度群岛最北部的巴哈马岛国担任总督，让他们远离欧洲大陆，省得在盟军跟前丢人。传说，被流放巴哈马岛的温莎公爵还是经常跟自己友人说，他有信心一定会重登王位。不过他的间谍身份显然已经被很多盟军高层知晓了，1941 年，温莎夫妇去美国的佛罗里达度假，全程都被 FBI 以一级戒备监视，防止这两口子来美国搞情报，估计华丽斯换泳装都在 FBI 的监视器下，只是他们自己并不知情罢了。

跟那些桃色绯闻相比，出卖国家给德国人显然是太难堪了。英国人也觉得，自己家摊上这么个国王，哪怕只有一年，也丢不起这么大的人。所以，温莎的这些事，英国人虽然查得清清楚楚，但是却捂得严严实实，坚决否认。而最后披露出来的，都是 FBI，美国人喜欢看英国人的热闹，因为从美国独立到“二战”这段时间里，英国人打心眼里瞧不上美国，认为他们低等粗俗，是伙乡巴佬。而他家坚持，不同意辛普森夫人上位，就是因为她的婚史，以及不尊贵的美国人身份。大家可以想象，FBI 抛出温莎公爵的这些丑事，怀着的肯定不是太善良的目的。

四十九　第二次世界大战

刚开始也㞞

该进入“二战”了，让我们说说英格兰在“二战”的表现。那是所有人都应该佩服的，大家算一下啊，同盟国的几个大佬，法国很早就降了，美苏是后来才参战的，从头到尾跟希特勒死磕的，就是英格兰这一家，相当彪悍。我们现在是可以高度赞扬他家的反侵略精神，可在“二战”开打前，这家人也㞞了一阵子。

希特勒上台，法英美都知道人家要报仇，也都在造型上做好应战的准备，可实际上，心里真发虚。1929 年经济危机，让这几大国几乎假死了一次，30 年代中期，经济稍有好转，好日子来之不易，谁愿意打架啊？法国是没办法，他家绝对是希特勒第一个要捏死的仇家，法兰西不找人结盟是不行的，可英美就不这么想。美国人不愿意掺和欧洲的事，而且在欧洲几个世家眼中，“山姆大叔”就算发成猪头，也不过是个暴发户，再有钱也不想给他们脸，所以“山姆大叔”也不愿意到欧洲去混。而不列颠呢，全民惧战啊！“一战”的血腥还没完全洗干净呢，没事不能好好过吗？不打架不行吗？让欧洲打翻天，咱们在岛上躲着不行吗？20 世纪 30 年代中晚期的英国，上下都弥漫着这种气氛。不过对这三家来说，最要命的是希特勒大哥的气场吓人，都知道跟他硬碰没啥好处，能躲大家尽量躲躲。

希特勒大哥自己不知道别人到底有多怕他，所以他预备试试，先是不顾《凡尔赛和约》对他家军队的限制，开始征兵扩充军备，英法虽然有点忧心忡忡，但也没说什么。接着，希特勒就在《凡尔赛和约》规定的非军事区莱茵部署军队，这个动作把法国吓坏了，他家赶紧找英国拿主意，英格兰抬头看了一眼，很冷静地告诉法兰西：“那是人家的后院，人家要驻军还是开 party 都是人家的自由啊，淡定，淡定啊！”这事又不了了之了。希特勒高兴了，既然几个老大这么给面儿，我就再要求进步一点吧。

大家知道，历史上德国和奥地利就是一家，都是日耳曼人，所以对希特勒来说，统一这两个地区几乎是他自以为的神圣职责，于是他开始插手奥地利的事。看奥地利貌似不太痛快，希特勒更不痛快了，二话不说，大军开进了奥地利的国土，兵不血刃，让两个日耳曼国家重新统一了（虽然吞并了奥地利，奥地利人没觉得委屈，貌似还很享受被希特勒罩着的光景）。这么大的事，英法还是伸着脖子看热闹，不干涉。希特勒闲不住啊，统一了奥地利和德国，还有一个德语地区在版图之外呢，要拉回来啊，那就是捷克斯洛伐克的苏台德地区。

捷克斯洛伐克这个国家原来是没有的，“一战”后，奥匈帝国瓦解，它境内的土地经过各自整合，变成了三个独立国家：奥地利、匈牙利和捷克斯洛伐克。而捷克取得独立后，“二战”前几年经济发展得相当不错。他家院子里也是品种流杂，靠近德国的这部分，居民都使用德语，这个地区就是苏台德区。

20 世纪 30 年代中晚期，捷克已经出现了不少纳粹组织，叫嚣让苏台德自治，纳粹态度不好，当然不会跟捷克人好好商量，主要的言论就是，不让该地区自治，德军就打过来帮它自治，等等。德国威胁捷克，这就有点过分了，捷克是“一战”后独立的国家，德国如果再把它占领了，“一战”就白打了，英法在欧洲设定的次序就是白扯了。而法国人这时已经很明白，只要德国人对捷克动手，自家不管肯定是不行的。法国人想管，他一个人也不敢到希特勒跟前去叫板啊，他还是要找个帮手，然后再看那个帮手是个什么态度。这时，英国历史上的一个大功臣出现了，这个伙计，就是英国的当朝首相张伯伦。

保守党领袖张伯伦可是英国的政治大拿，历任卫生大臣、邮政大臣，1937 年以保守党领袖的身份出任英国首相，这一年，老爷子六十八岁。对这样一个岁数的老人家来说，在这么乱的时代成为一国之主，真不算晚年幸福。老人家嘛，都是息事宁人的，讲究清心养性、无欲则刚的，有人打架，老人家肯定是上去劝和，当然有的时候，他还在旁边看热闹，毫无正义感。比如，当时日本对咱家的入侵，张伯伦大爷可就是干看热闹不出声的。

苏台德危殆了，法国急眼了，张伯伦只好以近七十岁的高龄第一次坐飞机到欧洲，希望以一个老人的冷静安抚希特勒狂躁的心。拜访了三次，好话说了一箩筐，最后张伯伦没有说服希特勒，倒是希特勒说服了张伯伦。1938年9月29日，英国首相张伯伦、法国总理达拉第、德国的希特勒、意大利的墨索里尼，这四位大佬终于达成了协议，签署了著名的《慕尼黑协定》，该协定绝对是英国历史上比较丢人的文书之一。这篇东西详尽反映了张伯伦老头的欧洲斡旋结果，那就是，将苏台德地区直接割让给德国。大家注意看，与会四位大佬，没有捷克家的人。也就是说，这四个大哥没经人同意，就把一个街坊的自留地给分了。

张伯伦回到英国，受到了举国上下的欢迎，顿时成了大英雄。所有的英国人都认为，这个老爷子的辛苦换来了英伦三岛甚至是欧洲的宁静和平，这下再不用担心那个小胡子的德国人打仗打到家门口了，英国的年轻子弟该上学上学，该上班上班，该谈恋爱谈恋爱，反正不用去欧洲送死了。当时的国王乔治六世更是高度赞扬张伯伦的功勋，按道理，英王是不能表现出明显的政治态度和倾向的，可这次，乔治六世毫不掩饰地支持张伯伦。

张伯伦这套牺牲别人、妄图保全自己家的逃跑主义行动后来被叫作“绥靖政策”，听起来就胆小怕事的。而当时的英国上下，只有少数人认为对德国一再忍让是不行的，唯一的办法就是整顿军备，预备血战。这派人被全英国抵触，而吵得最激烈最激进的那个，大家都叫他“战争贩子”，说他就看不得老百姓日子好过，死乞白赖地想让同胞成炮灰，而这个“战争贩子”就是大肚子的丘吉尔。

对于“绥靖”的这段历史，英国人恨不得推倒重写。话说“二战”开打后，当年支持张伯伦的人抵死不认，包括乔治六世，都说自己从一开始就感觉张伯伦的路线是错误的，而且当时自己都是丘吉尔的追随者，好在历史是人写的，这么丢人的历史，我们同意英国人重新写一遍吧。

和平的战争

希特勒冷笑着拿到了《慕尼黑协定》，他所有的测试都已经结束了，最后结论是，英法就是两头狗熊，而且是取了熊胆的，自己连两头无胆狗熊还对付不了吗？

1939 年 6 月，车隆隆，马嘶嘶，希特勒的大军开进了苏台德。不过他的目标现在已经不是苏台德了，他顺手全取了捷克。全世界都震惊了，等清醒过来时，世界舆论找到了宣泄，那就是找英法算账，看看你们两家造的什么孽啊！而且大家也都知道，是时候所有人团结起来，抵制希特勒这个狂人对善良世界的步步进逼了，于是，欧洲各地的反法西斯联盟纷纷成立了。

英法出卖了街坊，自己落下骂名，现在知道，战争是不可避免了。这时，找人帮忙就非常重要了。美国人现在指望不上，他家卖军火忙着呢，最好是拉住苏联啊，再次让德国两线作战，才是牵制希特勒的办法。

话说 20 世纪 30 年代早期的时候，斯大林找英法商量过结盟遏制德国的事，大家可以想象，当时的英法躲着苏联。那时他们两家“绥靖”，如果跟苏联结盟，把德国围在中间，会让希特勒感觉到邻居不友好，说不定会让这个狂人犯病，狂人犯病会打人的。待到狂人真发狂了，英法这次主动找苏联结伙的时候，轮到斯大林端着了。当时，希特勒想到把波兰吃掉，再控制东欧，斯大林当然也喜欢波兰。而占领波兰，归结到底是苏德两边的互相防备，因为波兰的地理位置决定了他是苏德之间最好的战略缓冲带，谁家先占领，谁家先得利，所以他们两家争先恐后地往波兰挤。苏联和德国签了个互不侵犯条约，粉碎了英法找苏联入伙帮忙打架的天真想法。

苏联不插手，德国心定了。1939 年 9 月 1 日，希特勒发动大军，闪电般攻入波兰，一天时间就进入了波兰腹地，希特勒大军在波兰秋风扫落叶般地挺进，斯大林也毫不客气地从另一边进入波兰，大家还记得，历史上波兰就隶属沙俄，所以斯大林声称是恢复俄国的领土。一个月时间，苏德两国就将波兰解体了，我们要表彰波兰人民，面对这样的蚕食，他们一直英勇抵抗，不屈不挠。

希特勒攻击波兰两天后，英国首相张伯伦沉痛宣告，他的“绥靖政策”彻底破产，当天上午 11 点，英国人带着万般的无奈向德国宣战；下午 5 点，在家哭了好几场的法国人也擦干眼泪，向德国宣战。之前，因为意大利的狂人墨索里尼上台，已经跟希特勒结成同党，而亚洲的日本因为对咱家的垂涎，也觉得加入黑社会就可以更加无法无天，于是德、意、日三国结成一党，开始跟全世界的正义为敌。柏林和罗马在同一条经度线上，像一条轴线，因而这个黑帮团伙，江湖人称轴心国。正派反派都出场了，第二次世界大战就这样全面爆发了。

宣战是宣战了，到底怎么打，英法还是没数。英国人磨磨蹭蹭在家整饬军备，想的是能拖一天是一天。法国人觉得，还是以防守为主，避免跟德军正面接触。于是各忙各的，法国人在战前就构建了一条堪比万里长城的防线，也就是大名鼎鼎的“马其诺防线”，由北往南，依山傍河，长达七百多公里，南起地中海沿岸法意边境，北至北海之滨的法比边境，堡垒、工事密集，设施完备。这么说吧，绝对可以做一个“固若金汤”四个字的金匾挂在马其诺防线的城墙上。英国人继续磨蹭，法国人守在马其诺防线后面百无聊赖，法国政府还是爱护军人的，怕他们在马其诺防线无聊，还在附近建了不少的电影院，派剧团下战地演出，还发了上万个足球，让战士发展体育运动，大战不忘健身，打完了还可以踢世界杯。就这样混掉了八个月，与西边古怪的风平浪静对应的，是中东欧如滚油般的战争形势。

胖老头的果决

英法两国无所事事，德军却绝不松懈，法军守在马其诺防线背后，英军正在渡过海峡，德军以另一个漂亮的闪电战占领荷兰和比利时。因为德国陆军出名的就是坦克部队，所以法国人认定德军进攻一定要找大路走，所以在马其诺严阵以待，等德国人撞上金汤来送死。可是德国人打仗，从来就不按教科书的，他家硬是从森林密布崇山峻岭的阿登山区绕过马其诺防线，以英法都不敢相信的速度进逼巴黎城下。不到二十天，巴黎投降，称霸欧洲大陆多年的法国人，曾经号称大陆第一的法国军队就这样稀里糊涂地惨败，这个历史上最辉煌的欧洲大佬轻易沦陷。而那固若金汤的马其诺防线，它依然固若金汤，尤其是驻守在那里的法国军队，正一脸期盼地等待德国军队正面来攻，不知道背后的巴黎已经被德国人踏在脚下。就这样，马其诺防线成为世界战争史上一个著名的笑话。

法国战败投降，英法联军也只能败退，没有什么上规模上档次的战斗，反正一阵混乱后，英法大军四十万主力就溃败到法国东北部的一个港口城市，敦刻尔克。前面是德军三路人马，凶悍威猛的装甲部队从三个方向包抄，背后是浊浪排空的英吉利海峡，如果不出意外，没有奇迹，这四十万大军立时便化为齑粉，而这已经是英法两国的精锐了，一旦被消灭，希特勒再成功冲上英伦三岛，则除了童子军无人可以防守，不列颠也就跟法国命运一样了。

这是英法联军生死存亡的关键时刻，虽然法国已经投降，但是，法军的有生力量还在，只要保存这支军队，总有反攻大陆的那一天，至少是有希望。这时，德国部队最先头的那辆坦克，最近的，离敦刻尔克不到十英里。

英国国内已经开始紧张了，法国投降了，英国在欧洲大陆的低地门户荷兰比利时都没了，英国怎么办？找首相啊，张伯伦啊！这老匹夫，如果不是他贪生怕死，胆小怯战，英国早就做好战斗准备了，不会像现在这样被动。张伯伦赶紧下课，丘吉尔，国家需要你，人民需要你，你赶紧来上班啊！

丘吉尔腆着肚子，抽着雪茄上岗了。到底是脑子清楚的人，他上任第一件事，就是不惜一切代价，让敦刻尔克的英法联军撤回英国本土。

敦刻尔克的事，绝对是世界历史上最吊诡的事件之一了。德军的坦克带着低沉的闷响向敦刻尔克开进，也许还有两三天，或者五六天，德军将迎来辉煌的大胜。行军道路上最让德国军官头痛的，就是如何处理那即将而来的四十多万战俘或者尸体，这事还真是挺愁人的。这个诡异的日子就是 1940 年 5 月 24 日，正向敦刻尔克挺进的德国装甲兵团收到了希特勒的命令：“停止前进，原地待命。”德军上下一头雾水，难道元首突然信佛了，想放这四十万人一条生路？可是德国空军还在往敦刻尔克穷凶极恶地丢炸弹啊。装甲兵团不敢不服从，只好停下车马，唉声叹气，揣度圣意。

丘吉尔没时间分析希特勒的用意，四十万大军的撤退，不是个小事啊。敦刻尔克港水浅，英国的大型船只不能靠近，于是英国全国总动员，渔船、舢板、游艇，不管是军用还是民用，哪怕是木盆木桶，能用的全用上，齐聚敦刻尔克港，昼夜不停，疯狂地运送英法军队。为了掩护这场人类历史上最大规模的军事撤退，英国空军也进入了疯狂的状态，跟德国空军在天上玩命，掩护大军撤离，所有的飞行员都是疲劳作战，除了加油，不敢休息，不敢停下。

等到敦刻尔克的撤退已经形成潮水，一批一批非常流畅有序地向英国大陆转移盟军将士，5 月 26 日，德国的装甲兵团又收到进攻的命令了。可这时的敦刻尔克已经不一样了，之前是迷茫不知道方向，如今英法两国已经明确，最大的目的是保证主力撤离，所以掩护的掩护，牵制的牵制。而光荣的法国兵团此时带着亡国之恨，焕发了高卢人久违的铁血英勇，明知道自己可能没机会撤出战场，还是勇敢地跟德军纠缠在一起，阻挡了他们的进攻脚步。一个星期的时间，三十四万人撤出了欧洲大陆，安全地回到了英国休整，创造了世界战争史上一个惊人的奇迹，而就是这三十四万人，里面包括英法两国那些久经沙场的老兵和最有价值的战斗将领。在不久的将来，我们会看到这些人再次出现在英吉利海峡，那时，他们参加的行动是诺曼底登陆。

不列颠空战

说到奇迹般的敦刻尔克大撤退，对不列颠来说，虽然是败逃，依然是伟大的胜利，绝对是新首相丘吉尔的高明决策，所有政治决策中的神来之笔。可对希特勒来说，犯这种浑，我们就不能原谅他了，作为整个世界历史最大的反派之一，这个动作让他的形象很模糊啊，一个极端的人突然妇人之仁严重影响名声。到底什么原因促使希老大关键时刻转了性，放虎归山呢?

其实希特勒下达停止攻击的命令不全是昏招，他是考虑了全局许多因素的结果，有一部分的原因跟当时的德国政治有关（参看《德意志：铁与血的历史》），还有一部分，或者说更大一部分原因，是希特勒想挟持敦刻尔克海滩上这四十多万条性命跟英国人谈判，逼英国人投降。

希特勒有人种洁癖，犹太人自然是要全整死，可英国人是盎格鲁－撒克逊人种啊，说起来是他日耳曼人的远亲，希特勒虽然喜欢杀人，亲戚还是可以手下留情。所以，他希望最好是英格兰像法兰西一样，自动投降，他省事又省力，节约不少工夫。可惜啊，英格兰本来是狗熊，现在长出熊胆了，还是很胖的一个熊胆，也就是我们绝不屈服的丘吉尔首相。希特勒敢冒风险，停止攻击跟英国人谈判，他是认定了这四十万人几乎已经是瓮中之鳖，下了锅的鸭子，砧板上的鱼，除了等死没有其他前途。待他发现海滩上的英国佬越来越少，赶紧重新启动进攻，已经失去了最好的战机。

敦刻尔克大撤退的整个计划被称为“发电机”，除了英国人万众一心的搏命精神，最关键的，还是依靠强大的英国海军。希特勒上台，虽然德国陆军突飞猛进，但因为英国的压制，海军并没有发展到最好的水平，海上还是英格兰的地盘。眼看着敦刻尔克跑掉了英法主力，希特勒火大了，自然是恨不得追上去将这三十万人淹死在海里，然后纵马英伦三岛，让英国人屈服。但他知道，要想在英国舰队的缝隙里穿越英吉利海峡，这个动作难度系数太高了。如今欧洲就剩下英国还在抵抗，希特勒必须要拿下这个最后的堡垒，于是他开始在家里分析了。

敦刻尔克大撤退，虽然人跑出去了，但所有重装备和车辆就不可能带着一起跑了，几乎损失干净，而英国本土剩下的火炮坦克也寥寥无几，空军为了掩护撤离，损失了约一千架飞机、四百多名经验丰富的飞行员。德国就不一样了，他家一路势如破竹地把邻居吃掉，缴获的武器辎重不计其数，陆军装备大增，空军不能落后，也跟着花了不少钱，规模扩大。尤其是，空军司令是纳粹的二号人物戈林元帅，空军在德国三军中占有一个很超然的位置。此时的德国战机都已经部署在海岸沿线，随时预备起飞干坏事。根据这个客观情况，希特勒决定，先以空军发起空战，消灭英国空军，夺取制空权，再以空军掩护海军夺取制海权，最后实施登陆，这个完美的计划，希特勒起名叫“海狮”。

真是个好计划，戈林元帅亲自组织并发动了对英国的空袭，1940 年 8 月 13 日，戈林称为“鹰日”，德国的战鹰腾空而起，光临英国南部，要炸毁英国人部署在那里的军舰、海军基地、机场。这一天德军乘兴而来，并没有达到目的，德国空军在英国南部晦暗的天气中，遭遇了英国空军的顽强抵抗。此后的日子里，德国空军升空很积极，却没有占到什么便宜，之前的战略目的没有达到。为什么英国空军这样神勇呢？因为一种秘密武器——雷达。

很早就有人研究雷达了，但是研究出用于军事的雷达的，还是英国人。就是这些雷达，让英国人可以提前探知德国飞机的动向，掌握了主动。但是毕竟德国的战机数量占优，疲劳战打了几天，英国空军眼看就扛不住了，最要命的是，德军几乎炸毁了南部英国空军的指挥中心，只要德国人再坚持几天，他们空袭的目的就基本达到了。可是就在禁区前面，德国人突然转移了方向。不射门了。大约是英国的空军过于神勇了，虽然已经是强弩之末，但表现出来还是龙精虎猛的。这让德国人很困惑，到底英国空军什么实力啊，怎么总消灭不完呢？这时，一个意外的事件让德国人改变了策略。

话说有一个德国空军的小分队，在大雾中迷航，稀里糊涂地飞到伦敦上空，在市中心丢下一堆炸弹。虽然德国飞行员在天上不断道歉，告诉英国人，炸错了，不是故意的，可碰上丘吉尔这个暴脾气，绝对不原谅人家的疏忽，他马上下令，以牙还牙，英国空军，给我飞到柏林去炸。

德军气盛，开战以来，德国人的日子一直很惬意，天天看自己的军队攻城拔寨，哪里知道那些战争中的百姓之苦。现在他们有感觉了，英国的炸弹也找市中心丢。自从跟了大佬希特勒，德国人哪里吃过这种亏啊，气昏了头的德国空军忘记了最初的空袭计划，不炸那些军用设施了，他们开始找平民算账，专找英国的大城市，拣人多的地方下黑手。

这一轮轰炸，最悲壮的要数对英国的航空基地考文垂的轰炸。为什么说悲壮呢，当然是因为炸得太狠了，一个工业重镇被夷为平地。德国空军趁夜色而来，将考文垂炸成火海离去，自以为偷袭得非常成功。真是偷袭吗？不是，这次空袭考文垂的计划，被我们的艺术家大哥希特勒起名为“月光奏鸣曲”，重要的就是静谧啊，不能让英国空军知道德国人的攻击企图。可是，丘吉尔也是音乐爱好者，这个绝密的“月光奏鸣曲”乐谱，他很早就获得了。

话说“二战”开打后，德国人发明了一种密码机，叫作“英尼格玛”，这种密码机能随意组合字母，无限度加密，一天一换，在德国人看来，这个密码是绝对不可能被破解的。英国人不信邪，传说是组织了近万人，废寝忘食研究了几个月，破译了这部当时世界上最牛的密码机。而就是通过破译的密码，丘吉尔第一时间知道了德国空军对考文垂的轰炸计划。实际上，因为之前英军积极的反应动作，德国人已经怀疑自己的密码系统出了问题，这个“月光奏鸣曲”的计划，除了是完成战略轰炸，还有一个目的就是测试英国是否破译了密码。

这可能是丘吉尔一生最艰难的决定了，他知道，保全考文垂，德军知道密码泄露，必然会改变情报密码，则自己就被动了；而如果牺牲考文垂，自家还能在情报战上保持优势地位，这些绝密的德军情报早晚肯定会给英国带来更大的胜利。于是，丘吉尔几乎是含着泪下令，不做任何防备，将考文垂送到德军的屠刀之下。

这份大礼，德国人真没客气，十个小时的狂轰，德国人一点没省炸弹，整个城市变成火海，近五万人的住房被炸成废墟，街上到处是被炸得血肉横飞的死人和伤者。考文垂整个城市停水断电三十五天，损失无法估计。

所有的大城市几乎都被炸了一轮，伦敦更是被炸了好几回，连白金汉宫也没有躲过。德国人以为只要屠杀平民就可以打击英国空军的斗志，谁知英国百姓却依然保持着乐观和坚强的心，德军一炸完走人，英国人爬出防空洞生活照旧，有些小店铺被炸成废墟，幽默的英国人在废墟上贴上巨大的标语，上面写着“继续营业”的字样。

英王乔治六世走出被炸的白金汉宫，一脸泰然自若、从容不迫，并且带王后亲自深入被轰炸的重灾区慰问难民。这样从上到下的万众一心，让英国的空军越战越勇，虽然战机数量远远落后，有经验的飞行员也越来越少，可越打气势越盛。终于有一天，德国人清算损失，发现自家损失了近一千八百架战机，战死和被俘的飞行员大约有六千人，而英国呢，损失战机九百多架，飞行员大约少了四百来个。

这个账本让希特勒的心拔凉拔凉的了，本来这个“海狮计划”，第一个要点就是用极短的时间消灭英国的空军，转眼看从夏天炸到冬天又炸到春天，炸弹固然是越来越少，自家的飞机也越来越少，而对方的士气越来越高，英国上下抗击德国的心越来越铁。再加上，希特勒已经计划好 1941 年中的时候对苏联动手，这样不死不活地被缠在英伦，很被动啊，算了，“海狮计划”无限制搁置吧，以后收拾了苏联，有空再找不列颠算账，丘吉尔，你给我等着！

这就是“二战”持续时间最长、规模最大的空战——不列颠空战，英国取得了胜利。虽然死伤无数，建筑物大量被毁，但毕竟是赢了，在欧洲大部分地区沦陷，英国孤军作战的情况下，抵抗了德国这样霸道的攻势，没有亡国，也让全欧洲的人看到，希特勒不是神仙，他也有做不到的事情。

依然是海霸

整个 1940 年，除了抵抗德军潮水般的空袭，海军的压力也骤然增加。根据战前的安排，英国海军防守大西洋，而地中海的盟军护航任务，主要由法国人负责。法国人投降了，法国的海军自然也不能用了。盟军不能用，德国人能用啊。希特勒如果突然指挥法国海军对英国作战，这种可能性是绝对存在的。于是英国舰队出手，将法国奥兰港的舰队团团围住，要求法国舰队要么参与自己一方作战，要么自己缴械，退出战争。法国人已经亡国了，还有点最后的骄傲，拒绝了英国人的要求，于是，英国舰队只好对自己的盟友开火，解除了地中海区域的法国舰队威胁。虽然英国人这种做法貌似没错，但是在交火中一千二百多名法国海军惨死，让两家埋下了仇恨，以至于后来的联盟作战中，这一千二百多条人命，成为英法之间一个难解的心结。

对盟友下手没有犹豫，对敌人更不用留情了。孤军作战，英国面对巨大的海域非常吃力了，尤其是德国那些潜艇不依不饶，神出鬼没的。为了缓解自家的海上压力，英国舰队决定，一次性解决地中海上所有的威胁。地中海上谁是敌人呢？当然是意大利人。而意大利海军最精锐的部分都在塔兰托港。大家看地图，如果意大利的版图真是个靴子，塔兰托就是足弓到足跟这个部分。

整个第二次世界大战，盟军最喜欢的是意大利人，这样残酷的战斗中，意大利军队不断地贡献笑料。这家人最出名的就是嗓门大水平低，不论墨索里尼多喜欢给自己打造另一个世界狂人的形象，可他的意大利军团真没给他争来任何脸面。面对威风凛凛的英国皇家海军，塔兰托的意大利舰队一般是不太出门的，除非是非要护航不可的任务，否则，能躲着坚决躲着。

皇家海军虽然没把意大利舰队放在眼里，可毕竟人家也有一港的战舰在港口摆着，万一哪天他家想出来 high 一把，英国舰队不也要应战吗？鉴于这个不可预知的作战前景，一贯做事果决的丘吉尔决定，提前出手。你不是不出来吗？我就关门打狗，先把意大利军舰出海找碴的可能性打成零。

1940 年 11 月 11 日，之前做了大量假动作的英国舰队，航行五昼夜后，抵达了意大利的塔兰托港，这次行动的主角，英国舰队的核心就是“卓越”

号航空母舰。怎么突然冒出来航空母舰啦？对啊，这东西早就有了，最早美国人就提出，应该让战机从军舰上起飞，海空一体施行空袭任务。这个理想后来被英国人实现了。1917 年，英国人将一艘巡洋舰改装成世界上第一艘航母“暴怒”号，虽然号称是航母，不过是个山寨货，很多技术理想都没有实现。不过有家人更山寨，根据英国人的思路，他家真正造出了我们可以认可的正牌航空母舰，并让它服役，这艘真正意义上的世界第一艘航空母舰，就是日本的“凤翔”号。到了“二战”，航空母舰成为海洋战场上升最快的明星。

英国的航母舰队在离塔兰托三百多公里的地方停驻，母舰上的战机起飞开始对意大利军港内的战舰实施轰炸。这一战在军事史上被称为“奇袭塔兰托”。意大利海军发着蒙，接受了英国战机暴雨般的袭击。意大利自己的空军哪里去了呢？人家忙啊，人家加入德国空军去空袭伦敦了。英国战机的攻击大约持续了一个小时，港口内的舰队被击毁大半，意大利海军力量消失了一半。完成这么大的工作，英国花费的代价是十一枚鱼雷和两架战机。人在家中躲，祸从天上来，意大利海军真是想哭哭不出来啊，收拾一下塔兰托港口剩下的舰队，赶紧转移吧，不要留在英国海军的视线里了，这家人太欺负人了。于是，意大利剩下的战舰四散逃命到其他港口，地中海又剩一家独大，英国海军在 1940 年的 11 月，再次确认了对该海域的控制权。

这一战说起来很轻松，估计英国人自己都觉得没啥得意的，可它对整个世界战争史的影响是巨大的。第一，让全世界知道了航空母舰的威力。“奇袭塔兰托”被认为是航母的成名战，确立了它后来的海上霸主地位，开启了世界战争史的航母时代。第二，又被别人抄袭了。日本人对这一仗拍案叫绝，搜集了大量资料，就想着要学着玩一次，后来，他家就真的翻版了一次，他家玩的是奇袭珍珠港。只不过，英国这一战，干掉了地中海上一条小鲸鱼，日本人翻版那一次，给整个轴心国引来了一头大白鲨。

北非

开始说到意大利人瘾大水平低，跟在德国人身后狐假虎威，到处捡漏儿，不过大部分时间也捡不到。法国投降了，意大利虽然觊觎人家的地盘，但也占不到便宜，尤其是他家出动二十多个师的大军进攻法国南部，被亡国的法国军队六个师给赶回家了。但是意大利人不怕丢人啊，在轴心国三家里，虽然是个小弟，总是当自己是骨干，还什么都敢想，看着轴心国火烧云般的辉煌胜利，墨索里尼理想又扩大了，他想恢复古罗马帝国的荣光。

这个理想谁听了不倒抽一口冷气啊。当然，罗马帝国在西欧这个方向上的版图，意大利人是不敢想的，他愿意想，希特勒也不干。这样一来，古罗马的版图还有两个部分可以想象：一个是南欧，希腊；一个是北非，埃及那一带。只要占据这两个位置，意大利就再次将地中海变成内湖。

到底意大利在南欧和北非两个战场忙了些啥，请参看《罗马帝国：霸主养成记》。简单来说，就是一个贱兮兮的小流氓出去惹是生非，等别人动了手才知道不是对手，赶紧回家找老大帮忙，好在他老大是个狠角，出来帮他找回面子。

意大利进攻希腊失败，还被对方反揍了一顿，德军出兵帮忙，希腊和南斯拉夫被迫投降，英国派驻这个战场的军队几乎覆没。而北非战场，意大利军队对英军的人数装备比例大约是五比一，英军神奇般地节节推进，次次以少胜多，最后竟然俘虏了十三万意大利军队。仗打得这样离谱，英格兰自己都不敢自诩高手，实在是因为意大利军队太㞞了。到底怎么个㞞法，简单举个例子吧。都说意大利军队是整个“二战”的开心果，制造了不少喜剧效果，北非战场上最离奇的事件就是，1940 年 6 月 30 日，意大利军队北非的指挥官战机被击中，他家在北非最大的干部巴尔博元帅当场身亡。意大利自己说的，是死于跟不列颠的激烈空战。高射炮打飞机，这样精确地干掉对方的老大，如此巨大的一个战功，英格兰不客气，笑呵呵地收下了。巴尔博元帅死不瞑目，以为有人把他的行踪透露给英军，以致他被偷袭。元帅死得冤啊，人家英格兰的高炮真没这么好的准头，一举干下这架专机的，是意大利驻北非的高射炮团。话说巴尔博元帅预备回罗马述职兼休假，专机飞掠自家驻地的上空，自然是飞得又低又慢，顺便从空中视察一下高炮团的守备。高炮团可没让长官失望啊，尽忠职守的炮手看到一架飞机从自己的上空飞过，心想，这架英国飞机难道是来自杀的？于是毫不犹豫一炮上去，成全了对方的求死之心。天才啊，要知道，在这之前，这门高炮一架英国战机都没击中过，炮手还以为自己开和了，欢呼雀跃的。后来比较阴损的战地记者，形容这次意大利军团干掉自己长官的工作，绝对可以媲美美国空军猎杀日本的山本五十六那一战。

摊上这么个窝囊废小弟，希特勒在家恨不得撞墙。不帮忙不行了，控制埃及切断苏伊士运河当然是对英国人最沉重的战略打击，所以，德国人也不敢由着意大利就这样损兵折将死在北非战场上，德国人组建了非洲军团。为了显得希特勒对北非战场的重视，他为非洲军团配置的军长就是让所有“二战”迷无限敬仰的著名将领隆美尔。作为德军装甲第七师的师长，隆美尔一直是德军在西欧大部分著名战役的前锋，而他带领的装甲七师，江湖人称“魔鬼之师”。

隆美尔进入北非，面对意大利军队的一败涂地，来救援的老隆得出了一个著名的结论：“最好的防御就是进攻。”战争形势随着德军的主动出击顿时逆转，不论英军之前对意大利的胜利如何得意，此时面对德军都化为乌有。隆美尔和他的坦克部队伴随着沙漠风暴向英军推进，犹如一把热刀切进牛油。1942年初，英军不仅失去了之前收复的地盘，德军更是挺进到了离开罗两百公里，离亚历山大港不到一百公里的地区，英国军队被压在埃及境内的阿拉曼地区，眼看着埃及就要失去，苏伊士运河也跟着落入德国人手中。而此时的隆美尔，因为战场的锐不可当，获得了“沙漠之狐”的大号，被希特勒直接提升为元帅，成为当时纳粹最年轻的元帅。老埃及对于英国的重要作用是不言而喻的，虽然当时英国国内被炸得满目疮痍，丘吉尔还是亲临开罗，安排对北非战场的增兵，并调换了当时北非战场的英军指挥官，新上任的这位英军长官，就是上天为隆美尔降下的死敌，英国名将蒙哥马利。

时间走到了1942年，隆美尔统率德意兵团，将英国在北非的第八集团军压制在埃及。北非重镇托不鲁克失陷，伦敦上下一片哀殇，都张罗着让丘吉尔这个办事不力的下台。

老天对隆美尔这个伙计太不公平了，以他1942年上半年在北非的战场形势，他的坦克再踩一脚油门就可以完胜北非，从此他老人家不仅是沙漠之狐，还是沙漠之主。可惜啊，就是这一脚油门踩不下去，为啥呢？因为坦克没油了。咋混得这么惨？世界局势变化，敌我形势不一样了。

再拖表弟下水

要说此时的世界局势，首先要请出该时段世界政坛的绝对主角，那就是丘吉尔首相。这位老伙计在 1941 年间可是相当忙，忙啥呢？根据咱家的军事教科书，书面说法就是“合纵”，丘吉尔是欧美著名的“纵横家”，浅显的说法就是，找帮手打群架，丘吉尔是个专拉别人下水的。当时的欧洲大陆几乎找不出手脚齐全的帮手了，丘吉尔第一个想到的就是“山姆大叔”家。

“山姆大叔”家从建国开始就奉行一种叫“孤立主义”的东西，大意就是，我们在街角住着，两边都是水泡子，有个仙人掌邻居不足为惧，只要海对面的人不找麻烦，咱们没什么事也最好不要跨海启衅，尤其是对欧洲，做生意赚点钱是最实在，千万别掺和那一锅乱炖，容易把自家炖进去。要知道，美国从建国时就把人权放在第一位，啥叫人权啊？人命最贵，就是能不死最好别死，“子曰成仁，孟曰取义”这种事，对“山姆大叔”家简直就是神经有毛病了，孔孟两个老头在美国肯定是混不下去的。既然怕死，那第一件吓人的事就是战争，“二战”刚开打那阵，美国人拿欧洲的战局当饭后谈资，大有隔岸观火的架势，当然也不忘随时警告政府，不管那边打得多热闹，美国人绝对不加入，反正看热闹不花钱，虽然是大炮一响，黄金万两，但把自己送到炮口上就不好玩了。

不过“山姆大叔”家的当家的脑子清醒多了，罗斯福总统对希特勒虎狼之势是心怀忧虑的，他也知道，真让希特勒在欧洲得手，北美怎么可能置身事外。可他说服不了国会，说服不了美国国民，干着急没办法。看着自己的老兄弟丘吉尔烟越抽越多，脑袋上的头发越来越少，他也只能报以同情而已。话说英军在北非失利时，丘吉尔正在美国游说，听说重镇失陷，丘吉尔几乎是如五雷轰顶，而伦敦那边的舆论让丘吉尔对失败负责，正是丘吉尔政治生涯最危险的时刻。罗斯福看到老伙计日益苍白的胖脸，马上答应了提供一批新型坦克的请求，当然，这也是应该的，仔细推算血缘，这哥俩真是远亲呢，可仅此而已，让美国直接派兵参战，就真没办法了。

老罗没办法，丘吉尔有办法。1941 年 10 月的一天，在美国海军节的午餐会上，罗斯福突然展示了一张地图，据说这张地图是德国人绘制的，整个南北美的疆界和位置被重新划定。看到这个东西，美国人气坏了。这说明啥？说明德国人要染指美洲，要到“山姆大叔”的地盘上搞事。美国人一商量，可不能等德国人打上门，赶紧和不列颠亲戚联手，一起收拾德国佬。正好，一个月之后，日本人又非常配合地袭击了珍珠港，“山姆大叔”就这样一头栽进“二战”的战场。

而关于这份神秘的地图，就很悬疑了，最热门的说法是，这份把美国人气疯的东西是丘吉尔安排伪造的。是真是假就不得而知，但是那段时间，丘吉尔在美国上蹦下跳，口吐莲花，相当辛苦，最后想出让自己更省事的办法，也是可以理解的。无论如何，他的目的达到了。

而在欧洲部分呢，1941 年 6 月，德国大军天上地下声势浩大地撕开了苏联的防线，开进了苏联家辽阔的大院。这就是希特勒几乎相思成疾的“巴巴罗萨”计划，我们都知道，这个计划如果不让希特勒玩一次，他老人家绝对憋出毛病来。

丘吉尔毕竟是个政治家，政治家最重要的特质就是说话不用太算数，立场不用太执着。他知道，此时对于大英帝国，最大的威胁来自德军，而斯大林却是能牵制德国的重要力量。所以，1941 年 6 月 22 日夜里，也就是希特勒对苏联动手的当天，丘吉尔发表讲话。大意是，老夫以前恨斯大林恨得要死，现在还恨他，但跟眼下的形势比较，爱恨都不要紧了，反正，谁跟德国战斗，谁就是老夫的朋友，谁跟德国一伙，谁就是老夫的仇家。并承诺，援助苏联抗德。

6 月结交了斯大林，11 月搞定了罗斯福，丘吉尔这一通忙碌，应该说是奠定了盟军最后胜利的重要基础，所以，丘吉尔是整个“二战”的英雄。

蒙哥马利

回到北非，不管隆美尔怎么劝说他老大北非战场非常重要，希特勒此时的全副精神都押在苏联战场，小胡子大胡子的这一场死磕，实在是又花精力又花钱，希特勒希望隆美尔能懂事点，有困难自己解决，不要麻烦德军总部。于是乎，北非军团陷入了非常严重的给养缺乏，加上地中海英国的战舰密布游弋，来自意大利的补给船也根本靠不上岸。打仗这东西，是个系统工程，大部分时候，后勤保障比前线的绝世高手更决定胜负。而绝世高手隆美尔赖以成名的撒手锏就是坦克进攻战，如今汽油都没有了，怎么进攻呢？

隆美尔穷得没地方申请救济，英军却发达了。且不说美国加急赶制的各种坦克大炮，光军队就补充了不少，最重要的是，调整了组织机构，更换了有关领导，第八集团军一派新气象。

前文说过，第八集团军迎来了大名鼎鼎的蒙哥马利，这伙计在北非功成名就，绝对上天眷顾他这一场大功劳。为什么？因为最开始，英军在埃及吃瘪，丘吉尔亲临北非考察，为第八集团军做的第一选择，并不是蒙哥马利，而是另一员猛将戈特。

戈特谁啊？不认识，对啊，没机会认识他，他接到任命，坐一架运输机从英国飞到北非上班，还没报到，在空中就被德国人干掉了。蒙哥马利优哉游哉正做着与美军联合登陆的准备，冷不防被打发到沙漠，成了第八集团军的新掌门。

来到北非的蒙哥马利做了哪些战前动员，就不详细说了。总之，他老人家从此就有一个风靡世界的新形象，那就是歪戴贝雷帽，帽上有两枚徽章。这两枚徽章，一枚当然就是英国将军的徽章，而另一枚，则是普通装甲士兵的徽章。蒙哥马利这个造型就是诠释一个成语，叫身先士卒。第八集团军学习成语之余，当然也顺带增长了士气。

1942 年秋天的北非，战场形势是这样的，原来的进攻方德意联军，现有军队人数约十万,五百多辆坦克，油料奇缺，一千多门火炮，炮弹也不多，三百多架飞机，当然也等着加油；而英军呢，军队人数二十三万，坦克和飞机超过一千架，火炮超过两千门，反正都超过德军一倍以上，而且他们啥也不缺。除了财大气粗，蒙哥马利还占据情报优势，大家还记得德军那个得意万分的超级密码机吗？丘吉尔宁可葬送整个考文垂都要保全的秘密，如今产生了巨大的作用。德国总部对北非的战场大部分计划和指令，蒙哥马利几乎都比德国人先知道，而他当然更知道，那个绝世高手隆美尔，因为身体不好，回国养病去了！

这是扭转了整个北非战局的阿拉曼战役的开场，如此伟大的战役，这样实力悬殊的对阵，实在对不起观众，所以即使是赢了，我们也不用大肆替蒙哥马利鼓吹。1942 年 10 月 23 日，英军发动总攻。虽然是明显劣势，德军还是顽强抵抗了十二天。最后，以德意联军损失六万人，英军伤亡八千人的战果结束。随后，英美联军在沿海登陆，从东西两面夹攻非洲军团，第二年在突尼斯境内大会师，十万德意联军投降，北非战场赢来巨大的胜利。这也是盟军在“二战”中第一个完胜的战场。

北非结束，剩下就是大家都知道的大事年表了。1943 年 7 月，英美联军在意大利的西西里岛登陆，不久，意大利投降，而且很快掉转枪口对德军作战。前面说过，意大利军队对德国军队的最大贡献是从这时才开始的，基本上，意大利军队是“无间道”性质的，谁跟他家一伙，谁家就很倒霉，反而是做他家的敌人比较有利。相同的时间内，美军在太平洋战场节节推进，而苏联在经过艰苦卓绝的抵抗后，转入反攻。

胜利

看到战场的大好形势，所有的赌盘都确定盟军会取得最后的胜利，但作为一个卓越的政治家，我们的男主角丘吉尔看问题至少要比一般人超前 20 年至 50 年，他叼着烟斗，开始忧虑大英的未来了。他一手拉拢苏联美国成为反法西斯同盟，这两家人可不是傻小子，尤其是大胡子，他家此时承担着德国主力最凶猛的正面进攻，以斯大林的脾气，老子付出这么大的代价，就一定要获取相应的收益，美国本土没有受到冲击，美国人除了赚到大把钱，还凭空给自己镀了一层反法西斯先锋的金身，江湖地位越来越高。丘吉尔确信，他如果不在此时采取办法遏制这两条大鳄的生长发育，将来大英帝国在街坊估计连居委会干部都轮不上了。

1943 年底，盟军商议开辟第二战场。其实斯大林早就发过话，现在德国鬼子守着我一个人打，你们赶紧找个地方把德国人吸引过去啊，不要忙的忙死闲的闲死。可是英美两国当然是拖延敷衍，陷苏联于水深火热之中。

关于在哪里开辟第二战场是个敏感问题，斯大林的意思是从欧洲大陆的西部，也就是英吉利海峡跨海登陆，将法国开辟为第二战场，而后苏军从东向西打，英美联军，当然还加上法国的残兵游勇，从西向东打，两头夹击欧洲大陆的德军。这种打法听起来不错，但丘吉尔不干啊，这种打法的格局，最后的结果就是苏联和英美联军平分欧洲呗。对丘吉尔来说，共产主义是传染病，比甲流吓人多了，如果不能根治，就只好隔离，所以一定要把他们隔绝在东欧，不能让他们西进。他自己提出了一个主张，在地中海开辟第二战场，他当时发表了一个最著名的言论，说德国如果是条大鳄，地中海这个位置就是它柔软的下腹部，盟军应该一刀切进德国人的小肚子里。从地中海向北，这个战场向北延伸，等于是给苏联和西欧、中欧间划了一条防火墙，共产主义过不来，而英国还可以趁机占领他们一直觊觎的巴尔干岛和南欧的部分地区。

1943 年底，英、美、苏三巨头终于在伊朗首都德黑兰见了面，尤其是丘吉尔和斯大林，虽然之前两人书信不断，保持亦敌亦友的关系，可真见了面，果然话不投机，而他们争论的主要内容，就是在哪里开辟第二战场。为这事，两个人几乎当面翻脸，这中间多亏罗斯福左右斡旋，罗斯福考虑自家的利益，这次没帮亲戚，他站在斯大林那边，赞成在法国开打。既然是三巨头，两票对一票的结果，丘吉尔只好含怨签了字，放弃了自己的主张，而由这一刻，我们也不得不沉痛地告诉丘吉尔同志，这两家人的崛起已经势不可当了。

1944 年 6 月 6 日，英、美、法联军在风雨中渡过英吉利海峡，登陆诺曼底。一个月前后，一百多万军队重新杀回了欧洲战场，解放法国，随后势如破竹向德国境内推进。第二年，苏联红军攻占柏林，德国投降，日本投降，人类历史上最声势浩大的战争、最惨烈的浩劫在历时六年后终于结束。

五十　伊丽莎白女王

战后的艰难

这六年的煎熬，可以说在所有参战国中，伤得最重的是英格兰家，为什么呢，这家人从开头打到最后，一天也没休息，本土被炸得稀烂，而整个国家储备，黄金、英镑全送到美国去买军火，为了保护商队，大英帝国最骄傲的舰队几乎损失大半。为了换取美国的援助，英国将纽芬兰、百慕大、巴哈马、牙买加几个军事要地租借给美国，眼看着小弟“山姆大叔”又得了钱，又得了名声，还得到战略利益。中国香港、马来西亚、新加坡、缅甸相继落入日本人手里，印度岌岌可危。最离谱的是新加坡，英格兰在新加坡南部沿海布下“比圣诞布丁里的葡萄还要多的大炮”，将新加坡打造为东方第一坚城，结果日本骑自行车从马来西亚丛林南下，由北部杀进新加坡，新加坡的十万守军向三万日军缴械，并列队欢迎日本人入城。新加坡的沦陷，英国人称为大英军事史上最大的耻辱。英军在东南亚和印度的抵抗无力，让这些殖民地国家看清了老大的懦弱本质，所以“二战”后，纷纷“劈腿”，脱离大英的门墙。与英国的无力保护相对应的，恰恰是美国人的孔武善战，太平洋上的几次胜利，奠定了东南亚各国解放的基础，也多亏美国的舰队，英国人总算保全了最心痛的印度，所以美国人的形象在战后的亚洲自然异常高大完美。而苏联呢，正面抗击纳粹最猛烈的袭击，骁勇顽强，铁血真汉子，从来人类崇拜英雄是跟主义无关的，苏联这一战，为自家打造了很好的形象，也为自己打出了意想不到的国际地位。

老大总是少数，新人蹿红，肯定旧人就哭泣了，美苏的大国崛起，英法显然就悄然没落，如果不是战后那个非常人道慈善的“马歇尔计划”，历史上的世界首富不列颠只怕就穷倒闭了。英国人委屈了，法国人活该啊，他们投降了，可不列颠仗没少打，人没少死，血没少流，钱没少花，怎么忙到最后成配角了？冤啊！冤吗？这是国运啊，我们陪伴不列颠走过了一百多年的辉煌，烈火烹油、鲜花着锦之盛，再炙热的太阳也有下山的那一天。我们都还记得，“日不落”这枚艳阳冉冉上升时，不列颠家的当家是一位精彩的女王维多利亚。现在，不列颠走向垂暮时，大英的王权又落到一位女当家手里，现在看来，这也算是一位精彩的女王。

“二战”打了六年，盟军的三位老大自然要经常聚会增进感情，保障合作关系。英、美、苏三巨头在“二战”期间的碰头会共有三次。相比他们“二战”前后的关系，这三次碰头，基本还是气氛良好，但是别指望这三个老头态度好啊，且不说会议中经常吵红脸，单说开会前开会地点和开会时间都是他们要争执的内容。

第一次，1943 年的德黑兰会议，重点讨论第二战场的问题，为什么在伊朗德黑兰呢？因为斯大林说了，俺出来开会，家里的事不能不管吧，俺要电话遥控呢！是啊，他家是抗德主力，大胡子是总司令，不能让他借开会之名怠工吧。当时的科技，从莫斯科拉电话线或者是电报线，最远到德黑兰，所以就选择这里了。

第二次，1945 年 2 月的雅尔塔会议。雅尔塔在苏联的克里米亚半岛上，显然又是斯大林选的地方。为啥又是他啊？他嗓门大啊，俺现在打德国佬忙死了，哪有工夫跟你们去旅游景点开会啊，就搁俺们家开了，别啰唆，忙着呢！这次会议当然是确定了德国人必须投降之类的事，最可怜的是罗斯福老爷子，此时的他比秋风中的树叶还要虚弱，从美洲山长水远来到雅尔塔，吃尽了苦头，这次会议开完不到两个月，老爷子就仙逝在第四任总统任内，搞不好就是这一路折腾的。

第三次，1945 年中，德国已经投降，小日本还在苟延残喘。又张罗开会的事了，丘吉尔怕了斯大林的大嗓门，杜鲁门刚上班，也觉得大胡子挺凶悍的，算了，你说在哪儿开就在哪儿开吧，于是斯大林选择了德国西南的波茨坦。这次开会地点不吵架，开会的时间又扯皮了。为啥呢？英国 7 月大选，丘吉尔的意思是能不能 6 月把会开了，7 月他好回去竞选连任，虽然对大选他没啥心理压力，而且信心满满自己会以抗战英雄的身份再次成为内阁首脑，但是大选这东西，还是适当重视比较好。

杜鲁门不干了，他要求 7 月中旬开会，他又有什么事呢？“山姆大叔”家的事比大选严重多了，他家计划在 7 月 16 日引炸原子弹。杜鲁门第一次见斯大林，心里没底气，自己如果成功引爆原子弹，谈判的时候腰杆自然硬气点。大胡子讲道理，既然开会地点是苏联定的，开会时间就杜鲁门说了算吧，后来的事我们也知道，杜鲁门以为放出原子弹的新闻会吓得斯大林跳起来，结果斯大林脸上什么反应也没有，整得美国人特别没劲，比讲了个冷笑话还尴尬，好在后来原子弹在日本家发挥了巨大的威力，否则真没面子。

大家注意啊，回顾这三次会议，丘吉尔能说了算的事几乎没有，最后连杜鲁门这种新丁的地位都赶不上了，这说明什么？说明不列颠家真的颠不起来了，国家牛不起来了，个人再牛也白搭了。虽然名义上还号称三巨头，丘吉尔怎么看，都像是列席会议的，最多是座位比较靠前而已，老爷子在参加雅尔塔会议的时候，是这样描述自己的处境的：“我的一边坐着巨大的北极熊，另一边坐着巨大的北美野牛。中间坐着的是一头可怜的英国小毛驴。”

回到英国，虽然丘吉尔很胖，在国际上保持一副丰衣足食的模样，可其实英国真是赤贫了。穷到啥程度呢？据说王室一家每天就是吃点兔肉，国王嫁女儿，女婿连件新衣服都没有，美国政要造访英王，最受欢迎的礼物就是食品！战争期间，英国君民上下一心，勒紧裤带，全力支持前线打德国，要不然会亡国啊。全世界的老百姓都有这个善良，国家存亡面前，个人的利益都可以放下，英国的百姓也一样，在抗击德军、保卫家园这个信念下，挨饿受冻毫无怨言，绝对不会找政府麻烦。随着战争结果越来越明朗，老百姓开始担忧了，仗打完了，生活会有所改善吗？能找到工作吗？多久能恢复正常的生活呢？英国人质疑这些事的焦点，当然就是质疑丘吉尔。他是战斗英雄没错，他带领英国顽强地战胜了敌人也没错，可他的“战争贩子”形象太深入人心了，几乎所有的英国人都认为，这个老伙计在战时几乎是上帝，可进入和平时代，跟着他没啥好日子过。

1945 年 7 月 26 日，英国战后第一次议会大选揭晓，丘吉尔自己都目瞪口呆，他代表的保守党取得了议会两百一十三个席位，而工党获得了三百九十三个席位，工党获得了组阁的权利，丘吉尔作为保守党领袖自然要辞职给对方腾地方。新首相艾德礼上任第一件事就是奔赴波茨坦，继续丘吉尔没有完成的元首碰头会。斯大林笑眯眯地看着英美开个会轮番换人，作为三巨头中老资格的巨头，他嗓门自然更大了。

说到“二战”后英国的国内状况，稍有同情心的人都要掬一捧热泪啊。为啥呢？又穷又乱，最糟的是，政府也彷徨，不知道何去何从。要说解决经济问题，不列颠家还真不缺人手，大家还记得吧，历史上最耀眼的那几个经济学家都出在他家。

第一位宗师级的，约翰·亚当·斯密，他提出了那个让英国快步进入自由资本主义的自由理论。第二位教父级的应该是凯恩斯。这个伙计之前介绍过，当然是个牛人。传说他去阿尔及利亚旅游，当地小孩儿给他擦皮鞋，他同行的人看小孩儿可怜，都不吝啬地多给些钱，只有凯恩斯出手极小气，到底给了多少钱不知道，反正后来擦皮鞋的小孩儿拿石头丢他。别人责怪他抠门儿，他说：“我不会贬抑货币的价值！”他给全世界的同行带了个好头，后来华尔街的精英都以他为榜样，贪婪无爱心，还振振有词，满嘴歪理。

凯恩斯最牛的著作就是那本《就业、利息与货币通论》，这本书提出的理论和亚当·斯密相反，他认为政府应该干预经济，刺激消费，增加就业。还有另一个故事解释他的观点。他去美国旅行，住酒店时，他发现朋友很谨慎地摆放毛巾，怕使用时弄混了，凯恩斯走过去，一把把所有的毛巾丢在地上，说：“毛巾乱了，自然需要人来收拾，这样可以增加就业！”他的想法就是，政府应该经常出来把毛巾搞乱。凯恩斯自然不是浪得虚名，“二战”中的英国，物品匮乏，于是实行了国家配给制，生产生活资料都由政府统一调度，凭票供应。在这个政策下，“二战”期间，虽然英国人生活得很不好，但是物价稳定，工资还略有增长，最要紧的是，这样困难的情况下，居然没有出现饥荒。于是，凯恩斯的这本巨著，自然成了英国人的《圣经》了。

保守党在“二战”中表现卓越，工党想从他们手中抢权，殊为不易，所以大选前，工党开始给老百姓开支票。大概内容就是承诺给英国人一个福利国家。什么福利？失业津贴，住房，医疗。对老百姓来说，有工作，有地方住，看病不花钱，这样的国度就已经完美了。就是这个福利承诺，让工党胜利站上权力的巅峰。

开了支票要兑现，先把医院收归国有，国家的医院看病不要钱；接着民航、铁路、煤炭、钢铁、电力等公司全部收归国有，国家好统一调配。读者这时可能会大笑起来，工党玩社会主义啊！对，工党的确是玩社会主义。

从实行社会主义开始，工党内部也严重分化，一个资本主义国家向社会主义国家过渡，肯定会遭遇激进派和保守派两种势力，所以福利国家还没整出个态势，工党内讧。保守党趁着对方内乱，一举夺回失地，七十七岁的丘吉尔再次当选英国首相。1945 年至 1951 年这六年，丘吉尔虽然在家待岗，但我们知道老爷子没闲着，一直活跃在国际政坛上，1946 年还发表了著名的铁幕演说，一手拉开了东西方“冷战”的大幕。

保守党再次上台完全是工党的内耗，政见上并没有什么新内容，工党的福利国家政策既然得到老百姓的认可，保守党接着干呗。于是英国捧着凯恩斯的书，一步一步照着教父指点的路子，希望尽快走出战后的低迷。走着走着，越来越不对啊，越走越低迷了，低迷出毛病了，还是个没见过的奇怪的病，所以大家给起个名字叫“英国病”。

英国病啥症状？专业名词叫“滞涨”，听上去像消化不良，就是指祸不单行。一面物价飞涨；一面还发展停滞。这是个很古怪的现象，因为根据最基本的原理，经济萧条，工厂倒闭，工人失业，没钱买东西，物价应该下跌啊，怎么没人买还飞涨呢？凯恩斯的书解决不了这个问题，后来人们发现，导致这些问题的，还就是凯恩斯那个扩大消费的概念。

国家要刺激消费，当然就要增加公共支出，公共厕所收费，首先要有公共厕所吧。加上现在是福利国家，老百姓吃喝拉撒都要钱，失业了还要给失业津贴，这笔钱哪里来呢？收税啊，提高税率，企业税交多了，成本自然提高，生产出来的产品价格当然也就居高不下，就这样，终于衍生出“英国病”这个怪胎。

疑难杂症，谁知道怎么治啊？老百姓有病找医院，国家经济有病，只求上帝能安排个脑子清楚、手腕利落的当家人下来，改正所有的错，让英国人重新来过吧！上帝听见了英国人的祈祷，只是，这个当家这时候还年轻呢，英国人再遭几年罪吧，让这个救星长大点再天降大任给她。

战后近四十年，病中的英国在大海中飘摇，也不是一点高兴事没有，大家也要找乐子，让贫寒的日子增加点亮色，给阴冷的伦敦带来一道暖阳、这一道暖阳来自白金汉宫，公主大婚了。

战时英王乔治六世算不上一个很有魅力的英王，比起他接位的哥哥温莎公爵，还真不具备特别的个人魅力，还有点口吃。不过越是这样不花哨的人越适合共患难。白金汉宫遭到轰炸，第二天，他就站在废墟中向伦敦人民致意。白金汉宫在战时过着比老百姓强不了多少的日子，而当时很多英国贵族都将儿女送到加拿大躲避战祸，乔治六世一直将两个女儿留在伦敦，遇到轰炸一起钻防空洞，公主跟伦敦人民一起挨饿受冻。他的表现感动了英国上下，乔治六世也获得了巨大的民众支持和爱戴。第八十三届美国奥斯卡奖将最佳影片奖颁给了英国老牌型男科林费斯主演的《国王的演讲》，这部大片讲述的就是英王乔治六世的故事。而那两个在战争中吃尽苦头的公主，也成为英国人最心痛的宝贝，其中最受人关注的，自然是长公主伊丽莎白。

女王也年轻过

读者中好多人从出生就知道英国有个超长待机的老太太女王，似乎伊丽莎白女王从来就是个慈眉善目的老太太，当然，再老的太太，也曾经有过如花似玉的青春年华。伊丽莎白生于 1926 年的 4 月 21 日，这个日子是实际生日，而英女王有个官方的生日，曾经是公共假期，则是在 6 月中旬，这样是因为伦敦的天气 6 月比 4 月温暖晴朗，利于庆典或者放假。虽然她父亲乔治六世当时不知道自己会接哥哥的位置成为英王，但因为温莎公爵走马灯似的风流韵事居然没有弄大别人肚子的记录，所以英国人已知他生不出后代了，伊丽莎白很小的时候，就已经被当作假定王位继承人看待。“二战”开始后，公主那清秀的、苍白的小脸经常出现在伦敦的各种报刊上，被当作王室与百姓共进退的代言人，小公主几乎是在所有英国人的怜爱中长大的。不过，这可不是个娇滴滴的小丫头，还未成年，就参加了各种战争后勤工作。十四岁那年，她用稚嫩的声音向全欧洲演讲，告诉大家，所有的困难都会过去，她愿意跟所有人一样承担战争的残酷。说到做到，十六岁的公主成为近卫军团一团的荣誉团长。1945 年，十九岁的公主更是参加了后勤保障车队，成为一名卡车司机，军衔为少尉。“二战”结束那天，伦敦狂欢，伊丽莎白带着妹妹混在人群中，欢呼跳跃，她就是个普通的小姑娘。

普通的小姑娘到时间会恋爱的，伊丽莎白初见当时的希腊王子菲利普只有十三岁，一见钟情就这样开始了。虽然菲利普家世一般，四个姐姐有三个加入了纳粹，可不妨碍这对远房表兄妹之间的异地爱情，此时的王室对继承人的婚事已然比较开放，经过温莎公爵的事，英国人也知道，国王也是人，不能逼太狠，当然我们也遗憾地看到，英王室的婚姻尺度一放开，就一泻千里，绯闻不断，还有愈演愈烈的趋势。

1947 年 11 月 20 日，公主大婚，虽然以当时英国的经济条件，王室不敢铺张浪费，甚至连新郎的礼服看上去都是旧的。相比后来查尔斯王子的世纪婚礼，伊丽莎白公主的婚姻显得颇为寒酸，而结婚前，为了公主的礼服要去法国订购丝绸的事，王室还遭受了一场舆论谴责。但是，无论如何，这是大战结束后英国人的第一次庆典，虽然天气不好，失业率还在不断增加，可狂欢的心是谁也挡不住的。整个英国为公主的婚事欢腾了整整一个星期，多少涤清了些战后的凄风惨雨。而这场婚礼首次被拍成纪录片全球转播，也开了让英王室家的红白喜事成为地球人饭后谈资的先河。

驸马爷是现役军人，当然还是要外派基地上班，婚后的伊丽莎白很快生下查尔斯王子和安妮公主，跟许多分居两地的夫妇一样，公主将孩子丢给公婆，自己没事就到基地去找老公。1951 年，乔治六世被发现肺癌，伊丽莎白不得不接下了替父亲外访的任务。1952 年 2 月 6 日，伊丽莎白公主和菲利普驸马造访非洲肯尼亚，他们选择住在“树顶饭店”，也就是住在一棵大树上。从树上看下去，非洲苍茫的原野上，大象、犀牛、羚羊快乐地奔跑，伊丽莎白和菲利普带着最轻松的心情坐在树上迎接这片神奇大地的日出。这恐怕是她人生中最后一个自由而惬意的夜晚，因为伴随太阳升起的，是她身份的变化，日出时，她不再是伊丽莎白公主，而是伊丽莎白女王。

伊丽莎白二世登上王位了，我们终于说完了从诺曼底的威廉登陆不列颠岛后，英伦大地上起起落落的四十三任英王，而伊丽莎白是第七位女王。

帝国的瓦解

“二战”后英国虽然没落了，但是大户人家就是大户人家，虎死，架子不倒，英王最牛的就是加冕头衔特别长，要念半天：承上帝洪恩，大不列颠及北爱尔兰联合王国及其他领土和属地的女王，英联邦元首，国教（圣公会）的捍卫者伊丽莎白二世。这个职称要印名片是挺费事的，要知道，这时候，地球上至少还有四分之一的人口是这个年轻女子的臣民。好在此时的英王是这个世界上头衔和实质最不相符的职位，基本不用太动脑子，只要保持一个亲善友好的笑容就行了，相当于形象代言人的角色。英国议会经过几百年的斗争，已经把国王训练得非常得体，一些缺德的历史学家说，就算议会通过了将英女王斩首的决议，女王也只能含着笑在这张决议上签字，啥意见也不能有。所以，这样的一个职务，年轻女孩子反而容易胜任，只要首相靠谱，基本能相安无事，还相得益彰。

前文说到，丘吉尔再次政坛崛起成为首相，与伊丽莎白女王组合成英国政坛经典君臣搭配。我们还可以回忆起，维多利亚女王刚上班时，她碰上的首相也是个老爷子，老爷子对小姑娘总是很耐心的，而且老人家的智慧和经验可以帮助一个年轻女王快速适应自己的新身份。不过，根据我们之前的介绍，此时的大英帝国，大势已去，神仙也救不了。除了内部经济的衰败和国家的贫穷，“二战”后英国遭遇的最伤心的问题，还是海外小弟疯了一样闹分家，那些大英治下的殖民地，仿佛是开会商量好了一样，挨着个儿地组团造反，不跟大英混了。

下面，让我们陪着伊丽莎白老奶奶一起，含着热泪，历数这些不肖的家伙，如何挣扎出大英的版图。

最让英国人哭得伤心的，当然是印度。南亚大陆独立成印度、巴基斯坦和孟加拉三个国家。不过这三家人还是颇为厚道，觉得这样做让老领导太难堪，人家把自己当王冠上的明珠显摆了三百多年，没有功劳也有苦劳，多少还是留点面子好，于是，这三家愿意留在英联邦内与大英平起平坐。英联邦虽然人数不少，听起来也声势浩大，但基本不算街道上比较有势力或者破坏力的帮派，加入英联邦不过是告诉英格兰家，现在虽然我们分家单干了，也不会完全不理你，至少没什么大事不与你为敌，碰上街坊打群架骂街啥的，多少还能组个啦啦队帮着喊喊加油啥的。

这是很有效率的解决问题的思路，给了好面子的英国人一个退步的地方，所以，好多小弟就先后都按这个模式独立。而英国人也给自己定了个模式，但凡殖民地想独立，就利用各种矛盾阻挠破坏。很多地方，不列颠发现局势已经不能控制，就撒丫子走人，留下一个烂摊子，谁爱接谁接，比如巴勒斯坦。历史走到今天，大半个世纪过去了，巴勒斯坦地区毋庸置疑是地球上最脆弱、最危险的地方之一。而印巴地区也从不消停，这些个街坊不安定因素，几乎都可以将部分或者大部分责任推到不列颠身上，此时的他也只能耸耸肩表示遗憾，现在的他家更不可能对这些地球大事负责了。

不过，不列颠也不全是安静撤退。20 世纪 50 年代，英国政府还是摩拳擦掌预备对造反的小弟杀无赦的，只要有独立的苗头，他家就派兵血腥镇压，以彰显帝国天威。

在东南亚，“二战”期间，新加坡的英军创下了震惊全球的离奇的投降纪录，而日军纵横马来西亚，英军自然也没有还手之力。马来西亚共产党领导几千人的游击队在丛林中跟日军死磕，留下了悲壮而伟大的战绩。可是日军投降后，英国人没有任何不好意思地跑回来，再次宣布马来西亚还是他家的小弟。有人欺负自己，老大不能帮自己出头，这样不讲义气的老大有个鬼用啊，所以马共当然是拒绝再跟英国人玩。打日本人不行，打马共那几千号人，英国人还是自信的。于是，二十五万英军进入马来西亚，跟马共不到一万人的游击队一口气打了七年。人家英军是有诚意的，因为这二十五万军队，几乎是当时英国常备军队的三分之一了，马共几千人的军队自然不是对手。七年的战斗，如果单从打架的角度看，不列颠肯定是赢了，不过赢家的奖品是让马来西亚独立了，很让人怀疑这七年战争的意义。

马来西亚开打不久，非洲的肯尼亚又闹起来了。肯尼亚位于东非，家里多半是沙漠，但是大约有六分之一的部分湿润多雨，土地肥沃，农业发达。19 世纪后期，英国将肯尼亚收入囊中后，将这块肥沃的土地视为粮仓，鼓励大量的白人向此间移民。这些欧洲人肯定不跟当地人客气，迅速将最好的土地、最肥沃的区域都划到自己家院子里，而大量的肯尼亚人失去土地，流离失所。1952 年，东非大地上出现了当时最火、最出名的农民武装，因为他们以“茅——茅——”的叫声互通消息，于是就得了个名字叫“茅茅”。这支起义军聚啸山林，杀富济贫，趁月黑风高之夜袭击白人的农场。为了镇压这帮土匪，英国人又是大手笔啊，四年的时间，花掉一亿五千万英镑，几万军队和警察投入肯尼亚剿匪，飞机天天轰炸，只要看到非洲人，不论是不是“茅茅”，一律杀掉。这一轮屠杀，英国绅士一点没保留自己的形象，酷刑逼供的，集体屠杀的都有明确记录。据说当时英国人高额悬赏捉拿“茅茅”，胳膊腿各身体器官都有明码标价，肯尼亚大地死人无数，好在镇压起义成功，“茅茅”基本被打散，只是几年后肯尼亚还是独立了。诸如此类，非洲的尼日利亚、加纳，地中海上的塞浦路斯也在英国大打出手、劳民伤财好几年后，宣布独立。

回顾 20 世纪 50 年代英国人出门镇压小弟的历史，我们不得不对英国抱以深切的同情。不论是个人还是国家，只要开始走背字，就会处处受制，丢掉土地还是小事，丢了老脸可是大事。这段时间，终于有一件事，让不列颠在全世界的目光中彻底丢了一次人，而这次也让他家深刻体会到夕阳西下的无奈与落寞。

话说“二战”后，英国迫于埃及国内的反英压力，不得不将势力撤出了埃及，而埃及也在 20 世纪 50 年代初成立了共和国。国家独立了，有条国家命脉还在别人手里掌控着，那就是苏伊士运河。1956 年，刚上班的埃及总统纳赛尔宣布，将苏伊士运河收归国有。大家都知道，苏伊士运河的股份几乎都在英法手里，这两家的意思是，埃及不要了，苏伊士运河自己还想留着。哪个埃及人会答应这种要求啊！眼看着好不容易抢来的宝贝要被主人家要回去，人类社会解决这个事的历史办法就是下狠手，最好是除掉原主人，永远霸占宝贝。这一段大家都熟悉，英法非常卑鄙地挑唆并伙同埃及的死敌以色列一起，对埃及下黑手，想三个打一个推翻当时的埃及政府。原来说过，第二次中东战争虽然只打了不到半个月，可对世界格局的影响却是巨大的，可以说是在“二战”后，首次在全世界人民的目光中，确定了谁是真正的街坊老大。

英法让以色列先动手，等两边打得不可开交，这两家再以保护运河的名义进驻，力求将一件下作卑鄙的事做得道貌岸然。可惜，以色列一动手，全世界都知道这三家的目的了，全球正义的呼声都是谴责英法的行为，其中声音最大、最有效的，就是苏联和“山姆大叔”。苏联做事比较直接，他家公开宣布，英法不停手，苏联就对英伦三岛实施核打击，而“山姆大叔”则是宣布全球美军进入戒备，拿枪顶着以色列让其停火。以色列不打了，英法也只好停手，灰溜溜地回家，还让全世界的报纸用各种语言在头版头条谴责羞辱了一回，丢人丢到姥姥家。埃及顺利拿回了苏伊士运河，并发现了苏联这家真朋友，够义气，后来就跟着苏联混码头。

这个事件之后，英格兰家关上大门，在家里沉痛地宣布，这个地球已经不是不列颠的地球，“日不落”帝国已经是明日黄花。当时的首相，是丘吉尔最信任的左右手，著名的帅哥艾登，他在丘吉尔八十高龄辞去首相一职后接棒上任，因其英俊潇洒的外形成为街坊最受瞩目的政客之一。如果不出意外，漂亮的女王搭配英俊的首相，是一个对英国形象很有利的高端组合。可惜“苏伊士运河”事件闹得太难看了，根据历史经验，一个国家如果丢了人，肯定不能全民背黑锅，一定要把主要责任人揪出来处罚，而艾登作为一个小白脸，智商和美貌显然不匹配，是个不识时务看不清形势的蠢蛋，让他赶紧下台！接班上任的首相麦克米伦非常理性地开始逐步从各殖民地撤出，不再做无谓的坚持，这段时间，英国几乎所有的非洲殖民地获得了独立。

不列颠的殖民地太多了，从“二战”到 20 世纪末，还是不断地有国家独立出来，比如津巴布韦，还有加勒比海、印度洋和太平洋上的岛屿，陆续地独立成为一些小国。而进入 20 世纪 90 年代，最令英国人心痛的，大约就是无奈地交出了香港，跟苏伊士运河一样，还有什么比收在自己口袋里的东西被主人要回去更让人心痛的事呢。

英国的崛起与他家庞大的海外市场和殖民地掠夺是分不开的，如今原料产地和市场都没了，战后的创伤更加深重，伊丽莎白二世顶着王冠，忧心忡忡地看着工党和保守党一轮轮地替换着首相，国家经济却没有起色。时间已经进入了 20 世纪 80 年代，女王已经走过自己最好的年华，年过半百、满头银发的女王发现，原来英国的转机在另一个女人手里，这个女人比她还年长一岁，这两个加起来一百岁的女人组合，将为英国带来一轮复兴的希望。

五十一 “铁娘子”

女首相

先讲一个二十世纪八九十年代著名的英国笑话。说一个小男孩儿和一个小女孩儿，一边玩过家家，一边闲话，女孩子问男孩子：你长大了想干什么啊？男孩子非常自豪地说：我要做首相！女孩子张着嘴困惑了半天，最后终于问了一句：难道男人可以做首相？！

这女孩子显然是生长在撒切尔夫人当政的那十一年间，一个强势的女人首脑形象已经深入了她们的心中。既然这一段的英国历史，撒切尔是当仁不让的主角，我们就研究一下铁娘子到底是如何炼成的，让我们回到 1925 年，那时候，撒切尔夫人的名字叫玛格丽特·罗伯茨。

1925 年 10 月 13 日，玛格丽特出生在英国林肯郡的格兰瑟姆，一个河畔小镇，家里开着一个杂货铺。别小看玛格丽特的父亲艾尔弗雷德啊，这老伙计天天守着个小铺子打着算盘，卖些酱油火柴卫生纸忙得不可开交，人家可不是一般的小老百姓。艾尔弗雷德是有着巨大的从政热情和政治野心的人，以至于不仅将杂货店经营得风生水起，自己还步入政坛，从议员一直做到了格兰瑟姆的市长。虽然从一个开杂货铺子的到成为一市的父母官是个很牛的进程，但比起培养了一个女首相这个成就，也就不算什么了。根据撒切尔夫人的自传，从小对她影响最大的，就是父亲对政治的热诚和不断进取，而这位父亲，不仅自己要求进步，对女儿的教育也是比较严苛的，虽然有两个女儿，但不知道从什么时候开始，他就感觉玛格丽特最能得到他的真传，成为一个政治家或者至少成为一个政客。

玛格丽特从小家里不穷，不过政治家父亲注意操守，生活得异常简朴，女儿当然也不能铺张浪费，以至于玛格丽特贵为首相，不断出现在各大时尚杂志的封面时，她的穿衣戴帽都跟她服务的政党完全搭配，那叫一个保守。

平时在杂货铺子帮手，周末随父亲去教堂活动，这家人属于基督教的卫理宗，最著名的教义内容就是平安喜乐的心。父亲对女儿的教化是具有针对性的，就是指引玛格丽特对政治的兴趣，而这位著名爸爸最著名的教诲就是让玛格丽特保持独立思想、独立人格，不要人云亦云。于是，在玛格丽特的学校生涯中，同学都出去玩了，她坚持学习，读书，泡图书馆，唯一的课外活动就是弹钢琴，也算是素质教育的内容。看得出，老罗伯茨培养的不是政客，而是寂寞！

这样的家教肯定是出优等生的，优等生不是剑桥就是牛津，玛格丽特进入了牛津化学系，并且非常自然地加入了牛津大学的保守党社团。这当然还是受父亲的影响，老爷子虽然是自由党派的，可长期亲近保守党。毕业后的玛格丽特找了份很甜蜜的工作，在一间公司的研究所研究软化冰激凌。以她的聪明才智，如果不是因为沉迷政治，搞不好能开发出英国的哈根达斯来。

玛格丽特在牛津成为保守党的主席，她利用课余时间到处参加保守党的活动，认识了不少党内资深政客，老同志觉得这个二十出头的小姑娘还是可以重点培养的。于是二十四岁那年，她被提名为肯特郡的保守党议员候选人，这大约是英国历史上最年轻的女候选人。玛格丽特没创造奇迹，她第一次参加大选，并第一次尝到了落选的滋味。不过由此时起，我们发现玛格丽特开始引起上帝的注意，并一直得到他老人家的无比眷爱。落败的这天，玛格丽特搭上一位男士的顺风车回伦敦去，这位风度翩翩的帅哥明显一开始就注意到她了，这一路聊下来，两人竟然有大量的共同爱好，爱情就在这短短的旅程上萌芽了。这位男士大名叫丹尼斯·撒切尔。

撒切尔先生是个刚离婚的钻石王老五，经营着墙纸和涂料之类的生意，家道殷实，可堪婚配。唯一的麻烦在于，撒先生是个二婚啊。男人有钱，结婚离婚本是小事，哪怕他离婚十次也不构成缺点，可撒先生不行啊，他跟玛格丽特一样，是卫理宗的，这一教派对离婚反应还是比较极端，玛格丽特的家庭是出了名的虔诚教徒了，自然也不肯把女儿嫁给一个离过婚的男人。家里、社会、政党内部都反对，按照玛格丽特一贯的虔诚态度和保守作风，她应该是忍痛了断，再找个王老五去，可玛格丽特出人意料地没有低头，而是非常坚定地嫁给了丹尼斯，正式成为撒切尔夫人。要不怎么说上帝眷顾呢？娶玛格丽特之前，丹尼斯也算保守党内的积极分子，否则他不会出现在选举现场，结婚之后，他仿佛就淡出政坛了，所有关乎政治的事，他从不掺和，也不乱说话。一般的男人对自己的老婆从政抛头露面，总会多少有些微词，而丹尼斯居然是大力支持自己老婆在政坛上征战。于是我们猜测，丹尼斯出现在保守党的竞选集会上，他就是奔着找老婆去的，而后一生的最大享受，就是欣赏老婆玩政治。所以可以说，丹尼斯是上帝为玛格丽特在地球上选择的唯一绝配。婚后不久，上帝非常体谅撒切尔太太作为一个政治人物的辛苦，十月怀胎对她来说实在是奢侈的浪费，于是，一次安排她生下两个孩子，并且一男一女，龙凤呈祥。结婚生子，撒切尔夫人快速了却了一个女人一生的头等大事，剩下的人生，就是到男人的世界去了却大事了。

在欧美政坛混，最好的专业是法律，律师和政客几乎是一体的，撒太太生下龙凤胎的那一年，撒先生支持太太考到了律师执照，并很快成为一个税法方面的专家。要说撒切尔夫人最初名动江湖，大概应该是 1970 年，保守党的希思首相组阁，撒切尔夫人成为教育和科学大臣。此时的撒切尔夫人锋芒初露，为了削减教育开支，她居然取消了小学幼儿园的免费牛奶供应。这个事在当时引发了不少的示威和抗议。一般人认为，撒切尔夫人作为一个女人，下不了这种狠手，可后来的事实证明，撒切尔夫人能在男人当道的欧美政坛打出自己的天空，靠的就是敢下狠手。

1975 年，竞选落败在野的保守党重新选举党魁，撒切尔夫人意外地获得了成功，成为保守党的女当家。不久，这位女当家就让全世界领教了她的厉害，她发表了一个著名演说，说苏联人不顾自己国家人民的死活，拿着枪争夺世界霸权等。此言一出，苏联人马上注意到了这个金发的英国女人，没想到英格兰这种地方，能出这样强悍的女人，这分明就是继丘吉尔之后又一个爱放炮且对苏联及社会主义怀有明显敌意的英国人。苏联人也不客气，霎时间给撒切尔夫人起了一票绰号，表达不满。这中间自然有些“巫婆”之类的人身攻击，不过最精彩的一个是说她“铁女人”，这个外号显然比较中性，偏褒义，全世界也都接受了，传到中国，以中国的文字美化一下，撒切尔夫人就变成了“铁娘子”。

1979 年，因为工党对当时的经济问题束手无策，内部也矛盾重重，让保守党有了可乘之机，撒切尔夫人一举获得大选胜利，入主唐宁街 10 号，成为英国乃至欧美社会第一个女性政府首脑，而这个首相的位置，她一坐就是三届，整整把持英国朝政 11 年！

“二战”后到撒切尔夫人掌权之前，不论是保守党还是工党，对于那个棘手的“英国病”和低迷颓败的英国经济都没有实质性的治疗办法，所以两边轮流坐庄，换着搞实验。而撒切尔夫人在位，除了以她女性的首脑身份为英国历史留下许多纪录外，还有一项殊荣，就是她的施政纲领被冠以“撒切尔主义”这样一个大名，而在她之前的英国首相，还没有人有这个荣幸，我们因此可以知道，显然是撒切尔夫人的治国办法取得了成效。让我们来看看这个大名鼎鼎的“撒切尔主义”是个什么东西。

前面说过，“英国病”的成因，很大程度上是福利社会的制度和凯恩斯的国家干预的理论。大家都知道，福利社会这东西，就是包揽老百姓生老病死所有事宜，包揽的时候皆大欢喜，万一变卦想收回来就怨声载道。好在撒切尔夫人是不怕得罪人的，她下得了狠手。

撒切尔主义包括四条内容。第一，私有化，改革国有企业，将其出售给私人，并鼓励私人企业进入原来只能国家经营的产业。第二，控制货币供应量，大幅提高利率以抑制通胀。减少国家干预，充分发挥市场机制调节作用。这两条基本就是将凯恩斯的理论打为废纸，英国告别了社会主义，回归自由资本主义。第三条，削减公共福利开支，教育、医疗之类的事务，该出钱的出钱，该正常经营的项目，谁也不能白给。第四条，打压工会。进入福利社会后，英国的工会太嘚瑟了，一天到晚地叫板，历届政府还都不敢惹他们。撒切尔夫人出马，但凡工会啰唆，一律翻脸，没有协商的时间和余地。

撒切尔主义果决强硬，一出台，英国社会哗然，而且最初两年，更是将英国经济砸进了谷底，引发了更多的失业和衰退。好在后来的事实证明，撒切尔夫人让英国经济快速赶底，是为了最强劲的反弹。20 世纪 80 年代中期开始，英国经济逐渐复苏，慢慢向好，到 80 年代末期，英国的经济增长率超过了欧美国家的平均水平。大家公认，撒切尔夫人这几招，基本可以算是治愈了那个疑难的“英国病”。正是经济问题上的大胆突破和成就，让撒切尔夫人在后来的两次大选继续获胜。

马岛硝烟

撒切尔主义让我们在经济领域领教了“铁娘子”的硬朗强悍，在她任内，还有一起重要的军事事件，让不列颠重温了久违的大国荣光，让我们知道，即使是用兵，撒切尔夫人也比男人下得了狠手。我们要说的，是1982年著名的英阿马尔维纳斯群岛战争，简称马岛战争。

马岛位于南大西洋，阿根廷脚边这个位置。关于马岛如何被发现，一直是个扯不清的话题，反正英国坚持说，他们的一个船长在17世纪的某个时候发现了这个岛群，并取名为福克兰群岛。在英、法、西三国争夺世界霸权的那几年，这个群岛数次易手。19世纪，马岛和阿根廷都是西班牙的殖民地。阿根廷在1816年独立，自然也将马岛从西班牙手里接过来，成为自己的一个省。不久，有一年，美国人来到这个岛上捕猎海豹，跟当地阿根廷人发生冲突，那时的“山姆大叔”虽然羽翼未丰，但对于自己家门口这些个南美国家还是有心理优势的，一气之下，将马岛洗劫，并将岛上的阿根廷官员一并押走。而“山姆大叔”的表兄弟英格兰配合默契，马上就趁机进占了马岛，并宣布这里成为英国的殖民地，照例伴随着大量英国人向这里移民。此后的岁月里，马岛上的英国人越来越多，英语成为官方语言，汽车靠左行驶，一个南美洲的岛屿，很快被彻底英国化，阿根廷哇啦哇啦叫了好多年，英国人就是不还给他。

“二战”后，有联合国了，有说理的地方了，于是，英阿开始谈判。就在谈判即将有转机的时候，在马岛的海域发现居然有石油，这下英国更加不肯放手了，于是英阿谈判就跟地球上其他地区的谈判一样，经常谈，就是没结果。

20世纪60年代至80年代，阿根廷最热闹的就是军政府轮番坐庄，一帮大兵每天抢着当总统，把国家整得一塌糊涂。1981年，陆军司令加尔铁里上台，面对国内严重的经济危机，通胀失业，加尔铁里觉得还是应该想办法让自己坐稳位置。在这个情况下，他准备铤而走险，按照地球历史经验处理国内危机，那就是向外寻衅，挑起战争转移国内矛盾。而且加尔铁里知道，如果他能收回马岛，在阿根廷国内，他绝对就是民族英雄一级的人物了。阿根廷收复自家的国土，天经地义。老杨这样说他，貌似不公平，但是，从后来的战争进程我们知道，加尔铁里开打前，几乎没有任何外交或者软硬件上的充分预备，贸然惹是生非，几乎是为打架而打架，让自己的军队涉险，置国家安全于不顾，以致老杨对于他爱国的居心大表怀疑。

事情开始于 1982 年 3 月 19 日，几个阿根廷工人到岛上干活，一时爱国热情膨胀，在岛上升起了阿根廷国旗，自然是遭到英国的强烈抗议，英国还派遣驻扎在附近的英军去威慑了一把。这个事导致加尔铁里提前实施他的收复马岛计划。

4 月初，阿根廷的特混舰队出动，非常轻松地登陆马岛，并攻占了机场和港口，空投了四千多名军人驻守该岛。跟英国的其他殖民地遭受打击时情况一样，岛上原有的两百多名英军在象征性抵抗且无一伤亡的前提下，由总督带领向阿根廷投降。英国的驻外总督最大的特质就是识时务，投降得非常体面，让受降者很爽。消息传回阿根廷国内，举国欢腾啊，加尔铁里的风头一时无两。

跟这个季节的天气一样，与南美洲那晴暖明亮的天空对应的，自然是伦敦灰霾的阴雨和所有英国人羞辱愤怒的心。外交大臣当时就引咎辞职，“铁娘子”马上表达了反击的愿望：“好你个加尔铁里，你欺负我是个女人是吧？你小子给老娘等着！”英国议会很快通过了战时内阁的成立，撒切尔夫人是主席。大家久违的英国皇家海军再次整装出发，扬帆奔赴战场。

马岛战争发生在 1982 年，撒切尔夫人以其利落果断的出兵决定，让大家知道她不负于“铁娘子”这个江湖威名。而其实在 1981 年，英伦三岛就已经见识过了，这个女人要真下狠手，是会要人命的。

话说“二战”后，北爱尔兰问题继续困扰不列颠家，爱尔兰两派天天火并，逼得英国不得不在 1969 年派军队进驻北爱尔兰，希望能控制局势。谁知英军一过去，爱尔兰共和军找到新靶子了，见天杀英军，搞爆炸，暗杀政要，反正就是恐怖分子全套手艺。1979 年，曾经主持印度独立的蒙巴顿勋爵被共和军暗杀，震惊了世界，也让撒切尔夫人确定了对爱尔兰共和军绝不退让的基调。英国政府当时专门安排了一个监狱关押爱尔兰共和军的囚犯，1981 年，这所监狱的几十个爱尔兰共和军人开始绝食，其实他们的绝食要求并不是关于爱尔兰独立这等大问题，他们只是希望对他们改善待遇，能不能不要定性为恐怖分子，最好是能按政治犯的待遇关押他们。这帮人实诚，说不吃真的不吃了，眼看着快要出人命了，爱尔兰方面怕激化矛盾，引起更大的动乱，找各种关系渠道通过各种国家向撒切尔夫人求情，让她稍微通融一下，至少先让这几个爱尔兰人活着吧。

谁知，当时在海湾国家访问的撒切尔夫人回答："对共和军囚犯让步就是给他们颁布屠杀无辜的许可证！"不久，在各国人道主义人士的抗议声中，第一批绝食的爱尔兰共和军全部饿死，第二批人又开始绝食，整整闹了七个月，先后饿死了十一名犯人，"铁娘子"一步也没有退让。

1984 年 10 月 12 日，撒切尔夫人在布莱顿酒店参加保守党的年会。凌晨 2 点，饭店发生爆炸，撒切尔夫人的洗手间被炸塌，而她刚刚从洗手间出来不过几分钟。整个饭店从上到下被炸了大洞，显然是爱尔兰共和军干的，就是手艺潮了点儿。

回到 1982 年，阿根廷人太猖狂了。"二战"结束后，英国皇家海军好久没干活了，肌肉都有些松弛，但马岛战火一起，全世界就发现，地球海域上一流的海军绝对不是盖的，那可是静若处子，动若脱兔。话说马岛的战事事发突然，撒切尔夫人在伦敦气得拍桌子，议会忙活好几天，急急忙忙地派出了以两艘航母为核心，三十七只战舰、二十架战斗机组成的特混编队第一梯队。

这是一场真正的战争，可是战前准备几乎没有，作战方案是什么，战舰如何编队，战机又怎样用，英国高层都还没有详细的计划。好在英国人打海战，是天赋异禀，从英国港口到马岛这一路，一万多公里的航程上，舰队的指挥中心制订了完美的作战计划，并做好了战斗准备，进入马岛水域时，英国皇家海军的信心跟船上的风帆一样饱满。

英国国内自然也是全情投入，为保障后勤供应，大量的商船、邮轮、货船被临时征召，当时最著名的豪华邮轮"伊丽莎白女王"号被征用为运兵船，可根本没时间拆除船上的豪华装饰，于是英国的大兵非常舒服地坐着豪华邮轮开赴战场。还有一艘著名的游船“乌干达”号，正装了一船学生在地中海享受熏风，收到征召令后，将学生全部卸在意大利，“乌干达”号以最快的速度返回英国，并被改造成医疗船开赴南美。全世界的目光都是讶异和惊叹的，眼看着皇家海军高效而有条不紊地进入了战斗状态，让我们似乎又看见了当年纵横大洋的“日不落”帝国雄风。

4 月 5 日，第一梯队出发。4 月 30 日，英国的海空军就完成了对马岛周围两百海里的海面空中封锁，将这片群岛围了严实。5 月 1 日，英国的战略轰炸机光临马岛上空，一口气投下一千吨炸药，差点把小岛炸沉。第二天，英国的核潜艇又直接打沉了阿根廷舰队的旗舰。第三天，又打沉一艘巡逻艇。摧枯拉朽，英国人打得顺手，觉得这样的开头，连热身都不算，一点不刺激。

很快，阿根廷海军就让英国人彻底刺激了一回。1982 年 5 月 4 日这一天，放在 20 世纪所有的战争史里，都算是精彩的一天。先认识这一天的绝对主角，英国皇家海军的“谢菲尔德”号导弹驱逐舰。这位帅哥可是身价不菲，英国人花了快一亿五千万美元才把它打造出来，刚服役不久，船身和甲板在阳光下闪闪发亮。它慢慢地游弋在马岛周围，派头十足，又炫又酷。这是当时英国海军最先进的战舰，号称“皇家海军的骄傲”，在这艘船上服役的英国海军当然就更骄傲了，他们悠闲地在甲板上聊着天晒着太阳。没错，虽然这是战时，他们还是可以这样悠闲，因为阿根廷那些战机只要是从大陆起飞，就逃不过该舰的雷达系统，它可以用最快的速度反击。人一自大，就容易闯祸，“谢菲尔德”号兀自在海上摆着 pose，欣赏自己在水面上的潇洒身影，完全不知道，已经被阿根廷的战机牢牢锁定了。

12 点半左右，“谢菲尔德”号的舰长在舰桥上大喊一声：“导弹！”导弹这东西，既然舰长同志都能亲眼看见了，地球上的物体基本是躲不过了。英国人眼睁睁看着一道闪光，沿着海面插进了舰身，随后，“谢菲尔德”号大火熊熊。英国人用脸盆、水桶、汤碗，浇了五个多钟头，最后发现灭火无效，只好忍痛弃船逃生。这么贵的东西不能说烧就烧了吧，过了几天，英国人想把残骸拉回港口的路上，“谢菲尔德”号绝望地沉入了海底。快两亿美元的东西啊，油漆味还没散干净就沉了，英国人太败家了。而且啊，这么大一艘船，一枚小导弹就解决了，什么东西这么牛啊？

让我们赶紧来认识一下整个马岛战争最风光、最出名的明星——飞鱼反舰导弹。造价三十万美元的小飞鱼这一次露脸，霎时红透了整个军事界。法国人最得意，因为是他家的产品。开战之前，阿根廷跟法国买了五枚飞鱼，一直没舍得用，省了又省的，看到“谢菲尔德”号在海上这么嘚瑟，忍无可忍了，于是用了两架同样来自法国的“超级军旗”战斗机，带着两枚飞鱼导弹起飞。这飞鱼导弹最厉害的就是超低空掠海飞行，几乎是在浪尖上穿掠，然后一头穿进军舰的主机房，帅得一塌糊涂。

“谢菲尔德”号沉没让英国人大受打击，几乎是全国震惊，张大的嘴还没闭上，“超级军旗”再次升空。5 月 25 日，正好是阿根廷的国庆节，飞鱼导弹送给阿根廷人民的生日礼物就是，一举打沉了英国一艘巨大的运输船，多大呢？阿根廷海军一直以为那是一艘航母。

飞鱼导弹雄风乍起，让英国皇家海军很受伤，加尔铁里兴奋之余，心里也开始忐忑了。飞鱼导弹是好用，可不是自己造的，要跟法国人买啊。加尔铁里这一仗打得急躁，他几乎任何外交准备都没有做，他甚至没想过，一旦开打，其他国家会有什么反应。战前他跟法国订了十五枚飞鱼导弹，开打前收到五枚。开打以后，当时的欧共体当然是站在英国人一边的，马上宣布对阿根廷武器禁运，法国的供货合同自然也被冻结。

而撒切尔夫人亲自赴爱丽舍宫面见法国总统密特朗。密特朗作为一个法国男人，绝对不会让女士失望，当即表决心，绝对不再提供飞鱼给阿根廷。密特朗低估了一个女政客的能量，他的承诺没让撒切尔夫人满意，她非让密特朗交出飞鱼导弹的技术参数，密特朗当然不答应，这是国家军事机密啊。撒切尔夫人当即表示，如果法国不交出来，英国就对马岛实施核打击。密特朗惊得差点心脏停跳，而且他确信这个女人说得出也做得到，以大局为重，只好将飞鱼导弹的一些设计参数和功能数据告诉英国科技部门，让他们尽快研究出对应的办法。

战争进入 5 月底，加尔铁里快愁死了，发疯一样在全球范围内搜寻飞鱼导弹的卖家。大家都知道，不管怎样禁运，走私市场还是有你想买的东西，为了防止阿根廷在某些英国看不到的区域搞到货，英国的情报部门开始忙了。派出间谍伪装成各国军火商人跟阿根廷的军火采购部门接洽，一会儿说伊拉克有货，一会儿说卡塔尔有货，一会儿说希腊也许有货，把阿根廷人耍得团团转，等终于发现这些个“有货”全是假消息时，仗打完了。阿根廷到后来也没弄到新的飞鱼（现在只要上网，导弹军舰潜艇这些东西都有货，可怜加尔铁里没赶上好时候）。

阿根廷想买个导弹买不到，英国人就人缘好多了，不仅欧共体在背后力挺，美国亲戚也给予了大量情报和武器方面的援助。要知道，撒切尔夫人不光是会威胁，她还是个女人，有专有的武器。江湖上都知道撒切尔夫人跟美国总统里根私交甚密，根据一些小报的说法，撒切尔夫人在里根面前像个八岁的小姑娘，这个画面想想就害怕。里根这样的男人，对一个八岁的小姑娘肯定是有求必应的。据后来撒切尔夫人自己说，阿根廷的南美邻居智利其实也在私底下帮助英国，并因此换得了英国大量的便宜军火。阿根廷显然是被左邻右舍集体算计了。

5 月，中英军登陆作战。6 月中，发动总攻。14 日，阿根廷投降。历时七十四天的马岛战争，以英国人大胜结束，英国重新占领了马尔维纳斯群岛。这一仗，英国人赢得漂亮，虽然死了一千多人，花了二十七亿美元。

在世界各地“日不落”帝国的殖民地相继独立之后，英国人这一仗打出了老牌霸主的威风。可这道威风价值几何呢？马岛虽然还被英国人霸占着，因为阿根廷反得厉害，国际社会也力主他们继续谈判，所以英国人也不敢在这个岛上有啥大动作。就算有石油，这么远，开采也并不方便，说到底，英国人拿回马岛，不过是花二十七亿美元让英国人嗑了一次药，爽了一阵子而已，实际利益非常少，当然我们还是要感谢英国人给全世界奉献了这一场华丽的现代战争表演。

铁人也有无奈

马岛战争让英国人 high 了，更得意的当然是撒切尔夫人，刚打完马岛那阵子，老太太失去了平常心，有点俾睨全球的踌躇满志。当年 9 月，撒切尔夫人大驾亲临北京，预备以“铁娘子”的姿态好好说说香港问题。挟马岛大胜之威，撒切尔夫人认为不会再有殖民地敢以武力跟大英叫板。谁知那个常点着烟卷的中国人，平静地告诉她，如果不列颠不愿意把香港还给中国，中国人就自己想办法拿回来。而且告诉撒切尔夫人，香港不是马岛，中国更加不是阿根廷。谁能想到这么矮小的身躯有这么强大的气场，撒切尔夫人从出道还没遭遇过这样的对手，她自己估计，撒泼和撒娇基本都没啥用，当时就脸色惨白。步出人民大会堂福建厅时，老太太在台阶上一脚踏空，跪在地上，幸好驻华大使动作快，没让撒切尔夫人摔得太难看，全世界人民的眼睛雪亮，都知道这不是个平常的走路事故，而是撒切尔夫人被邓先生吓得有些腿软了。好在经过两年二十二轮的谈判，撒切尔夫人虽然伤心，但还是签了字，把香港还给了我们。

撒切尔夫人的内政外交硬朗有型，如果无惊无险地将第三任首相干到退休，她绝对可以笑傲大英帝国的元首榜，可惜啊，像撒切尔夫人这样气势太盛的女人，在政坛一不留心，就容易栽大跟头。

20 世纪 80 年代后期，撒切尔主义的弊端开始非常明显地暴露出来。虽然她貌似治好了困顿不列颠的“英国病”，但如果仔细分析撒切尔主义，会发现这套系统存在着很大的隐患。自由资本主义，削减公共福利，最容易产生的后果就是富人越来越富，而穷人则越来越穷，贫富分化严重，而地区间的发展也无法平衡，英国经济又开始出现了衰退。

此时的“铁娘子”已经不是那个热情睿智的政坛新人了，十一年的元首生涯，很容易让一个老太太比其他的老太太更专制、更自我、更固执。为了弥补此起彼伏的地方财政漏洞，撒切尔夫人情急之下居然启动了人头税。不用名词解释，一听就知道就是不论贫富老幼，一概按一定的税赋上税。眼看都 21 世纪了，这种不公平的税收方式显然与当时的社会发展格格不入。这个条令一下达，立时引发了整个英国的混乱。1990 年 3 月 31 日，伦敦最著名的用于聚会和庆典的地点——特拉法加广场爆发大规模示威活动，最后演变为流血冲突。撒切尔夫人的民意支持率几乎跌到谷底。

外交方面，撒切尔夫人一直有一个复兴“日不落”帝国的理想，她认为英国应该是高于欧洲其他国家的，如果真要主持欧洲的事务，英国也应该是主宰，而不是跟法国、德国混到一个等级上，有失身份。所以她对于欧洲越来越一体化的形势特别不满意，尤其是两德统一后，老太太越发生气，越来越表现出不愿意跟欧洲玩的思想，恨不得英国永远脱离欧洲成为一个独立的洲。欧洲一体化进程是大势所趋，一个政客尤其不能与主流趋势对抗，于是，因为对欧洲的态度，老太太在党内的支持率也越来越差了。

老百姓和同志都不接受，说明撒切尔夫人的政治生涯也该到头了。1990年11月22日，“铁娘子”用几乎哽咽的声音宣读了她的辞职声明，带着几乎崩溃的情绪离开了唐宁街10号，撒切尔夫人的时代就这样被突然中止了。撒切尔夫人之前的财相梅杰在其他两名候选人退出后，接班成为大英新的首相。

五十二　永远的王妃

进入伊丽莎白二世的时代，英王家庭政治功能越来越低，娱乐功能越来越大，世界媒体开始逐渐发现王室生活的点点滴滴都能刺激报纸杂志的销量。于是，针对王室的二十四小时“狗仔”应运而生，而且在后来的岁月名震江湖，搅动好一场腥风血雨。虽然他们闯的祸大于他们对社会的贡献，但还是要感谢他们的辛苦劳动，否则我们上哪儿知道这些王家秘事。

好！终于等到说花边了，读者最喜欢的王室绯闻来了。说到查尔斯王子与戴安娜、卡米拉的三角故事，绝对可以媲美韩剧，而且绝对符合韩剧的审美，那就是丑小鸭永远能获得真爱。

从哪儿开始呢？先把男主角请出来吧。王子，这恐怕是全世界的女人最喜欢的男士称号了，他一般是跟权倾天下、富可敌国、英俊潇洒、英勇无敌等可爱的词汇连在一起。我们这个故事的男主角就是个王子，而且是现存地球上最牛的一个王子，还是太子。可惜，这位王子没引发全球女士太多的花痴感觉，他跟童话书上的王子差别还是有点儿大。

话说伊丽莎白二世和菲利普亲王这两口子，一直被当作世界上模范夫妻的样板，可他们的身份决定了他们不会是太亲切、称职的父母，女王只管生孩子，几乎不过问他们的成长；而王夫呢，更是觉得一国储君必须是斯巴达似的地狱训练才能培养出来。查尔斯王子的童年并不自在，求学生涯也很孤独，成年后，他沉默寡言，内向安静，如果不是太子爷，相信很多人都会说他是个很没劲的男生。

1969 年，二十一岁的查尔斯进入剑桥大学，随着结交了新的朋友，稍微有了些独立的生活，王子开始了自己的社交活动，当然，其中重要的环节就是交女朋友。身边的女朋友换得比较频密，大有花花公子的潜质。不过，这些女孩子最多就是帮查尔斯补习了生理卫生常识，让他在跟女孩子打交道时，不再像个生瓜蛋子，貌似这些个记录在册的王子性启蒙老师，都没真正进到他心里去。

1970年6月，太子经历了他人生中最浪漫的一场马球赛。那天的马球比赛跟平时没有不同，不过是中途遭遇大雨，而查尔斯在一棵树下避雨，遭遇了一位开朗、健谈、风趣的女士，太子爷跟她聊了一个钟头，就为她沉沦了一生，这位女士，名叫卡米拉·尚德。

卡米拉并没有贵族背景，不过她家跟王室的关系是非常密切的，她父亲是“二战”英雄，战后跟人合伙做葡萄酒生意，是王室和上流圈子的主要供应商，后来还被封勋爵。卡米拉的母亲出生于建筑世家，家族曾经为英王修造行宫，是皇家包工头。卡米拉的外祖母名叫爱丽丝·可佩尔，前面介绍过，她几乎是完全公开的爱德华七世的情妇，红颜知己。

卡米拉不算美女，跟英国上流社会其他女子不同的是，她性格刚毅，做事果断，永远知道自己要什么，多少有点不羁和随性，也从不矫情，像山间一朵野花一样开得肆意张扬。这样的女孩子专吸引内向的男生，这几乎是一定的。马球场那场初见时，卡米拉二十三岁了，比王子还大一岁。

热情开朗的女孩子，生命中从不缺少异性，而此时的她正为情所困，当然不是查尔斯，她爱上的是安德鲁·鲍尔斯，一位三十三岁的皇家侍卫官，高大英俊，风流倜傥，不只卡米拉爱他，好多上流社会的女子都心仪这位帅哥，这其中还包括查尔斯的妹妹，安妮公主。

在马球场边的大树下避雨时，卡米拉正一肚子委屈，因为不断地听说男朋友在外的风流韵事，而她束手无策。女孩子遇到这种感情问题，最聪明的一个解决办法就是，我也找一个，气死你，而且这个一定要比你强。卡米拉正这样想着呢，查尔斯王子就出现在她面前了。

其他女孩子在查尔斯太子面前多少会有些拘束，以卡米拉的性格，却不会因为这种地位的压力委屈自己装模作样，她在太子爷面前保持着原汁原味的洒脱和随性，尤其是，如果还怀着要把查尔斯拿下气死安德鲁的心思，则可以表现得更加性感。可恨是下大雨，否则以英国“狗仔”的素质应该有非常细节的描述，我们多么遗憾不能了解卡米拉如何在一个钟头内攻陷了查尔斯的一生，让许多想嫁入王室成为王妃的姐妹失去了一个现场教学的案例。

但是可以想象的是，卡米拉这样的女人想调戏查尔斯这样的男人，查尔斯只能认栽，因为在这项赛事的级别上，太子爷其实是个“菜鸟”。

约会开始了，两个人都不年轻了，卡米拉是非常主动的。查尔斯有个很好的忘年交，就是蒙巴顿勋爵，他一手主持了印巴分治，是英国政坛很活跃的人物。按辈分，查尔斯应该叫他爷爷，不过他更愿意给查尔斯做兄长。蒙巴顿有一所庄园，环境非常好，四周树木高大，遮天蔽日，外面根本看不到庄园内的情况，“狗仔”的长焦相机也办不到，是个幽会圣地，所以查尔斯经常借这个地方用，有了卡米拉后，这里几乎是两人的爱巢。

江湖上有个传得惟妙惟肖的故事。1971 年，两个人关系最热火的时候，在蒙巴顿庄园的某间卧室里，查尔斯曾经郑重其事地跪下向卡米拉求婚，而当时卡米拉说，她不愿意过像困在水族箱里似的生活，一天到晚被人评头论足，永远活在世人的议论里。这是她第一次拒绝太子爷的求婚。这事的真假有待调查，但是这期间，蒙巴顿勋爵倒是经常告诫查尔斯，他要结婚，至少要找个处子，卡米拉这样的，肯定不会被英国人民接受。既然蒙巴顿这样劝告太子，就说明当时太子的确有娶她进门的念头。

拒绝太子爷的求婚要比直接嫁给太子爷牛多了。其实以王室在 20 世纪 70 年代的情况，查尔斯如果真的一哭二闹三上吊，死也要和卡米拉共度终生，估计也不是办不到，而卡米拉拒绝王子，难道是真的不愿意活在社会舆论里吗？以她的性格，她应该是不怕曝光私生活的吧？到底为什么呢？恐怕是爱得不够。查尔斯以一个太子的无上尊崇身份吸引了卡米拉，而单从男人的角度看，查尔斯显然比不上安德鲁。卡米拉和安德鲁这一对，你玩你的我玩我的，各自在外找乐子，可都还把对方看作自己的第一结婚对象，对 70 年代的人来说，这两口子意识相当超前。

1973 年 7 月 4 日，查尔斯彻底失恋了，卡米拉终于嫁给了安德鲁。这也是英国上流社会该年度的大事之一，王室很多成员都参加了，但查尔斯没有出现。他的王子风度不能支持他去祝福自己的爱人嫁给别人，他在加勒比海上骑摩托艇，海风可以直接吹干脸上的泪水。只有对蒙巴顿老哥，太子爷才吐露了心声：“我一无所有了，我的心已经无家可归！”

太子的心没有着落，生活得没有方向。所有人都看出他的落寞，聚会、晚宴、出访、运动、找女人，所有这些事都不能填满太子空荡荡的心。就这样，太子晃晃悠悠进入了而立之年，天字第一号钻石王老五依然保持着孤单。不过据小报消息，这段时间，查尔斯没有完全放手，而是时不常地跟卡米拉聚聚，保持良好的“友情”。

1979 年，太子遭遇了生命中一个重要打击。前文说到爱尔兰共和军搞恐怖活动，暗杀了蒙巴顿勋爵。蒙巴顿在查尔斯的生命里，既像父亲又像兄长，太子这样的身份这样的性格，根本很难找到这样一个朋友，所以他异常珍视与蒙巴顿的友情，蒙巴顿的死，让查尔斯伤心欲绝。

心理遭受重创，比较科学的办法是找心理医生，查尔斯不敢随便找心理医生，他担心有一天这位心理医生可能会把治疗过程出一本书，全世界到处卖。况且，查尔斯知道，有个心理医生铁定能治疗自己，那就是卡米拉。太子伤心成这样，作为臣民不能不忠啊，卡米拉再次将忧伤脆弱的查尔斯揽入怀中，而卡米拉的老公，出于对王室的忠诚，也非常懂事地认可了妻子的爱国行为。根据“狗仔”的爆料，事发几天后，脑子没太清醒的查尔斯再次向卡米拉求婚。这次卡米拉连未婚女子都不是，卡米拉看着半疯狂的太子爷，再次拒绝了，当然她也知道，此时她就算答应，王室也不可能通过，而且英国王室恐怕也禁受不住再来一次“温莎公爵事件”了。从这时起，卡米拉和查尔斯算是恢复了关系，该干吗干吗，卡米拉不介意名分，安德鲁不介意戴绿帽子，而查尔斯只要随时能跟卡米拉在一起，啥都不介意。进入 20 世纪 80 年代，太子爷三十二岁了，再不结婚有伤皇统啊，迫于舆论和王室的压力，查尔斯也觉得，还是应该正式找个女人结婚，传宗接代。这时，戴安娜出现了。

戴安娜生于 1961 年，比查尔斯小了整整十三岁。戴安娜的娘家斯宾塞家族早年间是做绵羊生意的，发了大财后，进入上流社会，不知道用什么办法搞到了贵族头衔，并通过联姻不断向王室渗透，渐渐地跟温莎家族有了千丝万缕的联系，算是英王一家的远亲吧。虽然是远亲，不过在伊丽莎白女王看来，这一家子在王宫相当于侍从一类的，并没有特别显赫的地位。戴安娜的出生让她父亲很郁闷。第一是戴安娜父母长期不和，经常干仗；第二是戴安娜已经有两个姐姐了。好在戴妈争气，第二年总算给戴安娜添了个弟弟。生出了男娃，也没让两口子关系改善，最后还是以离婚收场，因为戴安娜高调红杏出墙，所以孩子的抚养权被判给了查尔斯。

这样乱糟糟的家庭，孩子当然是自由生长。戴安娜从小就在寄宿学校生活，学习成绩一塌糊涂。这不算什么大事，戴安娜没有高考或者就业压力，她知道，作为一个英国上流社会的女子，一生的事业就是找个门当户对或者门第更高的男人嫁过去。戴安娜青春期最郁闷的事，就是个子长得太快。她幼时的理想是做一个芭蕾明星，可是身材的发育让她失去这个机会，这事是她人生遭遇的第一打击，根据“狗仔”的分析，后来一直困扰她的暴食症就是从这时开始的。

1975 年，戴安娜的老爸再婚了，戴安娜的这位小妈可是个明星人物，源于这位小妈的妈在英国乃至世界的小说界红得发紫，她就是让我们青春岁月无限迷恋的芭芭拉·卡德兰。这位老奶奶被中国读者称为“西方的琼瑶”，这个可有点往琼瑶奶奶脸上贴金。书的销量不知道，毕竟中国人多，但说到世界通俗小说界的影响，我想还是英文书要强势一些。

老奶奶的小说多半是贵族男子与平民女子，或者是没落贵族女子的故事，结局一般是 happy ending，灰姑娘成为贵妇并得到真爱。说戴安娜的故事，芭芭拉·卡德兰是不能回避的，戴安娜不算知性女人，文化方面的修养也很浅薄，最喜欢的书，就是她继外祖母的爱情小说，我相信曾经有一度，戴安娜满脑子都是对这些小说场景的憧憬，而她也没想到，当她真正遭遇到这样一场故事，上帝没有给她一个卡德兰小说式的结局。

戴安娜没有她两个姐姐成绩出色，但是因为家里有钱，该上的学还都按部就班地上，还都是名校。高中毕业进入瑞士著名的女校，大约是除了滑雪，也没学会什么东西，滑雪还把脚踝摔断了，挺不让人省心的。1979 年回到伦敦，戴爸给她在伦敦高档住宅区买了套公寓，让她进入上流社交圈去找老公了。这段时间，玩票或者是闲得无聊，戴安娜还去当了一阵幼儿园老师。

因为和王室的关系，戴安娜和王子公主自然是早就认识的，我们现在看戴安娜像美神一样闪亮，但她刚进入伦敦社交圈的时候，貌似并不很出众，性格所致，她很腼腆，而且也没什么特别的才华。

查尔斯预备把婚事提上议事日程了，这其中有卡米拉的功劳。卡米拉当然知道，如果太子一直不结婚，她就是罪人了，这种压力可是不堪重负的。她给太子爷制定了找老婆的大致标准，其中最重要的一点就是：省事的；懂事的；不惹事的！卡米拉的意思肯定就是，要找一个能容忍她存在的王妃。而且根据卡米拉对伦敦众名媛的观察，她重点推荐了戴安娜。那双小鹿一样的大眼睛总是带着些受惊的羞涩，动不动就会脸红呢，这绝对是个标准的软柿子，好捏啊，况且人也漂亮，带出国去也体面，就她吧。戴安娜虽然是候选人之一，但最后能入选还是靠自己的争取。在一次贵族聚会上，戴安娜坐在查尔斯旁边，这是蒙巴顿被杀不久，查尔斯虽然有卡米拉的安抚，但总还是不自觉地黯然神伤。太子爷的寂寞落在戴安娜的眼中，她有一种跟卡米拉不同的温柔如水的力量，竟然让太子爷跟她说起了自己对蒙巴顿的怀念和伤感，周围的人都在喧嚣，衣香鬓影中，太子爷和戴安娜神奇地制造了一个安静的小空间，查尔斯听到这个百合花一样清澈美丽的女子深情地说：“您太孤单了，您应该和一个真正关心您的人在一起……”这样的夜晚，这样的情绪，这样的女子，这样一句话语，非常精确地敲打在查尔斯心脏最温柔的地方，他发现，他开始喜欢这个小姑娘。

戴安娜是处子，这一点很重要，斯宾塞家族也是女王的亲家候选人，但是她们一开始看中的是戴安娜那个很有才的姐姐，可惜戴安娜的姐姐显然不愿意将贞操留给太子。查尔斯没意见，戴安娜各方面条件都过关，行，预备婚礼吧！

当时的首相撒切尔夫人刚上班没多久，正遭遇经济困顿等一团乱麻，她太需要一件大事来转移民众注意力了，于是亲手操持了太子大婚。1981 年 7 月 29 日，梦幻般的世纪婚礼，王子公主在全世界观众面前深情一吻，不知让多少英国人热泪盈眶，比自己嫁闺女还激动。戴安娜太子妃美得绝伦，太子爷看上去也不砢碜，这是一个完美童话故事的开端还是终结？

这时候有人问了，貌似查尔斯和卡米拉没有刻意掩盖他们的关系，就算他们行动小心，英国的“狗仔”也不是吃素的，难道戴安娜在婚前就一点不知道查尔斯和卡米拉的事情？连我们都知道了，戴安娜岂能不知？而且据“狗仔”爆料，查尔斯日常喜欢的书籍里，经常夹着卡米拉的各种照片。既然知道，为什么还要蹚这道浑水呢？我想，第一，太子妃而后王妃这个身份是很吸引人的；第二，很重要的原因，戴安娜被卡德兰的小说教坏了，如果大家阅读过《蜜月假期》这本书，就会理解戴安娜被毒害的真相。

芭芭拉·卡德兰的书是高中一年级读的，对情窦初开的小姑娘，着实有杀伤力，老杨就很迷恋了一段。《蜜月假期》这本书，故事梗概是这样的，某个英俊不凡、家世优良、风流倜傥的公爵，一直跟某个性感尤物偷情，这个性感尤物是个伯爵夫人，不可能离婚的。这两人偷情的事给女王知道了，为了净化伦敦上流社会的道德空气，女王命令公爵赶紧找个老婆结婚。伯爵夫人帮着公爵物色了另一个伯爵的大女儿，可惜大女儿有人家了，有个二女儿其貌不扬，是个标准的灰姑娘。公爵反正是为结婚而结婚嘛，毫不介意娶了这个灰姑娘进门，几经周折，都是伦敦社交圈那些穷极无聊的闲事，故事结局是，在这个灰姑娘善良坚忍的努力下，这个公爵爱上了她，跟伦敦的尤物断绝了关系。因为前半截故事与戴安娜的遭遇惊人相似，让她有了启发，觉得自己的努力也能换来这个结局，所以她接受了这项挑战。

戴安娜在全球关注的目光中成为太子妃，不论从哪个国家的审美角度看，一个对着镜头会害羞的女子都是惹人怜爱的。从结婚第一天开始，戴安娜就给自己一个弱势定位，所有的人都有这种准备，如果这个女孩子受了委屈，肯定是别人的错，戴安娜任何时候都是受害者。

戴安娜非常清楚查尔斯和卡米拉的关系，她要赌一赌运气。这一年戴妃二十岁，青春是无敌的，她还有天使一样纯净的美貌，在她不可告人的想法中，肯定认为她会成功地战胜那个三十四岁高龄，几乎说不上有任何姿色的卡米拉。戴妃太年轻了，她不知道像查尔斯这样的人，打动他心灵的女人才是最要命的，至于年轻或者漂亮这些外部条件，太子爷举手就可以得到。

查尔斯并不是个彻头彻尾的浑蛋，既然在教堂结婚，还是要慎重点。婚后他的确做了一阵好丈夫，跟卡米拉交往大约也就是电话联系得频密点。任何人都不怀疑，在结婚的头几年，查尔斯是爱戴安娜的。

戴安娜虽然家世不错，但究其生长的经历，其实是没见过什么大世面的，在伦敦上流圈子看来，有点小家子气，是个柴火妞。可柴火妞一进宫，就让王室见识了她的厉害。她喜欢媒体，喜欢被镜头关照，只要一出门，她就刻意经营一个友善亲民的形象。比如跟老百姓打成一片，或者在公共场合欢呼、蹦跳，甚至和不认识的老百姓拥抱，这些动作，对传统古老尊贵的王室来说，几乎是不可想象的。王室不接受，老百姓却待见，平民的王妃成为大众新偶像。她每天都会异常兴奋地收集报纸杂志对她的报道和照片，每天忙的就是计划下次出镜穿什么衣服。因为张扬得太多，以至于老公公菲利普亲王不得不亲自警告她，让她低调点。戴妃显然不了解媒体的特性，从来没有一个人是永远被捧而没人砸的。很快，戴妃就收到砖头了，因为露面的频率太高，有媒体说她是个爱慕虚荣的女人。

1982 年，威廉王子出世，王室发现戴妃性情大变，暴食症又复发了，她经常吃很多东西，然后关起门来歇斯底里地呕吐。一会儿大笑，一会儿痛哭，这个世人眼中腼腆而单纯的女孩儿，突然变得异常乖张。女王当时就得出结论，儿媳妇这是产后抑郁症。可能是抑郁症，但绝对不是生孩子生的，虽然出现在媒体上的戴安娜笑得甜美，可她自己心里却没有真正舒坦过。王宫是个没啥人情味的地方，王室成员之间恪守一种冷冰冰的礼数，没有人会真的关心她、安慰她，只有在她破坏规矩的时候排斥她，而她发现似乎自己怎么做都不对。原指望老公能帮自己一把，他总是自己最亲的人吧，戴妃不傻，她知道老公虽然在自己面前表现得很称职，可对自己从来没有用心过，因为他没有心，即使跟卡米拉不见面，他的心也还是放在她那里保存着。这些事桩桩件件都是她解决不了的，而且她也知道，不能随便跟人去说，这关乎王室的体面。什么办法都没有，只有压抑和郁闷，除了折磨自己，戴妃想不到任何解脱的办法。就是这样艰难的日子里，戴妃又生下了哈里王子，女王感到，儿媳妇这个产后抑郁症似乎越来越严重了。

其实女王应该感谢戴安娜，自从她进宫后，外界对英国王室的关心程度就节节上升，20 世纪 80 年代初，女王一家成了全世界最受欢迎的王室家庭，连带着其他成员也陆续成为明星。

查尔斯虽然砢碜，却有个帅弟弟，也就是我们熟悉的安德鲁王子。这位二殿下跟太子爷可不一样，潮流青年，热情洋溢，马岛战争时，甚至亲自驾驶直升机在航母上服役，最牛的是，阿根廷的加尔铁里在战中后期制定的战术就是搜寻安德鲁王子的飞机，最好将这小子干掉，以威慑英国让其退兵。就在这样的危险下，安德鲁王子经常被当作诱饵吸引敌军的注意。不过加尔铁里运气不好，一场仗打下来，找飞鱼导弹固然是没找到，安德鲁王子他也没找到。战争结束，安德鲁王子英雄一样地回国，受到全民高度赞扬。1986年，他迎娶了查尔斯的马球教练的女儿莎拉，一个活力奔放的姑娘，英国人叫她“费姬”。

这下王宫热闹了，两位王妃，自然就被大家拿来比较了。费姬阳光灿烂，热情洋溢，而戴安娜整天愁眉苦脸，病病歪歪。费姬刚进宫那几年，还真是抢掉了戴安娜不少风头。好在，人有外力推动，多少能积极一点，戴安娜的好胜心也被激发出来，不许自己输给这个弟媳妇，又慢慢地将自己失去的精气神找回来了。王室妯娌争宠，可是把全世界又好好娱乐了一回。不幸的是，这两个女孩子娱乐了别人，并没有幸福自己。

戴安娜在媒体前找回了自信，可老公那里找不回任何东西了。而查尔斯也觉得自己的忍耐到头了。结婚以前，戴安娜表现出对很多事情的兴趣，那些艺术建筑或者户外运动，总之是，太子爷喜欢的她都爱；结婚之后，查尔斯发现，这一切都是假象，戴安娜的学识和内涵跟查尔斯完全不是一个档次，太子爷觉得跟老婆简直无话可说，而且戴安娜脾气越来越急躁，反复无常，经常对太子恶语相加，当然也不少辱骂卡米拉。传说1988年的某一天，戴安娜亲自找卡米拉谈判，想劝她让位消失，卡米拉面对太子妃，不敢太张狂，只能小心地否认跟太子爷的关系。这个事后来被查尔斯知道，他回家大发雷霆，觉得自己这个老婆丢人现眼。戴安娜终于爆发了，以她的身份她不能去挠花卡米拉的脸啊，只好拿自己出气，据说是用小刀子割了自己的胸口和大腿，太子和仆人七手八脚将这个半疯的太子妃送到医院。在查尔斯看来，这个老婆越来越不可理喻了。倒是卡米拉，她永远跟太子同步，读太子爷喜欢的书，精通太子爷喜欢的事，在太子朋友圈的聚会上，卡米拉的侃侃而谈让太子更觉得有面子。其实从1987年初开始，查尔斯就再次跟卡米拉走到一起，并定期幽会。

这时的戴安娜彻底心寒了，她已经知道，她和查尔斯已经没有将来，虽然在王室的劝说下，尝试修复关系，结果还是失败了。戴安娜搬出了查尔斯王子为他们的小家庭生活特地买下的海格洛夫庄园，搬回了太子的肯辛顿宫。查尔斯并没有跟过来，他将卡米拉迎进了海格洛夫庄园，让她成为新的女主人。

这要是普通人家，闹成这样，肯定就离婚了。可轮到太子，事情就不那么简单了，作为教徒，圣保罗大教堂的婚礼，说离就离，太不给天上那位老大面子。所以当时就戴妃和查尔斯看来，不管他俩闹到什么程度，离婚估计是离不掉的，只能给自己找发泄的出口。也就是从这年开始，戴安娜疯狂地投入了社会公益活动，走访艾滋病医院、贫民窟等，平民王妃一如既往地带着羞涩的微笑，让全世界为她心动。

戴安娜建设了一个善良纯真的完美形象，所以当人们感觉到王储夫妇婚姻可能触礁时，同情分都打给了王妃。尤其是 1991 年，小王子威廉在游戏时摔破了头，医院要求家长整夜陪护，戴安娜一脸慈祥一直守在床边，而爸爸却跑去看歌剧了。这个画面让所有人感觉到，这场婚姻中，戴安娜无疑是那个嫁给了魔鬼的天使。戴安娜一边在失败的婚姻中挣扎；一边在全世界面前不断优化自己的形象，时间到了 1992 年。

这一年对英国王室正可谓流年不吉。先是 2 月情人节的时候，王储夫妇访问印度，为了向外界表示，王储伉俪情深，那些婚变之说纯属谣言，查尔斯预备在一个公众场合亲吻自己的老婆，在一百多家媒体、几千名观众的注目下，太子爷情深款款地向戴安娜伸过头去，就在两人嘴唇快要碰上的时候，戴安娜优雅地转了头，太子爷的唇地落在太子妃的脖子上。戴安娜终于发飙了，她不准备再忍了，她的这一个转头，十几年的仇算是报了，等于是当众羞辱了太子。即使是查尔斯这种平时没什么表情的木头人，也露出了一脸的尴尬。这就算是公开发表婚变声明了。这件事余波未散呢，安德鲁王子家也闹起来了。安德鲁和费姬的婚姻故事几乎和太子的一样精彩和有戏剧性。费姬被记者拍到赤身裸体地与一个富豪在海边度假，并且动作亲昵。安德鲁王子不堪其辱，1992 年 3 月让她搬离王宫正式分居。4 月，安妮公主又吵着要离婚，因为她老公驸马爷在外养情人，还生了私生子。一时间，全世界的媒体都在一轮接一轮报道英王室这层出不穷的婚变丑闻，八卦内幕，新鲜热辣，让全球老百姓一时间有点消化不良。

趁着王室焦头烂额，戴安娜的闺密帮她出主意了，她们认为婚变这种事，公说公有理，婆说婆有理，但一般是谁先说谁有理，加上戴安娜之前的形象那么完美，是时候让世界人民知道这位美丽王妃背后的凄惨故事了。于是，她们找来著名的传记作家安德鲁·莫顿，好在这伙计也是戴妃的“粉丝”。

一群“拥戴派”集体工作了好几天。当年 6 月，《戴安娜：她的真实故事》一书出版，举世哗然。大家这才知道，一位天使如何堕入魔掌，在冰冷的王宫里，过着地狱般的生活，而且这位充满爱心、乐于助人的王妃，甚至有五次企图自杀，结束这凄惨的人生。查尔斯当然是头号王八蛋，而卡米拉更是个蛇蝎心肠的狐狸精，女王在这件事上护犊子，冷漠无情。基本上，婚变的事就这样被定性。发表的第二天，王储夫妇也正式公开承认了婚变，没什么好遮掩的了。好在女王和王室没有被声讨太久，因为 8 月，事件出现了令人瞠目结舌的转机。

英国销量最高也最八卦的《太阳报》公布了一条电话录音内容，电话是一男一女在某个元旦之夜的互诉衷肠，虽然这件事得不到当事人或者是王宫的官方承认，但是公众很快知道了，女主角竟然是百合花一样纯洁羞涩的戴妃，而男主角显然不是太子爷。

可以想象，在这种压抑、没有爱的环境下生活的戴妃，她不出轨就见鬼了。根据英国“狗仔”爆料，除了查尔斯王子，在戴妃生命里留下足迹的，前后还有八位男士。第一位，戴妃的私人保镖，巴里·曼纳基，他在 1985 年就与戴妃有超越主仆的非一般关系，最情深意浓时，戴妃甚至说要跟太子离婚，跟保镖厮守终身。后来这段关系被王室察觉，巴里被打发走，戴妃失恋了。很快，另一段秘密恋情又接上了，王室的贴身侍卫官，戴妃的私人马术教练进入了她的生活。这位老兄后来在英伦红得发紫，他的大名叫詹姆斯·赫维特。在戴妃的所有情人中，他算是厮混的时间比较长的，大约有五年的亲密关系。而他也是名声最差、最不要脸的，因为后来他出了一本书，将自己和戴安娜的故事拿去卖了一大笔钱。随后就是电话门的男主角了，詹姆斯·吉尔贝，是个二手汽车商。在那段人人尽知的电话里，他非常肉麻地称呼戴妃为“Squidgy”，让这个单词几乎成为英国当年的年度词语，大家可以查查字典看看是什么意思。随后，戴妃又陷入了跟巴基斯坦的一位外科医生的恋情，还天天张罗着要嫁给他。还有英国的前橄榄球联合会会长，这个老伙计甚至为了戴妃跟老婆离了婚。而最嘚瑟的是艺术品商人奥利佛·霍尔，他显然享受跟戴妃偷情又不愿负责任，后来甚至报警说戴妃电话骚扰他。在戴妃最后的情人多迪·法耶鲁出现之前，戴妃还跟一个著名的地产商搅裹了一阵。戴妃跟每位情郎时都深情款款，都愿意跟对方厮守终身，可就是换得太快也太多了，相比之下，查尔斯对卡米拉十几年如一的专情倒显得很不容易。

戴安娜的“电话门”事件让她的公众形象受到不小的影响，不过老百姓都是很感性善良的，而且根据莫顿的书描述，戴安娜从小父母离异，生活不幸，结婚又受婆家丈夫的精神虐待，纵然真有红杏出墙的行为，也是情有可原的。戴安娜虽然没有保住贞洁的形象，可确是一个负责的好妈妈，亲民的王妃形象是没骗人的，所以在对待王储的婚变上，大家还是选择支持戴妃。

1992 年将女王折腾得不轻，她不知道如何管教自己的孩子媳妇，王室的丑闻喧嚣热闹，似乎从不顾惜老太太这张尊贵的老脸。正当她心力交瘁的时候，祸不单行啊，当年 11 月，女王最喜欢的温莎堡起了一场大火，气势恢宏的圣乔治宫和寝宫被烧毁，好在那些价值连城的艺术品得以保全。而最郁闷的是，英国人一致认为，温莎堡的维修费用应该女王自己掏腰包。这一年，女王后来说，是她在位最艰难的一年。

既然公开了，戴妃也没什么顾忌了，随后的日子里，戴妃光彩照人地继续出现在各种媒体的显要位置，引领着各种时尚和潮流。于是，全世界的“粉丝”有多爱戴安娜，就有多恨查尔斯。

查尔斯是个蔫巴人，不是逼急了也干不出什么出格的事，况且他是大英太子，说话、做事身份第一重要，绝不能像戴妃那样肆无忌惮。可是眼看着自己的名声越来越臭，蔫巴人也绷不住了。戴安娜有“粉丝”、有闺密，我也有哥们儿、有死党啊，你会找人摇旗呐喊我难道不会？于是，查尔斯的哥们儿也策划了一本书，并在 1994 年出版，这本书当然是力捧查尔斯是个优质好男人，将戴妃描述为反复无常的暴戾女人，需要看心理医生甚至精神科医生那一类病人，而且重点讲述了太子爷对自己精神病老婆的种种容忍。随后，查尔斯上了电视，接受专访，公开向民众承认了自己的不忠，但是也痛心疾首表示了自己的无奈。

太子爷高估了自己的魅力，低估了自己老婆的形象，他以为以太子之尊在电视上愁眉苦脸、垂头丧气会引起海啸般的舆论同情。结果的确是轰动了，可惜轰动的是，第二天的报纸头版，依然是戴妃及她的新礼服，看着戴妃圆润的肩臂，民众最想知道的是，会不会今年又流行无袖的礼服了。

查尔斯跟自己的老婆斗民意，或者斗观众支持率，显然不是一个等级的选手，可他不甘心，他的策划班子看到戴妃的幕后班子天天挣大钱，也郁闷啊。于是两套班子正式斗法，今天我抛个内幕，明天我又有新绯闻，你来我往的，极大地刺激了英国的新闻媒体产业欣欣向荣地发展，而戴妃越来越高调地出现，也让英伦的时尚产业获得了不可估算的提升和价值，应该说，此时的王室真正是牺牲自己为全英甚至全球做贡献了。

1995 年，地球上最尊贵的女王伊丽莎白二世六十九岁了。六十而耳顺，七十而从心所欲，女王的六十岁生涯真是耳顺了，估计她恨不得耳聋，可以听不到儿子媳妇公开的那些破事。七十岁了，圣人说随心所欲了，好吧，老太太我早就想做一件事了，之前顾虑太多，现在不顾虑了，查尔斯、戴安娜，你们两个死孩子给我离婚。

这一场离婚官司也是举世瞩目，查尔斯和戴安娜各自的律师团都知道接到大生意了。估计这些律师一辈子就指这一场离婚官司活呢。对戴安娜来说，失去查尔斯不用惋惜，她最在意的是自己王室的地位，而且是指日可待的王妃头衔，当然，还有两个宝贝儿子的抚养权。所以她的离婚要求是，孩子的抚养权、王室头衔和特权。这件事戴安娜显得太天真了，她的儿子是未来的英王，肯定要留在宫里的，而职称和特权自然是更不能给她了，人家是亲生儿子，打断骨头连着筋，你一个媳妇，是外人，现下正式翻脸分家了，怎么可能让你走得这么舒服。可怜戴安娜一生最梦寐以求的就是大英王后之位，居然一天宝座都没坐上就被开除了，这么多年的忍辱负重真是不值啊。

她认为不值，我们觉得值了，地位虽然是没有，可金钱上的补偿王室可没小气，一千七百多万英镑的离婚补偿金，几乎让查尔斯破产。据说他变卖了名下大部分物业和债券才凑齐这笔钱，还跟老妈借了几百万，到现在也没还清。

戴安娜重获自由身。王宫可是个培养人的地方，十五年的王室生涯，此时的她已经不是原来那个柴火妞了，她代表着这个地球顶级的时尚，她的面孔被认为是世界上最美的脸，她的举手投足是高贵优雅的教科书，而她热心公益事业让她成为善良和爱的标志。尤其是，她还不老，1996 年办完所有的离婚手续，也才三十五岁，英伦玫瑰最炽烈的花季，加上富可敌国，我们可以预期，离开王宫后的戴安娜，会有一片崭新的天空和更璀璨的人生。

戴安娜和查尔斯这对旷世怨偶总算散伙了，戴安娜被剥夺了所有作为王室成员的特权，但是保留了威尔士王妃这个头衔。所以，就算离开了王宫，她依然是永远的王妃。好了，既然散了伙，故事的男女主角就只能花开两朵，各表一枝了。

离婚后的戴安娜，更有空了，于是投身慈善事业就更加频繁，光彩照人地出现在各种公益活动的现场，而只要她参加的捐款活动，募捐的金额就会远远超出主办方的预期。大家都觉得戴妃是王室中的受害者，是个弱者形象，她越是打扮得漂亮，大家越是能感觉到她的寂寞，美丽而忧伤的失婚妇人，让她增添了不少别样的魅力。大家都还记得，她一脸安详从容地穿越了安哥拉一个刚扫过雷的雷区，提醒全世界的人，一直忽略了的地雷悲剧。因为她的参与，地雷问题引起了国际关注，间接促使了世界上多数国家签订禁用地雷的国际协议。而 1997 年英国新首相布莱尔当选时，甚至邀请戴妃到唐宁街 10 号，希望她能参与一些英国政府的公益性工作。虽然我们一直说戴安娜将慈善事业当作自己逃避宫廷压抑生活的办法，但是能够这样投入，显然就不是单纯作秀了。或者，如一些小报分析的，这个女人太需要爱了，渴望被爱，也渴望爱别人。

就是这样一个多情的女子，在感情生活上，她不太会遇到空白，她的裙下之臣多着呢，刚离婚的这段时间里，她痴迷巴基斯坦的心脏科医生哈斯纳特・汗。这位幸运的穆斯林是个其貌不扬的胖子，没啥特别的魅力，但他是心脏科专家，最擅长就是抓人的心。据说戴安娜就是有一天看他工作时，为他那专业、专注的神态所迷，被抓走了心。要知道，汗医生虽然是个专家级的名医，可毕竟是工薪阶层，住城市公寓的，他的财富、地位和戴妃及戴妃的圈子都不对等。戴妃对他的爱超越了这一切，汗医生不知道多大的幸运落在自己头上，估计作为一个医生，对皮囊的要求不高，而戴安娜这样的佳人除了头上的光环，对他来说也没啥特别的兴奋，以至于他继续低调地工作，要求戴妃对他们的关系严格保密。戴妃对汗医生可是下了功夫的，汗医生忙的时候，她绝对不敢打电话过去问候，不管她有多想，低眉顺眼的，生怕引起汗医生不快。戴安娜多次表白，她想成为汗太太，住到乡下去，再生两个孩子。这些平常的理想对她来说太难了，哪怕她住到北极去，她还是世界新闻的焦点。随着英国“狗仔”的专业发掘，戴妃和医生的故事又被曝光，汗医生是个普通人，还是个穆斯林，这种高透明度的生活让他整天出汗，苦不堪言。于是，汗医生非常识相地放掉了这个世界上最美的女人，这朵英伦玫瑰曾经在他生命里开放过，虽然很短暂，汗医生此生可以无憾了。

虽然失恋了，但全世界的观众都发现，走出深宫的戴妃，眼神中那抹淡淡的哀怨正在消退，她的眉目间是神采飞扬的万种风情，对，重要的是，她自由了，还有什么比自由好呢！在和汗医生的分手期内，戴妃想找地方休假。按说她已经不是王室成员了，想休假只管休，爱上哪儿上哪儿，可戴妃还是两位王子的妈妈，她休假想带着儿子一起去，谁也不能有意见。邀请戴妃去度假的很多，都是顶级富豪，提供顶级的豪宅。但是，毕竟此行带着王储，也就是威廉王子，英国安全部门审核所有的度假地点后，居然认为都有安全漏洞，不能去。为安全计，戴妃和英国安全部门一致选中了穆罕默德·法耶兹，跟他的家人去法国南部的圣特罗佩兹湾度假。

法耶兹是谁呢，怎么这么有面子可以邀请到戴妃和两位王子的御驾？他在英国可是大名鼎鼎，算是一位超级富豪，名下的产业包括英国最著名的哈罗德百货公司，著名的杂志 *PUNCH*，还有巴黎的里兹酒店，许多英国宫殿古堡。反正就是个钱多得数不清的阔佬。英国人因为历史传统，对社交圈子很重视。有钱还要有社会地位才算数，没钱而有社会地位，也可以看不上那些暴发户。如果不是传统贵族阶层，有钱到一定程度，就希望自己能加入上流社会的圈子，进入上流社会还不满足，还希望能和王室一起玩，无论王室有没有权力，都是一个尊贵和身份的代表。

法耶兹是个埃及人，生长在英国，财富堆积在英国，当然也是纳税大户，可惜这老伙计一直没得到英国身份证，英国人不准他入籍，因为他早年贿赂政客，名声被搞坏了。法耶兹钱多得用不完，但是作为一个外国人，整个英国的上流社会或王室这个圈子，不可能让他彻底融入的，不过王室也有手紧的时候，加上这些个闲着没事的贵族，今天开个 party，明天整个赛马之类的活动，都不愿意自己掏钱，所以那些揣着钱想挤进贵族圈子的善长仁翁，就应运而生，法耶兹当然也就是干这个的。上流社会从来虚伪，就算心里不认同对方，面子上还都过得去，彼此很客气。以法耶兹的财力，他邀请度假，绝对是神仙仙境般的行程，不会辱没了王妃和王子，他提供的地方是法耶兹家的私人海滩，出名的美丽幽静。于是，戴妃带着儿子就跟着埃及人去了法国。

这一趟度假之旅彻底改变了戴安娜的人生。老法耶兹没安好心啊，他把戴安娜母子三个带上他的豪华游艇，其实是为了给自己儿子介绍对象。老法耶兹有个出了名的花花公子儿子，江湖人称多迪。多迪是个标准“富二代”，对自己老爸的生意不感冒，他玩得比较高端，他进好莱坞去玩电影。1981 年，他作为制片的电影《烈火战车》得到了当年的奥斯卡奖。可以想象，多迪这样的男人，身边的美女多得用不完，他的绯闻对象不是超模就是明星，我们都认识的波姬小丝就跟他混过，而王室他也不陌生，因为他跟摩洛哥的公主有过一腿。

多迪那一年四十一岁，虽然模样还不错，不过身高就比戴妃矮了两厘米。两人之前就认识，也见过，貌似没有火花。可是 1997 年 7 月的这场船上假期，让两人突然发现了彼此，并以最快的速度进入恋爱状态。当然，这一切与老法耶兹的努力分不开，他非常希望儿子能跟王妃有发展，这对他们的家族来说，无异于一个巨大的提升。为了帮儿子追王妃，老法耶兹给儿子提供了无上限的信用卡，让他随便用。

戴安娜的特点就是容易坠入情网，估计汗医生还没有完全在记忆中褪去，她就接受了多迪。有人分析，多迪的家族让戴安娜有安全感，毕竟一个独身的女人，又是王妃，又不是王室成员，身份尴尬，无法自处，有个大家族支持自己很重要。而更重要的是，多迪是个穆斯林，这段时间里，估计戴妃就是喜欢穆斯林的男人，怎么看怎么顺眼。而多迪呢，他可不容易，戴妃是个美丽的女人，又是闻名世界的女人，对他这样的花花公子来说，颇有交往的意义。而他也没有感情空档啊，因为就在度假不久之前，他已经在洛杉矶的马里布海滨买下一栋豪宅，准备迎娶美国超模凯利 · 费希尔。根据后来的“狗仔”爆料，当时多迪陪戴安娜度假，凯利·费希尔也到法国走秀，顺道来看未婚夫，住在离游艇不远的多迪的一艘帆船上。多迪白天陪戴妃说笑，跟两个王子交朋友，玩得热闹，晚上还要回到帆船陪伴未婚妻，两头跑得很辛苦。

法国度假后，戴妃算是正式接受了多迪，多迪趁热打铁邀请戴妃跟自己一起乘坐游艇，巡游地中海。这一次，戴妃没带儿子，所以行动也不避讳了，认真负责坚守的英国“狗仔”，不辱使命，几乎是同步发回了戴妃和多迪亲吻的照片，戴妃的新恋情再次昭彰在世人的目光中。

轰动当然是轰动，但既然戴妃是个单身，这也没什么。多迪不是单身啊，他可是订了婚的。此时的凯利·费希尔才从报纸上知道自己被甩了，对于戴安娜这样的情敌，费希尔自知不是对手，算了，人不要了，搞笔钱来吧。费希尔高调地开了个记者招待会，眼泪汪汪地控诉了多迪这个负心人，然后要求赔偿青春损失费（人家美国人不叫这个，人家叫违约金，因为订婚协议就是供货合同）。本来多迪给了王妃她需要的爱，让世界人民挺待见他的，费希尔这一哭诉，顿时让他沦为“无耻之徒”，世界舆论都找他麻烦，好在多迪也不在乎名誉，世界上的事，能用钱解决的就不算大事，他很快了断了这件韵事，专心和戴妃谈恋爱。

1997 年 8 月，是戴安娜人生的最后一个月。她是很忙碌的，大部分时间都用来和多迪到处玩，多数是泛舟海上，偶尔还回伦敦探望孩子，戴安娜作为一个妈妈，从来没有懈怠过自己的责任。她的所有动作依然在全球八卦记者的围堵下。这个月，谁都看出她很幸福，虽然她没有公开说会嫁给多迪，但据她的继母说，多迪几乎是戴安娜一辈子都在寻找的男人。

1997 年 8 月 30 日，这个宿命的日子终于来了。戴妃和多迪在海上漂了好几天，想到法国去做短暂休整。当天晚上，他们进入里兹饭店用晚餐，跟平时一样，门口挤满了各国记者，这是他们最忙乱的时候，因为大家都在猜，戴安娜会不会及何时嫁给那个埃及小个子。虽然饭后戴安娜和多迪从后门上车，可是精明的记者绝对不会这么容易被甩掉。进入巴黎的阿尔玛隧道时，戴妃的座驾后面跟着好几辆疯狂的媒体车辆，而戴妃的司机为了躲避其中一辆白色的菲亚特，一头撞在了隧道石柱上。事实证明，虽然是奔驰车，真撞上也是挺要命的，车上四个人，当场就死了三个，戴妃和多迪都没有逃脱。这一天，举世震惊，中文媒体用词最精确，叫作“香消玉殒”。

“戴妃事件”让英国“狗仔”成了过街老鼠，不管事件真相是什么，就表象来看，“狗仔”是直接责任人。世界人民虽然之前都是通过“狗仔”的报道了解戴安娜，但没人感激他们的劳动，也从来没人尊重“狗仔”这个职业，如今闯了这么大的祸，更加受千夫所指。所以在戴妃走后的那几天，英国媒体破天荒地很低调。

车祸的真相是什么，到底是不是英法两国的调查机构所说的司机酒后驾驶导致的意外？很难知道其他内幕了，老法耶兹重金悬赏查找事件真相，不是也没有结果吗？而那辆神秘的白色菲亚特，直接从地球上消失了，仿佛从来没有出现过。虽然老法耶兹一脸悲痛地认定是英国的特工机构，在女王夫妇、查尔斯王子，甚至布莱尔首相的授意下，阴谋杀害了自己的儿子和戴妃，可惜这件事显然证据不足。

1997 年 9 月 6 日，英国王室成员、各国政要及六百多万民众送别戴妃，各地送来的白玫瑰和百合铺满整个广场和大街两旁，全球有二十五亿观众从电视收看了戴妃的葬礼，每个人都怀着深深的惋惜和叹息，而且大家都不由自主地想到十六年前那场同样充满白玫瑰和百合的盛大婚礼，用“大话西游”的台词来终结这个故事吧：“我猜到了开头，猜不到，这结局……”

公主的故事悲剧结束了，王子呢？查尔斯的故事简单多了，反正他从头到尾就是执着于一件事，那就是迎娶卡米拉。戴安娜猝死，查尔斯受尽舆论指责，这桩旷世惨案中，如果“狗仔”是直接行凶者，查尔斯王子显然也算凶手之一。跟戴妃离婚后，查尔斯觉得应该学习戴安娜那种抛头露面的精神，毕竟他代表着英国王室的未来，而英王室现在的处境是，如果在老百姓那里没有支持，有没有未来还是个问题呢。要进入 21 世纪了，王室是个旧得发霉的概念了。查尔斯的很多慈善计划随着戴妃的离去而破产，因为那些原本同意捧场的有钱人，此时都纷纷躲着太子爷，生怕跟他沾得太紧，影响名声。

好在再大的悲剧也有过去的一天，查尔斯低调而谨慎地度过了戴妃的哀悼期，非常小心地重建了自己和卡米拉的形象，以至于终于在 2005 年春天，查尔斯宣布，想要迎娶卡米拉过门。

老百姓是最宽容的，戴妃尸骨已寒，大家扳手指头一算，查尔斯和卡米拉在一起三十多年了，虽然不名誉，不符合地球道德规范，这份爱情毕竟不假，算了，饶了他们吧，让他们如愿吧。卡米拉在 1995 年已经和鲍尔斯离了婚，专心给太子爷做情人，终于等到了扶正的这一天。

2005 年 4 月 9 日，查尔斯王子第二次大婚，说是大婚，还真有点夸张，因为跟他第一次结婚相比，这次简直就是寒酸。先订的结婚日期其实是 4 月 8 日，地球上能逼英国太子改结婚日期的事并不多，还是有几件，比如教皇葬礼。约翰·保罗二世在 2005 年 4 月 8 日出殡，这可真正是全球瞩目，各国首脑、王室、富豪等头面人物都到梵蒂冈去了，跟查尔斯打个电话说一声，对不起啊，哥们儿，红包照给，喜酒就不来喝了。好在查尔斯的妈给他面子，毕竟是亲生儿子，结婚不到不合适，所以本来说不出现的，还是来了，脸上也笑眯眯的，显得很高兴。当然，民众都知道，对女王夫妇来说，在公共场合强颜欢笑几乎是生理本能了。婚礼不能在教堂或者温莎堡举行，跟老百姓一样，选择了伦敦市政厅。现场的宾客中最引人注目的是卡米拉的前夫，女王特地邀请他参加婚礼，据说是为了奖励他对于自己老婆和太子多年通奸的坚忍。老杨怀疑女王是玩他的。不过这伙计也不亏，江湖传言，安妮公主在第二次婚姻失败后，想跟这位初恋情人重修旧好。

卡米拉熬成正室。因为戴安娜到死都是威尔士王妃，所以卡米拉只能获封康沃尔公爵夫人。

卡米拉进了宫才知道老婆不如情人舒服，此时的她深刻体会到了戴安娜当年的处境，英国的“狗仔”老实了几年，又迸发了新的工作热情，他们又开始围堵卡米拉玩。很快，地球人民发现了新的娱乐，原来看戴妃的照片，都是看她穿了什么新衣服，戴了什么新首饰，看她各种美态，以此了解潮流动态。如今卡米拉出镜，记者更关注她是不是又穿错了衣服，搭错了颜色，而且肯定是又没梳头就出门了。要不怎么说男人都挺贱呢，戴安娜每天精致得像工艺品，从查尔斯眼前走过，他都不看，如今卡米拉在眼前晃，查尔斯看出差别了，不要说跟戴安娜无法比，就是跟同龄的贵妇比，卡米拉也未免太邋遢，太不修边幅。这两人婚后最大的笑料就是，2007 年，查尔斯斥资十万美元让卡米拉去做了一次从头到脚的整容。戴安娜泉下有知，估计会笑出声来。

这对苦恋三十多年的恋人如果最终没有结果，也许可以进入世界的著名爱情史，成为不朽的爱情经典，可既然结了婚，就跟一般夫妻没什么不同了。除了查尔斯嫌弃卡米拉带出去没面子，逼她整容，这二位的婚后生活几乎没什么甜蜜可言，反正我们收到的新闻都是两口子干仗的，貌似这二人的婚后生活比查尔斯和戴安娜当年火爆多了。英国的小报说，结婚的第二周，卡米拉就把查尔斯赶出了卧室，还大声斥责两位王子，标准恶毒后妈嘴脸。查尔斯甚至公开说，这女人花钱如流水，经常被她掏空腰包，太子爷有点后悔了。婚后第二年，又传出卡米拉和侍卫有染的新闻，大家还记得，戴安娜出轨也是跟宫廷侍卫，英国王室难道不知道，王宫里伺候女眷，还是太监最安全吗？让查尔斯和卡米拉闹去吧，闹得再凶，太子爷也不敢再离婚了，只能这么过呗。而且看情形，他老妈的身体似乎越来越好，他有没有机会做英王还是个疑问呢，注定这个伙计挺悲剧的。就到这里吧，至于威廉王子的故事，大家自己看新闻就可以了，英国王室的历史算是写完了。

五十三　索罗斯空袭

英国历史上唯一的女首相撒切尔夫人含着泪下台。1990 年，撒切尔夫人的财相梅杰很轻松地接班成为新的大英首相。梅杰出身一般，也没有名校背景，传说他人生应征的第一份工作是到公共汽车上当一位售票员。应征的结果是失败。江湖传言，人家不要他的原因是：这伙计数学不好！要知道，售票员是需要很强的心算能力的。一张车票两便士，人家上车给了你五十英镑的钞票买三张票，你要找人家多少钱啊？扳手指头不够用啊，公交公司不会给配计算器的。后来有小报记者调戏他，问："一个巴士售票员都干不了的人，怎么能当英国首相呢？"梅杰口才不错，他当时回答："英国首相不需要心算！"

看到后来梅杰同志的遭遇，我们可以将他以上的言论当作祸从口出。为了让梅杰同志知道，数学不好干啥都不行，有个天才给他上了非常沉重的一课，让我们掌声请出梅杰和整个大英帝国的数学老师，咱们的老熟人，索罗斯大叔。

这堂数学课的背景是很深远的。大家都知道，欧洲诸国，尤其是西欧诸国，历史上都有着千丝万缕的关系，恩仇纠缠，爱恨难分，剪不断理还乱的。历史上很多的欧洲学者和思想家都认为，欧洲应该是一体的，像一个国家那样存在于地球上，而不是周而复始地自相残杀。不过这个建议有点逆耳，能独立自主的时候，哪个国家也不愿意跟其他国家搅裹在一起。欧洲历史上大大小小的各种战争，尤其是两次世界大战，蹂躏荼毒着欧洲这片大地，终于让所有人不堪忍受了，我们坐下来好好谈谈，想个办法，以后不打架了，重建邻里关系，建设一个和谐的欧洲社区好不好？都打颓了，所以，这个建议大家都接受了。

先是 1950 年，法国人提出一个好主意，说是咱们先把煤和钢这两种打架常备的物资管理起来，建立共同市场，统一管理，以后谁家不怀好意，想攒这两样东西都能被监控，而如果欧洲人结伙出去欺负其他人家，这些物资也容易协调。好主意！所以第二年，法国、联邦德国、意大利、荷兰、比利时和卢森堡这六家就成立了一个叫“欧洲煤钢共同体”的组织。交流得和睦了，这六国觉得关系可以更亲热一点，于是 1957 年在罗马，这六家人签订了《欧洲经济共同体条约》和《欧洲原子能共同体条约》。这两个文件的官方称呼是“罗马和约”，正式宣告一个叫“欧洲共同体”的组织形成了，以后参与的国家都是一伙的，互相拉扯，一损俱损，一荣俱荣，谁也别想欺负我们六兄弟了！

上面那六家结伙后，好处是显而易见的，至少在市场物流方面，凸显了以往各自为政所没有的流畅和优势。周围的国家看着这个六国团伙团结得蒸蒸日上的，也都动了心，不久，我们的主角英格兰也加入了欧共体这个大家庭。没办法，战后的英国本来就严重贫血，撒切尔夫人的经济政策又给了英国一次脱胎换骨，正是一个非常脆弱的转型期，经济发展举步维艰，想独立自主要气质没有实力啊。

将欧洲诸国整合成一个大家庭是一个庞大的系统工程，期间最重要的步骤是统一货币。统一货币，让欧元出世却不是一蹴而就的，索罗斯为大英帝国上的这堂数学课，就发生在欧洲诸国为了整合货币不断摸索的这条漫漫长路上。

说到货币，大家都知道，地球上的规矩是，谁家实力大，谁家的钱就最大，美国人现在最大，所以美元是世界货币。而在美国之前呢？公认的世界货币是英镑。自从英格兰银行印刷纸币以来，这种钞票把持世界的各种交易超过两百年。“二战”以后，“山姆大叔”嗓门儿大，通过“布雷顿森林体系”，美元成了世界储备货币，英镑只好无奈退居二线。

1971 年，美国的尼克松政府宣布美元和黄金脱钩，以后“山姆大叔”印美元就跟印手纸一样了（参看《美利坚：背着猎枪的拓荒者》）。本来世界货币体系是以美元为中心的，现在美元按手纸的规模制造，那些天天看美元脸色行动的货币，谁不心里发虚啊。况且，美元一统江山，让欧洲人很不爽，可单打独斗，又没有哪个国家可以跟美国抗衡，如果整个欧洲统一出一种货币，以欧洲各国的实力总和，说不定能跟美元争一个长短！所以欧洲人果断地让欧洲货币独立出来，1979 年，欧洲汇率机制成立，这就是欧元的前身。也就是说，在没有正式统一欧洲货币之前，先让各家的钱实现联动。欧洲汇率体系成立后，加入该组织的各国货币就不以美元的上下波动了，而是互相盯住。规矩一样，即使在这个团伙内部，还是谁家有实力，谁家钱大，此时欧洲发展最好的国家是西德，所以德国马克是欧洲汇率体系的中心，其他国家的货币随马克起伏。

美元泛滥肯定是对别国的掠夺和侵略，欧洲不跟美元玩了，安全多了，而英国就成了重灾区了，英镑对美元过于依赖，使得美国压制欺负英国非常顺手。英国心想，自己好歹也是欧共体的成员，人家的货币都找到组织了，自己落了单肯定被动。于是 1990 年，英镑加入了欧洲汇率体系。

欧洲汇率体系有个讲究，那就是所有成员的货币只允许在一定的汇率范围内浮动，一旦超出了规定的范围，幅度过大，各成员国的中央银行就必须通过买卖自己国家的货币给予控制，使之稳定在规定区间；只要不出界，成员国的货币可以相对于其他成员国的货币进行浮动。

这种货币同步的感觉就如同一组人跳劲舞，要做到动作整齐划一，必须所有人体力和耐力都差不多，否则想维持同步基本不可能。英镑不跟美元玩了，现下跟马克玩，跟马克玩的要求是跟它同步，随它的起落调整自己的姿态。

此时马克是个什么姿态呢？ 20 世纪 90 年代一开头，两德就统一了，东德回归了西德的怀抱，面对失散多年的骨肉，穷兄弟，西德肯定是赶紧大手笔地关照，希望他快速赶上自己的发展脚步。西德向东德投入大量的基础建设。基建蓬勃，连带肯定是经济过热，最容易导致通胀，为了避免德国老太太在家里囤积食用油面粉鸡蛋之类的状况发生，德国调高了利率，马克此时是很贵的。英国呢？正相反啊，人家德国家是过热，英格兰家是过于冷清啊，按照常理，他家正应该降低利率，以此刺激投资，增加出口。这么不协调的两个人，如果想实现共舞，要么德国人甘冒通胀的风险降低利率，要么英国人维持坚挺的英镑，陪着马克死撑，将国家经济推向更黑暗的深渊，要想双赢，几乎是不可能的。就是这么个艰难的局面，梅杰政府就这样义无反顾地进入了欧洲汇率机制。

英格兰进入欧洲汇率机制，咬着牙维持英镑的身价，全世界的投机家都觉得它危机重重，但是真正敢出手打垮英镑的却很少，为什么呢？因为这些投机家心里没谱，根据欧洲这个团伙的事先约定，成员国的银行有义务通过自己国家的银行维持住成员国的货币汇率，英国也许自己支撑不了这么高的利率，可如果德国人肯松口帮忙，英镑还是可以屹立不倒的。而且欧洲人联手的最主要考量就是，希望有一天，欧元能取代美元成为世界资本市场的主宰，欧洲人从美国人手里夺回往日的荣光，他们必须为彼此牺牲，互相成就。1992 年，他们更是签署了一个《马斯特里赫特条约》，将成员国的权利和义务再次约定，这个条约，基本可以说，成员国承认了德国老大的地位，前提是，老大一定要罩住小弟！所以，如果要赌，这场赌局的重点：德国人会不会帮英国人渡过难关，让英格兰能留在欧洲汇率机制内呢？

不论什么样的投机家都认为自己是投资家，考虑当然是稳健第一，只有一位老兄，剥开这层层迷雾，将整件事看得清清楚楚，这位老兄，就是出生于匈牙利的犹太人索罗斯。

说起来，老索跟英国还是很有渊源的，他毕业于伦敦经济学院，在伦敦进入了金融界，让自己找到了一辈子的事业。而他后来能够在华尔街找到工作，跟他的伦敦工作经历很有关系。1979 年，索罗斯将自己的基金管理公司改名为量子基金，从此这个名字带着凛冽的寒风，让全世界的资本市场闻风丧胆，风雨飘摇（索罗斯的故事参看《美利坚：背着猎枪的拓荒者》）。

从英格兰加入欧洲汇率机制开始，老索就火眼金睛地看到了英镑的结局。他知道，英国人撑不住，德国人没义气，只要他开始进攻，英格兰银行或者是英国的外汇储备都不足以保全英镑，他看到了这个曾经世界上最牛的货币的溃败，于是开始部署对英镑的狙击。大家都知道，形容老索出手，一般都是用“绞杀”这个词，这老伙计罕有手下留情的时候。

具体过程是经济学家研究的内容，我们只要知道结果，很惨烈，先是英国人求德国人降低利率，拉兄弟一把，德国人拒绝了。索罗斯是犹太人，犹太人最大的特点就是只从利益角度考虑问题，他早看穿了，不管政治人物的承诺有多好听，多煽情，只要自身受损，绝对选择保全自己，哪管别国洪水滔滔。

德国人抛弃了英国，英国必须自救。1992 年 9 月，梅杰和他的财政大臣莱蒙几乎是度日如年，索罗斯启动了一百亿美元，大肆做空英镑。此时的英国商界已经联手上书，希望梅杰和莱蒙两位大佬不要再执着了，松口吧，退一步海阔天空啊，退出来，让英镑贬值，这个困顿的局面就打开了。可梅杰不甘心啊，这样退出欧洲汇率机制，英国的脸面何存？英镑被一个华尔街的投机家干掉了，作为世界金融中心的伦敦情何以堪，作为曾经世界上最强悍的中央银行的英格兰银行以后怎么在江湖上混啊？更何况，根据莱蒙的说法，英镑一贬值，搞不好英国就通胀了。

英国政府和伟大的英格兰银行选择了还击，他们调动国家外汇储备购入英镑，无效。1992 年 9 月 16 日，决战的日子终于来临了，面对华尔街那个投机团伙开闸泄洪一般地抛售英镑，莱蒙宣布强行调高英镑汇率，当天上午从 10% 调到 12%，下午又调到 15%，让全世界看得目瞪口呆。这个动作太疯狂了，可以肯定，英国政府受不了刺激，抓狂了，这样的强弩之末，怎么能够持久呢？于是，当天黄昏，梅杰首相打电话给德国和法国两国总理，告诉这两位大哥，小弟扛不住了，先闪了。英镑退出欧洲汇率机制，开始贬值。这一天，被称为英国历史上的黑色星期三。

英格兰政府为这一战动用了近三百亿的美元储备，英镑还是没有保住金身，而胜利者索罗斯取得了十亿美元的收益，让他笑傲古往今来所有的投机家光荣榜，而就是这一战，让索罗斯和量子基金真正地声名大噪，天下扬名。

所有的英国人都认为，梅杰及内阁优柔寡断和看不清形势是这次英镑沦陷的罪魁祸首，所以，梅杰成为英国历史上几个最不招人待见的首相之一。其实也挺冤的，因为英镑贬值后，英国经济真的实现了转机，逐渐向好。需要特别说明的是，索罗斯同志虽然卖空英镑，可同时还购入了大量的英国股票，英镑被他打废，他狂赚了一笔后不久，英国股市因为经济复苏暴涨，这老爷子又赚了一大笔。

梅杰在欧盟问题上的臭招，让他在国内被动，党内更被动。“黑色星期三”事件，让他在保守党内部产生了不少敌对的同志。两党政治最怕其中一个党内讧，因为对手不乘虚而入就怪了。

梅杰和他的班子跌跌撞撞坚持到 1997 年大选，保守党没想到他们内部的分裂会导致这么大的失败，工党几乎是完胜，压倒性多数取得了执政党的地位。梅杰离开了唐宁街 10 号，搬进来的大英首相是托尼·布莱尔。

五十四　拜入大哥山门

布莱尔在任上添丁，在唐宁街10号生了一个孩子，让这个纯政治感觉的大房子多了些温情。根据布太太的自传，这个孩子的出世源于一个尴尬的意外。因为他们两口子被女王邀请度假，跟女王一起玩，安全检查是不可避免的，布太太的随身行李都被清点，所以她实在不好意思将计划生育用品随身带着，显然布莱尔首相晚上也颇有雅兴，所以，这个唐宁街的孩子就出生了。这个叫里奥的小男孩儿，不仅是一百五十年来世界上第一个出生在大英首相官邸的娃，还是他妈妈四十五岁高龄诞下的宝贝，不知道命运会不会给他特殊的安排。作为四个孩子的爸爸，布莱尔看着挺年轻、挺精神的，显得比之前十八年的保守党首相神采飞扬，参选提出的是“新工党，新国家”这个口号。口号不错，他也做到了。布莱尔执政的十年，是英国经济发展最生猛的十年，低通胀、低利率、低失业率，每年2.8%的增长速度，远超欧洲大陆那两个街坊德国和法国，创造了一个让全英国人自豪的经济复兴的奇迹。

政治上，布莱尔最突出的贡献就是在北爱尔兰事务上的努力。前面，撒切尔夫人对北爱尔兰民族运动的定性为恐怖分子，以至于持续下来的保守党态度是“坚决不跟恐怖分子坐下谈话”，爱尔兰的事务成为英国解不开的死结。20世纪90年代，北爱尔兰的事务已经不是一个人在战斗了，美国的爱尔兰后裔加入了战团，一起跟英国人叫板，而美国爱尔兰后代的著名代表就是美国总统克林顿及显赫的肯尼迪家族。

布莱尔一上台，作为一个年轻的工党领袖，他没有保守党那样的死脑筋。大家还记得前面提到，“一战”结束后，有十五个爱尔兰独立运动分子跟德国人搞了一堆军火，预备在背后骚扰英格兰，以达到独立的目的，这15个准爱尔兰恐怖分子被捕后全部被处死，以至死后升华为革命分子。就是这个组织，后来成为爱尔兰共和军的头目，进入20世纪，他们改名叫新芬党，成为北爱尔兰独立运动的政治领袖，他们坚持北爱尔兰应该加入爱尔兰，成为一个整体。而北爱尔兰地区还有一个政党，叫民主统一党，他们坚持的，当然就是北爱尔兰还是应该留在英国大家庭，受英国政府领导。这两个党自从问世，就是水火不容的两个仇家，打得头破血流。

1998年，在布莱尔的主持下，两个仇家终于愿意坐下来谈了，著名的《复活节协议》同时在英国和北爱尔兰高票通过，成为北爱尔兰历史上的重大事件。这是一个折中的方案，爱尔兰不对北爱尔兰要求主权，英国人也不紧抓着不放手，让北爱尔兰成立一个自治政府吧。这个中间路线得到了多方的肯定，对这些个历史遗留的棘手问题，其实说到底，各方愿意妥协就万事大吉，布莱尔妥协了，没张口恐怖分子闭口恐怖分子的，北爱尔兰舒坦多了。

对英国政治，这的确是个了不起的成就，进入21世纪的那一阵，北爱的和平似乎指日可待了。可惜好景不长，2002年，英伦大地又上演一幕“无间道”。新芬党内的一个重要人物，高级党员唐纳森被发现是英国政府派驻爱尔兰共和军的卧底，而且已经超过二十年了。这位英国“007”卧底的本事可不小，他已经混到新芬党党魁亚当斯的左右手了，而共和军内部一直有一个说法，那就是:“即使全北爱尔兰共和军都叛变，唐纳森也不会！”在新芬党内部，唐纳森几乎就是一根忠实的标杆了，可就是这么个老同志，在20世纪80年代，没扛住英国政府的不知道什么样的说服，落水成了特务，背叛了自己的兄弟同仁和一生的事业。新芬党被英政府算计也不是独立的事件，据说2008年，党魁亚当斯又发现自己的司机也是英国特务。这真是没办法的事，大家都知道，英国有许多著名特产，而各种高超的特务间谍正是其中之一，被世界上最强的间谍卧底，新芬党也没啥丢人的。

新芬党没这么大度，他们很抓狂，于是，刚刚缓和的北爱尔兰地区又开始骚动了。好不容易成立的北爱尔兰自治政府又瘫痪了，英国人还要接着管，爱尔兰共和军接着闹。好在布莱尔首相是个犟脾气，不把这件事办好绝不退休，好在北爱尔兰那两个党给布莱尔面子，答应在他下课前和解并让北爱尔兰自治政府恢复运作。不管北爱尔兰的局面到底演变成什么样，至少布莱尔在任给予了明白的和平思路，让这个难题有了一个公认比较标准的解法，所以说，北爱尔兰的和平之路，布莱尔是立了头功的。

一手解决了经济和北爱尔兰这样两个英伦的大难题，布莱尔形象多高大多体面啊，其实不然，布莱尔后来的辞职，跟他的民众支持率急跌是有重要关系的。到底这家伙干了什么事，让英国人不原谅他呢？最恶劣、最不能原谅的事是：他把大英的子弟派到伊拉克去送死。

布莱尔是我们时代的大英首相，他的形象让每一个地球人都很熟悉，而如果非要给他一个准确定位，相信很多人会说："那伙计，整个一个布什马仔！"不错，布莱尔屁颠屁颠跟着美国总统布什的形象算是深入人心了，布莱尔一生少年得志，光彩绝伦，最大的生命变数就是遇上了布什。

两人都姓"布"，五百年前肯定是一家，小布见老布，两眼泪汪汪。布莱尔算是英国历史上最年轻的首相之一了，在全世界的元首中，他也属于刚成年。放眼环球，那些满头白发的政坛老油条哪个不是心怀鬼胎，憋着算计自己，小布心里发虚，就想找个大哥傍上。要傍就傍最大的，布什老哥哥唉，以后我就跟你混了。布什老大带着神秘莫测的微笑，收下了布莱尔，从那时起，美国大兵满地球的打架斗殴都带着英国这个小弟了，不管干仗的地区跟英国有没有关系。

2003 年，美国大兵开进了伊拉克，出兵原因是那地方有大规模杀伤性武器。根据我们之前读过的历史，不管布莱尔对布什有什么样的崇拜，以英国的政治形态，他断不能说发兵就发兵，说干仗就干仗的，要议会通过才行啊。英国议会为什么会答应呢？英国人整体爱上了布什？

爱布什的人可能不多，但不怕大规模杀伤性武器的人几乎没有。英国议会同意发兵的原因很简单，他们得到了确凿证据，说是萨达姆那家伙手边的家伙相当强大，且不说有生化武器，根据翔实的情报，萨达姆在四十五钟之内就可以部署好核武器，只要是人类已经发明了的大杀器，伊拉克应有尽有。兹事体大，大英议会本着对整个地球负责的精神，义无反顾地加入美国的正义阵营，英国那些热血男儿同意赔上性命，把萨达姆窝藏的那些杀人工具全部抄出来。

关于伊拉克战争我们就不多说了，单说英国在出兵问题上发生的跌宕起伏的故事。2003 年 7 月的一天，有个叫戴维·凯利的英国人割脉自杀了，成为一条轰动世界的大新闻。戴维·凯利不是一般老百姓，死前，他的身份是英国国防部首席科技官、大规模杀伤性武器控制秘书处的资深顾问、英国外交部防武器扩散机构的高级官员、1994 年至 1999 年联合国生化武器核查小组的高级顾问。看明白了吧，在伊拉克有没有大杀器的问题上，这个老伙计是个意见权威，好好的，怎么自杀了呢?

话说某一天，英国 BBC 记者约见戴维·凯利，向他详细打听伊拉克大杀器的真实状况，因为对大英的百姓来说，他们需要为子弟兵去中东玩命讨一个明确的说法。戴维·凯利到底怎么说的不知道，作为一个老科学家，我们相信这老爷子也不会无中生有地瞎吹。不久，BBC 播出了爆炸新闻，说是国会研讨的那份关于伊拉克的大杀器情报是经过粉饰夸张的，目的就是欺骗议会，让英国出兵，英国人民被涮了。随后，英国热闹了，政府和 BBC 开始唇枪舌剑，争论不止，而布莱尔天天敦促所有机构，把那个向 BBC 胡说八道的人抄出来。虽然戴维·凯利公开露面多次澄清自己并没有说到相关的内容，但是作为第一嫌疑人，他的压力是可想而知的。几天后，他切脉结束了自己的生命。

戴维·凯利的死，让伊拉克情报事件升级了。公众认为，戴维·凯利被英国政府当成了替罪羊，更有媒体说，戴维·凯利就是被英国政府逼死的。就戴维·凯利及伊拉克情报门事件，英国已经组织了一个独立的调查组，布莱尔和现任首相布朗都是被调查的主要当事人。

这个事件成为布莱尔任内最严重的危机，加上英军随同美国深陷伊拉克的泥沼不能脱身，萨达姆的大杀器无影无踪。没抄到大杀器，英国给自己惹祸上身，因为跟美国人跑得起劲，自然成为全球恐怖分子的重要目标。大家都还记得，2005 年 7 月 7 日，在伦敦获得 2012 年奥运会主办权的第二天，伦敦早上的上班高峰时段，连续发生了七起爆炸事件，炸死五十二人，伤者过百。后来该事件的嫌疑人落网，明确地说，爆炸袭击的原因，就是英国人掺和伊战。

伊战绝对是布莱尔一帆风顺的人生上的滔天巨浪，他跟在美国人后面跑的样子看着也挺傻。为了表彰布莱尔这个最佳小弟，布什曾经给他预备了一枚“最佳盟友”之类的勋章，不过布莱尔一直不敢去领。党魁出丑，连带着整个工党都受到政敌的打击和老百姓的诟病。根据政治法则，布莱尔必须退下，2007 年，三届十年的首相生涯结束，布莱尔辞去大英相位，将接力棒交给他原来的财政大臣，一手帮衬布莱尔任内经济复苏的功臣布朗。

五十五　完结

从古罗马开始，我们在英伦三岛上浏览了一千多年的绚丽风光。眼看着终于完结了，老杨点开了苏珊大妈的视频。

一曲 *Memory* 荡气回肠，宛如天籁，让人震动。这样一个红脸的老太太，每天操心的事难道不应该是最庸俗的人间烟火、柴米油盐之类的琐事吗？谁能想到，在她那样平庸的躯体里，居然藏着这样一腔缠绵激昂的情感。这不正像她的祖国英格兰，这个面积不到二十五万平方公里，人口不过六千万的弹丸之地，竟然带给我们如此丰富的人文历史回忆，搅动地球近二百年的叱咤风云，而“日不落”帝国的荣光更是如此炫目辉煌。

无奈的是，盛极而衰是亘古不可颠覆的真理，英国国运这条起伏的曲线也如同苏珊大妈唱的这首歌曲：

Memory，all alone in the moonlight. I can smile at the old days，life was beautiful then. I remember the time I knew what happiness was. Let the memory live again.（回忆，在月光中独自徘徊，笑对过去的时光，那时的我是多么神气，那些得意扬扬的日子啊，回味至今……）